Grundzüge der Finanzwirtschaft

von
Universitätsprofessor
Dr. Heinz Rehkugler

unter Mitwirkung von
Dipl. Volkswirtin Simone Glunz, Dr. Isabelle Jandura,
Dr. Ulrike Jedem, Diplom-Volkswirt Jaroslaw Morawski,
Diplom-Volkswirt Tobias Rombach, Dr. André Schenek,
Diplom-Volkswirt Felix Schindler,
Diplom-Kaufmann Pascal Schnelle

Oldenbourg Verlag München Wien

Bibliografische Information der Deutschen Nationalbibliothek

Die Deutsche Nationalbibliothek verzeichnet diese Publikation in der Deutschen
Nationalbibliografie; detaillierte bibliografische Daten sind im Internet über
<http://dnb.d-nb.de> abrufbar.

© 2007 Oldenbourg Wissenschaftsverlag GmbH
Rosenheimer Straße 145, D-81671 München
Telefon: (089) 45051-0
oldenbourg.de

Lektorat: Wirtschafts- und Sozialwissenschaften, wiso@oldenbourg.de
Herstellung: Anna Grosser
Coverentwurf: Kochan & Partner, München
Gedruckt auf säure- und chlorfreiem Papier
Druck: Grafik + Druck, München
Bindung: Thomas Buchbinderei GmbH, Augsburg

ISBN 978-3-486-58301-4

Vorwort

Wirtschaftswissenschaftliche Diplom- oder Bachelorstudiengänge an Universitäten, Fachhochschulen oder Berufsakademien enthalten im Allgemeinen eine Basisvorlesung, die in das finanzwirtschaftliche Denken einführen, die Funktionsweise von Finanzmärkten erklären, Aufgaben und Verfahren der Investitionsrechnung vermitteln und Möglichkeiten der Finanzierung von Unternehmen aufzeigen soll. Dieses Buch ist als Begleitliteratur für solche Basiskurse gedacht und konzipiert. Die Breite und Tiefe der aufgegriffenen Fragestellungen und konsequent auch der Seitenumfang des Buches sind so gewählt, dass der Stoff in einer einführenden Lehrveranstaltung (mit Übung) in etwa bewältigbar ist. Damit wird auch deutlich, dass wir uns nicht in Konkurrenz zu weit umfangreicheren und auch im Niveau nicht auf eine Einführung konzentrierten deutschsprachigen Lehrbüchern wie z.B. Perridon/Steiner, Franke/Hax, Volkart oder Rudolph oder gar mit den meist an 1000 Seiten heranreichenden amerikanischen Textbooks zu Corporate Finance (oder ähnlichen Titeln) sehen.

Über die in einem finanzwirtschaftlichen Grundkurs und einem einführenden Lehrbuch sinnvollerweise zu vermittelnden Inhalte lässt sich natürlich trefflich streiten. Die eine Dozentin mag konsequent auf die Vermittlung kapitalmarkttheoretischer Modelle setzen, der andere betont vielleicht stärker die instrumentellen und institutionellen Aspekte. Wir versuchen in Freiburg, einen Mittelweg zu gehen und die Vermittlung von Rechentechniken und von institutionellen Bedingungen in einen theoretischen Rahmen zu stellen.

Das Buch ist aus dem Kurs „Grundzüge der Finanzwirtschaft" im Laufe der letzten Jahre entstanden. An seiner Entwicklung und Fertigstellung haben daher zwei Assistentengenerationen mit unterschiedlicher Intensität und in unterschiedlichen Stadien mitgewirkt. Dies reicht von überwiegend „technischer" Unterstützung des Fertigstellungsprozesses bis zum Entwurf von Textbeiträgen und Rohfassungen zu einzelnen Teilkapiteln. Zur ersten Generation, die heute in der Praxis erfolgreich tätig ist, zählen Frau Dr. Isabelle Jandura, Frau Dr. Ulrike Jedem und Herr Dr. André Schenek. Die noch am Lehrstuhl tätigen wissenschaftlichen Mitarbeiter(innen) sind Frau Dipl. Vw. Simone Glunz, Herr Dipl. Vw. Jaroslaw Morawski, Herr Dipl. Vw. Tobias Rombach, Herr Dipl. Vw. Felix Schindler und Herr Dipl. Kfm. Pascal Schnelle. Allen gilt mein Dank für die wertvollen Beiträge und für den Einsatz für das Gelingen des Projekts. Herrn stud. rer. pol. Martin Vollbrecht danke ich, weil er sich in den letzten Wochen erfolgreich mit den Tücken von WORD auseinandergesetzt und den Gesamttext in die vom Verlag und uns gewünschte Form gebracht hat.

Freiburg, im März 2007   Heinz Rehkugler

Inhalt

1 Investition und Finanzierung als betriebswirtschaftliche Funktionen

1.1 Zahlungsströme als Objekte der Finanzwirtschaft in Unternehmen

Jede Leserin und jeder Leser hat intuitiv eine Vorstellung, was mit „Investition" und mit „Finanzierung" gemeint ist, zumindest sieht man sich mit diesen Begriffen laufend konfrontiert und benutzt sie auch umgangssprachlich: Die Eltern haben einen Großteil ihrer Ersparnisse in Aktien investiert (und bedauerlicherweise in den letzten Jahren dabei viel Geld verloren); man hört, die Wirtschaft und auch die Öffentliche Hand investiere zu wenig, um der Wirtschaft neuen Schwung zu geben; zur Vorbereitung auf die letzte Semesterklausur hat man viel Zeit investiert; mancher mag gar in eine Beziehung Gefühle investiert haben. Das Reiheneigenheim der Eltern wurde mit Bausparverträgen und einem Hypothekendarlehen finanziert; das Studium der Kinder muss finanziert werden, daher wird der neue PKW über Leasing finanziert; die Zeitung schreibt, die neuen Eigenkapitalanforderungen für die Banken nach „Basel II" würden künftig die Finanzierung der mittelständischen Wirtschaft erheblich erschweren.

Lassen Sie uns, um diese finanzwirtschaftlichen Begriffe etwas genauer zu fassen und einzuordnen und daraus die finanzwirtschaftlichen Funktionen abzuleiten, die Situation, die zu klärenden Fragen und die möglichen Denkweisen am Beispiel von Unternehmensgründern betrachten.

Frau Mustermann, Studentin der Ökonomie im Hauptstudium, hat an der Hochzeit ihres Bruders in Berlin teilgenommen und war von dem herrlichen Rahmen und den zahlreichen originellen Arrangements sehr beeindruckt: die gesamte Feier wurde von einem Event-Service geplant und durchgeführt; dessen Leistungen reichten von der Organisation der Räumlichkeiten und der Feierlichkeiten über das Catering und das Engagement der auftretenden Künstler und Musiker bis zur Fahrt des Hochzeitspaars zur Trauung in der Edelkarosse „Old England". Zusammen mit ihrer Freundin, Frau Labelle, die als Studentin für Design ein „praktisches Händchen" für schöne Arrangements hat, überlegt sie nun seit längerem, ob sie diese Idee kopieren (und womöglich noch verbessern) können und ob sie sich zusammen als Event-Service mit dem Zusatzangebot von herausgehobenen Fahrzeugen mit Chauffeur selbständig machen und ein Unternehmen gründen sollten. Nach vielen Überlegungen und Planungen sind sie sich inzwischen sicher, diesen Schritt wagen zu wollen. Sie wollen damit langfristig mehr verdienen als in einer abhängigen Beschäftigung und vor allem „ihr eigener Herr" sein. Ökonomische Motive mischen sich also mit nicht-ökonomischen Überlegungen. Wenn sie geschäftlichen Erfolg haben sollten, könnten Eröffnungen weiterer Agenturen in anderen Städten dazu kommen.

Den beiden Gründungswilligen ist schnell klar geworden, dass sie zuerst ein tragbares Geschäftsmodell entwickeln müssen, m.a.W. dass sie definieren und auf Umsetzbarkeit prüfen müssen, mit welchem Leistungsangebot sie welchen Kundenkreis ansprechen wollen, wie das Marktpotential und die Konkurrenzsituation einzuschätzen sind und welcher mengen- und wertmäßige Umsatz daher zu erzielen sein wird. Zugleich muss aber bedacht werden, welchen Einsatz an Produktionsfaktoren die Realisierung dieses Leistungsange-bots erfordert. So müssen Geschäftsräume angemietet und dann laufend, d.h. unabhängig von der konkreten Auftragslage, zuzüglich der typischen Nebenkosten bezahlt werden. Neben der Geschäfts- und Büroausstattung, die sie hoffen, recht knapp halten zu können, sollen vor allem wenigstens zwei edle Wagen, vorzugsweise vom Typ Old England, Präsident oder Washington angeschafft werden. Diese könnten gebraucht oder als Neuwagen gekauft, vielleicht auch geleast werden. Bei einer Ausweitung des Geschäfts wären noch weitere Fahrzeuge dieser Klasse zu beschaffen. Es kämen auch sog. Stretch Cars in Frage, aus Hollywood bekannte Großlimousinen, die besonders lang gestreckt sind und viel Raum bieten. Auch solche Ausgaben für Investitionen fallen unabhängig von der jeweils aktuellen Auftragslage an.

Weitere Ausgaben hoffen die beiden weitgehend an die Auftragslage anpassen zu können. So wollen sie auf zusätzliche fest angestellte Beschäftigte verzichten, bis sich das Geschäft etabliert hat. Ihre Leistungskraft möchten sie sich durch einen Pool von Hilfskräften (Gastronomie, Fahrer etc.) sichern, die sie aber nur bedarfsweise einsetzen und bezahlen müssen. Ebenso werden selbstverständlich Künstler, Musiker und andere bei den Festivitäten auftretende Personen nur bei entsprechenden Aufträgen engagiert. Für ihren eigenen Lebensunterhalt wollen sie möglichst wenig fix entnehmen, aber mit je 1.000 €/Monat als Mindestbedarf rechnen sie schon.

Weiter ist den beiden klar, dass sie von ihren künftigen Kunden nicht sofort nach Erbringung der Leistungen volle Bezahlung erwarten können. Mit einer durchschnittlichen Zahlungsfrist von 2-3 Wochen müssen sie wohl auf jeden Fall rechnen. Zwar planen sie, einen gewissen Teil der zu vereinbarenden Summe jeweils als Vorauszahlung zu erhalten, aber sie sind sich noch nicht sicher, ob dies auch durchsetzbar sein wird. Inwieweit sie selbst beschaffte Güter und in Anspruch genommene Dienste Dritter später bezahlen oder explizit Zahlungsziele vereinbaren können, ist noch unsicher.

Eine erste überschlägige Rechnung ergab einen Bedarf an anfänglichen finanziellen Mitteln von etwa 300.000 €. Das können die beiden Gründerinnen nicht alleine aufbringen. Frau Mustermann kommt zwar aus gutem Hause und verfügt über ein Eigenvermögen von 50.000 €, das sie aber nicht komplett in das Unternehmen einbringen möchte. Von ihren Eltern würde sie als Starthilfe sicher ein Darlehen, vielleicht sogar eine Schenkung in Hö-

he von weiteren 50.000 € bekommen. Frau Labelle dagegen kann, über einen eher symbolischen finanziellen Beitrag hinaus, nur ihre Arbeitskraft einbringen. Den „Rest" der benötigten Mittel müssten sich die beiden also von anderen Kapitalgebern beschaffen. Über die verfügbaren und geeigneten Finanzierungsquellen haben sie noch keine konkreten Vorstellungen entwickelt. Sie denken an einen einfachen Bankkredit, haben aber auch schon von staatlichen Gründerhilfen und von Venture Capital gehört.

Nachdem wir nun einen kleinen Einblick in die „Startposition" unseres Beispielfalls genommen haben, wollen wir erst einmal inne halten und daran gehen, das Gesagte zu verallgemeinern und zu systematisieren: Unternehmen sind Institutionen, die gegründet und geführt werden, um die Vorstellungen und Zielsetzungen ihrer Inhaber (Eigentümer) zu realisieren. Dies gilt für private wie für öffentliche Unternehmen gleichermaßen. Zur Erfüllung dieser Vorstellungen soll das Programm an Gütern und Leistungen dienen, das dem Markt angeboten wird. Hierzu beschafft das Unternehmen an den Märkten für Investitionsgüter, für Arbeitskräfte und für andere Güter und Dienstleistungen Produktionsfaktoren, erstellt durch ihre zweckgerichtete Kombination Güter und Dienstleistungen und verwertet diese an Absatzmärkten. Damit ist der gesamte Leistungsprozess in Unternehmen in seinen typischen Phasen und Bereichen beschrieben. Der Tausch der Güter und Leistungen auf den Beschaffungs- und Absatzmärkten vollzieht sich in aller Regel nicht als Realtausch (Ware gegen Ware), sondern über das Tauschmittel „Geld". Die Güter- und Leistungsströme sind deshalb mit Geldströmen verbunden, die in die entgegengesetzte Richtung fließen.

Die Finanzwirtschaft befasst sich mit der Geldsphäre des Unternehmens, also mit den Zahlungsströmen, die ein Unternehmen leistet und erhält. Zahlungsströme, die dem Unternehmen zufließen, werden als Einnahmen bezeichnet, abfließende Zahlungsströme sind Ausgaben. Einnahmen und Ausgaben verändern also den Bestand an Zahlungsmitteln in Form von Barmitteln (Kassenbeständen) oder von Guthaben bei Kreditinstituten.

Ein Teil der Zahlungsströme ist damit sachlich eng mit dem leistungswirtschaftlichen Bereich des Unternehmens verbunden und kann daher nicht losgelöst von ihm betrachtet und gestaltet werden; die Ausgaben zur Beschaffung der Produktionsfaktoren und die Einnahmen aus der Verwertung der geschaffenen Güter und Leistungen werden unmittelbar durch leistungswirtschaftliche Aktivitäten ausgelöst. Dem steht auch nicht entgegen, dass Leistungs- und Geldströme nicht notwendig zum gleichen Zeitpunkt anfallen. So geht Rohmaterial gewöhnlich eher auf Lager, als die Rechnung dafür bezahlt wird. Verschiedene laufend erbrachte Leistungen werden nur in periodischen Abständen bezahlt (z.B. Löhne, Versicherungen). Ebenso erfolgt die Bezahlung der Lieferungen und Leistungen durch die Kunden oft erst Wochen oder Monate nach Erbringung der Leistung. Bei An- und Vorauszahlungen dagegen liegt der Zahlungsvorgang zeitlich vor dem Leistungsprozess. Werden bezogene Güter und Leistungen nicht sofort bei ihrer Lieferung, sondern erst später bezahlt, entsteht beim Empfänger eine Verbindlichkeit; zahlen Kunden nicht sofort bei Erbringung der Lieferung/Leistung, entsteht beim liefernden Unternehmen eine Forderung. Auch der Bestand und die Entstehung von Forderungen und Verbindlichkeiten sind also finanzwirtschaftlich bedeutsam, da durch sie künftige Zahlungsbewegungen ausgelöst werden.

Verschiedentlich wird nicht der Zahlungsvorgang, sondern die Entstehung von Forderungen und Verbindlichkeiten aus Liefer- und Leistungsbeziehungen als Einnahme und Ausgabe bezeichnet. Für die konkreten Zahlungsbewegungen werden dann die Begriffe „Aus- und Einzahlungen" benutzt. Wir wollen hier (aus Vereinfachungsgründen) auf diese Differenzierung verzichten und bei Einnahmen und Ausgaben immer von einem Zahlungsvorgang ausgehen.

Neben den mit dem Leistungsprozess unmittelbar verknüpften Zahlungsströmen haben wir in unserem Gründerbeispiel auch Zahlungsströme kennen gelernt, die offenbar einen anderen Charakter haben: Einnahmen durch die Aufnahme eines Kredits oder durch Aufnahme neuer Gesellschafter und entsprechende Ausgaben durch Entnahme von Gewinnen oder Tilgung von Krediten. Sie hängen mit der Beschaffung von Kapital, also mit den Beziehungen des Unternehmens zum Finanzmarkt, zusammen.

Die folgende (stark vereinfachte) Abbildung des betrieblichen Güter- und Geldkreislaufes soll uns helfen, eine Übersicht über die verschiedenen Typen von Zahlungsströmen und deren Charakter zu gewinnen.

Das Schema trennt analytisch zwischen dem Innen- oder Leistungsbereich und dem Außen- oder Finanzbereich von Unternehmen. Die im und vom Leistungsbereich ausgelösten Zahlungsströme sind eben schon beispielhaft beschrieben worden.

Ausgaben des Innen- oder Leistungsbereichs fallen vor allem für die Bezahlung beschaffter Produktionsfaktoren an. Daneben gehören zu ihnen auch Ausgaben für die Kapitalüberlassung an andere Wirtschaftssubjekte, also z.B. bei einer Bank die ausgereichten Kredite. Ihnen gemeinsam ist, dass sie Geld (Kapital) für eine gewisse Zeit in anderer Form im Unternehmen binden; aus Geldbeständen werden also andere Vermögensgegenstände wie Grundstücke und Gebäude, Maschinen, Wertpapiere, Vorräte oder Forderungen.

Einnahmen des Leistungsbereichs lassen sich analog dazu bestimmen. Es dominieren in aller Regel die Umsatzeinnahmen aus der marktlichen Verwertung der betrieblichen Leistungen. Zusätzlich können auch Einnahmen aus betrieblichen Nebenleistungen (das Unternehmen betreibt eine Kantine oder bietet ihren Mitarbeitern Werkswohnungen an), aus Erträgen von Finanzanlagen (Zinsen und Dividenden) oder aus dem Verkauf nicht mehr benötigter Produktionsfaktoren (Verkauf eines gebrauchten PKW) anfallen. Weitere Einnahmen resultieren – z.B. bei einer Bank – aus den erhaltenen Rückzahlungen früher vergebener Kredite oder der Veräußerung von Wertpapieren. Die Einnahmen des Leistungsbereichs setzen also das Kapital wieder frei, das durch die Ausgaben des Leistungsbereichs gebunden wurde. Kurz: Die Zahlungsströme des Leistungs- oder Innenbereichs sind durch das Begriffspaar „Kapitalbindung" und „Kapitalfreisetzung" geprägt und miteinander verknüpft.

Einnahmen des Finanz- oder Außenbereichs sind Zuführungen von Geld an das Unternehmen durch bisherige oder neue Kapitalgeber. Nach der Rechtsstellung des Kapitalgebers wird zwischen Eigenkapitaleinlagen und Fremdkapitalaufnahme unterschieden.

Betriebliche Güter- und Geldströme

Investitionsgüter-märkte		Unternehmen
Rohstoffmärkte		Private Haushalte
Arbeitskräfte-märkte		Öffentliche Haushalte

Beschaffungsmärkte

Einsatzgüter

Leistungen

Absatzmärkte

Unternehmen

Ausgaben für Prod.faktoren

Umsätze

Innenbereich

EK-Einlagen FK-Aufnahme

Tilgung, Gewinnausschüttung

Subventionen

Steuern

Finanzmärkte

Öffentliche Hand

Außenbereich

Güterströme

Geldströme

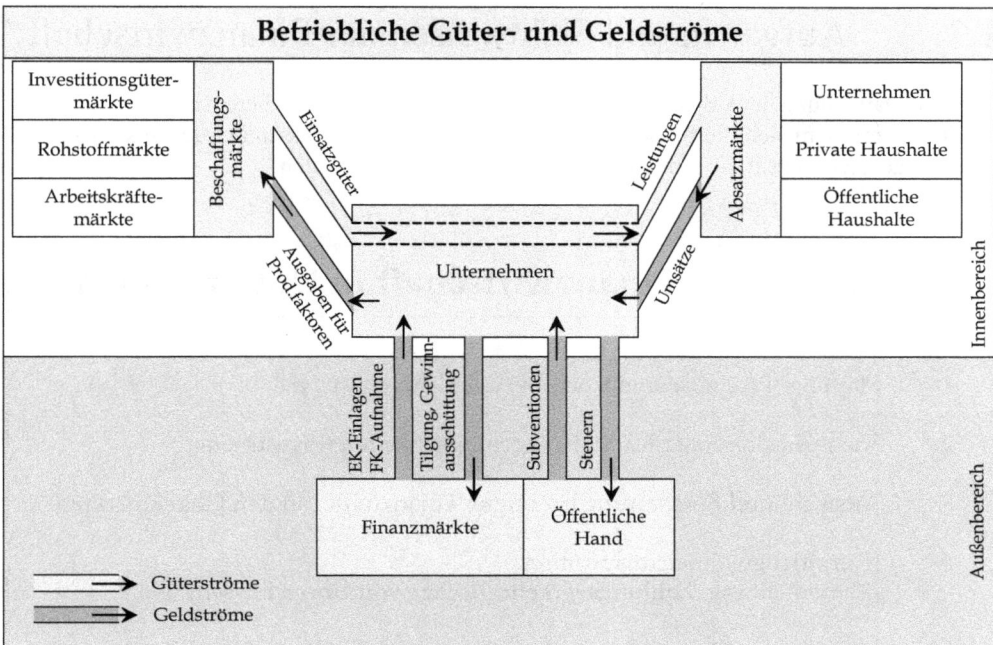

Abb. 1.1   Güter- und Geldströme in Unternehmen

Kapitalgeber stellen ihr Geld dem Unternehmen nicht notwendig auf Dauer (bis zur Auflösung des Unternehmens) zur Verfügung. Vor allem bei Fremdkapital ist es üblich, feste Tilgungstermine oder zumindest Kündigungsmöglichkeiten zu vereinbaren. Aber auch Eigenkapital kann – je nach Rechtsform, Satzung und interner Vereinbarung – vom Kapitalgeber entnommen oder durch Beschluss von Unternehmensorganen herabgesetzt und zurückgezahlt werden. Neben diesen Ausgaben für Eigenkapitalentnahme oder Fremdkapitaltilgung fallen hier auch die Gewinnausschüttungen an die Eigentümer ins Gewicht.

Eine besondere Kategorie von Einnahmen und Ausgaben des Außenbereichs bilden die finanzwirtschaftlichen Beziehungen des Unternehmens zur Öffentlichen Hand. Zum einen greift der Fiskus in vielfältiger Weise auf Vermögensbestände (z.B. Grundsteuer), auf Vermögensbewegungen (z.B. Grunderwerbsteuer) und erwirtschaftete Überschüsse (z.B. Gewerbeertragsteuer, Einkommen- und Körperschaftsteuer) zu und fordert gesetzlich fixierte Anteile davon als Steuerzahlungen. Zum anderen fördert die Öffentliche Hand in durchaus beträchtlichem Umfang Unternehmen auch durch vielerlei Varianten und Formen von Zulagen, Zuschüssen, Zinsvergünstigungen oder sonstigen finanziellen Hilfen, die wir als Subventionen zusammenfassen können.

Den Einnahmen und Ausgaben des Finanz- oder Außenbereichs ist gemeinsam, dass sie den im Unternehmen verfügbaren Kapitalstock erhöhen bzw. verringern. Sie werden daher durch das Begriffspaar „Kapitalzuführung" und „Kapitalentzug" zutreffend beschrieben.

1.2   Aufgaben und Sichtweisen der Finanzwirtschaft

Mit der Darstellung und Systematisierung der Zahlungsströme haben wir den „Stoff" beschrieben, mit dem sich die betriebliche Finanzwirtschaft zu befassen hat. Daraus lassen sich nun im nächsten Schritt die Aufgaben der Finanzwirtschaft ableiten.

Aufgaben der Finanzwirtschaft in Unternehmen

1   Planung (Prognose und Vorgabe) der Zahlungsströme

2   Auswahl sinnvoller Kapitalanlagemöglichkeiten (Investitionen)

3   Auswahl und Beschaffung benötigter Finanzmittel an den Finanzmärkten

4   (Kurzfristige) Finanzdisposition
     (Kassenhaltung, Zahlungsverkehr, Anlage von Überschüssen)

5   Management finanzieller Risiken (Ausfall-, Währungs-, Zinsrisiken)

6   Gestaltung der Finanzmarktbeziehungen (Finanzmarketing)

Abb. 1.2   Aufgaben der betrieblichen Finanzwirtschaft

Planung der Zahlungsströme

Um die Zahlungsströme im Sinne der unternehmerischen Ziele gestalten zu können, müssen sie im ersten Schritt geplant, d.h. in ihrer vermutlichen Höhe und dem Zeitpunkt ihres Anfalls abgeschätzt und in einem Finanzplan zusammengestellt werden. Für die Startphase eines Unternehmens ist hier besonders wichtig, abzuschätzen, wieviel Kapital das Unternehmen zur Aufnahme und Aufrechterhaltung seines Geschäfts benötigt. Zwischen den Ausgaben für die Beschaffung der Produktionsfaktoren und den Einnahmen aus der marktlichen Verwertung der Leistungen liegt in aller Regel eine mehr oder weniger große Zeitspanne. Deshalb ist im Unternehmen ständig Geld gebunden, mit dem diese Zeitspanne zwischen der Kapitalbindung und ihrer Freisetzung überbrückt werden muss. Die Summe der gebundenen Mittel wird üblicherweise als Kapitalbedarf bezeichnet. Die Höhe des Kapitalbedarfs ist abhängig

- von Art, Menge und Preis der für den Leistungsprozess beschafften Produktionsfaktoren,
- von der Frist zwischen Ausgabe und Rückfluss der Mittel.

Diese Kapitalbindungsdauer wird vornehmlich durch die Struktur und den Prozess der leistungswirtschaftlichen Bereiche von Beschaffung, Produktion und Absatz bestimmt.

Auch nach der Startphase gilt es laufend die Entwicklung des Kapitalbedarfs zu beobachten und vor allem auf eine Abstimmung der laufenden Einnahmen und Ausgaben zu achten. Planung bedeutet hierbei ein Zweifaches: Zum ersten gilt es, die künftig zu erwartenden Zahlungsströme zu prognostizieren. Die zweite Komponente von Planung ist die Vorgabe von Planzahlen zur Steuerung und Koordination dezentraler Entscheidungen.

Die Zahlungsströme des Leistungsbereichs werden – dies hat auch unser Beispielfall deutlich gemacht – durch leistungswirtschaftliche Entscheidungen weitgehend bestimmt. Was an Produktionsfaktoren angeschafft wird und welche Einnahmen aus Umsätzen zu welchem Zeitpunkt dem Unternehmen zufließen, wird primär nach leistungswirtschaftlichen Gesichtspunkten, Überlegungen und Gegebenheiten festgelegt. Die daraus resultierenden Zahlungen sind nur bedingt (z.B. durch die Beeinflussung der Zahlungsfristen) durch die Finanzwirtschaft beeinflussbar. Diesen Typ von Finanzströmen gilt es also aus Sicht der Finanzwirtschaft möglichst gut zu prognostizieren. Gleiches gilt für Zahlungsströme des Finanzbereichs, die teilweise aus früheren Vereinbarungen, z.B. Kreditverträgen, schon festgelegt sind.

Zeigt die Gegenüberstellung von erwarteten Einnahmen und Ausgaben ein Ungleichgewicht, dann hat die Finanzwirtschaft Ausgleichsmaßnahmen zu ergreifen. So können Ausgabenüberschüsse durch die Aufnahme weiterer Geldmittel am Finanzmarkt, durch sonstige Aktivitäten der Erzielung von Einahmen, aber auch durch die Reduzierung oder Verschiebung von Ausgaben des Leistungsbereichs ausgeglichen werden. Letzteres wirkt also wiederum auf die leistungswirtschaftliche Sphäre zurück.

Um sicherzustellen, dass die erarbeiteten Planzahlen möglichst auch später so eintreffen, bietet es sich an, den einzelnen, dezentral agierenden Unternehmensbereichen Plangrößen in Form von Budgets verbindlich vorzugeben.

Nach ihrem Zeithorizont wird eine vernünftige Finanzplanung stets (wenigstens) aus einem langfristigen Plan, der auf mehrere Jahre die Grobstruktur der Zahlungsstromentwicklung beschreibt und vorgibt und damit für die Einhaltung eines strukturellen Gleichgewichts sorgen soll, und aus einem kurzfristigen Plan bestehen, mit dem die Detailabstimmung der Zahlungsströme vorgenommen werden kann.

Auswahl von Kapitalanlagemöglichkeiten

Unternehmer zeichnen sich typischerweise dadurch aus, dass sie laufend eine mehr oder weniger große Anzahl an Möglichkeiten entdecken, Kapital erfolgversprechend einzusetzen. In erster Linie sei hier an die Entwicklung neuer Produkte und Märkte gedacht, die meist Realinvestitionen (z.B. Grundstücke, Gebäude und Maschinen) im eigenen leistungswirtschaftlichen Bereich erforderlich machen, so wie unsere beiden Gründerinnen überzeugt sind, über den Kauf von Luxusfahrzeugen geschäftlichen Erfolg zu erzielen. Aber auch lang- und kurzfristige Finanzinvestitionen in Form des Kaufs von oder der Beteiligung an anderen Unternehmen oder des Kaufs von Wertpapieren kommen in Betracht und spielen auch in der Praxis eine große Rolle. Die Funktion der Finanzwirtschaft besteht hier darin, mit Hilfe von

Investitionsrechnungen die Entscheidungsträger im Unternehmen aufzuklären, ob sich der Kapitaleinsatz in der beabsichtigten Form tatsächlich lohnt, d.h. voraussichtlich den gewünschten Zielbeitrag erbringt und anderen Möglichkeiten der Kapitalanlage überlegen ist. In Abb. 1.3 ist diese Funktion durch die Beziehung $U_i \rightarrow I_i$ skizziert.

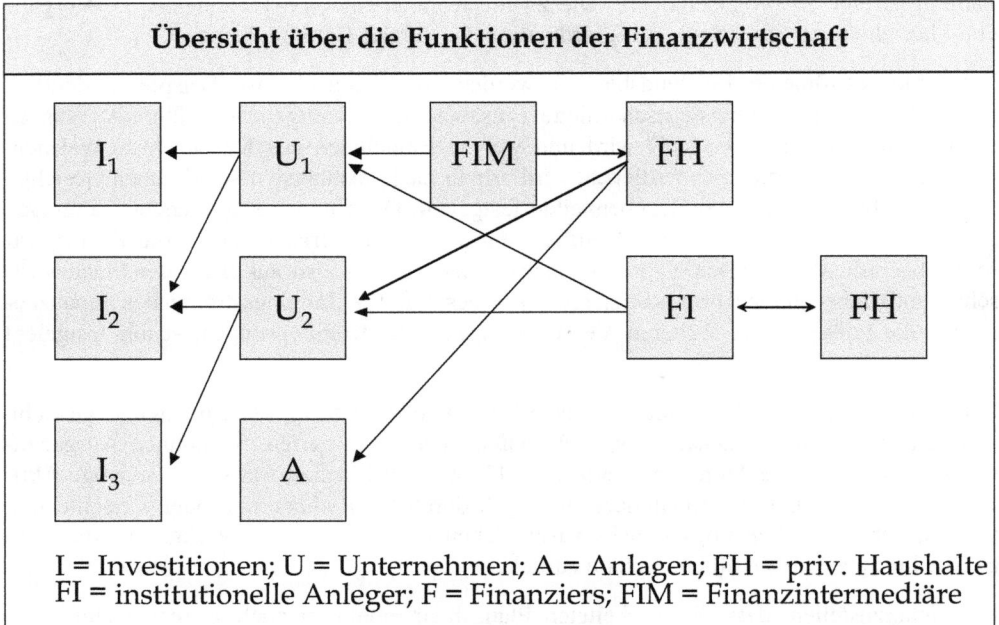

Übersicht über die Funktionen der Finanzwirtschaft

I = Investitionen; U = Unternehmen; A = Anlagen; FH = priv. Haushalte
FI = institutionelle Anleger; F = Finanziers; FIM = Finanzintermediäre

Abb. 1.3   Funktionen und Beziehungen finanzwirtschaftlicher Entscheidungsträger

Auswahl und Beschaffung von Finanzmitteln

Unglücklicherweise verfügen nun gerade Unternehmen/Unternehmer meist nicht über genügend eigene Finanzmittel, um alle für attraktiv erachteten und entsprechend den Investitionsrechnungen lohnenswerten Investitionen auch durchführen zu können. Sie wenden sich daher an einen zweiten Typ von Wirtschaftssubjekten, die Finanziers, die sich – erst einmal sehr simplifiziert dargestellt – dadurch auszeichnen, dass sie zwar über Geld verfügen, das sie gerne anlegen möchten, aber selbst keine (oder zu wenig) attraktive(n) Investitionsmöglichkeiten sehen. Die zur Investitionsrechnung korrespondierende finanzwirtschaftliche Aufgabe besteht daher darin, von Finanziers fehlendes Kapital zu beschaffen und dabei aus den sich bietenden Finanzierungsquellen die den Zielen des Unternehmens am meisten entsprechenden auszuwählen. Als Finanziers kommen sowohl private Haushalte als auch institutionelle Anleger (z.B. andere Unternehmen oder Organisationen) in Frage. Bei institutionellen Finanziers, die sich ihrerseits ihr Anlagekapital über private Haushalte und Institutionen (z.B.

Gesellschafter eines Unternehmens ist eine andere Gesellschaft) beschafft haben, entstehen so Ketten von Finanzierungsbeziehungen.

Das Zustandekommen von Finanzierungsbeziehungen kann durch Finanzintermediäre gefördert werden, die interessenausgleichend zwischen Anbietern von und Nachfragern nach Kapital vermitteln. In großem Umfang treten aber Finanzintermediäre wie Banken und Versicherungen auch unmittelbar als Finanziers von Unternehmen auf, indem sie das ihnen von privaten Haushalten und Institutionen überlassene Geld kapitalsuchenden Unternehmen in Form von Eigen- oder Fremdkapital zur Verfügung stellen.

Verlassen wir kurz die Sichtweise des Unternehmens, das für seine Investitionen Geld benötigt, also Finanziers sucht, und betrachten die Finanzierungsbeziehung aus der Sicht des potentiellen Finanziers. Auch er sieht, ebenso wie der Unternehmer, eine mehr oder weniger große Zahl an Alternativen, wie er sein überschüssiges Geld seinen Zielen und Bedingungen entsprechend anlegen kann. Neben einer Überlassung an Unternehmen (z.B. über den Kauf neu emittierter Aktien oder Anleihen oder die Beteiligung an einem Windkraftfond) kommen so beispielsweise auch Anlagen in Staatspapieren, in Immobilien, in Edelmetallen oder Kunstgegenständen in Frage – in Abb. 1.3 als Beziehung FH/FI→A gekennzeichnet. Kurz: der Finanzier ist im Grunde nichts anderes als ein Investor und sieht sich den gleichen Fragestellungen wie ein Unternehmen gegenüber, das aus Investitionsmöglichkeiten die beste(n) auszuwählen hat. Ein privater oder institutioneller Finanzier oder ein Finanzintermediär wird also sinnvollerweise grundsätzlich nach den gleichen Prinzipien und mit den gleichen Rechenverfahren prüfen, ob eine bestimmte Form der Kapitalanlage zweckmäßig ist, wie sie für die Prüfung der Vorteilhaftigkeit unternehmerischer Investitionen eingesetzt werden. Finanzierung und Investition erweisen sich damit als „zwei Seiten einer Medaille": was dem einen (dem kapitalsuchenden Unternehmen) Finanzierung ist, ist dem anderen (dem kapitalgebenden Wirtschaftssubjekt) Investition.

Und doch: bei genauerem Hinsehen zeigen sich nicht unerhebliche Unterschiede zwischen dem Typ direkter Investitionen in reale Güter (Luxuswagen, Maschinen etc.), die wir in unserem Gründerbeispiel beschrieben haben, und einer Finanzinvestition in der Form, dass der Anleger anderen Unternehmen Eigen- oder Fremdkapital zur Verfügung stellt.

Greifen wir dazu den Faden unserer beiden Gründerinnen wieder auf. Die Gründungsüberlegungen waren so weit gediehen, dass die leistungswirtschaftliche Konzeption des geplanten Unternehmens ausreichend geklärt und in einem – wie man ihn heute gemeinhin nennt – Business Plan beschrieben ist. Darin haben die beiden Gründerinnen die notwendigen Investitionen und die sonstigen Ausgaben geschätzt und die gesamten erwarteten Zahlungsströme in einem Finanzplan zusammengefasst, der die Einnahmen und Ausgaben der nächsten Jahre und den sich ergebenden Finanzierungsbedarf gut erkennen lässt. Frohen Mutes machen sie sich an die Gespräche zur Beschaffung der fehlenden 200.000 €. Sie sprechen bei einem ortsansässigen Kreditinstitut vor, das in regelmäßigen Anzeigen und Fernsehspots dafür wirbt, dass es für Gründer „den Weg frei mache".

Zu ihrer Überraschung beglückwünscht sie der Filialleiter zwar zu ihrem Elan und ihrem Mut, sich in der heutigen Zeit selbständig machen zu wollen, sowie zu der schönen Ausar-

beitung im Business Plan, findet aber sonst wenig Begeisterung für ihr Projekt. Er zeigt sich skeptisch gegenüber der Geschäftsidee, merkt kritisch die fehlende kaufmännische Erfahrung der beiden an und knüpft die Vergabe eines Kredits an die Bedingung, entweder den Anteil des Eigenkapitals wesentlich zu erhöhen oder geeignete Sach- oder Personalsicherheiten zu stellen. Da ihm Familie Mustermann durchaus bekannt ist, regt er an, der Vater, ein hoher Beamter, möge doch eine persönliche Bürgschaft übernehmen oder auf die prächtig gelegene, gut erhaltene Familienvilla eine Grundschuld zugunsten der Bank eintragen lassen. Auch bei anderen Banken machen die Gründerinnen ähnliche Erfahrungen.

Daraufhin fragt Frau Labelle bei ihrem ehemaligen Kommilitonen Reich an, der aus begütertem Hause stammt, ob er nicht das fehlende Geld zur Verfügung stellen wolle. Dieser erklärt sich zwar nach Prüfung der Idee grundsätzlich interessiert, fordert aber die hälftige Beteiligung am Gewinn, regelmäßige Einsichtnahme in die Bücher und ein Vetorecht bei allen grundsätzlichen Entscheidungen. Dies wiederum erscheint den beiden Gründerinnen angesichts dessen, dass sie die Geschäftsidee entwickelt haben und die volle Managementleistung übernehmen, unangemessen. Sie sehen auch nicht ein, warum sie sich in die Geschäftsführung hineinreden lassen sollen.

Auch hier sei das für die finanzwirtschaftliche Funktion Wesentliche verallgemeinert. Reichen die im Unternehmen erwirtschafteten und dem Unternehmen/Unternehmer verfügbaren Finanzmittel zur Deckung der beabsichtigten Ausgaben nicht aus, kann grundsätzlich zusätzliches Geld von Finanziers oder allgemein, vom Finanzmarkt beschafft werden. „Finanzmarkt" bezeichnet hier die Gesamtheit aller Märkte, auf denen Finanzierungstitel gehandelt werden. Damit wird deutlich, dass die Beziehungen zwischen Unternehmen und Finanziers Marktbeziehungen sind, so unvollkommen diese Märkte teilweise auch sein mögen. Von Unternehmen am Finanzmarkt angebotene Finanzierungstitel verbriefen Ansprüche auf Beteiligung an den künftigen vom Unternehmen erwirtschafteten Überschüssen. Diese können, wie man die letzten Jahre bitter erfahren musste, sehr starken Schwankungen unterliegen. In einem Finanzierungsvertrag werden also künftige unsichere Zahlungsansprüche gegen die Überlassung bestimmter Geldbeträge „heute" getauscht. Je nach der Vertragsgestaltung sind die Ansprüche der Finanziers mehr oder weniger unsicher. Mit der **Überlassung von Fremdkapital** werden in aller Regel „Festbetragsansprüche" (D. Schneider 1992, S. 48), d.h. vom Unternehmensgewinn unabhängige Zins- und Tilgungsleistungen, vereinbart. Kann das Unternehmen diese Festbetragsansprüche erfüllen, ist der Fremdkapitalgeber also gar nicht von den Schwankungen der Überschüsse betroffen. Erst wenn das Unternehmen nicht mehr in der Lage ist, die Festbetragsansprüche überhaupt oder fristgerecht zu erfüllen, verbleibt auch bei Fremdkapitalgebern ein Ausfall- oder wenigstens ein Verzugsrisiko.

Den **Eigenkapitalgebern** stehen dagegen üblicherweise nur „Restbetragsansprüche" zu, also Ansprüche auf den Gewinn nach Zahlung der Zinsen und – bei Liquidation des Unternehmens – Ansprüche auf den Restwert des Unternehmens nach Bedienung der Tilgungsansprüche aller Gläubiger.

Warum war die skeptische Reaktion des Bankers für die Gründerinnen so enttäuschend, aber möglicherweise aus dessen Sicht durchaus gerechtfertigt? Wir müssen davon ausgehen, dass zwischen dem Unternehmer und den Finanziers ein strukturelles Informationsgefälle herrscht. Beide unterliegen dem Risiko, dass sie die künftige Entwicklung des ökonomischen Umfelds und des Unternehmens falsch einschätzen. Für die Eigentümer kann dies den Verlust des gesamten eingesetzten Kapitals bedeuten. Für die Bank kann daraus das eben beschriebene Risiko des (teilweisen) Ausfalls ihrer Ansprüche schlagend werden.

Die sachliche Nähe zu den Unternehmensgegebenheiten und den Investitionsprojekten führt aber über diese gemeinsame Unsicherheit hinaus zu einem Wissensvorsprung des Unternehmers gegenüber dem Finanzier über die mit den geplanten Investitionen verbundenen Ertragschancen und -risiken. Diese **asymmetrische Informationsverteilung** eröffnet dem Unternehmer Möglichkeiten, vor Vertragsabschluss die Finanziers über bestimmte Eigenschaften der beabsichtigten Investition und/oder der Unternehmerperson im Unklaren zu lassen bzw. falsch zu informieren. Wir reden von verstecktem Wissen (hidden information oder hidden knowledge) und von versteckten Eigenschaften (hidden characteristics). So könnten in einem Anlageprospekt eines geschlossenen Fonds oder in Äußerungen vor einem Börsengang eines jungen Biotec-Unternehmens die Marktchancen weit positiver und die Risiken geringer dargestellt werden, als sie der Unternehmer selbst einschätzt. Zugleich kann der Finanzier meist die fachlichen und unternehmerischen Qualitäten des Unternehmers nicht korrekt einschätzen.

Zusätzlich kann der Unternehmer nach Vertragsabschluss nicht vereinbarungsgemäße Handlungen zu seinem Vorteil und zum Schaden der Finanziers vornehmen, wenn seine Handlungen nicht (vollkommen) beobachtbar sind (hidden action). Damit sind nicht nur die (nicht so häufigen) Fälle echten Betrugs gemeint, in denen der Unternehmer ihm anvertrautes Geld veruntreut. Vielmehr geht es auch darum, dass der Unternehmer nicht die erwartete Arbeitsleistung bringt, weil bzw. wenn er am Zusatzgewinn, der durch seine Mehrarbeit entsteht, nicht oder zu gering beteiligt ist, oder dass er das Geld nicht in der versprochenen Weise verwendet, indem er z.B. vorrangig ihm zugute kommende Annehmlichkeiten (teurer Dienstwagen etc.) bezahlt. Oder er nimmt risikoreichere Investitionen vor als vereinbart, die geeignet sind, bei schlechtem Ausgang den Finanzier zu schädigen. Dieses Risiko wird als **moral hazard** bezeichnet.

Neben das Problem eines Finanziers, ein Investitionsprojekt oder eine Unternehmensidee und die Qualifikation der Unternehmerpersönlichkeit nicht adäquat beurteilen zu können, was gerade bei sehr innovativen Projekten oft der Fall sein wird, tritt also noch das Problem der Vertrauenswürdigkeit des Unternehmers. Dies alles heißt selbstverständlich nicht, dass der Unternehmer tatsächlich das Informationsgefälle zu seinen Gunsten nutzen wird. Allerdings wird der Finanzier ins Kalkül ziehen, dass er grundsätzlich dazu in der Lage wäre.

Zumindest einem rational handelnden und aufgeklärten Finanzier sind diese Risiken aber bewusst. Dies liefert einige Erklärungen, warum unsere Jungunternehmerinnen auf solche Schwierigkeiten der Finanzierung ihres aus ihrer Sicht doch so erfolgversprechenden Vorhabens stoßen.

Wenn für die Finanziers gute und schlechte Risiken nicht (leicht) unterscheidbar sind, werden sie geneigt sein, sich dies durch einen generellen Risikozuschlag bzw. Wertabschlag entgelten zu lassen, soweit sie sich überhaupt auf solche Finanzierungskontrakte einlassen.

Dies wiederum führt tendenziell zu einem Marktversagen, wenn die „ehrlichen" Unternehmer (und der einzelne Unternehmer kann sich ja korrekt einschätzen) zur Zahlung eines pauschalen Risikozuschlags oder zur Hinnahme eines Wertabschlags nicht bereit sind und den Markt verlassen. Dies wird als **adverse Selektion** bezeichnet. Übrig bleibt dann, was der Nobelpreisträger Akerlof (1970) für das Beispiel von Gebrauchtwagenmärkten als „Market for lemons" bezeichnet hat.

Auch aufgeklärte Unternehmer wissen um die Problematik asymmetrischer Information und sind sich im Klaren über das Wissen und die Denkweise von Finanziers aufgrund dieser Schwierigkeiten. Da aber grundsätzlich Investoren wie Finanziers am Zustandekommen von Finanzierungskontrakten interessiert sind, werden beide Seiten den Abbau des Wissensvorsprungs betreiben:

- Als **Screening** werden die Versuche der Finanziers beschrieben, von sich aus aktiv zu werden und die potentiellen Anlageobjekte und die Personen zu durchleuchten, also durch Einschalten von Gutachtern, durch Auskunfteien und durch Instrumente der Finanzanalyse die Beteiligungs- und Kreditwürdigkeit zu prüfen.
- **Signalling** bezeichnet Aktivitäten der Investoren, von sich aus bestimmte Sachverhalte offen zu legen und Nachweise zu führen, die sie als vertrauens- und finanzierungswürdig ausweisen und gegenüber anderen Unternehmen positiv herausheben. Dazu zählen z.B. die Einhaltung bestimmter Bilanzstrukturregeln, der Hinweis langjähriger erfolgreicher und für die Finanziers risikoarmer Geschäftsbeziehungen, Bestätigungen von Wirtschaftsprüfern, Zeugnisse und Bestätigungen renommierter Institutionen, das Angebot von Garantien und Sicherheiten. Verständlicherweise fällt Gründern ein solches Signalling besonders schwer, weil sie meist nicht auf eine erfolgreiche Historie verweisen können.

Zur Absicherung gegen versteckte und unerwünschte Aktionen nach Vertragsabschluss werden die Unternehmen Angebote unterbreiten und die Finanziers Forderungen erheben, die sich auf folgende Aspekte beziehen können:

- korrekte, vom Finanzier oder von Dritten geprüfte oder prüfbare Rechenschaftslegung über vorgenommene Handlungen;
- Einräumung von Informations-, Mitwirkungs- oder Vetorechten oder Eingehen von Selbstbindungsklauseln;
- vorrangige Beteiligung des Investors am Risiko, z.B. durch Einbringung von möglichst hohem Kapital, das im Konkursfall erst nach der Befriedigung anderer Ansprüche bedient wird, und Stellung von Sicherheiten, auf die der Finanzier bei nicht vertragsgemäßer Leistung zurückgreifen kann;
- Einräumung von Kündigungsrechten mit für den Investor „schmerzhaften" Ausstiegsmodalitäten;
- Gewährung von Zinszuschlägen als Ausgleich für das höhere Risiko.

Damit wird deutlich, dass in Finanzierungsverträgen nicht nur die finanzielle Kompensation für die Überlassung von Geld zu regeln ist, sondern dass sie eine Vielzahl von zusätzlichen Regelungsbestandteilen zur Kompensation übernommener Risiken enthalten. Jeder Marktpartner strebt dabei die seinen Präferenzen entsprechende Kombination von Vorteilen und Nachteilen an. Die finanzwirtschaftliche Funktion der Kapitalbeschaffung besteht also vorwiegend darin, diese komplexen Finanzmarktbeziehungen im Sinne der Unternehmensziele zu gestalten.

Finanzdisposition

Die Aufgabe der Finanzdisposition knüpft an die Finanzplanung an, die oben beschrieben wurde. Sie wird heute meist – der Mode der Nutzung von Anglizismen folgend – als Cash Management bezeichnet. Teilaufgaben des Cash Management sind

- die Liquiditätsplanung (Erfassung künftiger kurzfristiger Zahlungsbewegungen);
- die Liquiditätsdisposition, verstanden als Entscheidungen über Zahlungszeitpunkte, die Kassenhaltung, die Vornahme kurzfristiger Anlagen bei Liquiditätsüberschüssen und die Beschaffung fehlender Mittel bei Liquiditätsengpässen;
- die effiziente Gestaltung des nationalen und internationalen Zahlungsverkehrs.

In großen Konzernen werden diese Aufgaben oft einem ausgegliederten Cash Coordination Center übertragen, das für den gesamten Unternehmensverbund die Liquiditätsversorgung zentral steuert.

Management finanzieller Risiken

Unternehmerische Betätigung birgt eine Vielzahl von Risiken in sich, die gesetzten Erfolgs- und Finanzziele zu verfehlen. Neben dem allgemeinen Unternehmerrisiko sind hierfür zahlreiche Einzelrisiken in allen funktionalen Bereichen des Unternehmens ursächlich, so z.B. Beschaffungsprobleme von Rohstoffen, Produktionsausfälle durch Streiks oder technische Störungen, Diebstahl und Missbrauch von Computerdaten oder Schadenersatzforderungen wegen schadhafter Produkte.

Die meisten Unternehmensrisiken wirken sich, zumindest indirekt, auf den Finanzbereich aus und schlagen sich dort als Ausfälle oder Verminderungen von Einnahmen, Erhöhung von Ausgaben oder Verschlechterungen der künftigen Finanzierungsbedingungen nieder. Für solche Fälle muss daher finanzielle Vorsorge getroffen werden. Als finanzielle Risiken im engeren Sinn sollen solche Risiken verstanden werden, die ausschließlich oder wenigstens partiell durch originäre finanzwirtschaftliche Entscheidungen ausgelöst werden. Als derartige Risiken sind Forderungsausfälle, Wechselkursschwankungen und Zinsänderungen für Unternehmen von besonderer Bedeutung. Sie können sehr schnell zur Bedrohung der gesamten Unternehmensexistenz werden.

Die Aufgabe des finanziellen Risikomanagements besteht darin, Verfahren zur frühzeitigen Erkennung und zur Messung der (Folgen der) Risiken einzusetzen und geeignete Strategien und Maßnahmen zur Bewältigung dieser Risiken zu planen und im konkreten Fall zu ergreifen.

Gestaltung der Finanzmarktbeziehungen

Vorhin war die Finanzierungsbeziehung als Marktbeziehung dargestellt worden. Wie Güter- und Leistungsmärkte auch sind die Finanzmarktbeziehungen partiell durch das Unternehmen gestaltbar. Die dafür notwendigen Aktivitäten werden verschiedentlich – in Anlehnung an die Gestaltung der Marktprozesse für Güter und Dienstleistungen – als Finanzmarketing bezeichnet. In der Literatur wie auch in der finanzwirtschaftlichen Praxis wird die Kommunikationspolitik als Instrument der Pflege der Beziehungen zu den Kapitalgebern – als Investor Relations bezeichnet – besonders hervorgehoben. Daneben darf aber die Bedeutung der Finanzmarktforschung, der Produkt- und Konditionengestaltung sowie der Distributionspolitik im Rahmen des Finanzmarketings nicht unterschätzt werden. Kleine und mittlere Unternehmen neigen häufig zu der Meinung, die Gestaltung der Finanzmarktbeziehungen sei ausschließlich für (börsennotierte) Großunternehmen möglich und nötig. Dies ist ein Missverständnis, denn zumindest die Kommunikation mit den Kapitalgebern ist auch für mittelständische Unternehmen zur Sicherung von günstigen Finanzierungsquellen essentiell.

1.3   Finanzwirtschaftliche Ziele

Die beschriebenen Finanzierungsaufgaben sind im Sinne der Finanzierungsziele des Unternehmens zu erfüllen. Finanzierungsziele geben an, zu welchem Zweck und in wessen Interesse die Zahlungsströme zu gestalten und zu steuern sind. Finanzierungsziele stehen und entstehen dabei nicht isoliert, sondern müssen sich aus den allgemeinen Unternehmenszielen ableiten. Diese werden bei einem privatwirtschaftlich geführten Unternehmen in marktwirtschaftlichen Wirtschaftssystemen weitgehend durch die Eigentümerziele bestimmt.

Rentabilität

Was erwarten Eigentümer, wenn sie ihr Geld in einem Unternehmen einsetzen? Wir wollen einmal nicht-finanzielle Zielsetzungen wie Freude an der Selbständigkeit (wie bei unseren Gründerinnen) oder Macht, Einfluss und Prestige, die durchaus eine erhebliche Rolle spielen können, vernachlässigen. Die finanziellen Zielsetzungen von Eigentümern richten sich darauf, für den Einsatz des Geldes (und das Eingehen von Risiken, das eingesetzte Geld zu verlieren) eine möglichst hohe Kompensation in Form eines ihnen zufließenden Zahlungsstroms zu erhalten. Bei mehreren Alternativen ist der Zahlungsstrom zu wählen, der dem Anleger den höchsten Nutzen bringt. Wir möchten uns hier die Diskussion um die Messung des Nutzens ersparen, den ein Eigentümer aus einem Zahlungsstrom ziehen kann. Ebenso ist plausibel, dass einzelne Eigentümer und Eigentümergruppen Zahlungsströmen durchaus unterschiedlichen Nutzen zuordnen, also bei mehreren Eigentümern das finanzielle Ziel nicht eindeutig definiert werden kann. Vereinfacht wollen wir es daher so fassen: Insgesamt muss der erwartete Zahlungsstrom eine durchschnittliche Rendite auf den eingesetzten Betrag erbringen, die mindestens so hoch ist wie bei einer anderen, im Risiko vergleichbaren Kapitalanlage.

Der Finanzbereich hat damit einen möglichst hohen Beitrag zur Steigerung der Rendite auf das im Unternehmen arbeitende Kapital der Eigentümer zu leisten. Bei den Investitionen geschieht dies durch die Auswahl solcher Anlagevarianten, die im Verhältnis zum eingesetzten Kapital möglichst hohe kumulierte Überschüsse erwarten lassen. Wir werden dies später noch konkretisieren und differenzieren müssen. Bei der Kapitalbeschaffung ist auf die Auswahl und Kombination von Finanzierungsformen mit möglichst niedrigen Finanzierungskosten zu achten.

Ein öffentliches Unternehmen dagegen wird (hoffentlich) deutlich andere Ziele verfolgen. Hier geht es vorrangig um Ziele der Versorgung der Bürger mit bestimmten öffentlichen Gütern. Selbstverständlich wird auch bei öffentlichen Investitionen wie dem Bau einer Straße oder eines Kraftwerks auf einen möglichst effizienten Kapitaleinsatz geachtet werden müssen, doch bedeutet dies nicht notwendig, eine Maximierung der Kapitalrendite anzustreben, sondern das bestmögliche Niveau des Nutzens der Bürger zu erreichen, so schwierig dieser in praxi auch zu messen sein mag.

Vermeidung von Insolvenz (Liquidität)

Soll auf Dauer das Rentabilitätsziel erreicht werden, dann muss das Unternehmen bestrebt sein, nicht unfreiwillig aus dem Markt auszuscheiden, d.h. es muss den Eintritt einer Insolvenz vermeiden. Verschiedentlich wird dies etwas unscharf als Liquiditätsziel des Unternehmens bezeichnet.

Die Insolvenzordnung (InsO) kennt drei Sachverhalte, bei deren Eintritt ein Insolvenzverfahren ausgelöst wird bzw. werden kann, das möglicherweise zur Zerschlagung des Unternehmens führt. In der Regel führt ein Insolvenzverfahren zu einer Liquidation des Unternehmensvermögens und einer Bedienung der Gläubiger aus den Veräußerungserlösen. Gläubigern, die sich ihren Anspruch vom Unternehmen haben absichern lassen, stehen Aus- und Absonderungsrechte zu. Für Gläubiger ohne solche Sicherungsrechte bleibt daher oft nur ein geringer Teil übrig, der nur zu einer niedrigen Quote der Befriedigung der Ansprüche ausreicht. In der überwiegenden Zahl der Insolvenzfälle wird sogar das Insolvenzverfahren überhaupt nicht eröffnet, weil die verbleibende Vermögensmasse nicht einmal ausreicht, um die Verfahrenskosten abzudecken. Mit einer frühzeitigeren Auslösung des Verfahrens könnte die Chance steigen, dass statt der Zerschlagung und Auflösung des Unternehmens auch eine Sanierung oder eine Veräußerung von Teilen an Dritte gelingt. Damit könnte zum einen eine Verschleuderung von Vermögenswerten und eine Vernichtung von Arbeitsplätzen vermieden und zum andern eine Erhöhung der Befriedigungsquote erreicht werden.

Zahlungsunfähigkeit liegt nach § 17,1 InsO vor, wenn der Schuldner nicht im Stande ist, seine fälligen Zahlungspflichten zu erfüllen. Seine Bestände an liquiden Mitteln und die durch Veräußerung von Vermögensgegenständen oder durch weitere Kapitalaufnahmen beschaffbaren Beträge reichen also insgesamt nicht aus, um die zur Zahlung fälligen Ansprüche von Gläubigern abzudecken. Eine nur vorübergehende Zahlungsunfähigkeit (eine Zahlungsstockung), bei der das Unternehmen plausibel darlegen kann, dass in absehbarer Zeit die Zahlungsverpflichtungen wieder ordentlich bedient werden können, führt dagegen nicht zur Insolvenz.

Mit § 18 InsO ist den Unternehmen ein Weg eröffnet worden, schon bei drohender Zahlungsunfähigkeit ein Insolvenzverfahren zu beantragen und damit die Auslösung des Verfahrens vorzuverlegen. Es liegt in der Hand der Gläubiger, einem vom Unternehmen selbst oder dem Insolvenzverwalter entwickelten Insolvenzplan zur Rettung des Unternehmens zuzustimmen.

Während die Zahlungsunfähigkeit für alle Unternehmen (und Privatpersonen) als Insolvenzgrund gilt, ist eine Überschuldung nur für solche Gesellschaften ein Insolvenzgrund, bei denen keine natürliche Person voll haftet. Nach § 19 InsO ist ein Unternehmen dann überschuldet, wenn das Vermögen des Schuldners die bestehenden Verbindlichkeiten nicht mehr deckt. Vermögen und Verbindlichkeiten sind bilanzielle Begriffe. Daher läge es nahe, das Vorliegen einer Überschuldung anhand der Jahresschlussbilanz zu prüfen. Das scheitert aber daran, dass in den Jahresschlussbilanzen Bewertungsprinzipien zur Anwendung kommen, die in vielen Fällen einen Ausweis der „wirklichen" Vermögenswerte nicht erlauben. So verhindert das Realisationsprinzip, dass Vermögensgegenstände zu einem höheren Wert als ihren historischen Anschaffungs- oder Herstellungskosten angesetzt werden dürfen. Daher ist zur Feststellung einer Überschuldung anders vorzugehen. In einem ersten Schritt ist eine Fortbestehensprognose (eine Finanzplanung) zu erstellen, die zeigen soll, ob das Unternehmen in einem überschaubaren Zeitraum voraussichtlich seinen finanziellen Verpflichtungen nachkommen kann. Fällt diese positiv aus, dann ist eine Überschuldungsbilanz aufzustellen, in der das Vermögen zu Werten angesetzt wird, die gelten, wenn das Unternehmen fortgeführt wird. Fällt sie dagegen negativ aus, ist das Vermögen zu Liquidationswerten anzusetzen. Decken die jeweiligen Vermögenswerte die Verbindlichkeiten des Unternehmens nicht, dann ist das Unternehmen überschuldet.

Da also der Eintritt eines Insolvenzgrunds in den meisten Fällen zu einer Liquidation des Unternehmens führt, bei der in den wenigsten Fällen nach Befriedigung der Gläubiger noch ein Restvermögen für die Eigentümer übrig bleibt, liegt es im Interesse der Eigentümer, Vorsorge zu treffen, damit diese Fälle nicht eintreten.

Unabhängigkeit

Verschiedentlich wird als finanzwirtschaftliches Ziel auch die Unabhängigkeit genannt. Dies bedarf der Präzisierung, wer denn von wem aus welchem Grund unabhängig sein will. Es mag einleuchten, wenn die Eigentümer sich nicht zu stark an Fremdkapitalgeber, z.B. an eine Bank binden wollen, um nicht von deren Entscheidungen und deren eigener wirtschaftlicher Entwicklung abhängig zu sein. Ebenso ließe sich nachvollziehen, wenn Kleinaktionäre wünschen würden, es gäbe keinen dominanten, die Geschäftspolitik bestimmenden Großaktionär, der möglicherweise übergeordnete, der Position der Kleinaktionäre nicht förderliche Interessen verfolgt.

Kurios wird der Wunsch nach Unabhängigkeit aber, wenn er vom Management erhoben wird, das auf weniger Einfluss der Eigentümer drängt. Damit wird die grundsätzliche Frage aufgeworfen, ob außer den – wie gesehen, auch nicht notwendig einheitlichen – Zielvorstellungen der Eigentümer auch Interessen anderer Wirtschaftssubjekte und Gruppierungen zu berücksichtigen sind. Zu denken wäre hier in erster Linie an Fremdkapitalgeber (Banken), das Management und die Belegschaft. Lässt man deren Zielvorstellungen für die Finanzwirtschaft außer Acht, so kann man dies damit begründen,

- dass sie mit den Zielen der Eigentümer weitgehend gleichartig oder komplementär sind bzw. sein sollten und
- dass sie keinen Rechtsanspruch und/oder keine Macht zur Durchsetzung ihrer Ziele haben.

Sicher dürften partiell die Interessen aller Beteiligten gleichgerichtet sein. Von einem florierenden, ertragreichen Unternehmen ohne Insolvenzgefahr profitieren letztlich alle. Bei zahlreichen Entscheidungen über Kapitalbeschaffung und Kapitalverwendung werden aber die Vorstellungen von Eigentümern und den anderen Gruppen nicht gleichgerichtet sein, so z.B.

- bei sehr risikoreichen Investitionen, deren Ertrag großenteils den Eigentümern zufließt, bei deren Scheitern aber die anderen Gruppen vorrangig den Schaden tragen,
- bei Rationalisierungsinvestitionen mit der Gefahr von Arbeitsplatzverlusten,
- bei hohen Gewinn- und Kapitalentnahmen der Eigentümer mit der Folge der Schwächung der Finanzkraft und Überlebensfähigkeit des Unternehmens und
- bei einem Übernahmeangebot eines als „Spekulant" bekannten Kapitalgebers an ein sanierungsbedürftiges Unternehmen, wenn zu befürchten ist, dass er das Unternehmen zerschlägt und Arbeitsplätze vernichtet oder verlagert.

Kreditgebern steht formalrechtlich keine Mitwirkung an der Formulierung finanzwirtschaftlicher Ziele zu. Ihr faktischer Einfluss, der teils informell ausgeübt, teils über vertragliche Vereinbarungen in Kreditverträgen gesichert wird, ist aber nicht zu übersehen.

Die formelle Beteiligung des Managements und der Belegschaft ist von der Rechtsform, der Unternehmensgröße und der Branche abhängig. Der Geschäftsführer einer GmbH führt zwar das Unternehmen in der Regel selbständig, ist aber an Weisungen der Gesellschafterversammlung gebunden. Noch eigenständiger agiert formal der Vorstand einer AG. Er hat „unter eigener Verantwortung die Gesellschaft zu leiten" (§ 76,1 AktG). Die Satzung kann jedoch vorsehen, dass bestimmte Arten von Geschäften der Zustimmung des Aufsichtsrats bedürfen.

Über den Aufsichtsrat können nicht nur die Kapitalgeber (oft sind neben Eigentümervertretern auch wichtige Kreditgeber Mitglieder), sondern je nach der für das Unternehmen geltenden Mitbestimmungsregelung auch die Arbeitnehmer ihre Interessen einzubringen und durchzusetzen versuchen. Fällt das Unternehmen unter die Montanmitbestimmung, ist eine Einflussmöglichkeit der Arbeitnehmer auch über den Arbeitsdirektor im Vorstand gegeben.

Vor allem der Geschäftsleitung kommt damit ein großes Einflusspotential auf die finanzwirtschaftlichen Entscheidungen (und selbstverständlich andere unternehmerische Entscheidungen auch) zu. Es kann sicher nicht unterstellt werden, das die Interessen des Managements immer mit denen der Eigentümer identisch sind oder in die gleiche Richtung weisen. Die Trennung von Eigentum und Verfügungsmacht und die dadurch auftretenden Fragen, wie die Durchsetzung der Eigentümerinteressen gesichert und das Verhalten des Fremdmanagements effizient kontrolliert werden kann, werden in der finanzwirtschaftlichen Literatur im Rahmen

der **Agency-Theorie** diskutiert. Auch hier tritt – ähnlich wie zwischen Investor und Finanzier – das Problem des Wissensvorsprungs des Managements (des Agenten) auf, da (soweit)
dessen Handlungsmöglichkeiten und Handlungsergebnisse nicht vollständig und ohne Kosten vom Eigentümer (Prinzipal) beobachtbar sind. Konsequenterweise wird es daher auch
hier darum gehen, durch geeignete vertragliche Gestaltungen der Anreiz- und Sanktions-
strukturen und der Kontrollmaßnahmen abweichendes, den Zielen des Prinzipals zuwiderlau-
fendes Verhalten möglichst auszuschließen.

Auch unsere beiden Gründerinnen werden sich vor dieses Problem gestellt sehen, da nach
der Fallbeschreibung Frau Labelle (fast) kein Eigenkapital einbringt, also ihre Management-
funktion stark dominiert, während Frau Mustermann fast das ganze Eigenkapital hält. Zumindest die Regelung der Befugnisse der Geschäftsführerinnen und der Verteilung des gemeinsam erwirtschafteten Gewinns wird diese unterschiedliche Interessenlage zu
berücksichtigen haben.

1.4   Zum weiteren Vorgehen

Die folgenden Kapitel werden nicht alle der beschriebenen Aufgaben der Finanzwirtschaft
vertieft behandeln. Wir wollen uns vielmehr auf die beiden Aufgaben der Auswahl von Kapitalanlagemöglichkeiten (Investitionsentscheidungen) und der Auswahl der Beschaffung
benötigter Finanzmittel (Finanzierungsentscheidungen) konzentrieren.

Kapitel 2 wird die grundsätzlichen Überlegungen der Investitionsentscheidung und die typischen Verfahren der Berechnung der Vorteilhaftigkeit von Investitionen und der Bestimmung ihrer optimalen Nutzungsdauer vorstellen. Zur Vereinfachung werden dazu zuerst
Entscheidungssituationen unter Sicherheit unterstellt. Sukzessive werden dann die Auswirkungen der Berücksichtigung von Steuern, von nicht-monetären Investitionszielen und der
Unsicherheit der Planungsgrößen eingeführt.

Kapitel 3 stellt dem dann Alternativen der Kapitalbeschaffung gegenüber. Wir werden hier
der üblichen Unterteilung der Finanzierungsquellen in Innenfinanzierung und Außenfinanzierung folgen. Die Beschaffung von Finanzmitteln über den Finanzmarkt wird wiederum
nach der Rechtsstellung Möglichkeiten der Eigen- und der Fremdfinanzierung abgrenzen.
Hier wird uns ein besonders Anliegen sein, die Abhängigkeit der Finanzierungsmöglichkeiten und -konditionen von unternehmensspezifischen Faktoren wie der Rechtsform und der
Größe, von der Situation an den Finanzmärkten und vor allem von den institutionellen Rahmenbedingungen dieser Märkte sichtbar zu machen.

Der schon eingeführte Beispielfall der beiden Unternehmensgründerinnen wird durchgängig
fortgeführt und je nach der zu erläuternden Fragestellung konkretisiert und angepasst.

1.5   Weiterführende Literatur

Die verschiedenen Sichtweisen der Finanzwirtschaft und ihrer Funktionen sind ausgezeichnet gegenübergestellt in Schmidt, R.H./Terberger, E.: Grundzüge der Investitions- und Finanzierungstheorie, 4. Auflage, Wiesbaden 1997, insbes. S. 9-79.

Ausführlichere Darstellungen zur Insolvenz finden sich bei Drukarczyk, J.: Finanzierung, 9. Auflage, Stuttgart 2003, S. 513-546.

Der vielzitierte Beitrag von Akerlof, G.A. ist: The Market for „Lemons": Quality Uncertainty and the Market Mechanism, Quarterly Journal of Economics 1970, S. 488-500.

Die Begriffe „Festbetragsansprüche" und „Restbetragsansprüche" übernimmt Schneider, D.: Investition, Finanzierung und Besteuerung, 7. Auflage, Wiesbaden 1992, S. 48, von Stützel.

2   Investition

2.1   Der Investitionsbegriff

Bei der Beschreibung der Zahlungsströme im einleitenden Teil hatten wir einen Typ von Ausgaben kennen gelernt, die durch ein leistungswirtschaftliches Äquivalent gekennzeichnet sind: die Ausgaben für die Beschaffung von Produktionsfaktoren. Durch sie wird Geld mehr oder weniger lang der Verfügungsmacht der Unternehmung entzogen, nämlich so lange, bis es über die am Markt erzielten Einnahmen wieder in Geldform der Unternehmung zur Verfügung steht. Durch diese Art von Ausgaben wird keine Verringerung des Kapitalstocks der Unternehmung ausgelöst, sondern das Kapital ändert lediglich seine Erscheinungsform. Ausgaben des Leistungsbereichs werden daher als kapitalbindende Ausgaben bezeichnet. Für diese Vorgänge wird oft das Bild eines direkten Kreislaufs verwendet, das auch in der Darstellung als Rotationsprozess („Geld – Ware – Mehr Geld") zum Ausdruck kommt.

Kapitalbindende Ausgaben weisen – ungeachtet sonstiger vielfacher Unterschiede – folgende gemeinsame Merkmale auf:

- das Unternehmen erbringt eine Vorleistung,
- dies geschieht in der Erwartung, dafür einen Vorteil (= einen Beitrag zur Erreichung der Ziele des Unternehmens) zu erlangen,
- zwischen Vorleistung und Erlangung des Vorteils liegt eine bestimmte Zeitspanne.

In aller Regel wird dabei die Vorleistung, häufig auch der angestrebte Vorteil, ausschließlich in monetären Größen, d. h. in Einnahmen und Ausgaben konkretisiert.

Für solche Ausgaben zum Zweck künftiger Einnahmenerzielung findet häufig der Begriff der Investition Verwendung. Nach dem **zahlungsstromorientierten Investitionsbegriff**, von Dieter Schneider geprägt und inzwischen in der betriebswirtschaftlichen Theorie weitgehend übernommen, ist eine Investition durch einen Zahlungsstrom gekennzeichnet, der mit einer Ausgabe beginnt und in späteren Zeitpunkten Einnahmen und Ausgaben erwarten lässt (vgl. D. Schneider 1992, S. 34).

Da in Unternehmen auch nicht-monetäre Ziele zu beachten sind, ist es zweckmäßig, als erwartete Vorteile einer Investition neben oder statt den Einnahmen auch nicht monetäre Größen zuzulassen. Dies werden wir in späteren Kapiteln auch explizit einbauen.

Die betriebliche Praxis (und auch die Umgangssprache) folgt jedoch dieser weiten Definition von Investitionen meist nicht. Oft werden Einschränkungen vorgenommen auf

- langfristige Investitionen: Was als „langfristig" zu bezeichnen ist, bleibt strittig. Im Sinne einer Konvention gilt meist als langfristig, wenn die Zahlungen mindestens in zwei Perioden (Jahren) anfallen. Dies schließt also z.B. Käufe von Waren aus, die schon wenige Wochen später in die Produktion oder den Verkauf gehen (sollen).
- Potentialfaktoren: Als Investition gelten danach nur Ausgaben für die Beschaffung von Nutzungsbündeln (z.B. Gebäude, Maschinelle Anlagen, Fuhrpark, DV-Geräte). Ausgaben für Verbrauchsgüter, aber auch laufende Lohnzahlungen werden dagegen nicht zu den Investitionen gerechnet.
- „große" Investitionen: Auch was große Investitionen (gemessen an den dafür notwendigen Ausgaben) sind, kann nur über Konventionen, z.B. über die Bilanzierungsgrenze für geringwertige Wirtschaftsgüter, festgelegt werden. Der Kauf eines Hammers für 10 € für die Haustischlerei des Unternehmens erfüllt z.B. durchaus alle sonstigen Kriterien für eine Investition, auch die Potentialfaktoreigenschaft und die Langfristigkeit. Wegen des geringen Betrags wird man diese Ausgabe in aller Regel dennoch nicht in den Investitionsplan aufnehmen, sondern wie einen laufenden Verbrauch behandeln.
- bilanzierungsfähige Investitionen: Wird auf die Bilanzierungsfähigkeit des beschafften bzw. geschaffenen Gutes im Anlagevermögen abgehoben, so werden damit die selbst geschaffenen Gegenstände immateriellen Vermögens vom Investitionsbegriff ausgeschlossen. Bei dieser Abgrenzung bleiben also Ausgaben für die Schaffung nicht bilanzierungsfähiger Potentiale wie z.B. große Werbekampagnen für die Markteinführung neuer Produkte oder Aus- und Weiterbildungsmaßnahmen für Mitarbeiter zur Schaffung von „Humanvermögen" außer Betracht, obwohl nicht selten die Begriffe Werbe- und Personalinvestitionen gebraucht werden und auch sachlich angebracht sind.

Für die theoretische Analyse erscheint allenfalls die erste Einschränkung zweckmäßig. Denn ein wesentliches Problem der Investitionsentscheidung resultiert, wie noch zu zeigen sein wird, aus der Mehrperiodigkeit der Zahlungsströme.

Will man dagegen die Verwendung des Investitionsbegriffs in der (industriellen) Praxis wiedergeben, will man insbesondere abgrenzen, was in der betrieblichen Investitionsplanung üblicherweise erfasst wird, welche geplanten Ausgaben als Investitionen zu beantragen und mit Hilfe von Investitionsrechnungen auf ihre Vorteilhaftigkeit zu untersuchen sind, dann kommen in der Regel alle oben genannten Einschränkungen zum Tragen.

2.2   Der Investitionsentscheidungsprozess

2.2.1   Analyse von Investitionsentscheidungen

Im Vordergrund der folgenden Analyse von Investitionsentscheidungen stehen die Art der Investitionsentscheidung, die Phasen und die Organisation des Investitionsentscheidungsprozesses sowie typische Schwachstellen in solchen Entscheidungsprozessen.

Investitionsentscheidungen lassen sich nach verschiedenen Kriterien systematisieren. Eine Auswahl solcher Kriterien ist in Abb. 2.1 zusammengestellt.

Der Differenzierung nach der **Art des Investitionsobjekts** liegt das Bilanzgliederungsschema des § 266 Abs. 2 HGB zugrunde. Dort werden im Anlagevermögen immaterielle Anlagen (z.B. Konzessionen, Lizenzen), Sachanlagen (z.B. Grundstücke, Maschinen) und Finanzanlagen (z.B. Beteiligungen) unterschieden.

Nach dem Kriterium **Kapazitätswirkung** lassen sich reine Ersatzinvestitionen (keine Kapazitätswirkung), Erweiterungsinvestitionen (Kapazitätserhöhung) und Rationalisierungsinvestitionen (Verringerung des Faktoreinsatzes und/oder Kapazitätserhöhung) unterscheiden. Kapazitätswirkungen beziehen sich hierbei auf quantitative und qualitative Aspekte. Viele Investitionen lassen sich nicht eindeutig zuordnen, da sie, wie z.B. die Beschaffung eines neuen PCs, zugleich den Ersatz eines nicht mehr tauglichen Geräts, wegen des größeren Speichers und zusätzlicher Programme eine Erweiterung der Kapazität und wegen der schnelleren Verarbeitungsfähigkeit und des effizienteren innerbetrieblichen Datentransfers eine Rationalisierungsinvestition darstellen können. Wenn also das IFO-Institut regelmäßig die Unternehmen nach dem dominanten Typ der vorgesehenen Investitionen befragt, dann versucht es damit das **vorrangige Investitionsmotiv** zu erfassen.

Die Bedeutung einer Investition lässt sich an ihrem voraussichtlichen **Zielbeitrag** ermessen. Teilweise werden Investitionsentscheidungen ohne Beachtung der Zielwirkung generell als echte Führungsentscheidungen angesehen, die keinesfalls delegierbar sind. Die industrielle Praxis zeigt jedoch, dass sehr wohl, abhängig von ihrem Volumen und ihren Zielwirkungen, Investitionsentscheidungen an nachgeordnete Instanzen delegiert werden, ohne dass generelle Grenzen verbindlich festlegbar wären.

Nach dem **Ablauf des Investitionsentscheidungsprozesses** lassen sich echte und routinemäßige Investitionsentscheidungen unterscheiden. In der unternehmerischen Praxis erfolgt die Entscheidung über das Investitionsbudget und die Auswahl von Investitionsobjekten nicht selten routinemäßig. Die Unternehmensleitung bzw. die beauftragten Instanzen setzen keinen willensbildenden Prozess in Gang; sie verhalten sich einfach so, wie sie es in ähnlichen Fällen und gleichen Situationen schon früher getan haben, vor allem dann, wenn diese Entscheidungen erfolgreich verlaufen sind. Sie verwenden Faustregeln. Beispielsweise wird das Investitionsvolumen in Prozent des Jahresumsatzes oder des Abschreibungsvolumens festgesetzt. Auch sind Fälle nicht auszuschließen, in denen auf eine explizite Berechnung und Beurteilung der Vorteilhaftigkeit eines Investitionsobjektes verzichtet wird.

Differenzierungsmerkmal	Beispiele
Art des Investitionsobjekts	Sach-, Finanz-, immaterielle Investitionen
Kapazitätswirkung	Ersatz-, Rationalisierungs-, Erweiterungsinvestitionen
Bedeutung	Delegierbare/nicht delegierbare Entscheidungen
Ablauf des Entscheidungsprozesses	Echte/routinemäßige Investitionsentscheidung
Art des Entscheidungsproblems	Einzel-/Programmentscheidung, Wahl-, Investitionsdauerentscheidung
Einbeziehung anderer funktionaler Teilbereiche	Simultane/sukzessive Investitionsentscheidung

Abb. 2.1   Arten von Investitionsentscheidungen

Eine echte Investitionsentscheidung stellt dagegen einen Vorgang der Willensbildung und -durchsetzung dar, durch den aus den systematisch gesuchten und formulierten Investitionsmöglichkeiten keine, eine oder mehrere anhand eines oder mehrerer Kriterien bewusst ausgewählt und realisiert werden.

Nach der **Art des Entscheidungsproblems** können zum einen Wahlentscheidungen und Investitionsdauerentscheidungen und zum anderen Einzel- und Programmentscheidungen unterschieden werden.

Einzel- und Programmentscheidungen sind Wahlentscheidungen. Hierbei wird die Vorteilhaftigkeit eines einzelnen Investitionsobjektes bzw. eines Bündels sich gegenseitig nicht ausschließender Investitionsobjekte (Investitionsprogramm) beurteilt bzw. aus mehreren Alternativen ein Investitionsobjekt bzw. -programm ausgewählt. Die Nutzungsdauer der Investitionsprojekte ist dabei als gegeben anzusehen. Investitionsdauerentscheidungen haben dagegen die Festlegung der optimalen Nutzungsdauer bzw. des optimalen Ersatzzeitpunktes zum Inhalt.

Investitionsentscheidungen in einem bestimmten Bereich können nicht ohne **Berücksichtigung anderer betrieblicher Teilbereiche** getroffen werden. Die Einbeziehung anderer funktionaler Teilbereiche kann entweder sukzessive, das heißt vor oder nach der (vorläufig) getroffenen Investitionsentscheidung oder simultan erfolgen. Im letzten Fall wird gleichzeitig über Investitionen, ihre Finanzierung, die Gestaltung des Produktionsprozesses, den Einsatz absatzpolitischer Instrumente usw. entschieden, wobei alle zwischen den betrieblichen Funktionsbereichen bestehenden Interdependenzen Berücksichtigung finden. Bei Einzelinvestitionen ist die sukzessive Berücksichtigung anderer Funktionsbereiche häufig ausreichend. Die theoretisch insbesondere bei ausgedehnten Investitionsprogrammen zu bevorzugende simultane Berücksichtigung scheitert am Fehlen und wohl auch an der Möglichkeit zur Entwicklung entsprechend komplexer analytischer Modelle, die dennoch einfach zu handhaben bleiben. Auch darauf werden wir später noch zurückkommen.

2.2.2   Phasen des Investitionsentscheidungsprozesses

Zur Beschreibung des Prozesses von echten Investitionsentscheidungen kann auf das allgemeine Phasenschema des Entscheidungsprozesses (s. Abb. 2.2) zurückgegriffen werden. Es handelt sich hierbei aber lediglich um eine idealtypische Betrachtung eines Soll-Ablaufs von Investitionsentscheidungen. Reale Entscheidungsprozesse verlaufen – wie oben angedeutet – oft als Routineentscheidungen verkürzt und nicht notwendig rational. Häufig muss auch damit gerechnet werden, dass die am Investitionsentscheidungsprozess Beteiligten zwar durchaus rational vorzugehen versuchen, dabei aber neben oder statt den Zielen des Unternehmens ihre persönlichen Vorteile im Auge haben.

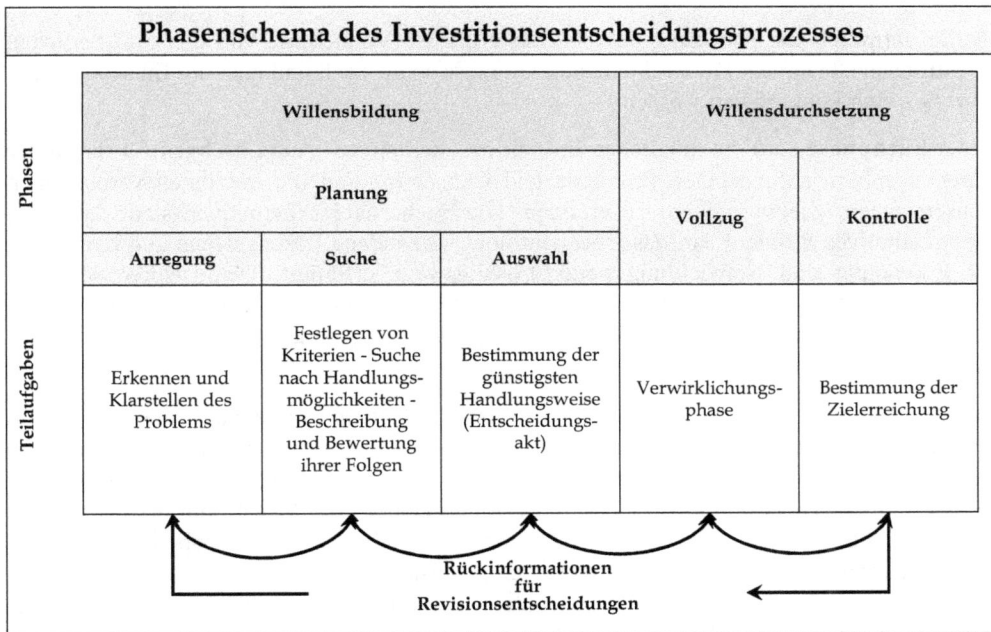

Phasenschema des Investitionsentscheidungsprozesses

Phasen	Willensbildung			Willensdurchsetzung	
	Planung			Vollzug	Kontrolle
	Anregung	Suche	Auswahl		
Teilaufgaben	Erkennen und Klarstellen des Problems	Festlegen von Kriterien - Suche nach Handlungsmöglichkeiten - Beschreibung und Bewertung ihrer Folgen	Bestimmung der günstigsten Handlungsweise (Entscheidungsakt)	Verwirklichungsphase	Bestimmung der Zielerreichung

Rückinformationen
für
Revisionsentscheidungen

Abb. 2.2   Phasen des Investitionsentscheidungsprozesses

Investitionsentscheidungsprozesse werden durch **Anregungsinformationen** ausgelöst. Das Informationssystem einer Unternehmung sollte idealtypisch sicherstellen, dass Schwachstellen und Entwicklungschancen rechtzeitig erkannt werden und somit der Investitionsbedarf bzw. die Investitionsmöglichkeiten der Unternehmung aufgedeckt werden.

Die betrieblichen Informationssysteme vermögen Daten über die augenblickliche Lage des Unternehmens und des Marktes sowie über künftig zu erwartende Entwicklungen in den einzelnen Bereichen zu liefern. Konkrete unternehmensinterne Indikatoren für einen Investitionsbedarf sind beispielsweise das wiederholte Auftreten von Engpässen, häufige Terminüberschreitungen, hohe Ausschussquoten, starke Reparaturanfälligkeit der Anlagen, Bewegungen der Zwischenlager, starke Arbeitnehmerfluktuation oder die Häufigkeit von Betriebsunfällen. Eine starke Anregung kann auch von hohen Beständen an liquiden Mitteln ausgehen, für die eine sinnvolle Anlage gefunden werden muss.

Unternehmensexterne Investitionsanregungen können sich beispielsweise aus Nachfrageverschiebungen und häufigen Reklamationen von Abnehmern ergeben. In Marktwirtschaften gehen zudem wesentliche Investitionsanregungen von anderen Unternehmen, z.B. Investitionsgüterherstellern aus, die ihre Produkte und Leistungen in Prospekten, auf Messen oder bei Geschäftsbesuchen anbieten. Was an Problemen und Chancen nicht wahrgenommen wird, kann auch in Investitionen nicht umgesetzt werden. Der Anregungsphase kommt daher eine wesentliche Bedeutung im Investitionsentscheidungsprozess zu.

Häufig vermittelt die Anregung nur eine erste diffuse Vorstellung von den erforderlichen Investitionsmaßnahmen. Die Problemsituation muss somit nach und nach im Entscheidungsprozess weiter konkretisiert werden.

In der **Suchphase** sind die möglichen Investitionsalternativen – als Lösungen für die in der Anregungsphase aufgedeckten Probleme und Chancen – und die mit ihnen verbundenen Konsequenzen (Zielwirkungen) zu erfassen. Die Suche nach Alternativen stellt dabei ein eher qualitatives Problem dar, das Übersicht über vorhandene Lösungswege und Kreativität zur Erkennung und Entwicklung neuer Lösungswege erfordert. Dementsprechend sind zweckmäßige Instrumente zur Unterstützung der Alternativensuche neben der vollständigen Ausnutzung interner und externer Informationsquellen insbesondere der Einsatz von Kreativitäts- und Ideenfindungstechniken.

Die Ermittlung der Konsequenzen von Investitionsalternativen ist in erster Linie ein Problem der richtigen Erfassung und Prognose ihrer Daten. Unterstützung bieten das betriebliche Rechnungswesen und der Einsatz quantitativer und qualitativer Prognoseverfahren. Als erstes ist zu untersuchen, ob bzw. inwieweit die Konsequenzen der Investitionsalternativen mit inner- und außerbetrieblichen Rahmenbedingungen vereinbar sind. Rahmenbedingungen, die der Realisierung von Investitionsprojekten entgegenstehen, sind z.B. Vereinbarungen mit dem Betriebsrat über Rationalisierungsschutz, Tarifverträge, gesetzliche Umweltschutzbestimmungen, produktionstechnische Bedingungen oder Budgetbeschränkungen. Verletzen Investitionsalternativen solche Restriktionen, sind sie als unzulässig aus dem weiteren Prozess auszuschließen.

In der **Optimierungsphase** werden die zulässigen Investitionsalternativen nach ihren Erfüllungsgraden bezüglich der zugrunde liegenden Zielkriterien in eine Rangfolge gebracht. Es erfolgt die Auswahl derjenigen Alternative, die das Zielkriterium (bei Einzelzielen) oder das Zielbündel (bei Mehrfachzielsetzungen) am besten zu erfüllen verspricht. Sie wird (vorläufig) in den Investitionsplan aufgenommen. In dieser Phase können Rechenverfahren eingesetzt werden, die die Beurteilung der Vorteilhaftigkeit eines Investitionsvorhabens oder mehrerer Investitionsalternativen zum Ziel haben.

Diese Verfahren werden als **Investitionskalküle oder Investitionsrechenverfahren**, teilweise auch als Verfahren der **Wirtschaftlichkeitsrechnung** bezeichnet. Ihnen wird in den nächsten Gliederungspunkten die besondere Aufmerksamkeit gelten.

In der **Realisationsphase** wird die Investitionsentscheidung in konkrete Beschaffungshandlungen umgesetzt. Liegt zwischen Alternativenauswahl und Realisation der Investitionsprojekte eine größere Zeitspanne, muss eine mögliche Veränderung der entscheidungsrelevanten Daten in Betracht gezogen werden. Vor der endgültigen Realisierung empfiehlt es sich daher, die der Willensbildung zugrunde liegenden Daten auf ihre Gültigkeit hin nochmals zu überprüfen.

Diese Überlegung leitet zur **Kontrollphase** über. Die tatsächlichen Zielwirkungen der realisierten Investitionen werden mit den prognostizierten Zielwirkungen verglichen; bei Abweichungen werden die Ursachen hierfür analysiert. Es macht allerdings – vor allem bei Investitionen mit sehr langer Laufzeit – wenig Sinn, wenn die Kontrolle des Investitionserfolgs erst einsetzt, nachdem über alle Perioden der Nutzungsdauer die Zahlungsströme realisiert worden sind. Dann kann verständlicherweise der Nutzeffekt der Kontrollinformation nicht mehr hoch sein. Daher ist die Investitionskontrolle so zu gestalten, dass sie alle Phasen des Entscheidungsprozesses kritisch begleitet und bei Abweichungen vom geplanten oder gewünschten Pfad möglichst schnell Rückmeldungen liefert. Hauptzweck der Investitionskontrolle ist somit das Aufdecken von Schwachstellen im gesamten Investitionsentscheidungsprozess.

Das hier wiedergegebene Phasenschema ist idealtypisch. Es kann und soll kein Abbild realer Investitionsentscheidungsprozesse sein. Auf eine mögliche Abweichung realen Investitionsverhaltens vom hier skizzierten Verlauf durch die „Verkürzung" des Investitionsentscheidungsprozesses ist schon bei der Typisierung von Investitionsentscheidungen hingewiesen worden.

Auch die Reihenfolge der Phasen folgt in der Praxis nicht notwendig dem idealtypischen Schema. Empirische Untersuchungen lassen auf einen ständigen Wechsel zwischen den einzelnen Phasen und – vor allem bei komplexen Investitionsproblemen – auf ein wiederholtes Zurückspringen auf vorausgehende Phasen schließen. Wenn sich z.B. bei der Bewertung der Investitionsalternativen zeigt, dass keine der Alternativen das vorliegende Problem befriedigend zu lösen vermag, erfolgt möglicherweise eine Rückkoppelung in die Anregungsphase und eine erneute Problemdefinition. Auch kann der Prozess der Alternativensuche erneut aufgenommen werden.

Der dargestellte idealtypische Entscheidungsprozess impliziert weiterhin, dass die Entscheidungsträger ausschließlich im Interesse der Unternehmung agieren, also keine eigenen, möglicherweise entgegenlaufenden Vorstellungen einbringen. Diese Annahme wird der Realität nur sehr bedingt gerecht. Investitionen haben oft personelle und organisatorische Auswirkungen. Muss ein Mitarbeiter beispielsweise von einer Rationalisierungsinvestition negative Auswirkungen auf seine persönliche Situation befürchten, so ist zu erwarten, dass er im

Rahmen seiner Möglichkeiten auf die Entscheidung Einfluss zu nehmen versucht. Ist er am Entscheidungsprozess beteiligt, wird er möglicherweise Informationen über Alternativen so zu filtern oder zu verfälschen versuchen, dass Investitionen, von denen er negative Auswirkungen erwartet, insgesamt nicht vorteilhaft erscheinen. Analoges gilt, wenn ein Entscheidungsträger durch Investitionen seinen Einfluss innerhalb der Organisation zu verstärken hofft. Die Informationssuche erfolgt daher oft nicht „kritisch", d.h. im besten Sinne der Findung guter Lösungen, sondern gezielt zur Unterstützung bestimmter Positionen.

Die wenigen Hinweise mögen genügen, um zu verdeutlichen, dass Investitionsentscheidungsprozesse nicht notwendig (nur) auf die Unternehmungsziele ausgerichtet sind und nicht notwendig konfliktfrei zwischen den Entscheidungsträgern (und auch nicht zwischen ihnen und den Betroffenen) ablaufen. Sie sind vielmehr als einseitige oder wechselseitige Beeinflussungsversuche zur Durchsetzung unterschiedlichster Interessen zu verstehen. Die im ersten Teil angesprochenen, zumeist nur im Zusammenhang mit der Finanzierung diskutierten Agency-Probleme tauchen also auch bei Investitionen auf. Aus dieser Sichtweise haben Investitionskalküle nicht nur die Funktion der objektiven Beurteilung der Vorteilhaftigkeit von Investitionsalternativen, vielmehr sind sie auch und gerade als **Schlichtungsregeln** in (politischen) Entscheidungsprozessen zu verstehen.

2.2.3   Organisation des Investitionsentscheidungsprozesses

Um zu verhindern, dass das Entscheidungsverhalten der Organisationsmitglieder die Erreichung der Unternehmungsziele gefährdet, ist – zumindest in größeren Unternehmungen – der Ablauf des Investitionsentscheidungsprozesses durch organisatorische Regelungen festgeschrieben. Dies betrifft neben der Festlegung der Zuständigkeiten für einzelne Prozessphasen auch die innerhalb dieser Phasen einzuhaltenden Verfahrensvorschriften.

Die Zuständigkeit für die Investitionsanregung wird in der Regel den dezentralen Fachabteilungen und Funktionsbereichen zugewiesen, da „vor Ort" Investitionsbedarfe und Investitionschancen am ehesten erkennbar sind. Investitionen können auch von zentralen Stellen und der Unternehmensleitung selbst angeregt werden. Bei den bereits angesprochenen „strategischen Investitionen" ist davon grundsätzlich auszugehen. Teilweise erfolgt auch die dauernde oder vorübergehende Einrichtung spezieller Arbeitsgruppen (Projekt- bzw. Kreativitätsgruppen) zur Entwicklung von Investitionsideen und von Lösungsmöglichkeiten für erkannte Investitionsprobleme. Ferner kann vorgesehen sein, dass die Antragsteller auch zu Lösungsvorschlägen oder zu einem Vorteilhaftigkeitsnachweis durch Investitionsrechnungen verpflichtet sind. In diesem Fall sammelt eine zentrale Organisationseinheit (z.B. Stabs- oder Zentralabteilung) die Investitionsanträge und überprüft insbesondere die Datenprognosen und die Durchführung der Investitionsrechnung. Ihre Aufgabe ist es auch, Unvereinbarkeiten zwischen Investitionsanträgen festzustellen und nicht realisierbare Investitionen zu eliminieren bzw. entsprechend abzuwandeln.

Der eigentliche Prozess der Abstimmung von Investitionen und der Vorbereitung der Entscheidung über die Aufnahme in den Investitionsplan erfolgt nicht selten in einem Investitionsausschuss, in dem neben der Unternehmensleitung und den ihr zugeordneten zentralen Planungsinstanzen die einzelnen Abteilungen und der Betriebsrat vertreten sind.

Die abschließende Entscheidung über das Investitionsprogramm bleibt üblicherweise der Unternehmensleitung vorbehalten. Dies gilt ebenso für die endgültige Freigabe der Mittel zur Realisation der einzelnen Investitionen.

Die Investitionsdurchführung sowie die ausführungsbegleitende Kontrolle wird üblicherweise wieder der beantragenden Abteilung oder der in der Unternehmung jeweils zuständigen Fachabteilung (z.B. Einkauf, Bauabteilung) übertragen.

Sinnvollerweise wird die **abschließende Investitionskontrolle** unabhängigen, d. h. nicht mit der ursprünglichen Investitionsentscheidung befassten Gremien übertragen. Hierdurch soll sichergestellt werden, dass die Kontrollgremien kein rechtfertigendes Informationsverhalten zur Bestätigung der Richtigkeit der ehemaligen Planung und Entscheidung an den Tag legen, sondern kritisch insbesondere nach Planungsfehlern suchen.

Die organisatorischen Zuständigkeitsregeln werden meist ergänzt durch Vorschriften über den zeitlichen Ablauf des Planungsprozesses und die in einzelnen Planungsphasen einzuhaltenden Regeln. Derartige Regeln können als „organisatorische Verhaltensprogramme" bezeichnet werden. Sie schreiben der jeweils zuständigen Instanz mehr oder weniger detailliert vor, welche formalen und inhaltlichen Schritte zur Bewältigung des ihr zugewiesenen (Teil-) Problems zu unternehmen sind. Dadurch werden z.B. das zu verwendende Antragsschema, die in der Antragsbegründung anzusprechenden Punkte, die zulässigen Verfahren und Quellen der Datenermittlung und -prognose sowie die zugrunde zu legenden Investitionsrechnungsmethoden festgelegt.

2.3 Rechenverfahren für Auswahlentscheidungen

2.3.1 Einführung

Wir konzentrieren uns im Weiteren nun auf die Verfahren der Investitionsrechnung zur Vorbereitung „richtiger" Investitionsentscheidungen, also auf den rechenbaren Teil des Investitionsentscheidungsprozesses. In Theorie und Praxis findet sich eine Fülle von Rechenverfahren zur Vorteilhaftigkeitsbeurteilung von Investitionen, die von einfachen Faustregeln bis hin zu komplexen mathematischen Verfahren reichen. Mit Hilfe dieser Verfahren soll überprüft werden, ob eine Investition wirtschaftlich lohnend ist. Bei mehreren Investitionsalternativen gilt es herauszufinden, welche der Investitionen am vorteilhaftesten ist.

Um „richtig" rechnen zu können, muss im ersten Schritt klar definiert sein, was der Investor mit seiner Investition erreichen will und welche seine Entscheidungskriterien sind, nach denen er die Alternativen zu beurteilen gedenkt.

Im zweiten Schritt müssen wir voraussetzen bzw. sicherstellen, dass den Investitionsalternativen möglichst präzise die durch sie ausgelösten Zahlungsströme zugeordnet werden. Dies wiederum kann erschwert werden durch Probleme

- der Zurechenbarkeit und
- der Unsicherheit.

Zurechenbarkeit der Zahlungsströme ist gegeben, wenn in zeitlicher Hinsicht wie in sachlicher Hinsicht klar abgegrenzt werden kann, welche Zahlungsströme durch die betrachtete Investition ausgelöst werden. Die **zeitliche Zuordnung** ist bei den meisten Investitionen ohne Schwierigkeiten möglich: Ihre geplante Nutzungsdauer begrenzt auch den zeitlichen Horizont der ausgelösten und damit einzubeziehenden Zahlungen. Bei sehr langfristigen Investitionen wie z.B. Immobilien wird sich der Investor aber kaum in der Lage sehen, über fünfzig oder mehr Jahre zu schätzen, wann die Nutzung des Gebäudes tatsächlich beendet sein wird, wie viele Perioden lang also letztlich mit Einnahmenüberschüssen gerechnet werden kann. Daher wird bei langlebigen Investitionen oft nach einer Zahl von Perioden abgebrochen. Die möglicherweise später noch anfallenden Zahlungen gehen dann in das Investitionskalkül nicht ein. Ähnlich gelagert ist das Problem häufig bei Investitionen, die keine „natürliche" Lebensdauer haben. Besteht die Investition z.B. in der Entwicklung und Nutzung eines neuen integrierten DV-Konzepts zur Steuerung des Unternehmens, dann ist meist recht unklar, wie viele Perioden die entwickelte Lösung tatsächlich genutzt werden kann. Ebenso ist möglich und wahrscheinlich, dass verschiedene indirekte Wirkungen solcher Investitionen in anderen Abteilungen noch nach deren offizieller Beendigung und Ablösung durch ein neues System weiter Zahlungsströme auslösen.

Mehr Probleme bereitet oft die adäquate **sachliche Zurechnung** von Zahlungen zu Investitionen. Bei unserem Beispiel mit den Exklusiv-Autos mag es wiederum keine Schwierigkeiten machen, bei Kauf eines weiteren Wagens den zusätzlichen Erlös und die zusätzlichen Ausgaben für Fahrer, Versicherungen, Steuer und sonstige Betriebskosten diesem Wagen zuzurechnen. Nehmen wir aber einmal an, dass die Personen, die bisher die Verleihung der Wagen organisiert haben, voll ausgelastet seien und bei Kauf eines weiteren Fahrzeugs auch eine weitere Person für die Organisation eingestellt werden muss. Diese wäre dann allerdings in der Lage, zwei weitere Fahrzeuge zu betreuen. Sind dann dem Kauf eines weiteren Fahrzeugs auch in voller Höhe die zusätzlich entstehenden Personalausgaben zuzuordnen und ist der evtl. im Folgejahr zusätzlich gekaufte Wagen dann mit keinen zusätzlichen Personalausgaben zu belasten? Ja, in der Tat, das wäre die richtige Vorgehensweise, wenn die Ausgaben wirklich in dieser Weise zusätzlich durch die Investitionsentscheidung verursacht sind.

Was gilt aber, wenn der Kauf eines weiteren Autos vom Typ Washington zwar hohe Nachfrage erwarten lässt, aber leider auch die Nachfrage nach den bisher angebotenen PKW-Modellen drücken wird, wenn sich die Angebote unserer Gründerfirma also aus der Sicht der Kunden partiell Konkurrenz machen? Konsequent gedacht, muss die gesamte Zahlungswirkung erfasst werden, in unserem Beispiel also sowohl der zusätzliche Umsatz als positive Wirkung als auch der Umsatzrückgang bei den anderen Wagen als negative Wirkung. Es mag aber auch genau die gegenteilige Wirkung denkbar sein: Weil das Angebot an Wagen nunmehr größer ist, zieht die neue Investition auch auf die bisher angebotenen Wagen neue zusätzliche Kundschaft. Dann ist auch dieser positive Effekt als Zahlungsstrom der neuen Investition gutzuschreiben.

Verallgemeinern wir diese Überlegungen. Investitionen in Unternehmen setzen (fast) immer auf früher durchgeführten Investitionen auf, werden also durch den von ihnen geschaffenen Rahmen beeinflusst und wirken zugleich auf deren Vorteilhaftigkeit zurück. Sie werden gleichzeitig mit anderen Investitionen realisiert, zu denen sie in einem partiellen Konflikt- oder Komplementärverhältnis stehen können, und werden auch durch später realisierte Investitionen in ihren Zahlungsströmen beeinflusst. Der aktuell anstehenden Investition sind dabei immer die Zahlungsströme zuzurechnen, die durch ihre Durchführung zusätzlich entstehen.

Die Zahlungsströme der meisten unternehmerischen Investitionen sind unsicher. Sowohl ihre Höhe als auch ihre zeitliche Zuordnung auf die Perioden ihres Anfalls sind Schätzwerte, die mehr oder weniger stark von den tatsächlich später realisierten Zahlungsströmen abweichen können. Investitionsentscheidungen können sich daher ex post als falsch erweisen, weil mit der richtigen Rechenmethodik, aber mit falschen Annahmen gearbeitet worden ist. Dies wollen wir sauber trennen von dem Fall, dass zwar die richtigen Annahmen, aber das falsche Investitionsrechenverfahren zugrunde gelegt worden ist.

Deshalb werden wir in den folgenden Kapiteln erst einmal der Einfachheit halber das Problem der Unsicherheit ausblenden und unterstellen, die Zahlungsströme seien bekannt. Damit können wir uns auf die Diskussion des – je nach Zielkriterien und Entscheidungssituation – richtigen Rechenmodells konzentrieren. Erst in Kapitel 2.9 werden dann explizit das Problem der Unsicherheit und die Möglichkeiten des Umgangs mit ihm aufgegriffen.

In der Praxis findet sich gelegentlich noch ein Typ von Investitionsrechenverfahren im Einsatz, bei dem – vorrangig als Folge der Unsicherheit der Zahlungsströme – auf die explizite Zuordnung der Zahlungsströme zu Perioden verzichtet wird. Stattdessen wird mit durchschnittlichen oder gar nur anfänglichen Einnahmen und Ausgaben gearbeitet. Diese Verfahren, die aus diesem Grund als „statisch" bezeichnet werden, sind damit offensichtlich schon strukturell stark fehlerbehaftet. Wir verzichten daher auf ihre Darstellung in diesem Buch.

2.3.2   Basis der Investitionsrechnung: Der Vollständige Finanzplan

Frau Mustermann und Frau Labelle haben sich nun nach dem erfolgreichen Abschluss ihrer Studiengänge dazu entschlossen, endlich die Event-Agentur zu gründen. Die Geschäftsräume sind bereits angemietet, die Büroausstattung bestellt. Nun gilt es zur Realisierung ihres Leistungsangebotes zunächst mindestens einen edlen Wagen anzuschaffen. Die beiden Gründerinnen sind aber noch unentschlossen, für welchen Wagen sie sich entscheiden sollen. Ihnen liegen drei Angebote vor: Dabei handelt es sich um einen Old England zu Anschaffungskosten in Höhe von 220.000,- €, um einen Washington zu 225.000,- € und um einen Präsident zu 200.000,- €. Frau Mustermann und Frau Labelle haben bereits für die einzelnen Autos die voraussichtliche Nutzungsdauer geschätzt sowie den einzelnen Perioden der jeweiligen Nutzungsdauer die erwarteten zukünftigen Einzahlungsüberschüsse zugeordnet. Als Eigenkapital stehen ihnen 100.000,- € zur Verfügung.

Investition	Einzahlungsüberschüsse der Perioden in €					
Periode	t_0	t_1	t_2	t_3	t_4	t_5
Old England	-220.000,00	45.000,00	43.000,00	38.000,00	162.000,00	
Washington	-225.000,00	45.000,00	42.000,00	38.000,00	28.000,00	155.000,00
Präsident	-200.000,00	42.000,00	40.000,00	35.000,00	33.000,00	122.000,00

Die in diesem Kapitel vorzustellenden Investitionsrechenverfahren dienen zur Vorteilhaftigkeitsbeurteilung eines einzelnen Investitionsobjektes und zum Vorteilhaftigkeitsvergleich
mehrerer Investitionsalternativen mit dem gleichen oder auch einem unterschiedlichen Ver-
wendungszweck. Mit Hilfe dieser Verfahren soll es also dem Entscheidungsträger insgesamt
möglich sein, aus verfügbaren Investitionsalternativen die zweckmäßigste Verwendung des
dafür eingesetzten Kapitals auszuwählen.

Grundlage der Vorteilhaftigkeitsbeurteilung sind die durch das jeweilige Investitionsobjekt
ausgelösten Zahlungsströme. Für eine exakte Durchführung der Investitionsrechnung müssten grundsätzlich alle Zahlungsströme taggenau erfasst werden. Eine taggenaue Schätzung
für zukünftige Zahlungsströme ist jedoch nur bei Finanzinvestitionen mit exakt vorgegebenen Ein- und Auszahlungsterminen möglich. Bei Realinvestitionen dagegen ist sie in aller
Regel entweder faktisch unmöglich oder sie würde einen erheblichen rechentechnischen
Aufwand bedeuten. Daher behilft man sich mit einigen vereinfachenden Annahmen bezüglich der Zahlungszeitpunkte.

Der gesamte Investitionszeitraum wird in Perioden (meistens Jahre) unterteilt und es wird
unterstellt, dass alle Zahlungen immer nur zu einem Zeitpunkt pro Periode anfallen. Meist
wird das Periodenende gewählt, damit jeweils eine Saldierung der Einzahlungen und Auszahlungen, die während der Periode angefallen sind, erfolgen kann. Sind die Einzahlungen
höher als die Auszahlungen, dann liegt ein Einzahlungsüberschuss vor. Übersteigen die Auszahlungen jedoch die Einzahlungen, handelt es sich um einen Auszahlungsüberschuss. Um
die Darstellung der mit einem Investitionsobjekt verbundenen Zahlungsströme übersichtli-
cher zu machen, können in den einzelnen Perioden statt der Bruttoeinzahlungen und
-auszahlungen auch die saldierten Größen, d.h. Einzahlungs- oder Auszahlungsüberschüsse
angesetzt werden. Als Zahlungszeitpunkt für die Anschaffungsausgabe wird meist das Ende
der Periode 0 festgesetzt, so dass die Anschaffung eines Investitionsobjektes unmittelbar vor
Beginn des ersten Jahres der Nutzungsdauer erfolgt. Bei Anschaffungen, deren Auszahlungen sich über mehrere Jahre erstrecken (z.B. bei Bauten), sind die Zahlungen in den jeweiligen Perioden des Geldabflusses zu erfassen. In der letzten Periode der Nutzungsdauer kann
neben den „normalen" mit dem Objekt verbundenen Ein- und Auszahlungen auch ein Liquidationserlös durch den Verkauf des Objektes am Ende der Nutzung anfallen. Denkbar wäre
hier allerdings auch eine negative Zahlungsgröße, z.B. Abbruch- bzw. Entsorgungskosten.

Wenn die Ein- und Auszahlungen der Investitionsobjekte zu unterschiedlichen Zeitpunkten
anfallen, ist die Vergleichbarkeit der Zahlungsströme bei mehreren Investitionsalternativen
nicht ohne weiteres gegeben. Um Vergleichbarkeit herzustellen, müssen die einzelnen Zahlungen mittels Auf- oder Abzinsung auf einen einheitlichen Bezugszeitpunkt gebracht werden. Hier greift die Überlegung, dass der Wert von Zahlungsströmen von den jeweiligen
Zahlungszeitpunkten abhängt. Je früher ein Investor über Einzahlungen aus seiner Investition
verfügen kann, desto höher ist der (Zins-) Ertrag, den er durch die Reinvestition seiner Einzahlungsüberschüsse erzielen kann. Je später eine Auszahlung getätigt werden muss, desto
geringer fällt der Zinsaufwand aus, der zur Finanzierung der Auszahlungsüberschüsse geleistet werden muss.

Die Auf- oder Abzinsung von Zahlungsströmen auf einen einheitlichen Bezugszeitpunkt ist somit die Voraussetzung, damit alle Ein- und Auszahlungen eines Investitionsobjektes zu einer Entscheidungsgröße verdichtet werden können. Investitionsobjekte können nur dann korrekt vergleichend beurteilt werden, wenn auch alle Alternativen den gleichen Bezugszeitpunkt haben.

Als mögliche Bezugszeitpunkte für die Zahlungsströme kommen das Ende oder der Anfang des Planungszeitraums, aber prinzipiell auch sonstige beliebige Zeitpunkte inner- und außerhalb des Planungszeitraums in Frage.

Wird das Ende des Planungszeitraums als Bezugszeitpunkt gewählt, müssen alle Zahlungen, die über die Perioden der Nutzungsdauer angefallen sind, aufgezinst werden. Dadurch errechnet sich der Endwert einer Investition. Möchte der Investor seine Investitionsentscheidung am Endwert ausrichten, dann kann daraus die Maximierung des Vermögens als Zielkriterium der Investitionsrechnung abgeleitet werden. Neben der Maximierung des Endvermögens ist jedoch auch das Zielkriterium der Einkommensmaximierung möglich, d.h. angestrebt wird hier eine Maximierung der Entnahmen pro Periode durch den Investor bei gegebenem Endvermögen.

Wird als Bezugszeitpunkt für die Zahlungsströme der Beginn des Planungszeitraums gewählt, müssen alle während der Nutzungsdauer angefallenen Zahlungen abgezinst werden; man erhält damit den Barwert der Zahlungsströme. Dies entspricht ebenfalls dem Zielkriterium der Vermögensmaximierung, allerdings wird hier der Gegenwartswert des Vermögens maximiert.

Ein Blick auf die Investitionsalternativen (Old England, Washington und Präsident) der beiden Unternehmensgründerinnen unseres Beispiels (siehe grauen Kasten) zeigt sofort, dass die Zahlungsströme sehr unterschiedlich in Bezug auf die Anschaffungsausgaben, die Zahlungsüberschüsse pro Periode und die geplante Nutzungsdauer sind. Ein unmittelbarer Vergleich der Investitionsalternativen ist deshalb nicht möglich. Um bei einer unterschiedlichen Struktur der Zahlungsströme dennoch Alternativenvergleiche durchführen zu können, sind somit weitere Annahmen notwendig. Diese Annahmen beziehen sich auf zusätzliche Investitionen bei überschüssigen Mitteln, also Einzahlungsüberschüssen (Supplement-, Differenz- bzw. Komplementärinvestitionen) sowie auf zusätzliche Kapitalbeschaffungsmöglichkeiten im Falle des Vorliegens negativer Zahlungsüberschüsse in den Perioden der Nutzungsdauer.

Liegen in einzelnen Perioden des Planungszeitraums tatsächlich Auszahlungsüberschüsse vor, so wird üblicherweise unterstellt, dass diese durch eine Kreditaufnahme am Kapitalmarkt ausgeglichen werden können. Kann ein Investor in beliebiger Höhe Mittel am Kapitalmarkt aufnehmen, dann spricht man von einem unbeschränkten Kapitalmarkt. Müssen hingegen Kreditlinien eingehalten werden, die das Volumen verfügbarer Kredite beschränken, liegt ein beschränkter Kapitalmarkt vor. Für die Kreditaufnahme muss der Investor in der / den auf die Kreditaufnahme folgenden Periode(n) den Kreditzins (Sollzins) entrichten.

Die beiden Gründerinnen der Event-Agentur sehen sich bereits bei der jeweiligen Anschaffungsausgabe der Limousinen einem Auszahlungsüberschuss gegenüber, da die Höhe des Eigenkapitals nicht zu deren Bezahlung ausreicht. Es müssen also Mittel am Kapitalmarkt beschafft werden, um den Kauf finanzieren zu können. Die Zinszahlungen fallen dann in den folgenden Perioden an, die Kredittilgung erfolgt in dem Umfang, in dem es die jährlichen Überschüsse aus der Investition erlauben.

Verbleiben in einer Periode der Nutzungsdauer positive Zahlungsüberschüsse, so können diese für andere Investitionen eingesetzt werden. Der Erfolg der Ausgangsinvestition kann dann aber nur beurteilt werden, wenn auch der Erfolg dieser Differenz- oder Supplementinvestitionen bekannt ist. Damit wird eine mehrstufige Betrachtungsweise erforderlich. Investitionsmöglichkeiten in späteren Perioden sind jedoch zum Betrachtungszeitpunkt häufig nicht bekannt, so dass bei der Ermittlung der Zahlungsströme der Differenz- bzw. Supplementinvestitionen erhebliche Schwierigkeiten entstehen und eine Schätzung der Zahlungsströme aller Investitionsebenen nur sehr schwer möglich ist. Aus diesem Grund wird vereinfachend gerne unterstellt, dass freiwerdende Mittel in beliebiger Höhe am Kapitalmarkt zum Zins für Geldanlagen (Habenzins) angelegt werden können.

Gelten für die zu vergleichenden Investitionsalternativen unterschiedliche Nutzungsdauern, ist dies ebenfalls durch Geldanlage- bzw. Kapitalaufnahmegeschäfte auszugleichen. Grundsätzlich wird hier so verfahren, dass die Investition mit der längsten Nutzungsdauer den Maßstab bildet. Zur Gewährleistung der Vergleichbarkeit müssen die Überschüsse der Alternativen mit kürzeren Nutzungsdauern so lange zum Habenzins reinvestiert werden, bis die längste Nutzungsdauer erreicht ist.

Um also eine rationale Investitionsentscheidung bei mehreren Investitionsalternativen treffen zu können, müssen die Alternativen vollständig vergleichbar sein. Diese Vergleichbarkeit kann durch die Aufstellung von Vollständigen Finanzplänen erreicht werden. In einem vollständigen Finanzplan kann jede einzelne Investitions- oder Finanzierungsentscheidung explizit berücksichtigt werden. Mit seiner Hilfe ist damit die Berechnung der Endwerte der Investitionsalternativen und die Auswahl der vorteilhaftesten möglich.

Frau Mustermann und Frau Labelle wollen sich nun endlich für einen der drei edlen Wagen entscheiden und haben noch weitere wichtige Informationen für die Entscheidung eingeholt. Sie wissen nun, dass zur Finanzierung fehlender Mittel jederzeit Kreditaufnahmen zu einem Sollzins in Höhe von 9% möglich sind. Sollten während der Nutzungsdauer Mittel frei werden, können diese zu 4% angelegt werden. Kreditaufnahme- und Geldanlagegeschäfte werden jeweils für eine Periode getätigt.
Die beiden Gründerinnen möchten nun gerne wissen, wie hoch das jeweilige Endvermögen unter den oben genannten Bedingungen nach Ablauf der Nutzungsdauer sein wird, um somit einen Vorteilhaftigkeitsvergleich zwischen den Alternativen durchführen zu können. Der Vorteilhaftigkeitsvergleich wird in einem Vollständigen Finanzplan dargestellt:

Old England	Vollständiger Finanzplan (in €)				
Periode	t_0	t_1	t_2	t_3	t_4	t_5
Kasse	100.000,00					
Investitions-ausgabe	-220.000,00					
Einzahlungs-überschüsse		45.000,00	43.000,00	38.000,00	162.000,00	
Kredit-aufnahme	120.000,00	85.800,00	50.522,00	17.068,98		
Kreditrück-zahlung		-120.000,00	-85.800,00	-50.522,00	-17.068,98	
Kreditzins (9%)		-10.800,00	-7.722,00	-4.546,98	-1.536,21	
Geldanlage (4%)					-143.394,81	
Rückzahlung aus Geldanlage						143.394,81
Zinsen aus Geldanlage						5.735,79
Endwert						**149.130,60**

Washington	Vollständiger Finanzplan (in €)				
Periode	t_0	t_1	t_2	t_3	t_4	t_5
Kasse	100.000,00					
Investitions-ausgabe	-225.000,00					
Einzahlungs-überschüsse		45.000,00	42.000,00	38.000,00	28.000,00	155.000,00
Kredit-aufnahme	125.000,00	91.250,00	57.462,50	24.634,13		
Kreditrück-zahlung		-125.000,00	-91.250,00	-57.462,50	-24.634,13	
Kreditzins (9%)		-11.250,00	-8.212,50	-5.171,63	-2.217,07	
Geldanlage (4%)					-1.148,80	
Rückzahlung aus Geldanlage						1.148,80
Zinsen aus Geldanlage						45,95
Endwert						**156.194,76**

Präsident	Vollständiger Finanzplan (in €)					
Periode	t_0	t_1	t_2	t_3	t_4	t_5
Kasse	100.000,00					
Investitions-ausgabe	-200.000,00					
Einzahlungs-überschüsse		42.000,00	40.000,00	35.000,00	33.000,00	122.000,00
Kredit-aufnahme	100.000,00	67.000,00	33.030,00	1.002,70		
Kreditrück-zahlung		-100.000,00	-67.000,00	-33.030,00	-1.002,70	
Kreditzins (9%)		-9.000,00	-6.030,00	-2.972,70	-90,24	
Geldanlage (4%)					-31.907,06	
Rückzahlung aus Geld-anlage						31.907,06
Zinsen aus Geldanlage						1.276,28
Endwert						<u>155.183,34</u>

Auf Basis des Vollständigen Finanzplans werden die beiden Gründerinnen sich für den Kauf des Washington entscheiden, da mit diesem Wagen der höchste Vermögensendwert (156.194,76 €) zu erzielen ist. Der Präsident liefert den zweithöchsten Vermögensendwert mit 155.183,34 €, während der Old England den geringsten Vermögensendwert aufweist.

Es leuchtet unmittelbar ein, dass die Ergebnisse der Beurteilung von Investitionsalternativen anhand von Vollständigen Finanzplänen sehr stark von den vorher getroffenen Annahmen abhängen, d.h. vor allem von der Höhe der gewählten Haben- und Sollzinssätze sowie auch von der Auswahl des Zielkriteriums, d.h. z.B., ob der Investor die Maximierung des End-vermögens anstrebt oder eine Einkommensmaximierung bei gegebenem Endvermögen be-treibt. Veränderungen in den Annahmen können sehr schnell zu wechselnden Vorteilhaftig-keitsbeurteilungen führen. Aus diesem Grund müssen die Annahmen sehr sorgfältig und gewissenhaft gewählt werden, um auf Basis der Investitionsrechnung eine richtige Investiti-onsentscheidung zu treffen.

Frau Mustermann setzt sich nach der Erstellung des ersten Finanzplans noch einmal intensiv mit den getroffenen Annahmen auseinander. Ihr Augenmerk liegt dabei insbesondere auf dem Kreditzins. Aufgrund des allgemeinen Konjunkturaufschwungs befürchtet sie einen Anstieg der Kreditzinsen, so dass ihr der erste Finanzplan mit einem Kreditzins in Höhe von 9% nun zu optimistisch erscheint. Aus diesem Grund stellt sie nochmals einen Vollständigen Finanzplan auf, allerdings unter der Annahme, dass aufgenommene Kredite mit einem Zinssatz in Höhe von 11% zu verzinsen sind. Ansonsten gelten die vorherigen Annahmen.

Old England	Vollständiger Finanzplan (in €)					
Periode	t_0	t_1	t_2	t_3	t_4	t_5
Kasse	100.000,00					
Investitionsausgabe	-220.000,00					
Einzahlungsüberschüsse		45.000,00	43.000,00	38.000,00	162.000,00	
Kreditaufnahme	120.000,00	88.200,00	54.902,00	22.941,22		
Kreditrückzahlung		-120.000,00	-88.200,00	-54.902,00	-22.941,22	
Kreditzins (11%)		-13.200,00	-9.702,00	-6.039,22	-2.523,53	
Geldanlage (4%)					-136.535,25	
Rückzahlung aus Geldanlage						136.535,25
Zinsen aus Geldanlage						5.461,41
Endwert						**141.996,66**

Washington	Vollständiger Finanzplan (in €)					
Periode	t_0	t_1	t_2	t_3	t_4	t_5
Kasse	100.000,00					
Investitionsausgabe	-225.000,00					
Einzahlungsüberschüsse		45.000,00	42.000,00	38.000,00	28.000,00	155.000,00
Kreditaufnahme	125.000,00	93.750,00	62.062,50	30.889,38	6.287,21	

Kreditrück-zahlung		-125.000,00	-93.750,00	-62.062,50	-30.889,38	-6.287,21
Kreditzins (11%)		-13.750,00	-10.312,50	-6.826,88	-3.397,83	-691,59
Geldanlage (4%)						
Rückzahlung aus Geld-anlage						
Zinsen aus Geldanlage						
Endwert						__148.021,20__

Präsident	Vollständiger Finanzplan (in €)					
Periode	t_0	t_1	t_2	t_3	t_4	t_5
Kasse	100.000,00					
Investitions-ausgabe	-200.000,00					
Einzahlungs-überschüsse		42.000,00	40.000,00	35.000,00	33.000,00	122.000,00
Kredit-aufnahme	100.000,00	69.000,00	36.590,00	5.614,90		
Kreditrück-zahlung		-100.000,00	-69.000,00	-36.590,00	-5.614,90	
Kreditzins (11%)		-11.000,00	-7.590,00	-4.024,90	-617,64	
Geldanlage (4%)					-26.767,46	
Rückzahlung aus Geld-anlage						26.767,46
Zinsen aus Geldanlage						1.070,70
Endwert						__149.838,16__

Bei der Anhebung des Kreditzinses auf 11% kehrt sich die Vorteilhaftigkeit zwischen den Alternativen Washington und Präsident um. Die beiden Gründerinnen würden bei geändertem Kreditzins nun die Alternative Präsident vorziehen, da hier der höchste Vermögensendwert zu erzielen ist.

Auch Frau Labelle beschäftigt sich intensiv mit den beim Vollständigen Finanzplan getroffenen Annahmen. Ihr fällt ein, dass die beiden Gründerinnen bisher gar nicht berücksichtigt haben, für ihren Lebensunterhalt finanzielle Mittel vorzusehen. Sie setzt hierfür in den Perioden 1 bis 4 jeweils Entnahmen in Höhe von 20.000,- € an. Deshalb stellt sie ebenfalls einen weiteren Vollständigen Finanzplan auf, in dem sie die Entnahmen berücksichtigt, ansonsten aber alle Annahmen so belässt wie im Ausgangsfall.

Old England	Vollständiger Finanzplan (in €)					
Periode	t_0	t_1	t_2	t_3	t_4	t_5
Kasse	100.000,00					
Investitions-ausgabe	-220.000,00					
Einzahlungs-überschüsse		45.000,00	43.000,00	38.000,00	162.000,00	
Entnahmen		-20.000,00	-20.000,00	-20.000,00	-20.000,00	
Kredit-aufnahme	120.000,00	105.800,00	92.322,00	82.630,98		
Kreditrück-zahlung		-120.000,00	-105.800,00	-92.322,00	-82.630,98	
Kreditzins (9%)		-10.800,00	-9.522,00	-8.308,98	-7.436,79	
Geldanlage (4%)					-51.932,23	
Rückzahlung aus Geld-anlage						51.932,23
Zinsen aus Geldanlage						2.077,29
Endwert						**54.009,52**

Washington	Vollständiger Finanzplan (in €)					
Periode	t_0	t_1	t_2	t_3	t_4	t_5
Kasse	100.000,00					
Investitions-ausgabe	-225.000,00					
Einzahlungs-überschüsse		45.000,00	42.000,00	38.000,00	28.000,00	155.000,00
Entnahmen		-20.000,00	-20.000,00	-20.000,00	-20.000,00	
Kredit-aufnahme	125.000,00	111.250,00	99.262,50	90.196,13	90.313,78	

	t₀	t₁	t₂	t₃	t₄	t₅
Kreditrück-zahlung		-125.000,00	-111.250,00	-99.262,50	-90.196,13	-90.313,78
Kreditzins (9%)		-11.250,00	-10.012,50	-8.933,63	-8.117,65	-8.128,24
Geldanlage (4%)						
Rückzahlung aus Geld-anlage						
Zinsen aus Geldanlage						
Endwert						56.557,98

Präsident	Vollständiger Finanzplan (in €)					
Periode	t₀	t₁	t₂	t₃	t₄	t₅
Kasse	100.000,00					
Investitions-ausgabe	-200.000,00					
Einzahlungs-überschüsse		42.000,00	40.000,00	35.000,00	33.000,00	122.000,00
Entnahmen		-20.000,00	-20.000,00	-20.000,00	-20.000,00	
Kredit-aufnahme	100.000,00	87.000,00	74.830,00	66.564,70	59.555,52	
Kreditrück-zahlung		-100.000,00	-87.000,00	-74.830,00	-66.564,70	-59.555,52
Kreditzins (9%)		-9.000,00	-7.830,00	-6.734,70	-5.990,82	-5.360,00
Geldanlage (4%)						
Rückzahlung aus Geld-anlage						
Zinsen aus Geldanlage						
Endwert						57.084,48

Bei Berücksichtigung von Entnahmen kehrt sich die Vorteilhaftigkeit der Alternative Washington im Vergleich zum Ausgangsfall ohne Entnahmen ebenfalls um. Frau Mustermann und Frau Labelle würden sich unter diesen Bedingungen aufgrund des höheren Vermögensendwertes für den Kauf des Präsident entscheiden.

Unabhängig davon, ob eine Investitionsalternative gegenüber den anderen Alternativen vorteilhaft ist, d.h. also eine relative Vorteilhaftigkeit aufweist, ist immer auch zu prüfen, ob sich die Investition isoliert betrachtet überhaupt lohnt, d.h., ob sie auch absolut vorteilhaft ist. Dazu müssen die Ergebnisse des Vollständigen Finanzplans der sogenannten Null-Alternative gegenübergestellt werden, d.h. es muss das Endvermögen, das sich bei einem Verzicht auf die Investition ergäbe, als Vergleichsgröße herangezogen werden. Die Null-Alterantive besteht in einer Welt mit funktionierendem Kapitalmarkt immer aus der Anlage des Anfangskapitals (Eigenkapitals) zum Habenzins über die gesamte maximale Nutzungsdauer. Im Fall mit Entnahmen müssen diese entsprechend als Auszahlungen berücksichtigt werden.

Ausgehend vom Vollständigen Finanzplan als Grundmodell sollen im Folgenden nun ausgewählte Investitionsrechenverfahren, die sich in der Praxis etabliert haben, erläutert werden. Sie werden, weil sie allesamt den unterschiedlichen zeitlichen Anfall von Zahlungen explizit berücksichtigen, als dynamische Verfahren bezeichnet. Insbesondere gilt es dabei zu zeigen, in welcher Weise diese Verfahren die beim vollständigen Finanzplan angesprochenen Probleme angehen, welche vereinfachende Annahmen sie also implizit oder explizit setzen, und welches der Verfahren daher am sinnvollsten bei der Beurteilung der Vorteilhaftigkeit von Investitionsalternativen eingesetzt werden sollte.

2.3.3   Dynamische Verfahren der Investitionsrechnung

2.3.3.1   Kapitalwertmethode

Die Kapitalwertmethode ist die klassische Form der Investitionsrechnung. Es werden sämtliche durch eine Investition während der Nutzungsdauer ausgelösten Ein- und Auszahlungen mit einem gegebenem Zinsfuß, dem Kalkulationszinsfuß r, auf den Kalkulationszeitpunkt abgezinst. Durch die Abzinsung der Zahlungen erhält man die jeweiligen Barwerte (=Gegenwartswerte) der Zahlungsströme. Wird die Summe der Barwerte der Auszahlungen von der Summe der Barwerte der Einzahlungen subtrahiert, dann ergibt diese Differenz der Gegenwartswerte den Kapitalwert der Investition:

$$KW = \sum_{t=0}^{n} \left[\frac{EZ_t}{(1+r)^t} - \frac{AZ_t}{(1+r)^t} \right]$$

KW   = Kapitalwert

n   = Anzahl der Perioden der Nutzungsdauer

EZ_t = Einzahlungen in Periode t

AZ_t = Auszahlungen in Periode t

r   = Kalkulationszinsfuß

Die obige formelmäßige Darstellung wird häufig noch weiter präzisiert, indem unterstellt wird, dass zum Zeitpunkt t_0 keine Einzahlungen anfallen, sondern nur eine Auszahlung in Form von Anschaffungsausgaben vorliegt. Zudem wird berücksichtigt, dass in der letzten Periode der Nutzungsdauer ein Liquidationserlös entstehen kann. Die Differenz der Ein- und Auszahlungen wird häufig sofort als Einzahlungsüberschuss saldiert in die Berechnungen einbezogen, so dass sich folgende, leicht abgewandelte Formel ergibt:

$$KW = -A + \sum_{t=1}^{n} \frac{EZ\ddot{U}_t}{(1+r)^t} + \frac{L_n}{(1+r)^n}$$

A_0 = Anschaffungsausgabe in Periode 0

$EZ\ddot{U}_t$ = Einzahlungsüberschüsse in Periode t

L_n = Liquidationserlös in Periode n

Der Kapitalwert einer Investition entspricht dem Barwert einer (kalkulatorischen) Vermögensmehrung zum Zeitpunkt des Investitionsbeginns, die über die Verzinsung des eingesetzten Kapitals zum Kalkulationszinsfuß hinausgeht. D.h. es handelt sich bei dem Kapitalwert um jenen Vermögenszuwachs, der über die Tilgung der Anschaffungsausgabe und über die Verzinsung des eingesetzten Kapitals zum Kalkulationszinsfuß hinaus erzielt wird.

Was sagt uns also der Kapitalwert einer Investition? Bei der Beurteilung der Vorteilhaftigkeit eines einzelnen Investitionsobjektes anhand der Kapitalwertmethode erfolgt der Vergleich mit der Nichtrealisierung der Investition bzw. mit einer Kapitalanlage zum Kalkulationszinsfuß. Eine Investition ist deshalb nur dann vorteilhaft, wenn ein positiver Kapitalwert erzielt wird.

Beträgt der Kapitalwert einer Investition Null, so bedeutet dies, dass sich das in der Investition eingesetzte Kapital gerade zum Kalkulationszinsfuß verzinst. Damit reichen die Rückflüsse aus der Investition gerade aus, die Anschaffungsausgabe zu tilgen und das in der Investition gebundene Kapital zum Kalkulationszinsfuß zu verzinsen. Die Durchführung der Investition ist so vorteilhaft wie der Verzicht auf sie.

Stehen mehrere Investitionsalternativen zur Verfügung, unter denen eine Auswahl getroffen werden muss, dann ist jene Investitionsalternative zu wählen, die den höchsten positiven Kapitalwert aufweist.

Frau Mustermann und Frau Labelle sind noch immer unentschlossen, welches Auto sie sich für ihre Event-Agentur anschaffen sollen. Wiederum nehmen sie sich die Zahlungsströme der Investitionsalternativen Old England, Washington und Präsident vor. Sie wollen nun anhand der Kapitalwertmethode überprüfen, welche Investitionsalternative vorteilhaft ist. Da im Falle einer Kreditaufnahme zur Finanzierung des Kaufs mit 8% Kreditzinsen zu rechnen ist, setzen die Gründerinnen den Kalkulationszinssatz ebenfalls auf 8% fest.

Investition	Einzahlungsüberschüsse der Perioden in €					
Periode	t_0	t_1	t_2	t_3	t_4	t_5
Old England	-220.000	45.000	43.000	38.000	162.000	
Washington	-225.000	45.000	42.000	38.000	28.000	155.000
Präsident	-200.000	42.000	40.000	35.000	33.000	122.000

$$KW_{Old\ England} = \frac{45.000€}{(1+0,08)^1} + \frac{43.000€}{(1+0,08)^2} + \frac{38.000€}{(1+0,08)^3} + \frac{162.000€}{(1+0,08)^4} - 220.000€$$

$$= 7.772,70€$$

$$KW_{Washington} = \frac{45.000€}{(1+0,08)^1} + \frac{42.000€}{(1+0,08)^2} + \frac{38.000€}{(1+0,08)^3} + \frac{28.000€}{(1+0,08)^4} + \frac{155.000€}{(1+0,08)^5}$$

$$-225.000€$$

$$= 8.911,75€$$

$$KW_{Pr\ äsident} = \frac{42.000€}{(1+0,08)^1} + \frac{40.000€}{(1+0,08)^2} + \frac{35.000€}{(1+0,08)^3} + \frac{33.000€}{(1+0,08)^4} + \frac{122.000€}{(1+0,08)^5}$$

$$-200.000€$$

$$= 8.253,71€$$

Nach Berechnung der Kapitalwerte zeigt sich, dass alle drei Investitionsalternativen absolut vorteilhaft sind, da alle Alternativen positive Kapitalwerte besitzen. Im Vergleich der Investitionsalternativen schneidet die Alternative Washington besser ab als die Alternativen Präsident und Old England, da der Kapitalwert mit 8.911,75 € höher ist als der Kapitalwert des Präsident mit 8.253,71 € und der Kapitalwert des Old England mit 7.772,70 €.

Ebenso wie beim Grundmodell des Vollständigen Finanzplans ergibt sich bei der Kapitalwertmethode im Rahmen des Vergleichs von mehreren Investitionsalternativen das Problem, dass die Zahlungsströme aufgrund von Unterschieden in den Nutzungsdauern, den Anschaffungsausgaben und den Einzahlungsüberschüssen nur begrenzt vergleichbar sind. Beim Vollständigen Finanzplan wurde dieses Problem der Anschluss- oder Ergänzungsinvestitionen durch zusätzliche Geldanlage- und Geldaufnahmegeschäfte zum Haben- bzw. Sollzins gelöst. Die Kapitalwertmethode umgeht das Problem der mangelnden Vergleichbarkeit von Zahlungsströmen mit der sogenannten Wiederanlageprämisse. Es wird implizit unterstellt, dass alle Ein- und Auszahlungsüberschüsse und alle Ergänzungs- und Anschlussinvestitionen jeweils eine Verzinsung in Höhe des Kalkulationszinsfußes aufweisen. Es wird also ein vollkommener Kapitalmarkt in dem Sinne unterstellt, dass unabhängig von der Höhe der Beträge zum Kalkulationszinsfuß Beträge aufgenommen oder angelegt werden können (gleicher Soll- und Haben-Zinssatz). Da der Wertzuwachs dieser Investitionen jeweils dem Investitionsbetrag zuzüglich der Verzinsung zum Kalkulationszinsfuß entspricht und diese Verzinsung durch die Diskontierung mit dem Kalkulationszinsfuß auf den Zeitpunkt t=0 wieder rückgängig gemacht wird, ist der Kapitalwert dieser Zusatz- und Differenzinvestitionen jeweils Null. Bei der Ermittlung der Kapitalwerte der Ausgangsinvestitionen müssen deshalb die Reinvestitionen freier Mittel, die Ergänzungs- und Anschlussinvestitionen nicht explizit in der Berechnung berücksichtigt werden.

2.3.3.2   Methode des Internen Zinsfußes

Die Methode des Internen Zinsfußes erfreut sich in der Praxis bei der Beurteilung der Vorteilhaftigkeit von Investitionsobjekten großer Beliebtheit. Dies mag daran liegen, dass ein Zins als Beurteilungsmaßstab leichter verständlich und interpretierbar erscheint als etwa die abstrakte Größe Kapitalwert. Mit der Methode des Internen Zinsfußes soll die effektive Rentabilität des eingesetzten Kapitals während der Nutzungsdauer des Investitionsobjektes ermittelt werden. Der Interne Zins entspricht dabei jenem Zinssatz, der den Kapitalwert einer Investition Null werden lässt. Bei einem Kapitalwert von Null erhält man, wie vorhin gezeigt, gerade eine Verzinsung des eingesetzten Kapitals in Höhe des Kalkulationszinssatzes. Deshalb wird zur Ermittlung des Internen Zinses die Kapitalwertformel gleich Null gesetzt und nach dem Zins aufgelöst:

$$KW = -A + \sum_{t=1}^{n} \frac{EZÜ_t}{(1+i)^t} + \frac{L_n}{(1+i)^n} = 0$$

Bei der Kapitalwertformel handelt es sich um eine Polynomgleichung n-ten Grades. Die Lösung dieser Gleichung ist im Ein- und Zweiperiodenfall problemlos möglich, bei mehr als zwei Perioden treten jedoch Probleme auf. Die Gleichung ist dann nicht mehr durch einfaches Auflösen lösbar, sondern erfordert ein Näherungsverfahren. Ein einfaches Näherungsverfahren stellt die lineare Interpolation dar. Dazu wird der Zahlungsstrom des zu beurteilenden Investitionsobjektes durch Ausprobieren mit zwei geschätzten Versuchszinssätzen diskontiert. Dabei sollten diese Versuchszinssätze so gewählt werden, dass man einen positiven und einen negativen Kapitalwert erhält. Danach können diese beiden Wertepaare in ein Koordinatensystem eingetragen werden. Der Interne Zinsfuß der Investition ergibt sich dann aus dem Schnittpunkt der durch die beiden Wertepaare definierten Geraden mit der Abszisse. Es handelt sich dabei um eine Näherungslösung, da die Kapitalwertfunktion nicht die Form einer Geraden aufweist, sondern gekrümmt ist. Der Interne Zinsfuß wird damit, wie die Abb. 2.3 zeigt, überschätzt. Die Berechnung des Internen Zinsfusses wird umso genauer, je kleiner der Abstand zwischen den Versuchszinssätzen gewählt wird. Wird also eine möglichst exakte Lösung gewünscht, dann kann über mehrere Iterationsschritte die Schranke zwischen den gewählten Kalkulationszinssätzen sukzessive verkleinert werden.

Die folgende Abbildung verdeutlicht die Vorgehensweise bei der Näherungslösung:

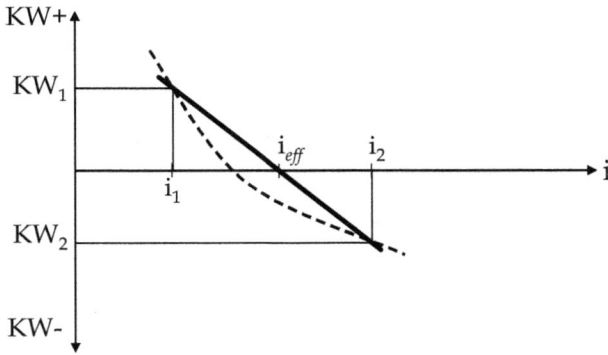

Abb. 2.3   Bestimmung des Internen Zinsfußes

Rechnerisch kann der Interne Zinsfuß mittels der Formel der linearen Interpolation errechnet werden. Diese Formel wird aus dem zweiten Strahlensatz abgeleitet:

$$\frac{KW_1 - 0}{KW_1 - KW_2} = \frac{i_{eff} - i_1}{i_2 - i_1}$$

$$\Leftrightarrow i_{eff} = i_1 - KW_1 * \frac{i_2 - i_1}{KW_2 - KW_1}$$

Der aufgezeigte Lösungsweg zur Berechnung des Internen Zinses bei mehrperiodiger Nutzungsdauer soll in erster Linie die grundsätzliche Vorgehensweise erläutern. In der Praxis werden Interne Zinssätze aber nicht mehr auf diesem umständlichen Weg ermittelt, sondern mit Hilfe der üblichen Tabellenkalkulationsprogramme errechnet. Mit diesen Programmen ist durch die automatisierte, schrittweise Näherung eine genaue Ermittlung des Internen Zinssatzes möglich.

Zur Beurteilung der Vorteilhaftigkeit eines Investitionsobjektes muss nun der errechnete Interne Zins mit einem gewählten Kalkulationszinssatz verglichen werden. Ist der Interne Zinssatz größer als der als Mindestrentabilität angesetzte Kalkulationszinssatz, dann ist die Investition vorteilhaft. Beim Vergleich mehrerer Investitionen wird diejenige Investition ausgewählt, die den höchsten Internen Zins und damit die höchste Rendite erbringt und gleichzeitig eine höhere Rendite als der Kalkulationszinssatz aufweist. Der Interne Zinsfuß kann deshalb zum einen als Grenzrendite für eine Alternativanlage und zum anderen als Grenzzinssatz für die Kapitalaufnahme interpretiert werden.

Frau Labelle kann sich als Nicht-Ökonomin unter den errechneten Kapitalwerten der drei Investitionsalternativen wenig vorstellen. Für sie wäre ein Zins ein besserer und verständlicherer Beurteilungsmaßstab für eine Investition, zumal sie ihn dann mit dem an die Bank zu zahlenden Zins vergleichen könnte. Frau Mustermann schlägt deshalb vor, die Internen Zinsen der Investitionsalternativen zu berechnen, um dann möglicherweise endlich zu einer Entscheidung zu kommen.

Für die Berechnung der Internen Zinsen können die Gründerinnen auf die bereits errechneten Kapitalwerte bei einem Kalkulationszinssatz von 8% zurückgreifen:

$$KW_{1 \, \text{Old England}} = 7.772,70€$$

$$KW_{1 \, \text{Washington}} = 8.911,75€$$

$$KW_{1 \, \text{Präsident}} = 8.253,71€$$

Für die Ermittlung der Internen Zinsen über eine Näherungsformel werden allerdings noch weitere Kapitalwerte benötigt. Diese sollten nun negativ sein, damit die lineare Interpolation möglich wird. Probeweise berechnen die beiden Gründerinnen die Kapitalwerte nun mit einem Kalkulationszinssatz in Höhe von 10%.

$$
\begin{aligned}
KW_{2 \, \text{Old England}} &= \frac{45.000€}{(1+0,1)^1} + \frac{43.000€}{(1+0,1)^2} + \frac{38.000€}{(1+0,1)^3} + \frac{162.000€}{(1+0,1)^4} \\
&\quad -220.000€ \\
&= -4.355,58€
\end{aligned}
$$

$$
\begin{aligned}
KW_{2 \, \text{Washington}} &= \frac{45.000€}{(1+0,1)^1} + \frac{42.000€}{(1+0,1)^2} + \frac{38.000€}{(1+0,1)^3} + \frac{28.000€}{(1+0,1)^4} + \frac{155.000€}{(1+0,1)^5} \\
&\quad -225.000€ \\
&= -5.463,02€
\end{aligned}
$$

$$
\begin{aligned}
KW_{2 \, \text{Präsident}} &= \frac{42.000€}{(1+0,1)^1} + \frac{40.000€}{(1+0,1)^2} + \frac{35.000€}{(1+0,1)^3} + \frac{33.000€}{(1+0,1)^4} + \frac{122.000€}{(1+0,1)^5} \\
&\quad -200.000€ \\
&= -4.172,47€
\end{aligned}
$$

Nun können Frau Mustermann und Frau Labelle die Interpolationsformel anwenden:

$$i_{\text{eff}\backslash Old\ England} = 0,08 - 7.772,70 * \frac{(0,1-0,08)}{(-4.355,58-7.772,70)} = 9,28\%$$

$$i_{\text{eff}\backslash Washington} = 0,08 - 8.911,75 * \frac{(0,1-0,08)}{(-5.463,02-8.911,75)} = 9,24\%$$

$$i_{\text{eff}\backslash Pr\ äsident} = 0,08 - 8.253,71 * \frac{(0,1-0,08)}{(-4.172,47-8.253,71)} = 9,33\%$$

Nach der Methode des Internen Zinsfußes wählen die beiden Gründerinnen diejenige Alternative mit dem höchsten Internen Zinssatz. Den höchsten Internen Zinssatz weist die Alternative Präsident auf, die zweihöchste Verzinsung erzielt der Old England und den niedrigsten Zins bringt die Alternative Washington.

Die praktische Anwendung der Methode des Internen Zinsfußes zur Beurteilung der Vorteilhaftigkeit von Investitionsobjekten ist jedoch mit erheblichen Problemen verbunden, die aus den mathematischen Eigenschaften einer Polynomgleichung resultieren. Eine Polynomgleichung n-ten Grades muss nicht unbedingt zu einer eindeutigen Lösung führen. Es sind grundsätzlich mehrere Lösungen oder auch keine Lösung möglich. Anhand folgender, auf Kilger (1965) zurückgehender Beispiele mit jeweils einfachen Zahlungsströmen soll die Mehrdeutigkeit, Nichtexistenz und Eindeutigkeit von Lösungen dargestellt werden:

- Eine Investition weise einen Zahlungsstrom mit folgender Kapitalwertfunktion auf:

$$-1.000\ € + \frac{2.090\ €}{(1+i)^1} - \frac{1.092\ €}{(1+i)^2} = 0$$

Rechnerisch ergeben sich hier zwei Interne Zinssätze mit $i_{\text{eff1}} = 4\%$ und $i_{\text{eff2}} = 5\%$, d.h. man hat eine mehrdeutige Lösung erhalten. Fraglich ist nun, welcher der beiden Zinssätze zur Beurteilung der Investition herangezogen werden soll.

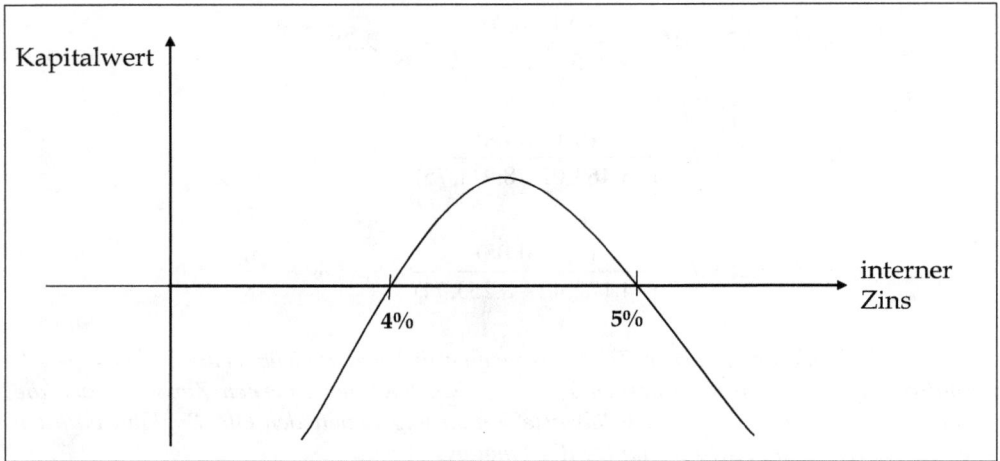

Abb. 2.4   Mehrdeutigkeit von Lösungen

- Eine Investition weise einen Zahlungsstrom mit folgender Kapitalwertfunktion auf:

$$-1.000 \, € + \frac{2.090 \, €}{(1+i)^1} - \frac{1.093 \, €}{(1+i)^2} = 0$$

Es kann rechnerisch kein einziger reeller Interner Zinssatz ermittelt werden.

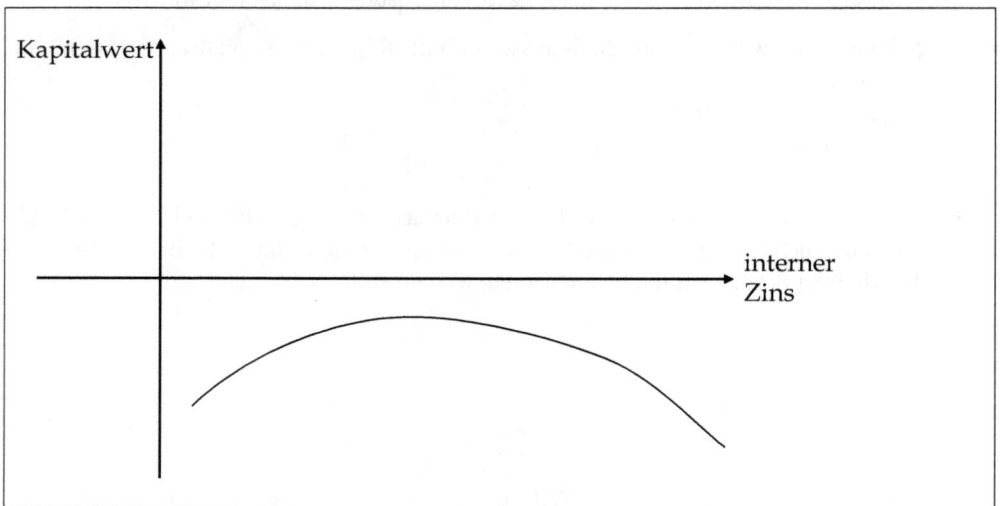

Abb. 2.5   Nichtexistenz von Lösungen

- Eine Investition weise einen Zahlungsstrom mit folgender Kapitalwertfunktion auf:

$$-1.000\ € - \frac{50\ €}{(1+i)^1} + \frac{480\ €}{(1+i)^2} + \frac{700\ €}{(1+i)^3} = 0$$

Rechnerisch ergibt sich ein Interner Zinssatz in Höhe von 4,7%.

Eine eindeutige Lösung für den Internen Zins erhält man immer dann, wenn sich bei einer Investition der Zahlungsstrom zeitlich in eine Phase mit Auszahlungen und in eine Phase mit Einzahlungen trennen lässt, d.h. wenn in der Zahlungsreihe nur ein Vorzeichenwechsel auftritt. Es wird dann von einer normalen Investition gesprochen, die definitionsgemäß mit einer Ausgabe beginnt und in den Folgeperioden Einzahlungsüberschüsse erwarten lässt. Für diese Art von Zahlungsströmen, die für den überwiegenden Teil der in der Praxis auftretenden Investitionen typisch sein dürfte, kann nachgewiesen werden, dass es jeweils einen eindeutigen reellen Internen Zinssatz gibt. Zahlungsströme, die mehrere Vorzeichenwechsel aufweisen, wie sie z.B. bei langlebigen Investitionen in Gebäude mit zwischenzeitlichen Generalsanierungen durchaus oft auftreten, können zu keinen oder mehreren Lösungen führen.

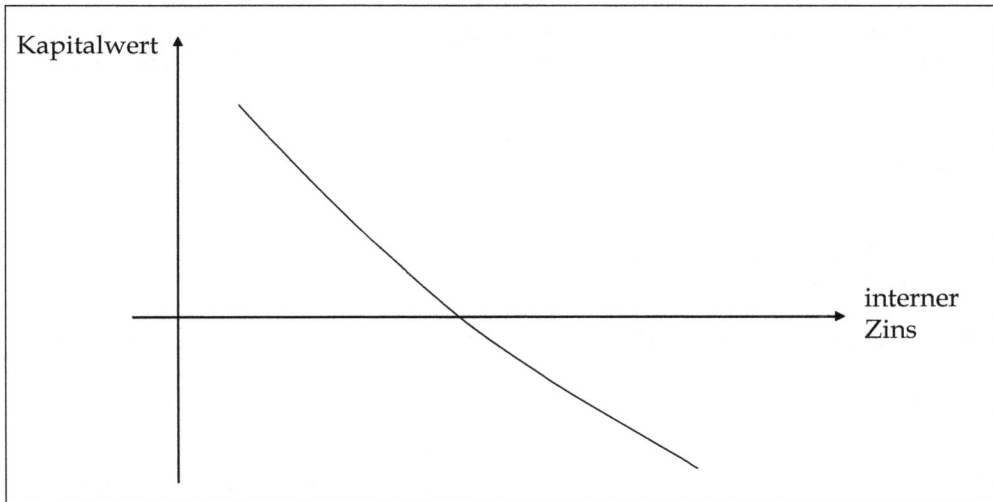

Abb. 2.6   Eindeutigkeit von Lösungen

2.3.3.3   Annuitätenmethode

Die Berechnung von Kapitalwerten lässt sich vereinfachen, wenn die jährlichen Einzahlungsüberschüsse konstant sind. Dann errechnet sich der Kapitalwert aus dem Produkt der jährlich gleichen Zahlung (A) mit dem Rentenbarwertfaktor (RBWF), der nichts anderes ist als die Summe der Barwertfaktoren für die entsprechende Zahl von Perioden.

$$KW = A \cdot RBWF$$

$$RBWF = \frac{(1+r)^n - 1}{(1+r)^n * r}$$

Diese Überlegung lässt sich auch umkehren, indem der Kapitalwert in jährliche, regelmäßige und gleich hohe Zahlungen, d.h. in sogenannte Annuitäten umgerechnet wird. Dies geschieht mit der Annuitätenmethode. Die Annuitätenmethode kann daher als modifizierte Kapitalwertmethode bezeichnet werden. Die Umwandlung der abstrakten Größe Kapitalwert in jährliche Zahlungen erhöht unter praktischen Gesichtspunkten häufig die Anschaulichkeit des Ergebnisses der Investitionsrechnung, da die Annuität die Höhe der rechnerisch möglichen jährlichen Entnahmen aus der jeweiligen Investitionsalternative aufzeigt und damit dem in der Praxis verbreiteten Denken in Periodengrößen entgegenkommt.

Basis der Ermittlung einer Annuität ist der Kapitalwert als Barwert der Zahlungsüberschüsse aus einem Investitionsobjekt. Soll der Kapitalwert nun in jährlich gleich hohe Zahlungen umgerechnet werden, erfolgt die Multiplikation mit dem Kehrwert des Rentenbarwertfaktors, d.h. mit dem sogenannten Annuitäten- oder Wiedergewinnungsfaktor. Mit Hilfe des Annuitätenfaktors kann bei gegebenem Kalkulationszins und gegebener Nutzungsdauer der Barwert in eine Rente mit jährlich gleichen Zahlungen umgewandelt werden. Dabei wird unterstellt, dass pro Periode jeweils eine Verzinsung des noch nicht entnommenen Betrages zum Kalkulationszins (r) erfolgt.

$$A = KW * \frac{(1+r)^n * r}{(1+r)^n - 1}$$

wobei $\dfrac{(1+r)^n * r}{(1+r)^n - 1} = Annuitätenfaktor$

Die Vorteilhaftigkeit einer Einzelinvestition ist dann gegeben, wenn eine positive Annuität vorliegt und damit eine jährliche Entnahme möglich ist. Bei mehreren Investitionsalternativen ist die Alternative mit der höchsten Annuität vorzuziehen.

Frau Mustermann und Frau Labelle gehen gemeinsam noch einmal ihre Finanzplanung für die nächsten Jahre durch. Um eine „griffigere" Größe für den zu erwartenden Überschuss aus den Investitionen zu haben, möchten sie nun ein Investitionsrechenverfahren anwenden, bei dem die Höhe der möglichen jährlichen Entnahmen (Annuität) aus der jeweiligen Investitionsalternative das Beurteilungskriterium darstellt. Zur Berechnung der Annuität für die Investitionsalternativen ziehen die Gründerinnen ihre bereits ermittelten Kapitalwerte heran und multiplizieren diese mit dem Annuitätenfaktor.

$$A_{Old\ England} = 7.772,70€ * \frac{(1+0,08)^4 * 0,08}{(1+0,08)^4 - 1} = 2.346,74€$$

$$A_{Washington} = 8.911,75 € * \frac{(1+0,08)^5 * 0,08}{(1+0,08)^5 - 1} = 2.232,01 €$$

$$A_{Pr\ddot{a}sident} = 8.253,71 € * \frac{(1+0,08)^5 * 0,08}{(1+0,08)^5 - 1} = 2.067,19 €$$

Nach dem Ergebnis der Annuitätenmethode werden sich die Gründerinnen für die Alternative Old England entscheiden, da diese Alternative mit 2.346,74 € die höchste Annuität aufweist.

Die Beispielrechnung zeigt, dass wir nun zu einer anderen Reihenfolge der Vorteilhaftigkeit gekommen sind als bei Anwendung der Kapitalwertmethode. Das ist erstaunlich, werden die Kapitalwerte doch lediglich mit einem konstanten Faktor umgerechnet. Die nähere Betrachtung lässt den Grund der Abweichung erkennen: Wir haben den Annuitätenfaktor auf die jeweilige Nutzungsdauer bezogen, also berechnet, wie hoch die jährlichen Entnahmemöglichkeiten während der Nutzungsdauer wären. Da beim Old England nur eine Nutzungsdauer von vier Jahren, bei den beiden anderen Wagen aber von fünf Jahren zugrunde gelegt ist, wurde bei ihm der Kapitalwert nur auf diese vier Perioden aufgeteilt. Dies ergibt die je Periode der Nutzungsdauer höhere Entnahmemöglichkeit.

Ist dieses Vorgehen korrekt? Wenn wir konsequent bei den bisher gesetzten Prämissen bleiben, also eine einmalige Investition betrachten und nach Ablauf der Investition von einer Anlage des Kapitals am Kapitalmarkt ausgehen, dann ist die vorgenommene Berechnung falsch. Denn der Old England erwirtschaftet zwar in den ersten vier Jahren durchschnittlich mehr als die anderen Wagen, im fünften Jahr aber annahmegemäß dann gar nichts mehr (Kapitalwert der Differenzinvestition = 0). Daher kann unter diesen Prämissen nur die Summe der Zahlungen bis zum gesetzten Planungshorizont (hier: fünf Jahre) für den Vorteilhaftigkeitsvergleich relevant sein. Setzen wir bei allen Alternativen die gleiche Nutzungsdauer ein, dann muss sich auch die gleiche Rangfolge der Vorteilhaftigkeit ergeben wie bei der Kapitalwertmethode.

Anders läge der Fall, wenn wir – realitätsnäher – annähmen, nach Auslaufen der Erstinvestition würde eine weitere Investition anschließen, die wiederum einen positiven Kapitalwert erwarten lässt (sonst würden wir sie ja nicht durchführen). Dann wäre es gerechtfertigt, die Kapitalwerte auf die jeweiligen Nutzungsdauern zu beziehen. Wir werden in Kapitel 2.4 darauf zurückkommen.

2.3.3.4   Methode der dynamischen Amortisation

Die Kriterien der Vorteilhaftigkeit der bisher dargestellten Verfahren der Investitionsrechnung sind Vermögenszuwachs- bzw. Renditegrößen. Ein Investor könnte sich jedoch neben der Rendite auch für die Schnelligkeit des Rückflusses des investierten Kapitals interessieren. Die Methode der dynamischen Amortisation berechnet den Zeitraum, innerhalb dessen die Anschaffungsausgaben, die mit einer Investition verbunden sind, einschließlich der zwischenzeitlich auflaufenden Zinsen durch die Einzahlungsüberschüsse in den Perioden der Nutzungsdauer wieder zurückgeflossen sind. Hierzu werden die geschätzten Einzahlungsüberschüsse zunächst auf den Bezugszeitpunkt diskontiert und dann, von der Periode 1 beginnend, Periode für Periode aufsummiert, bis die Anschaffungsausgaben erreicht sind.

Nach der Methode der dynamischen Amortisation ist eine Investition dann vorteilhaft, wenn die errechnete Amortisationsdauer unter der vom Investor vorgegebenen Amortisationsdauer liegt. Diese kann als absolute Zahl von Perioden bestimmt werden, wird sinnvollerweise aber als Prozentsatz zur geschätzten Nutzungsdauer festgelegt. Bei mehreren Investitionsalternativen wird – bei vergleichbaren Nutzungsdauern und vergleichbarem Risiko – diejenige Alternative mit der kürzesten Amortisationszeit gewählt.

Für den Einsatz der Methode der dynamischen Amortisation kommen unterschiedliche Situationen bzw. Motive des Investors in Frage. Dies kann Ausdruck eines aus der Sicht des Investors mit der Investition verbundenen Risikos sein. In diesen Fällen wird die von ihm gewünschte Höchstamortisationszeit vom Grad des vermuteten Risikos abhängen: Je höher das Risiko, desto schneller soll die von ihm investierte Summe wieder an ihn zurückgeflossen und desto kürzer wird die von ihm akzeptierte Amortisationszeit im Verhältnis zur erwarteten Gesamtnutzungsdauer sein.

Die Amortisationszeit kann auch für Investoren mit knappen künftigen Finanzbudgets ein Auswahlkriterium darstellen. Investitionen, die das in ihnen gebundene Kapital früher freisetzen und wieder für andere Zwecke verfügbar machen, werden dann präferiert.

Eine dritte Einsatzmöglichkeit ist in den zahlreichen Fällen gegeben, in denen die Nutzungsdauer einer Investition nicht bekannt oder (technisch) vorgegeben ist. Plant z.B. ein Unternehmen oder eine öffentliche Verwaltung die Entwicklung und den Einsatz einer neuen DV-Steuerung für einen bestimmten Bereich mit der Absicht, dadurch in bestimmtem Umfang Personalkosten einzusparen, dann kann die Methode der dynamischen Amortisation dafür eingesetzt werden, die minimale Nutzungsdauer dieses neuen Systems zu berechnen, die nötig ist, um die anfänglichen Entwicklungs- und die laufenden Betreuungsausgaben durch die Einsparungen wieder zu amortisieren.

Problematisch beim Einsatz der Methode der dynamischen Amortisation für den Vergleich von Alternativen ist allerdings, dass nur Zahlungen bis zum Amortisationszeitpunkt berücksichtigt werden. Zahlungen, die später anfallen, gehen nicht mehr in die Betrachtung mit ein, so dass u. U. eine Investitionsalternative als schlechter angesehen wird, obwohl sie nach dem errechneten Amortisationszeitpunkt höhere Einzahlungsüberschüsse einbringen würde als die Investition mit der kürzeren Amortisationszeit. Die Beurteilung der Vorteilhaftigkeit einer Investitionsalternative kann nach der dynamischen Amortisation deshalb anders ausfallen als bei Anwendung der Kapitalwertmethode. Deshalb erscheint es insgesamt sinnvoll, die Methode der dynamischen Amortisation nicht als eigenes oder alleiniges Verfahren bei der Beurteilung von Investitionsalternativen heranzuziehen, sondern allenfalls als Ergänzung zu anderen Methoden zu verwenden.

Frau Labelle wird beim Anblick der hohen Investitionssummen mulmi. Sie möchte wissen, wie lange es bei den Investitionsalternativen dauert, bis die Investitionssummen durch die Einzahlungsüberschüsse wieder zurückgeflossen sind. Frau Mustermann summiert deshalb die diskontierten Einzahlungsüberschüsse (Barwerte) der einzelnen Perioden auf, bis jeweils in der Summe Einzahlungsüberschüsse erreicht sind. Anschließend berechnet sie über die lineare Interpolation die genaue Amortisationszeit der einzelnen Alternativen:

Old England			
Periode	Einzahlungsüberschüsse	Barwerte	Summe der Barwerte
t_0	-220.000,00 €	-220.000,00 €	-220.000,00 €
t_1	45.000,00 €	41.666,67 €	-178.333,33 €
t_2	43.000,00 €	36.865,57 €	-141.467,76 €
t_3	38.000,00 €	30.165,63 €	-111.302,13 €
t_4	162.000,00 €	119.074,84 €	7.772,71 €

$$t_{amort} = t_n - \frac{KW(t_n)}{KW(t_{n-1}) - KW(t_n)} = 3 - \frac{-111.302,13 \text{ €}}{7.772,71 \text{ €} - (-111.302,13 \text{ €})} \approx 3,9$$

Die Amortisationszeit für den Old England beträgt ca. 3 Jahre und 11 Monate.

Washington			
Periode	Einzahlungsüberschüsse	Barwerte	Summe der Barwerte
t_0	-225.000,00 €	-225.000,00 €	-225.000,00 €
t_1	45.000,00 €	41.666,67 €	-183.333,33 €
t_2	42.000,00 €	36.008,23 €	-147.325,10 €
t_3	38.000,00 €	30.165,63 €	-117.159,47 €
t_4	28.000,00 €	20.580,84 €	-96.578,63 €
t_5	155.000,00 €	105.490,40 €	8.911,77 €

$$t_{amort} = t_n - \frac{KW(t_n)}{KW(t_{n-1}) - KW(t_n)} = 4 - \frac{-96.578,63 \text{ €}}{8.911,77 \text{ €} - (-96.578,63 \text{ €})} \approx 4,9$$

Die Amortisationszeit für den Washington beträgt ca. 4 Jahre und 11 Monate.

Präsident			
Periode	Einzahlungsüberschüsse	Barwerte	Summe der Barwerte
t_0	-200.000,00 €	-200.000,00 €	-200.000,00 €
t_1	42.000,00 €	38.888,89 €	-161.111,11 €
t_2	40.000,00 €	34.293,55 €	-126.817,56 €
t_3	35.000,00 €	27.784,13 €	-99.033,43 €
t_4	33.000,00 €	24.255,99 €	-74.777,44 €
t_5	122.000,00 €	83.031,15 €	8.253,71 €

$$t_{amort} = t_n - \frac{KW(t_n)}{KW(t_{n-1}) - KW(t_n)} = 4 - \frac{-74.777,44 \text{ €}}{8.253,71 \text{ € } - (-74.777,44 \text{ €})} \approx 4,9$$

Die Amortisationszeit für den Präsident beträgt ungefähr 4 Jahre und 11 Monate.

Bei Betrachtung der Ergebnisse stellt Frau Mustermann fest, dass die Amortisationsdauer in ihrem Fall nur wenig Aussagekraft hat. Da die Investitionssummen für die Limousinen größtenteils erst in Form des Wiederverkaufserlöses in der letzten Periode zurückfließen, muss die Amortisationsdauer sehr nahe bei der vorgesehenen Nutzungsdauer liegen. Insofern erscheint es ihr nicht sinnvoll, aus den errechneten Amortisationszeiten für die Limousinen eine Vorteilhaftigkeitsentscheidung abzuleiten.

2.3.3.5　Verfahrensvergleich bei mehreren Investitionsalternativen

Nach Anwendung zahlreicher Rechenverfahren zur Beurteilung der Vorteilhaftigkeit ihrer Investitionsalternativen haben Frau Mustermann und Frau Labelle völlig den Überblick verloren. Deshalb tragen sie die Ergebnisse der einzelnen Verfahren noch einmal in Tabellenform zusammen, um abschließend zu einer Entscheidung zu gelangen:

	Old England	Washington	Präsident
Kapitalwerte	7.772,70 €	8.911,75 €	8.253,71 €
Rangfolge der Alternativen	*Washington > Präsident > Old England*		
Beste Alternative	*Washington*		

	Old England	Washington	Präsident
Interne Zinssätze	9,28%	9,24%	9,33%
Rangfolge der Alternativen	*Präsident > Old England > Washington*		
Beste Alternative	*Präsident*		

	Old England	Washington	Präsident
Annuitäten	*2.346,74 €*	*2.232,01 €*	*2.067,19 €*
Rangfolge der Alternativen	*Old England > Washington > Präsident*		
Beste Alternative	*Old England*		

Mit Entsetzen entnehmen die beiden Gründerinnen ihren Tabellen, dass jedes der gewählten Investitionsrechenverfahren zu einem anderen Ergebnis hinsichtlich der Vorteilhaftigkeit kommt. Für welche Limousine sollen sie sich jetzt entscheiden? Wie kann es sein, dass alle Verfahren unterschiedliche Ergebnisse liefern?

In den vorherigen Kapiteln wurden einige Verfahren der Investitionsrechnung zur Vorteil-haftigkeitsbeurteilung von Investitionsalternativen vorgestellt. Fraglich ist nun, welches Verfahren schließlich angewandt werden sollte bzw. mit welchem Verfahren die besten oder die „richtigen" Ergebnisse zu erzielen sind. Dazu muss zunächst geprüft werden, ob auch alle Verfahren immer zum gleichen Ergebnis, d.h. zur gleichen Vorteilhaftigkeitsbeurteilung kommen. Wäre dies der Fall, dann würde die Wahl auf dasjenige Verfahren fallen, das am einfachsten anzuwenden bzw. das am leichtesten ökonomisch interpretierbar ist. Vorteile der Kapitalwertmethode wären dabei z.B. die einfache Berechnung und das genaue Ergebnis. Die Methode des Internen Zinsfußes könnte hingegen ein anschaulicheres Ergebnis in Form einer Renditegröße statt in Form einer abstrakten Größe wie des Kapitalwerts liefern. Führen jedoch nicht alle Verfahren zum gleichen Ergebnis hinsichtlich der Vorteilhaftigkeitsbeurtei-lung, dann ist zu überlegen, woraus die Ergebnisdifferenzen resultieren könnten.

Bei Betrachtung einer isolierten Einzelinvestition kann festgestellt werden, dass grundsätz-lich alle Verfahren zum gleichen Ergebnis kommen. Bei Vorliegen von zwei oder mehreren Investitionsalternativen, aus denen die vorteilhafteste Alternative ausgewählt werden soll, können jedoch Ergebnisdifferenzen zwischen den Verfahren entstehen, wie auch unser Bei-spielfall (siehe oben) gezeigt hat. D.h. mit den verschiedenen Investitionsrechenverfahren erhält man unterschiedliche relative Vorteilhaftigkeiten bzw. unterschiedliche Rangfolgen bei mehreren zu beurteilenden Alternativen. Die Entscheidung für eine bestimmte Investitionsalternative hängt somit also offensichtlich von der Wahl des Rechenverfahrens ab.

Der Grund für die Ergebnisdifferenzen zwischen den Verfahren liegt in der Struktur der jeweiligen Zahlungsströme sowie in den mit den einzelnen Verfahren verbundenen vereinfachenden Annahmen. Im Folgenden sollen nun kurz die Ursachen für diese Ergebnisunterschiede erläutert werden, wobei vor allem auf Ergebnisdifferenzen zwischen der Kapitalwertmethode und der Methode des Internen Zinsfußes eingegangen wird.

Unterschiedliche Rangfolgen der Vorteilhaftigkeit bei der Kapitalwertmethode und der Annuitätenmethode waren schon bei der Darstellung der Annuitätenmethode erklärt und diskutiert worden. Wie gesehen, ist eine Ergebnisdifferenz immer dann möglich, wenn die zu vergleichenden Investitionsalternativen unterschiedliche Nutzungsdauern aufweisen. In diesem Fall werden die jeweiligen Kapitalwerte auf unterschiedliche Nutzungsdauern verteilt, d.h. mit unterschiedlich hohen Annuitätenfaktoren multipliziert. Folgt man jedoch konsequent den Prämissen einer vollständigen Alternativenformulierung bei Verzinsung von Differenzinvestitionen zum Kalkulationszinsfuß, dann muss man für alle Investitionsalternativen den gleichen Nutzungsdauerzeitraum unterstellen, d.h. es muss die längste Nutzungsdauer der Alternativen zugrunde gelegt werden. In diesem Fall kommen Kapitalwertmethode und Annuitätenmethode immer zum gleichen Ergebnis.

Beim Ergebnisvergleich zwischen Kapitalwertmethode und der Methode des Internen Zinsfußes sind ebenso unterschiedliche Vorteilhaftigkeitsrangfolgen möglich. Auch diese Ergebnisdifferenz ist in den zugrunde liegenden vereinfachten Annahmen begründet. Selbst wenn die zu vergleichenden Investitionsalternativen die gleiche Nutzungsdauer und den gleichen Kapitaleinsatz aufweisen, kann die Vorteilhaftigkeitsentscheidung unterschiedlich ausfallen.

Spätestens hier tritt eine grundsätzliche Schwäche der Methode des Internen Zinsfußes zutage. Wir wiederholen: Beträgt der Kapitalwert einer Investition Null, so bedeutet dies, dass sich das in der Investition eingesetzte Kapital gerade zum Kalkulationszinsfuß verzinst. Auf den Internen Zinsfuß übertragen, bedeutet dies, dass sich zwischenzeitlich überschüssige Mittel genau zu dem noch zu berechnenden Internen Zins einer Investition wieder anlegen lassen. Diese Wiederanlageprämisse ergibt aber kaum Sinn: Warum sollen sich überschüssige Mittel, die aus einer insgesamt ertragreichen Investition stammen, zu einem höheren Zinssatz (am Kapitalmarkt) wieder anlegen lassen als Rückflüsse aus Investitionen, deren Interner Zinsfuß niedriger oder gar negativ ausfällt? Abgesehen von den Fällen, in denen die Farbe des Geldes für die Wiederanlagemöglichkeit eine Rolle spielt, oder bei reinen Finanzinvestitionen, wenn von beliebiger Wiederholbarkeit auszugehen ist, sollte die Verzinsung der Reinvestition freiwerdender Mittel nicht davon abhängig sein, aus welcher Investition das Geld stammt.

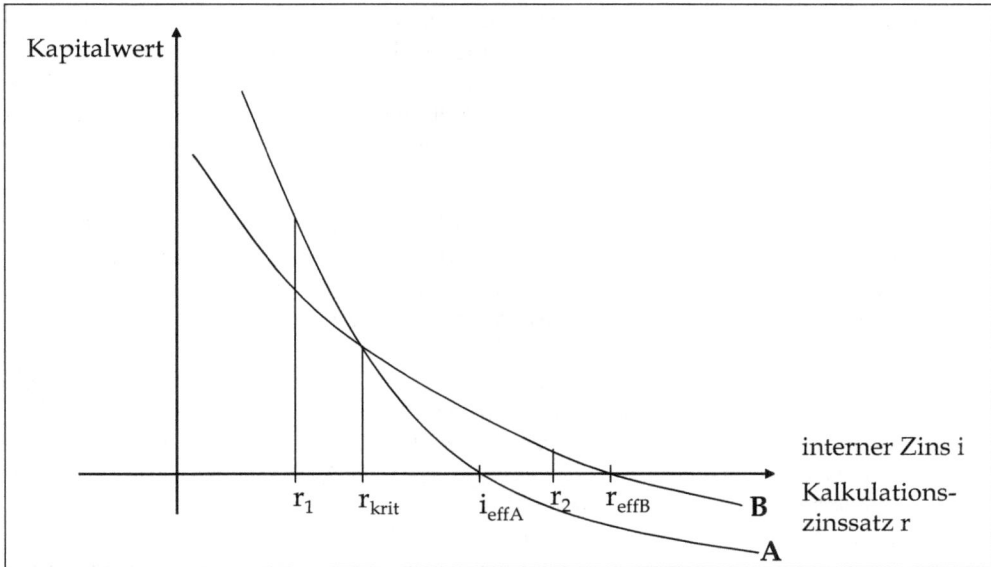

Abb. 2.7   Kapitalwertfunktion

Abb. 2.7 soll noch einmal anhand eines allgemeinen Beispiels die Begründung für Ergebnis-differenzen zwischen Kapitalwertmethode und der Methode des Internen Zinsfußes verdeut-lichen. Da sich die Kapitalwertfunktionen von A und B schneiden, ändert sich die Rangfolge der Vorteilhaftigkeit mit zunehmendem Kalkulationszinssatz. Bis zu einem kritischen Kalku-lationszins r_{krit} wird mit der Investitionsalternative A ein höherer Kapitalwert erzielt als mit Investitionsalternative B. Bei einem Kalkulationszinssatz über r_{krit} wechselt die Vorteilhaf-tigkeit, Alternative B liefert die höheren Kapitalwerte als A. Bei einem Kalkulationszinssatz über r_{krit} erhält man mit der Kapitalwertmethode auch dieselbe Ergebnisrangfolge wie mit der Methode des Internen Zinsfußes, wohingegen bei einem Kalkulationszinssatz unter r_{krit} Kapi-talwertmethode und Methode des Internen Zinsfußes unterschiedliche Vorteilhaftigkeiten aufweisen.

Die Vorteilhaftigkeitsentscheidung hängt somit letztendlich vom gewählten Zinssatz ab. Wird ein hoher Kalkulationszinssatz gewählt, bedeutet dies zum einen, dass weiter in der Zukunft liegende Einzahlungsüberschüsse stärker abgezinst werden und deshalb mit geringe-rem Gewicht in den Kapitalwert eingehen. Zum anderen ändern sich mit einem zunehmen-den Kalkulationszins aber auch die Reinvestitionsmöglichkeiten für freiwerdende Mittel. Bei dem kritischen Kalkulationszins r_{krit}, der auch als Fisher-Rate bezeichnet wird, sind die bei-den Investitionsalternativen gleich vorteilhaft. Um zu gewährleisten, dass Kapitalwertmetho-de und Methode des Internen Zinsfußes die gleiche Vorteilhaftigkeitsrangfolge aufweisen, muss man also nicht die genauen Reinvestitionsmöglichkeiten kennen. Man muss lediglich wissen, ob die Reinvestitionen eine Rendite über oder unter dem kritischen Kalkulationszins-satz erbringen.

Diese konzeptionelle Schwäche der Methode des Internen Zinsfußes in ihrer Grundform ist zu recht Grund für ihre von vielen Seiten geforderte Ablehnung als brauchbares Verfahren der Investitionsrechnung. Sie lässt sich aber durchaus „heilen", indem man explizit realistische Annahmen über die Wiederanlagemöglichkeit freiwerdender Beträge in das Modell integriert. Dies erweitert die Methode des Internen Zinsfußes zur Sollzinssatzmethode.

Frau Mustermann und Frau Labelle haben sich mit Hilfe eines ehemaligen Kommilitonen, der sich immer besonders gut in der Investitionsrechnung auskannte, nochmals intensiv mit den angewandten Investitionsrechenverfahren beschäftigt, um herauszufinden, warum die Rechenverfahren bei den Investitionsalternativen zu unterschiedlichen Vorteilhaftigkeiten geführt haben.

Die Ursache für die überraschende Ergebnisdifferenz zwischen der Kapitalwertmethode und der Annuitätenmethode wurde schnell entdeckt. Aufgrund der um ein Jahr geringeren Nutzungsdauer des Old England wurde hier ein anderer Annuitätenfaktor angewandt als bei den beiden anderen Investitionsalternativen, die eine Nutzungsdauer von 5 Jahren aufweisen. Um bei der Annuitätenmethode die gleiche Vorteilhaftigkeitsrangfolge zu erhalten wie bei der Kapitalwertmethode, muss jedoch für alle Investitionsalternativen der gleiche Planungszeitraum angesetzt und damit der gleiche Annuitätenfaktor angewandt werden.

Die Ergebnisdifferenzen zwischen der Kapitalwertmethode und der Methode des Internen Zinsfußes haben sich die Gründerinnen zunächst anhand einer Graphik veranschaulicht:

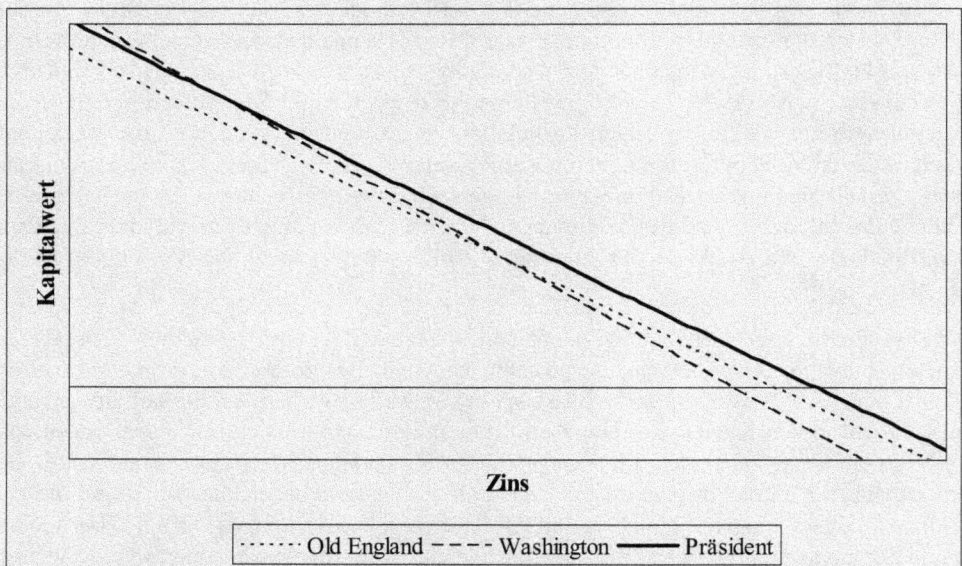

Dabei stellen sie fest, dass sich die Kapitalwertfunktionen der drei Investitionsalternativen schneiden. D.h. die Wahl der Höhe des Kalkulationszinssatzes entscheidet darüber, ob Kapitalwertmethode und Methode des Internen Zinsfußes zur gleichen Vorteilhaftigkeits-

rangfolge kommen oder nicht. Bei Betrachtung des direkten Vergleichs z.B. zwischen den Alternativen Washington und Präsident ist zu erkennen, dass bis zu einem Kalkulationszinssatz von r_{krit1} die Kapitalwerte des Washingtons über den Kapitalwerten des Präsidents liegen, die Kapitalwertmethode also ein anderes Ergebnis liefert als die Methode des Internen Zinsfußes. Erst bei Kalkulationszinssätzen über r_{krit1} kommen beide Investitionsrechenverfahren zum gleichen Ergebnis, d.h. zur gleichen Rangfolge der Vorteilhaftigkeit.

Der ehemalige Kommilitone versucht den beiden Gründerinnen zu verdeutlichen, dass die Divergenzen zwischen den Ergebnissen der Kapitalwertmethode und der Methode des Internen Zinsfußes vor allem auf die unterschiedlichen Wiederanlageprämissen zurückzuführen sind. Er kritisiert, dass die Annahme der Methode des Internen Zinsfußes, nämlich die Wiederanlage freiwerdender Mittel zum Internen Zinssatz, unrealistisch sei. Außerdem weist er auf die mathematischen Eigenschaften einer Polynomgleichung n-ten Grades hin, die eine, mehrere oder auch keine Lösung hervorbringen kann.

Die beiden Gründerinnen beschließen deshalb, die Ergebnisse der Kapitalwertmethode zu ihrer Investitionsentscheidung heranzuziehen, und sehen vorläufig die Alternative Washington als beste Entscheidung an, da diese den höchsten Kapitalwert liefert.

Mit der Sollzinssatzmethode wird ein kritischer Sollzinssatz ermittelt, der sich bei einem Vermögensendwert von Null ergibt ($V_T = V_T^+ - V_T^{-0} = 0$). Dieser kritische Sollzinssatz gibt bei gegebenem Kalkulationszinssatz die Verzinsung auf das zu jedem Zeitpunkt des Planungszeitraums noch gebundene Kapital an und kann als Grenzzinssatz für die Kapitalaufnahme interpretiert werden.

Zur Ermittlung des kritischen Sollzinssatzes müssen stets Annahmen über die Verwendung der Investitionsrückflüsse getroffen werden. Zum einen kann von einem sogenannten Kontensaldierungs*gebot* ausgegangen werden, d.h. die aufgenommenen Kredite werden sofort durch die Investitionsrückflüsse getilgt. Zum anderen wird auch häufig ein Kontensaldierungs*verbot* unterstellt, das bedeutet, dass die Einnahmen aus der Investition voll zum Kalkulationszinssatz angelegt werden und die Anschaffungsausgaben während der gesamten Nutzungsdauer zum Sollzins zu verzinsen sind.

Die Ermittlung des Sollzinssatzes erfolgt ansonsten analog zur Berechnung des Internen Zinsfußes. Durch Einsetzen von Versuchszinsfüßen in die Bestimmungsgleichungen des Vermögensendwertes werden ein positiver und ein negativer Vermögensendwert ermittelt und durch lineare Interpolation dann der kritische Sollzins errechnet.

In der Literatur werden vor allem Spezialfälle der Sollzinssatzmethode mit speziellen Annahmen über die Finanzierung von Ausgabenüberschüssen und die Verwendung von Einnahmenüberschüssen behandelt. Eine häufig behandelte Variante zur Sollzinssatzermittlung geht auf R. H. Baldwin zurück. In der von Baldwin entwickelten Methode wird ein vollständiges Kontenausgleichs*verbot* unterstellt. D.h. es erfolgt eine Trennung der Zahlungsströme in die Investitionsausgaben und negativen Rückflüsse aus der Investition, wobei die Abzinsung mittels Kalkulationszinssatz auf den Beginn des Planungszeitraums erfolgt, und in die positiven Rückflüsse aus der Investition, die auf das Ende des Planungszeitraums mittels Kalkulationszinssatz aufgezinst werden.

Der zu ermittelnde kritische Sollzinssatz ist dann derjenige Zinssatz, mit dem man den Barwert der Investitionsausgaben auf das Ende des Planungszeitraums aufzinsen muss, damit er dem Endwert der Investitionsrückflüsse entspricht:

$$\sum_{t=0}^{T} R_t^+ *(1+r)^{T-t} + L_t = \left[\sum_{t=0}^{T} (R_t^- + A_t)(1+r)^{-t} \right] * (1+i_{kritSoll})^T$$

$$\Rightarrow i_{kritSoll} = \sqrt[T]{\frac{\sum_{t=0}^{T} R_t^+ *(1+r)^{T-t} + L_T}{\sum_{t=0}^{T} (R_t^- + A_t)(1+r)^{-t}}} - 1$$

R_t^+ = positive Investitionsrückflüsse in der jeweiligen Periode t

R_t^- = negative Investitionsrückflüsse in der jeweiligen Periode t

r = Kalkulationszinssatz

A_t = Investitionsausgabe in Periode t

L_t = Liquidationserlös in Periode t

$i_{kritSoll}$ = kritischer Sollzinssatz

T = Anzahl der Perioden der Nutzungsdauer

Aus der ökonomischen Interpretation des kritischen Sollzinssatzes und der Annahme, dass jederzeit unbeschränkt finanzielle Mittel zum Kalkulationszinssatz aufgenommen werden können, folgt, dass eine Investitionsalternative dann vorteilhaft ist, wenn ihr kritischer Sollzinssatz nicht kleiner als der Kalkulationszinssatz ist.

2.3.3.6   Kalkulationszinssatz

Für die Verfahren der dynamischen Investitionsrechnung ist die Wahl des „richtigen" Kalkulationszinssatzes von entscheidender Bedeutung. Der Kalkulationszinssatz hat dabei vor allem die Funktion, die Zahlungen, die zu unterschiedlichen Zeitpunkten anfallen, durch Aufzinsung oder Abzinsung auf einen gemeinsamen Bezugszeitpunkt vergleichbar zu machen. Dieses Vorgehen lässt sich begründen mit dem Gesetz der „Minderschätzung zukünftiger Bedürfnisse". Einnahmen, die näher am Bezugszeitpunkt liegen, sind „mehr wert" als Einnahmen, die erst in späteren Perioden zu erwarten sind. Analog dazu sind Ausgaben, die später anfallen, zum heutigen Zeitpunkt „weniger wert". In diesem Sinne ist der Kalkulationszinssatz der Preis für die Zeitpräferenz in der Verfügung über liquide Mittel. Da die Höhe des Kalkulationszinssatzes bedeutenden Einfluss auf die Vorteilhaftigkeit von Investitionsalternativen und damit auf die Investitionsentscheidungen des Investors hat, ist eine sorgfältige und bedachte Festsetzung des Kalkulationszinssatzes notwendig.

Bei Vorliegen eines vollkommenen Kapitalmarktes mit sicheren Erwartungen liegt der Kalkulationszinssatz auf der Hand: Der Marktzins dient hier als Maßstab für die Vorteilhaftigkeit von Investitionen. In der Realität jedoch sind die Kapitalmärkte unvollkommen mit unsicheren Erwartungen. Deshalb gestaltet sich die Bestimmung des Kalkulationszinssatzes wesentlich schwieriger. Bei der Bestimmung sind verschiedene Überlegungen denkbar. Erfolgt die Finanzierung der Investition mit Fremdkapital, könnten die Kosten des Fremdkapitals, also der effektive Sollzinssatz, als Kalkulationszinssatz herangezogen werden. Sollte der Sollzinssatz in der Planungsphase der Investition nicht bekannt sein, könnte der Kalkulationszinssatz stattdessen vom Kapitalmarktzins für die Kapitalaufnahme in gleicher Höhe und Fristigkeit abgeleitet werden. Bei Finanzierung einer Investition mit Eigenkapital kann ein alternativenorientierter Ansatz zur Bestimmung des Kalkulationszinssatzes gewählt werden, indem einfach die Rendite von alternativen Kapitalanlagemöglichkeiten herangezogen wird. Bei einer Mischfinanzierung aus Eigenkapital und Fremdkapital wäre ein Mischzinssatz als Kalkulationsgrundlage zu bilden.

Insgesamt kann festgehalten werden, dass es „die" Bestimmungsmöglichkeit für den Kalkulationszinssatz nicht gibt, da sich nicht alle Einflussfaktoren in einem einzigen Zinssatz vereinigen lassen. Es muss bei der Ermittlung des Kalkulationszinssatzes deshalb immer mit vereinfachenden Pauschalannahmen gearbeitet werden.

2.3.4   Weiterführende Literatur

Blohm, H./Lüder, K./Schaefer, Ch.: Investition, 9. Auflage, München 2006, gehen ausführlich auf den Investitionsentscheidungsprozess und mögliche Schwachstellen ein. Sie erläutern auch (S. 96-105) ausführlich die Sollzinssatzmethode mit Darstellung der verschiedenen Varianten.

Zu einer ausführlichen Darstellung der Investitionsrechnung mit Vollständigen Finanzplänen vgl. Grob, H.: Einführung in die Investitionsrechnung, 5. Auflage, München 2006.

Die klassischen dynamischen Methoden der Investitionsrechnung werden in zahlreichen Lehrbüchern dargestellt. Besonders erwähnt seien Kruschwitz, L.: Investitionsrechnung, 10. Auflage, München 2005, S. 44-116, und Götze, U.: Investitionsrechnung, 5. Auflage, Berlin/Heidelberg 2006, S. 66-130. Dass die amerikanischen Textbooks die Methoden der Investitionsrechnung in etwa gleich darstellen, belegen z.B. Ross, St.A./Westerfield, R.W./Jaffe, J.: Corporate Finance, 7. ed. Boston u.a. 2005, S. S. 60-85 und S. 144-168, und Brealey, R.A./Myers, St.C./Marcus, A.J.: Fundamentals of Corporate Finance, 5. ed., Boston u.a. 2007, S. 72-95 und S. 178-202.

2.3.5   Übungsaufgaben

1. *Angenommen, ein Investor hat 500 € zur Verfügung und ihm stehen die beiden Investitionsalternativen A und B zur Auswahl, die durch folgende Zahlungsströme gekennzeichnet sind:*

Periode	t_0	t_1	t_3	t_4
A	-500 €	50 €	50 €	550 €
B	-400 €	200 €	300 €	

Der Investor kann entweder einmal A oder einmal B durchführen oder vollständig auf das Investieren verzichten. Der Investor hat das Ziel, seinen Endwert in Periode t_4 zu maximieren, Überschüsse können zum Habenzinssatz von 10% angelegt werden. Der Zinssatz für eine Kreditaufnahme beträgt 15%.

    a)   Welches Endvermögen ergibt sich bei Durchführung von Investition A bzw. B und welche Investitionsentscheidung ist damit die Vorteilhaftere?

    b)   Verändert sich die Vorteilhaftigkeitsentscheidung, wenn der Investor in Periode t_1 und t_2 jeweils eine Entnahme in Höhe von 100 € zu Konsumzwecken tätigen möchte?

    c)   Welche Annahmen wurden bereits implizit getroffen, wenn man die Aussage „gegeben sei ein bestimmter Zahlungsstrom" wie z.B. oben in der Aufgabenstellung, vorfindet?

    d)   Max möchte mit seiner PC-Rechnerleistung Geld verdienen. Er ermittelt ein Einkommen von 2.200 € im ersten Jahr, 1.200 € im zweiten und 200 € im dritten Jahr, wenn er seine volle Rechnerleistung einem Internet-Rechnerlinking-Projekt zur Verfügung stellt. Die Anschaffungskosten für einen PC mit entsprechend lizenziertem Softwarepaket betragen 3.000 €. Ein Restwert des PCs ist nach drei Jahren nicht mehr vorhanden. Der Kalkulationszinssatz beträgt 11 %. Soll Max die Investition tätigen?

2. *Eine Investition A verursacht Anschaffungskosten von 5.000 €. Die Nutzungsdauer beträgt zwei Jahre. Im ersten Jahr fallen Einzahlungsüberschüsse in Höhe von 3.500 € und im zweiten in Höhe von 2.500 € an. Der Kalkulationszinssatz beträgt 7%.*

    a)   Berechnen Sie den Kapitalwert!

    b)   Ist Investition A noch vorteilhaft, wenn der Kalkulationszinssatz 16% beträgt?

    c)   Wie kann der Kapitalwert interpretiert werden?

3. *Eine Oma schenkt ihrem Enkel 20.000 € in bar. Welchen (gleich hohen) Betrag kann der Enkel jedes Jahr verbrauchen, wenn das Geld für 5 Jahre reichen soll und zu 6,5% p.a. angelegt werden kann?*

4. *Eine Investition mit einem Kapitaleinsatz von 1.000 € erwirtschaftet folgenden sicheren Zahlungsstrom:*

Periode	t_0	t_1	t_2	t_3	t_4
EZÜ	-1.000 €	500 €	350 €	300 €	-50 €

Bei Verwendung der Kalkulationszinssätze $r_1 = 3\%$ und $r_2 = 8\%$ lassen sich folgende Kapitalwerte berechnen:

$KW (r_1) = 46$

$KW (r_2) = -36$

    a)   Wie hoch ist der Interne Zinsfuß i_{eff} der Investition?

    b)   Was besagt der Interne Zinsfuß einer Zahlungsreihe?

5. *Die Kapitalwertmethode und die Methode des Internen Zinsfußes sind dynamische Investitionsrechenverfahren.*

    a)   Worin liegen die Gemeinsamkeiten bzw. Unterschiede der Kapitalwertmethode und der Methode des Internen Zinsfußes?

    b)   Was wird bezüglich der Wiederanlage frei werdender Mittel bei den beiden Methoden unterstellt?

6. *Es gelte folgender Zahlungsstrom:*

Periode	t_0	t_1	t_2
EZÜ	-100 €	20 €	120 €

    a)   Berechnen Sie für den Zahlungsstrom dieser Investition den Internen Zins.

    b)   Was besagt der Interne Zins einer Zahlungsreihe?

    c)   Zeigen Sie anhand eines vollständigen Finanzplans, welchen Fehler die Methode des Internen Zinsfußes macht, wenn tatsächlich die Wiederanlagen von Rückflüssen nur zu einem Zins von 5% erfolgen können. (Hinweis: Der Interne Zins lässt sich auch ohne das Näherungsverfahren der linearen Interpolation ermitteln.)

7. *Begründen Sie, warum es bei Anwendung von Kapitalwertmethode, Methode des Internen Zinsfußes und Annuitätenmethode zu unterschiedlichen Investitionsentscheidungen kommen kann!*

8. Die XYZ GmbH, eine schnell expandierende Firma im Bereich der „Kommunikations-
    technologie", verfügt über einen sehr hohen Cash Flow und sucht entsprechende Inves-
    titionsmöglichkeiten. Die gefundenen Alternativen sind mit keinerlei Unsicherheit oder
    Risiko hinsichtlich der Einzahlungsüberschüsse oder der Nutzungsdauer verbunden.
    Folgende Daten (in Mio. €) sind für diese Investitionen ermittelt worden:

Periode	t_0	t_1	t_2	t_3	t_4	Kapitalwert
Investition 1	-50	40	20	10	--	12,13
Investition 2	-100	-10	40	60	90	38,82

Die XYZ GmbH rechnet mit einem Kalkulationszinsfuß von 8 %.

Ermitteln Sie die dynamische Amortisationsdauer monatsgenau für Investition 1 und 2.
Welche Entscheidung wäre sinnvollerweise zu treffen?

2.4 Nutzungsdauer und Ersatzzeitpunkt

2.4.1 Einführung

In den bisherigen Überlegungen wurde von einer festen Dauer einer Investition ausgegangen.
Sie gehörte zu den gleichsam exogen gegebenen Eigenschaften des Investitionsobjektes. In
der Realität hat jedoch der Investor meistens die Möglichkeit, zu bestimmen, wie lange eine
Anlage benutzt oder ein Projekt durchgeführt werden sollte. Dieser Entscheidungsspielraum
schafft eine zusätzliche Dimension, in der man die Investition optimieren kann, um eine
maximale Vermögenssteigerung zu erreichen.

Die Beschränkung der Dauer einer Investition kann unterschiedliche Gründe haben. Zu den
entscheidenden Faktoren gehören die technischen Gegebenheiten des Investitionsgutes, die
rechtlichen Rahmenbedingungen sowie ökonomische Überlegungen. Man unterscheidet
daher drei Arten der Nutzungsdauer.

Die **technische Nutzungsdauer** wird durch die physischen Eigenschaften der Anlage bestimmt und bezieht sich daher nur auf materielle Anlagen. Sie endet, wenn das Objekt aufgrund von Verschleiß nicht mehr imstande ist, seinen Zweck zu erfüllen. Sie kann einen
abrupten Charakter haben, z.B. wenn ein irreparabler Schaden eintritt, wodurch die Anlage
unbrauchbar wird. Häufiger hat man jedoch mit einer langsamen Abnutzung zu tun, die mit
einer sinkenden Leistung verbunden sein kann. Die technische Nutzungsdauer kann nicht
immer genau bestimmt werden, da sie durch Reparaturen verlängert werden kann. Rein theoretisch ist auf diesem Weg in vielen Fällen eine fast unendliche Ausdehnung der Nutzungszeit möglich.

Für die **rechtliche Nutzungsdauer** sind gesetzliche sowie vertragliche Regelungen entscheidend. Die Durchführung bestimmter Arten von Investitionen wird durch Vorschriften beschränkt. So ist z.B. für die Ausstrahlung eines Fernseh- oder Funkprogramms eine Lizenz notwendig, die nur befristet gewährt wird. Der zulässige Zeitraum einer Investition kann aber auch durch den Abschluss zivilrechtlicher Verträge festgelegt werden. Beispiele dafür sind Miet- oder Leasingverträge, in denen ein Investitionsgut dem Investor für eine bestimmte Zeit überlassen wird, oder zeitlich begrenzte Produktlizenzen, z.B. für Software oder Arzneimittel. Dies betrifft aber auch die meisten Finanzinstrumente, insbesondere Anleihen, die nichts anderes als befristete Vereinbarungen zwischen dem Anleger und dem Emittenten sind.

Die technischen und rechtlichen Rahmenbedingungen bestimmen die maximale Dauer von Investitionen, die i.d.R. nicht überschritten werden kann. Das heißt jedoch nicht, dass diese Dauer immer vorteilhaft ist. Es ist durchaus möglich, dass ein vorzeitiger Abbruch des Investitionsprojektes vorteilhaft sein kann. Der Grund dafür kann z.B. der technische Fortschritt sein. Das Ersetzen der alten Anlage durch eine modernere kann lohnend sein, sogar dann, wenn die alte Anlage noch funktionsfähig ist. Daraus ergibt sich die **wirtschaftliche Nutzungsdauer**, die diejenige Nutzungsdauer bezeichnet, bei der die höchste Vorteilhaftigkeit einer Investition erreicht wird. Sie ist durch die technische und rechtliche Nutzungsdauer nach oben begrenzt, fällt aber oft kürzer aus als diese.

Für die Beurteilung der Vorteilhaftigkeit von Investitionen ist die wirtschaftliche Nutzungsdauer relevant. Der optimale Zeitraum einer Investition kann mit Hilfe von Investitionsrechenmethoden bestimmt werden. Die genaue Vorgehensweise hängt von der Anzahl und von der Art der Investitionen ab. Dabei sind zwei Fälle zu unterscheiden: eine **Einzelinvestition** und eine **Investitionskette**.

Unter einer Einzelinvestition wird eine einzige Investition ohne Nachfolger verstanden. Dies hatten wir bisher immer unseren Modellüberlegungen zugrunde gelegt. Realitätsnäher ist aber die Betrachtung mehrerer nacheinander folgender Investitionen. Wir sprechen von einer Investitionskette, wenn es keine Unterbrechungen zwischen den einzelnen Investitionen, also den „Gliedern" dieser Kette gibt. Die Investitionsketten werden weiter nach dem Zeithorizont des Investors und nach der Art der Einzelinvestitionen klassifiziert. Je nachdem, ob die Anzahl der geplanten Investitionen beschränkt ist, unterscheidet man endliche und unendliche Ketten. Weiterhin unterscheidet man Ketten, die aus identischen Investitionen, und solche, die sich aus unterschiedlichen Investitionen zusammensetzen. Als „identische Investitionen" bezeichnet man dabei Investitionen, die mit identischen Zahlungsströmen verbunden sind. Es müssen also nicht unbedingt genau die gleichen Objekte im physischen Sinne sein.

Aus diesen zwei Klassifikationen ergeben sich unterschiedliche Arten von Investitionsketten, die in der Abb. 2.8 schematisch dargestellt werden. Für die einzelnen Kettenarten existieren spezifische Lösungen des Nutzungsdauerproblems, die wir im Folgenden näher beschreiben. Eine Ausnahme bildet die unendliche Kette nicht-identischer Investitionen. In diesem Fall, sobald es keine Regelmäßigkeit in der Reihenfolge der Investitionen gibt, existiert keine allgemeine Lösung des Nutzungsdauerproblems. Sollte sich dagegen eine Sequenz von Investitionen unendlich wiederholen, kann diese Sequenz als eine Investition erfasst werden und als eine unendliche Kette identischer Investitionen betrachtet werden.

Bei der Bestimmung der optimalen Nutzungsdauer handelt es sich um eine Entscheidung vor dem Beginn der Investition bzw. der Investitionskette. Planungen erfolgen jedoch unter Unsicherheit. Es können unerwartete Ereignisse nach der Realisierung der Investition eintreten, die zu einer Änderung der geplanten Zahlungsströme führen. Dies kann auch eine Änderung der früher berechneten optimalen Nutzungsdauer verursachen. Damit macht es unter bestimmten Voraussetzungen Sinn, Periode für Periode zu prüfen, ob eine weitere Nutzung des Investitionsobjekts noch angebracht ist oder die Anlage durch eine andere ersetzt werden soll. Wir sprechen dann von Ersatzzeitpunktentscheidungen. Die Lösungsansätze hierzu, die wir am Ende des Kapitels präsentieren werden, unterscheiden sich nicht wesentlich von denen, die zur Ermittlung der optimalen Nutzungsdauer benutzt werden.

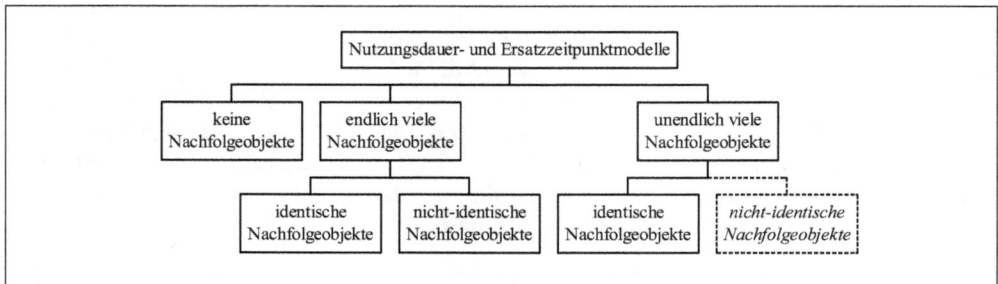

Abb. 2.8   Szenarien der Nutzungsdauer- und Ersatzzeitpunktmodelle

Im Folgenden wird eine Reihe kapitalwertbasierter Ansätze zu Nutzungsdauerentscheidungen erläutert. Dies ist nur eine mögliche Vorgehensweise. Es existieren auch Modelle, die z.B. auf der Maximierung des Internen Zinsfußes oder auf der Kostenminimierung basieren.

Die Unternehmensgründerinnen Frau Mustermann und Frau Labelle haben eine Limousine vom Typ Washington erworben. Sie wissen, dass sie zwar länger als 5 Jahre funktionsfähig bleibt, jedoch nach dieser Zeit nicht mehr so elegant aussehen wird wie eine neue. Sie überlegen daher, ob es nicht sinnvoll wäre, sie schneller aus dem Verkehr zu ziehen und eventuell durch einen neuen Wagen zu ersetzen. Als Grundlage für ihre Entscheidung dienen die Angaben über die geschätzten Einzahlungsüberschüsse und die Restwerte im Fall eines vorzeitigen Verkaufs. Sie erwarten, dass die Restwerte mit der Zeit sinken werden, ähnlich wie die Umsätze, da eine weniger repräsentative Limousine auch weniger nachgefragt wird.

Jahr	0	1	2	3	4	5
EZÜ	-225.000 €	45.000 €	42.000 €	38.000 €	28.000 €	30.000 €
Restwerte	225.000 €	195.000 €	185.000 €	178.000 €	165.000 €	125.000 €

2.4.2 Optimale Nutzungsdauer einer Einzelinvestition

In diesem Abschnitt wird eine Einzelinvestition betrachtet, d.h. eine solche, der keine andere folgt. Diese Situation tritt ein, wenn sich entweder der Planungshorizont eines Investors nur auf diese Investition beschränkt, oder nach der Investition nur eine Geldanlage zum Kalkulationszins, deren Kapitalwert Null ist, vorgesehen wird. Es stellt sich dann die Frage, ob das Objekt bis zum Ende seiner technischen bzw. rechtlichen Nutzungsdauer eingesetzt werden sollte oder ob eine kürzere Nutzung vorteilhafter wäre. Eine Möglichkeit, diese Frage zu beantworten, besteht in der Analyse der Kapitalwertänderungen der Investition im Zeitablauf. Die Annahmen bleiben bei dieser Vorgehensweise mit den Annahmen der Kapitalwertmethode identisch (vgl. Kapitel 2.3.3).

Die Grundlage für die Nutzungsdauerentscheidung bilden die Angaben über die Netto-Einzahlungsüberschüsse sowie über die Liquidationserlöse des Anlageobjektes für jede Periode, in der die Investition fortgesetzt werden kann. Bei der Entscheidung ist zu überlegen, ob die zusätzlichen Einkünfte, die durch eine längere Nutzung der Anlage erzielt werden können, die Verringerung des Restwertes ausgleichen. Trifft das zu, kann durch die Verlängerung der Investition um eine weitere Periode ein zusätzlicher Vermögenszuwachs erzielt werden. Im anderen Fall ist es vorteilhafter, die Investition früher abzubrechen. Zu beachten ist jedoch, dass die Zahlungen zu unterschiedlichen Zeitpunkten erfolgen und deswegen erst nach einer entsprechenden Ab- bzw. Aufzinsung verglichen werden können.

Es existieren grundsätzlich zwei Ansätze zur Bestimmung der optimalen Nutzungsdauer einer Einzelinvestition: die direkte Berechnung der Kapitalwerte oder die Ermittlung der Grenzgewinne. Beide Vorgehensweisen basieren auf dem Prinzip der Maximierung des Kapitalwertes.

Die Idee des **Kapitalwert-Ansatzes** besteht in der getrennten Berechnung der Kapitalwerte einer Investition für jede Nutzungsdauer. Zu berücksichtigen sind dabei nicht nur die Einzahlungsüberschüsse in den betrachteten Perioden, sondern auch der der jeweiligen Nutzungsdauer entsprechende Liquidationserlös. Die folgende, uns schon bekannte, Formel kann bei der Berechnung verwendet werden:

$$KW_n = \sum_{t=0}^{n} \frac{EZÜ_t}{(1+r)^t} + \frac{L_n}{(1+r)^n}$$

mit:

KW_n = Kapitalwert der Investition bei der Nutzungsdauer von n Perioden

$EZÜ_t$ = Einzahlungsüberschuss in der Periode t

L_n = Liquidationserlös nach der Periode n

r = Kalkulationszins

Die optimale Nutzungsdauer ist diejenige, bei der KW_n maximal ist.

Der **Grenzwert-Ansatz** basiert auf den Grenzgewinnen, d.h. den periodischen Änderungen des Kapitalwertes, die dadurch zustande kommen, dass das Investitionsobjekt nicht sofort, sondern erst in der nächsten Periode liquidiert wird. Würde man die Investition in der Periode t-1 abbrechen, würde man den Liquidationserlös L_{t-1} erzielen. Diesen könnte der Investor zum Zinssatz r am Kapitalmarkt anlegen. Er erzielt damit also am Ende der Periode L_{t-1} (1+r). Entscheidet er sich jedoch, das Objekt eine Periode länger zu nutzen, d.h. erst in t zu liquidieren, erhält er zwar nicht L_{t-1}, dafür aber den zusätzlichen Einzahlungsüberschuss $EZÜ_t$ und den Liquidationswert L_t. Alle anderen Zahlungen, d.h. die Einzahlungsüberschüsse $EZÜ_0$ bis $EZÜ_{t-1}$, sind in beiden Fällen gleich und deswegen für die Änderung des Kapitalwertes nicht relevant. Die Formel für den Grenzgewinn in der Periode n oder nach n Perioden (GG_t) ist daher folgende:

$$GG_t = EZÜ_t + L_t - L_{t-1} \cdot (1+r)$$

Damit die Grenzgewinne als Veränderungen des Kapitalwertes interpretiert werden können, müssen ihre Barwerte berechnet werden. Von Interesse sind also vor allem die abgezinsten Grenzgewinne $GG_t \cdot (1+r)^{-t}$. Sie können für alle Perioden der Investition außer t_0 berechnet werden. Man erhält eine Reihe, die den Einfluss der Verlängerung der Nutzungsdauer einer Investition um jeweils eine weitere Periode auf ihren Kapitalwert wiedergibt. Sind alle Grenzgewinne positiv, ist es vorteilhaft, die Anlage so lange zu nutzen, wie es ihre technische bzw. rechtliche Nutzungsdauer erlaubt. Jede Verlängerung der Investition bringt dann eine Erhöhung des Kapitalwertes. Wenn das aber nicht der Fall ist, muss die Vorteilhaftigkeit einer kürzeren Nutzung untersucht werden.

Die Gründerinnen haben die möglichen Nutzungsdauern (ND) des Washington als alternative Investitionen dargestellt und für jede von ihnen den Kapitalwert berechnet. Bei den Berechnungen haben die beiden Frauen einen Kalkulationszinssatz von 8% angenommen.

Periode	ND=1	ND=2	ND=3	ND=4	ND=5
t_0	-225.000 €	-225.000 €	-225.000 €	-225.000 €	-225.000 €
t_1	240.000 €	45.000 €	45.000 €	45.000 €	45.000 €
t_2		227.000 €	42.000 €	42.000 €	42.000 €
t_3			216.000 €	38.000 €	38.000 €
t_4				193.000 €	28.000 €
t_5					155.000 €
Kapitalwert	-2.778 €	11.283 €	24.143 €	24.701 €	8.912 €

Der einfachste Fall tritt ein, wenn bis zu einer bestimmten Periode alle Grenzgewinne positiv und danach nur noch negativ sind. Es gibt dann einen eindeutigen Wendepunkt, ab dem die Weiterführung der Investition nur eine Verringerung ihres Kapitalwerts verursacht, d.h. es existiert nur ein einziges Kapitalwertmaximum. Die optimale Nutzungsdauer beträgt n Perioden, wenn Folgendes gilt:

$GG_t \geq 0$ für alle $t \leq n$ und

$GG_t < 0$ für alle $t > n$

Sollten aber nach den negativen Grenzgewinnen wieder positive Werte vorkommen, reicht dieser einfache Algorithmus nicht mehr aus (vgl. Abb. 2.9b). Es existieren dann mehrere lokale Kapitalwertmaxima, für die die Bedingung lokal, d.h. nicht für alle, sondern nur für die nahliegenden Perioden, erfüllt ist. Welches von ihnen das absolute Maximum ist, kann nur durch die Berechnung und den Vergleich der entsprechenden Kapitalwerte ermittelt werden. Dies kann durch das Addieren der Grenzgewinne aus den Perioden vor dem betrachteten Zeitpunkt erreicht werden, da jeder Kapitalwert ein Effekt der kumulierten vergangenen Veränderungen ist. Die optimale Nutzungsdauer entspricht dann der Periode, in der der höchste Kapitalwert realisiert wird.

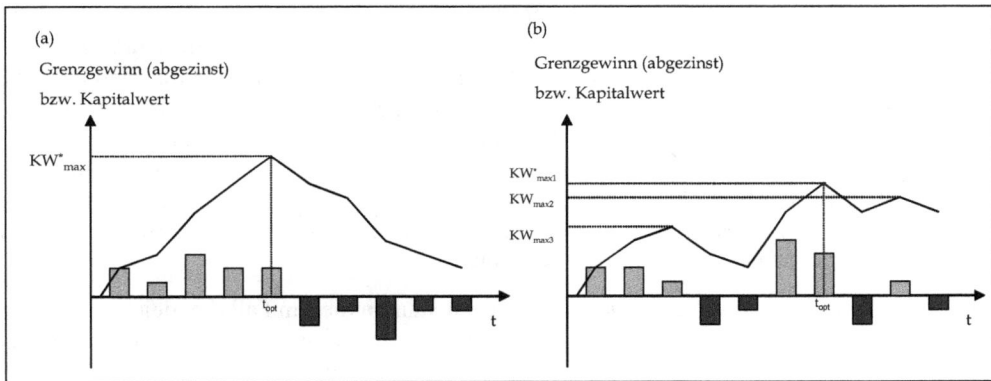

Abb. 2.9   (a) Optimale Nutzungsdauer bei einem Kapitalwertmaximum und (b) mehreren Kapitalwertmaxima

Um die berechnete optimale Nutzungsdauer zu überprüfen, hat Frau Mustermann auch die Grenzgewinne für die einzelnen Nutzungsdauern ermittelt.

Perioden	t_1	t_2	t_3	t_4	t_5
Grenzgewinne	-3.000 €	16.400 €	16.200 €	760 €	-23.200 €

Da der negative Grenzgewinn der ersten Periode durch die positiven Grenzgewinne der Folgeperioden mehr als ausgeglichen wird und erst in der fünften Periode ein stark negativer Grenzgewinn auftritt, erstreckt sich die optimale Nutzungsdauer über vier Perioden. Dies bestätigt die vorherige Schlussfolgerung, dass die optimale Nutzungsdauer 4 Jahre beträgt.

2.4.3   Optimale Nutzungsdauer einer endlichen Kette identischer Investitionen

Die Beurteilung einer Investition kann möglicherweise anders ausfallen, wenn sie nicht alleine, sondern als ein Teil einer Reihe mehrerer Investitionen betrachtet wird. Diese Tatsache muss bei der Bestimmung der optimalen Nutzungsdauer berücksichtigt werden, wobei der Lösungsansatz von der Art der Investitionskette abhängt. Als erstes wird der Fall betrachtet, in dem die Anzahl der Investitionen beschränkt ist und alle in ihren Zahlungsströmen identisch sind. Der Zeitraum nach der letzten Investition liegt außerhalb des Planungshorizontes des Investors, bzw. es folgt nur eine Geldanlage zum Kalkulationszins, deren Kapitalwert Null ist und daher die Entscheidung nicht beeinflusst. Das Ziel der Optimierung der Nutzungsdauer einer Investition ist in diesem Fall nicht die Maximierung ihres isolierten Kapitalwertes, sondern des Kapitalwertes der gesamten Kette.

Bei der Bestimmung der optimalen Nutzungsdauer im betrachteten Fall muss beachtet werden, dass die nächste Investition erst nach der Beendigung der vorherigen anfangen kann. Durch die Festlegung der Nutzungszeit eines Objektes wird gleichzeitig der Einsatzpunkt des Nachfolgeobjektes bestimmt. Die Verlängerung oder Verkürzung der Nutzung beeinflusst also nicht nur die aus der betrachteten Investition resultierenden Einzahlungsüberschüsse, sondern hat auch die zeitliche Verschiebung der nach der Investition erwarteten Zahlungen zur Folge. Die vor der betrachteten Investition anfallenden Zahlungen werden dagegen nicht betroffen. Deswegen ist es nützlich, die Investitionen in der Kette in umgekehrter Reihenfolge, d.h. von der letzten bis zur ersten, zu betrachten.

Der letzten Investition folgt keine andere, deswegen kann in diesem Fall die gleiche Methode wie bei der Einzelinvestition ohne Nachfolgeobjekte angewendet werden. Ihre optimale Nutzungsdauer ist diejenige, bei der ihr Kapitalwert das Maximum erreicht.

Bei der vorletzten Investition muss man zusätzlich beachten, dass durch eine eventuelle Verlängerung der Investition um eine Periode sich auch der Beginn der letzten Investition verzögert. Alle Zahlungen aus der Nachfolgeinvestition finden eine Periode später statt und können erst eine Periode später zum Kalkulationszins wieder angelegt werden. Dadurch geht ein Teil der Verzinsung verloren, der der Verzinsung des maximalen Kapitalwertes (d.h. des Kapitalwertes bei der optimalen Nutzungsdauer) der letzten Investition über eine Periode gleich ist. Eine Ausdehnung der Nutzungsdauer der vorletzten Investition kann nur dann vorteilhaft sein, wenn die Erhöhung ihres Kapitalwertes diesen Verzinsungsverlust ausgleicht. Anders ausgedrückt: Der Grenzgewinn der vorletzten Investition muss höher sein als die Verzinsung des Kapitalwertes der letzten Investition über eine Periode.

$$GG_{t,\,m-1} > KW_{max,\,m} \cdot r$$

mit:

$GG_{t,\,m-1}$ = Grenzgewinn der vorletzten Investition (m-1) in der Periode t

$KW_{max,\,m}$ = Kapitalwert der letzten Investition m bei optimaler Nutzungsdauer

Die Entscheidungen über die Nutzungsdauer der früheren Investitionen in der Kette basieren auf dem gleichen Prinzip. Auch in diesem Fall müssen die zeitlichen Verschiebungen der Einzahlungsüberschüsse der Nachfolgeobjekte in der Vorteilhaftigkeitsrechnung berücksichtigt werden. Der einzige Unterschied besteht darin, dass es nicht ein, sondern mehrere Nachfolgeobjekte gibt. Die Verlängerung der Nutzungsdauer einer Investition um eine Periode ist nur dann vorteilhaft, wenn die dadurch erreichte Steigerung ihres Kapitalwertes höher ist als die Verzinsung des gesamten maximalen Kapitalwertes **aller** Nachfolgeinvestitionen.

$$GG_{t,i} > KW_{max,(i+1) \cup (i+2) \cup ... \cup m} \cdot r$$

mit:

$GG_{t,i}$ = Grenzgewinn der Investition i in der Periode t

$KW_{max,(i+1) \cup (i+2) \cup ... \cup m}$ = gesamter Kapitalwert der Kette von Investitionen i+1 bis m bei optimaler Nutzungsdauer aller dieser Investitionen

Je mehr Nachfolgeobjekte es gibt, desto höher ist ihr gesamter Kapitalwert und desto höher ist auch ihre zusätzliche Verzinsung. Die negative Auswirkung der Verlängerung einer Investition und der damit verbundenen zeitlichen Verschiebung von Nachfolgeinvestitionen auf den Kapitalwert der gesamten Kette wiegt also umso schwerer, je früher in der Kette die betrachtete Investition liegt. Die Erfüllung der obigen Bedingung ist dann tendenziell schwieriger. Das führt zur Verkürzung der optimalen Nutzungsdauer der früheren Investitionen im Vergleich zu den Späteren, was als **Ketten-Effekt**, verschiedentlich auch – begrifflich nicht sehr glücklich gewählt – als **Gesetz der Ersatzinvestition** bezeichnet wird.

Die Ermittlung der genauen Nutzungsdauer einer Investition in der Kette kann alternativ durch die Berechnung der Kapitalwerte oder durch die Berechnung der Grenzgewinne erreicht werden. Basiert die Entscheidung auf dem Kapitalwert, so muss die Summe des Kapitalwertes der betrachteten Investition und des entsprechend abgezinsten maximalen Gesamtkapitalwertes aller ihrer Nachfolger betrachtet werden. Die optimale Nutzungsdauer der Investition ist diejenige, für die diese Summe das Maximum erreicht.

Bei der Ermittlung der optimalen Nutzungsdauer mit Hilfe von Grenzgewinnen sollte von dem nach der Formel berechneten Grenzgewinn zusätzlich noch die Verzinsung des Kapitalwertes aller Nachfolger abgezogen werden. Es gilt dann folgende Formel:

$$GG_{t,i} = EZÜ_{t,i} + L_{t,i} - L_{t-1,i} \cdot (1+r) - KW_{max,(i+1) \cup (i+2) \cup ... \cup m} \cdot r$$

Zu beachten ist dabei, ob nur ein oder mehrere Kapitalwertmaxima existieren. In dem zweiten Fall müssen die Kettenkapitalwerte für die einzelnen lokalen Maxima verglichen werden. Auf diese Weise kann man die Auswirkungen der Nutzungsdauerentscheidung auf die gesamte Kette analysieren.

Frau Mustermann hat gehört, dass die Nutzungsdauerentscheidung anders ausfallen kann, wenn eine Kette von Investitionen betrachtet wird. Sie möchte die optimale Nutzungsdauer des Washington bestimmen, unter der Annahme, dass er zwei Mal ausgetauscht wird.

Bei der letzten Investition ist nur ihr Kapitalwert (KW₃, in T € und einem Kalkulationszinssatz von 8%) relevant. Das bedeutet, dass hier die Ergebnisse der Ermittlung der optimalen Nutzungsdauer für eine Einzelinvestition direkt übernommen werden können.

	$ND_3=1$	$ND_3=2$	$ND_3=3$	$ND_3=4$	$ND_3=5$
KW_3	-2,78	11,28	24,14	24,70	8,91

Die optimale Nutzungsdauer der letzten Investition beträgt also 4 Perioden. Das entspricht der optimalen Nutzungsdauer im Fall ohne Nachfolger. Bei der vorletzten Investition ist der gesamte Kapitalwert, d.h. die Summe des Kapitalwertes der vorletzten und des abgezinsten maximalen Kapitalwertes der letzten Investition (24.700 €) relevant (KW₂₊₃).

	$ND_2=1$	$ND_2=2$	$ND_2=3$	$ND_2=4$	$ND_2=5$
KW_{2+3}	$-2,78+24,70x$ $(1,08)^{-1}$ $=20,09$	$11,28+24,70x$ $(1,08)^{-2}$ $=32,46$	$24,14+24,70x$ $(1,08)^{-3}$ $=43,75$	$24,70+24,70x$ $(1,08)^{-4}$ $=42,86$	$8,91+24,70x$ $(1,08)^{-5}$ $=25,72$

Die optimale Nutzungsdauer der vorletzten Investition beträgt also 3 Perioden. Der maximale Gesamtkapitalwert der zweiten und dritten Investition beträgt dann 43,75 T €. Entsprechend abgezinst sollte er bei der Bestimmung der Nutzungsdauer der ersten Investition berücksichtigt werden. Die Entscheidung basiert dann auf dem Gesamtkapitalwert aller drei Investitionen (KW₁₊₂₊₃).

	$ND_1=1$	$ND_1=2$	$ND_1=3$	$ND_1=4$	$ND_1=5$
KW_{1+2+3}	$15,45+56,64x$ $(1,1)^{-1}$ $=65,95$	$28,26+56,64x$ $(1,1)^{-2}$ $=75,08$	$32,02+56,64x$ $(1,1)^{-3}$ $=74,58$	$32,77+56,64x$ $(1,1)^{-4}$ $=71,46$	$28,74+56,64x$ $(1,1)^{-5}$ $=63,91$

Die erste Limousine sollte also 3 Jahre lang eingesetzt werden.
Wenn die optimalen Nutzungsdauern der drei nachfolgenden Investitionen eingehalten werden, wird sich folgender Zahlungsstrom (in T€) der gesamten Investition ergeben:

Perioden	t_0	t_1	t_2	t_3	t_4	t_5	t_6	t_7	t_8	t_9	t_{10}
1. Limousine	-225	45	42	38 +178							
2. Limousine				-225	45	42	38 +178				
3. Limousine							-225	45	42	38	28 +165
Gesamt	-225	45	42	-9	45	42	-9	45	42	38	_193_

2.4.4 Optimale Nutzungsdauer einer unendlichen Kette identischer Investitionen

In vielen Situationen ist der Planungshorizont des Anlegers sehr lange, so dass das Ende einer Investitionskette nicht absehbar ist. In solchen Fällen ist die Annahme berechtigt, dass unendlich viele Einzelinvestitionen nacheinander durchgeführt werden.

Da es sich in dem betrachteten Szenario um eine Investitionskette handelt, kann die optimale Nutzungsdauer einer Investition nicht isoliert betrachtet werden. Ähnlich wie bei endlichen Ketten identischer Investitionen muss der Kapitalwert der gesamten Kette in Betracht gezogen werden, insbesondere unter der Berücksichtigung der Effekte der zeitlichen Verschiebung von Nachfolgeinvestitionen. Im Unterschied zu endlichen Ketten identischer Objekte sind jedoch die optimalen Nutzungsdauern aller Investitionen in einer unendlichen Kette gleich. Weil es insgesamt unendlich viele Objekte gibt, hat jede Investition gleich viele, d.h. unendlich viele Nachfolger. Die Effekte, die sich aus der Verschiebung der Nachfolgeinvestitionen bei der Veränderung der Nutzungsdauer ergeben, sind bei allen Objekten identisch. Damit entfällt der Ketten-Effekt der laufenden Verlängerung der optimalen Nutzungsdauer für jedes weitere Kettenglied.

Die Ermittlung des Kapitalwertes einer unendlichen Kette identischer Investitionen kann mit Hilfe der Rentenbarwertrechnung erreicht werden. Statt der Verwendung von einzelnen Einzahlungsüberschüssen kann man die Kapitalwerte der Investitionen als eine einzige Zahlungsreihe betrachten. Da im betrachteten Fall alle Investitionen in der Kette identisch sind, sind auch ihre Kapitalwerte gleich. Es ergibt sich eine ewige Rentenzahlung, die alle n Perioden erfolgt, wobei n die Dauer einer Einzelinvestition ist. Der Kapitalwert einer solchen Rente wird durch die folgende Formel bestimmt:

$$KKW_n = KW_n + KW_n \frac{1}{(1+r)^n} + KW_n \frac{1}{(1+r)^{2n}} + KW_n \frac{1}{(1+r)^{3n}} + \ldots = KW_n \frac{(1+r)^n}{(1+r)^n - 1}$$

mit:

KKW_n = Kapitalwert einer unendlichen Kette von identischen Investitionen mit jeweiliger Nutzungsdauer von n Perioden

Beachtet man den Annuitätenfaktor für eine periodische Rente über n Perioden:

$$a_{r,n} = \frac{r \cdot (1+r)^n}{(1+r)^n - 1}$$

enthält man folgende Formel für den Kapitalwert einer unendlichen Investitionskette:

$$KKW_n = \frac{a_{r,n} \cdot KW_n}{r}$$

Die optimale Nutzungsdauer einer Investition in der betrachteten Kette ist diejenige, für die der Kapitalwert der gesamten Kette maximal ist. Sie ist tendenziell kürzer als die kürzeste optimale Nutzungsdauer des gleichen Objektes in einer endlichen Kette identischer Investitionen.

Ein alternativer Ansatz besteht in der Betrachtung der zeitlichen Grenzgewinne. Ähnlich wie bei endlichen Ketten identischer Investitionen ist eine Verlängerung der Nutzungsdauer eines Objektes nur dann vorteilhaft, wenn der Grenzgewinn, d.h. die Veränderung des Kapitalwertes infolge dieser Verlängerung die Verzinsung des gesamten Kapitalwertes aller Nachfolger übersteigt. Da im betrachteten Fall nach jeder Investition eine unendliche Kette folgt, nimmt diese Bedingung die folgende Form an:

$$GG_{n,i} > KKW_n \cdot r$$

Beachtet man, dass eine ewige periodische Annuität des Kapitalwertes als $A_{n,r} = KKW_n \cdot r$ definiert wird, erhält man die Bedingung für die Vorteilhaftigkeit einer Verlängerung der Investition:

$$GG_{n,i} > A_{n,r}$$

Bei nur einem Kapitalwertmaximum der Kette liegt die optimale Nutzungsdauer in der letzten Periode, für die die Bedingung noch erfüllt ist. Bei mehreren Maxima ist ein Vergleich der ihnen entsprechenden Kettenkapitalwerte notwendig.

Die Unternehmerinnen haben erkannt, dass es für die Nutzungsdauer nicht ohne Bedeutung ist, wie viele Investitionen durchgeführt werden. Sie sind daran deswegen interessiert, ob die Entscheidung über die Nutzungszeit des Washington anders ausfallen würde, wenn sie vor hätten, das Unternehmen sehr lange, beinahe unendlich lange, zu betreiben. Die Berechnung der Nutzungsdauer einer unendlichen Investitionskette hat folgendes ergeben:

	ND=1	ND=2	ND=3	ND=4	ND=5
KW∞	-37.500 €	79.087 €	117.102 €	93.222 €	27.900 €

In einem solchen Fall lohnt es sich also, die Autos nach jeweils drei Jahren auszuwechseln. Wenn die optimale Nutzungsdauer aller Investitionen eingehalten wird, wird sich folgender Zahlungsstrom ergeben:

Perioden	t_0	t_1	t_2	t_3	t_4	...
1. Limousine	-225.000 €	45.000 €	42.000 €	216.000 €		
2. Limousine				-225.000 €	45.000 €	
...						
Gesamt	-225.000 €	45.000 €	42.000 €	-9.000 €	45.000 €	...

2.4.5   Optimale Nutzungsdauer einer endlichen Kette nicht-identischer Investitionen

In den bisherigen Überlegungen wurden nur Ketten von identischen Investitionen betrachtet. Dies ist in der Realität meistens nicht der Fall. Zum einen führt der technische Fortschritt zu einer laufenden Veränderung der Investitionsobjekte. Zum andern sind selbst bei technischer Identität nachfolgende Anlagen aufgrund von Marktveränderungen nur selten mit genau gleichen Zahlungsströmen verbunden. Wesentlich realistischer ist die Betrachtung einer Investitionsstrategie, die sich aus unterschiedlichen Projekten zusammensetzt, die unterschiedlich lange durchgeführt werden können. Die Entscheidung betrifft dann zum einen die optimale Reihenfolge der Investitionen und zum anderen ihre optimalen Nutzungsdauern. Diese zwei Fragen sind miteinander eng verbunden und müssen simultan betrachtet werden. Eine zusätzliche Beschränkung kann in der Zugänglichkeit der einzelnen Investitionen in den einzelnen Perioden liegen. Dieses Problem wird im Folgenden für einen endlichen Planungshorizont behandelt.

Im Fall einer Kette unterschiedlicher Investitionen existiert eine Vielzahl von Investitionsstrategien. Sie können durch eine **vollständige Enumeration**, d.h. durch das Aufzählen aller möglichen Kombinationen der Investitionen, identifiziert werden. Dies kann mit Hilfe eines Alternativenbaums erreicht werden (vgl. Abb. 2.10). Knoten im Baum repräsentieren Zeitpunkte, in denen eine Änderung der durchgeführten Investition möglich ist. Sie befinden sich i.d.R. am Ende jeder Periode, wobei alle Knoten, die sich auf einem Niveau befinden, zur gleichen Periode gehören. Zweige symbolisieren die realisierbaren Alternativen in den jeweiligen Knoten (Zeitpunkten). Zu ihnen gehören normalerweise:

- die Fortsetzung der Investition aus der Vorperiode (ausgenommen in der Null-Periode),
- Liquidation der alten Anlage und Beginn einer neuen Investition,
- Liquidation der alten Anlage und Geldanlage des Liquidationserlöses zum Kalkulationszins.

Der Baum erstreckt sich über alle Perioden, die sich im Planungshorizont befinden. Indem man auf unterschiedlichen Wegen entlang der Zweige folgt, erhält man die einzelnen Investitionsstrategien.

Für jede Strategie kann ihr Kapitalwert berechnet werden. Zu diesem Zweck sind zuerst alle Zahlungen aus allen Investitionen in der jeweiligen Strategie zusammenzustellen. Auf dieser Basis kann die Zahlungsreihe ermittelt werden, die diese Strategie so beschreibt, als ob sie eine Investition wäre.

Die Methode vollständiger Enumeration erlaubt eine gleichzeitige Bestimmung der Reihenfolge und der Nutzungsdauer mehrerer aufeinander folgender Investitionen. Ein Nachteil besteht jedoch darin, dass die Anzahl der Strategien überproportional mit der Anzahl der zulässigen Einzelinvestitionen und betrachteten Perioden steigt. Angesichts der heutigen EDV-Möglichkeiten liegt das Problem jedoch mehr in der Beschaffung notwendiger Informationen als in der Durchführung der notwendigen Berechnungen.

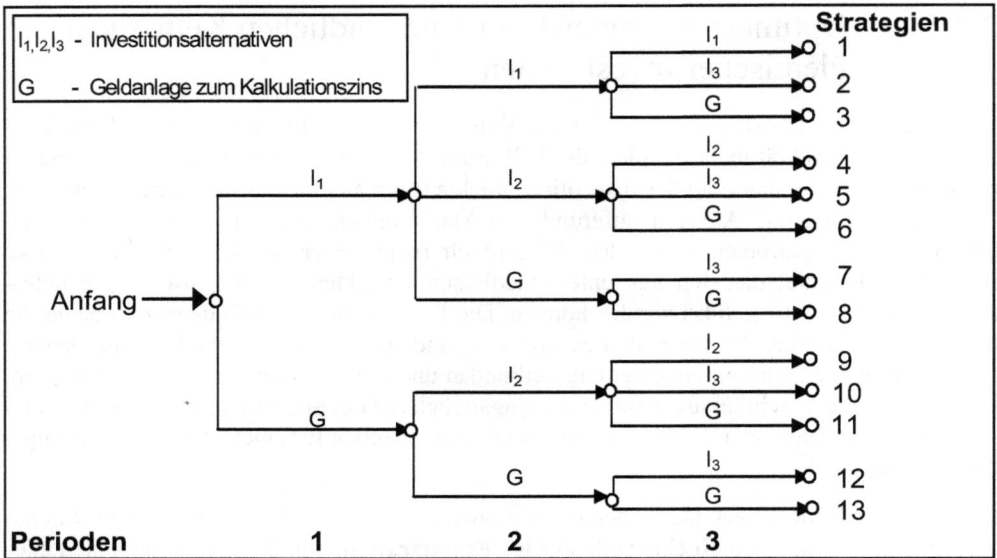

Abb. 2.10   Alternativenbaum zur Beschreibung nicht-identischer Investitionsketten

Die beiden Frauen haben erkannt, dass die Annahme, die in der Zukunft erworbenen Limousinen würden genau die gleichen Einzahlungsüberschüsse wie die jetzigen erbringen, unrealistisch ist. Fachzeitschriften haben sie entnommen, dass jedes Jahr ein neues Washington-Modell auf den Markt kommt, das das Alte ersetzt. Es ist ihnen gelungen, die Zahlungsströme für die nächsten zwei Washington-Generationen (bezeichnet als B_2 und B_3) abzuschätzen, die in den nächsten 2 Jahren Alternativen für die aktuelle Limousine (bezeichnet als B_1) darstellen werden.

Limousine B_2			
Periode	t_0	t_1	t_2
EZÜ	-235.000 €	48.000 €	43.000 €
Restwerte	235.000 €	200.000 €	185.000 €

Limousine B_3		
Periode	t_0	t_1
EZÜ	-255.000 €	53.000 €
Restwerte	255.000 €	205.000 €

Wegen der schnellen Entwicklung ist diesmal der Planungshorizont von maximal 3 Jahren möglich. Unter diesen Voraussetzungen überlegen die Unternehmerinnen, wie sie die Reihenfolge und die Dauer der Investitionen in diesem Zeitraum gestalten sollten.
Sie haben die einzelnen Handlungsalternativen in einem Entscheidungsbaum dargestellt (vgl Abb. 2.10). Für jede Alternative hat er den Gesamtzahlungsstrom ermittelt und seinen Kapitalwert berechnet.

Strategie	Reihenfolge	Zahlungen in den Perioden				Kapitalwert
		t_0	t_1	t_2	t_3	
1	$B_1 \rightarrow B_1 \rightarrow B_1$	-225.000 €	45.000 €	42.000 €	216.000 €	**24.143 €**
2	$B_1 \rightarrow B_1 \rightarrow B_3$	-225.000 €	45.000 €	-28.000 €	258.000 €	-2.530 €
3	$B_1 \rightarrow B_1 \rightarrow G$	-225.000 €	45.000 €	227.000 €	-	11.283 €
4	$B_1 \rightarrow B_2 \rightarrow B_2$	-225.000 €	5.000 €	48.000 €	228.000 €	1.776 €
5	$B_1 \rightarrow B_2 \rightarrow B_3$	-225.000 €	5.000 €	-7.000 €	258.000 €	-21.563 €
6	$B_1 \rightarrow B_2 \rightarrow G$	-225.000 €	5.000 €	248.000 €	-	-7.750 €
7	$B_1 \rightarrow G \rightarrow B_3$	-225.000 €	240.000 €	-255.000 €	258.000 €	-16.590 €
8	$B_1 \rightarrow G \rightarrow G$	-225.000 €	240.000 €	-	-	-2.778 €
9	$G \rightarrow B_2 \rightarrow B_2$	-	-235.000 €	48.000 €	228.000 €	4.553 €
10	$G \rightarrow B_2 \rightarrow B_3$	-	-235.000 €	-7.000 €	258.000 €	-18.785 €
11	$G \rightarrow B_2 \rightarrow G$	-	-235.000 €	248.000 €	-	-4.973 €
12	$G \rightarrow G \rightarrow B_3$	-	-	-255.000 €	258.000 €	-13.813 €
13	$G \rightarrow G \rightarrow G$	-	-	-	-	0

Der höchste Kapitalwert hat sich für die Strategie 1 ergeben. Demnach sollte die Limousine B_1 in allen drei Jahren genutzt und auf den Einsatz von B_2 und B_3 verzichtet werden.

2.4.6 Ersatzzeitpunktentscheidungen

In den bisherigen Überlegungen wurde davon ausgegangen, dass die Entscheidungen über die optimale Nutzungsdauer vor dem Anfang der Investitionskette getroffen und später nicht mehr geändert werden (müssen). In der Realität basieren jedoch solche Entscheidungen auf Plänen über die zukünftigen Investitionsmöglichkeiten, die immer mit einer gewissen Unsicherheit verbunden sind. Es ist durchaus möglich, dass sich die Objektdaten während der Investition ändern, was eine Revision der Nutzungsdauerentscheidung notwendig macht. Insbesondere handelt es sich hier um die Entscheidung über den Ersatzzeitpunkt der alten Anlage durch eine Neue.

Die Methoden zur Optimierung von Ersatzzeitpunktentscheidungen unterscheiden sich nicht wesentlich von dem bisher Besprochenen. Der Hauptunterschied besteht darin, dass ein Teil der Investition schon durchgeführt wurde. Da die Vergangenheit nicht mehr geändert werden kann, kann man diesen Teil der Investition bei der Entscheidung außer Acht lassen und die noch ausstehenden Zahlungen als eine neue Investition betrachten. Auf diese Weise reduziert sich das Ersatzproblem zu einer Entscheidung über die Nutzungsdauer der ersten Investition in einer Kette.

Entsteht das Ersatzproblem in einer endlichen Kette identischer Investitionen, kann nicht mehr von einer solchen Kette gesprochen werden, weil die erste Investition, die schon zum

Teil durchgeführt wurde, sich von den nachfolgenden unterscheidet. Man hat es dann mit einer zweiteiligen Kette zu tun, deren erster Teil aus der laufenden Investition besteht und der zweite aus der Kette identischer neuer Nachfolgeinvestitionen. Die optimale Nutzungsdauer der Nachfolgeinvestitionen und der maximale Kapitalwert von deren Kette können mit Hilfe der früher dargestellten Methoden ermittelt werden. Es verbleibt die Bestimmung des Ersatzpunktes für die laufende Investition. Die Lösung ist diejenige Periode, in der der Kapitalwert der Gesamtinvestition maximal ist.

$$\max_{n}: \ KKW_n^G = KW_n^L + KKW_{max}^N \ \frac{1}{(1+r)^n}$$

mit:

KKW_n^G = Kapitalwert der gesamten Kette bei einer Nutzungsdauer der laufenden Investition von n Perioden

KW_n^L = Kapitalwert der laufenden Investition bei einer Nutzungsdauer von n Perioden

KKW_{max}^N =Kapitalwert einer endlichen Kette von identischen Nachfolgeinvestitionen bei optimaler Nutzungsdauer aller dieser Investitionen

Betrachtet man eine unendliche Kette identischer Nachfolgeinvestitionen, ist die Vorgehensweise ähnlich, mit dem Unterschied, dass der Kapitalwert der Nachfolgekette als der Kapitalwert einer unendlichen Kette bestimmt werden kann. Betrachtet man das Ersatzproblem in einer endlichen Kette nicht-identischer Objekte, so ist das Problem mit Hilfe der vollständigen Enumeration und des Alternativbaumes zu lösen. In den Knotenpunkten besteht die Möglichkeit der Fortsetzung der alten Investition sowie ihrer Liquidation und des Ersatzes. Bei allen Objekten sind natürlich die neuen Zahlungsströme, die sich bei der Aktualisierung der Planung ergaben, zu verwenden.

2.4.7   Weiterführende Literatur

Grundmethoden:

Die meisten Investitionslehrbücher gliedern die Darstellung der Nutzungsdauer- und Ersatzzeitpunktentscheidungen nach den vier beschriebenen Grundszenarien. Eine anschauliche Darstellung dieser Probleme findet sich in Götze, U.: Investitionsrechnung, 5. Auflage, Berlin/Heidelberg 2006, S. 235-267, und bei Kruschwitz, L.: Investitionsrechnung, 10. Auflage, München 2005, S. 193-220.

Auf den Fall stetiger Zeitbetrachtung, die wir hier vernachlässigt haben, geht ein: Swoboda, B.: Investition und Finanzierung, 5. Auflage, Göttingen 1996, S. 93-116.

Andere Verfahren:

Bei Götze, U.: Investitionsrechnung, 5. Auflage, Berlin/Heidelberg 2006, S. 259-267, findet sich eine ausführliche Darstellung, wie die optimale Nutzungsdauer durch die Minimierung der Kosten zu bestimmen ist.

Grob, H.: Einführung in die Investitionsrechnung, 5. Auflage, München 2006, S. 356-382, zeigt die Lösung des Nutzungsdauer- und Ersatzzeitpunktproblems mit Hilfe vollständiger Finanzpläne (VOFI-Modell).

2.4.8   Übungsaufgaben

1. *Was versteht man unter der Nutzungsdauer? Welche Begriffe der Nutzungsdauer sind zu unterscheiden? Warum ist die Nutzungsdauer für Investitionsentscheidungen relevant?*

2. *Welche Arten von Investitionsketten kennen Sie? Können bei allen Kettenarten die optimalen Nutzungsdauern der Investitionen bestimmt werden? Worin besteht der Kapitalwert-Ansatz und worin der Grenzwert-Ansatz zur Bestimmung der optimalen Nutzungsdauer? Unter welchen Voraussetzungen führen diese Ansätze zu gleichen Ergebnissen?*

3. *Die S&G GmbH, ein Bauunternehmen, überlegt eine Investition in einen neuen Lastkran. Es liegen detaillierte Prognosen über die Zahlungsüberschüsse und Liquidationserlöse in den ersten fünf Jahren vor.*

	t_0	t_1	t_2	t_3	t_4	t_5
Einzahlungsüberschüsse	-20.000 €	13.000 €	10.000 €	0	8.000 €	2.000 €
Liquidationserlöse	15.000 €	9.000 €	6.000 €	4.000 €	2.000 €	0

   a) *Bestimmen Sie die optimale Nutzungsdauer der Maschine, wenn sie voll eigenfinanziert ist und die Firma das Geld anderweitig zu 7% anlegen könnte. Wie ändert sich die Entscheidung, wenn die Firma zur Finanzierung einen Bankkredit mit 10% Verzinsung nutzen muss?*

   b) *Für welche Zahlungsströme existiert, unabhängig vom gewählten Kalkulationszinssatz, nur ein lokales Kapitalwertmaximum?*

4. *Was ist ein Ketteneffekt?*

5. *Welche wäre die optimale Nutzungsdauer der Investition aus Aufgabe 3, wenn sie unendlich oft durchgeführt werden sollte?*

6. *Was ist ein Alternativenbaum? Wie und bei welcher Art von Nutzungsdauerentschei-dungen kann er eingesetzt werden? Zeichnen Sie einen solchen Baum für zwei Investitionen, die über drei Perioden immer zugänglich sind.*

7. *Bestimmen sie die optimale Reihenfolge und die Nutzungsdauern für folgende 3 Investitionen, wenn A nur in der Periode t_0, B nur in der Periode t_1 und C nur in den Perioden t_2 oder t_3 angefangen werden kann:*

	Einzahlungsüberschüsse				Liquidationserlöse			
	t_0	t_1	t_2	t_3	t_0	t_1	t_2	t_3
A	-300	150	100	100	300	200	100	0
B	-500	50	500	50	500	200	100	50
C	-600	220	220	220	600	500	400	300

8. *Diskutieren Sie die Unterschiede zwischen Nutzungsdauer- und Ersatzzeitpunktent-scheidungen. Welche Unterschiede bestehen in den Lösungsansätzen zu diesen beiden Problemen?*

2.5 Investitionsprogrammentscheidungen

2.5.1 Einführung

Die bisher vorgestellten dynamischen Verfahren der Investitionsrechnung unterstellen einen vollkommenen Kapitalmarkt, auf dem nur ein relevanter Kalkulationszinsfuß zu beachten ist. Der vollständige Finanzplan gestattet etwas wirklichkeitsnäher die prinzipielle Verarbeitung von zwei in ihrer Höhe unterschiedlichen Zinssätzen – je einer für die Kreditaufnahme bzw. Geldanlage am Kapitalmarkt. Jedoch implizierten alle dynamischen Rechenverfahren die Annahme des Vorhandenseins einer einzigen Finanzierungsquelle für die Mittelbeschaffung zur Durchführung möglicher Investitionen. Die Entscheidungsfindung konzentrierte sich auf die Bestimmung der Vorteilhaftigkeit einer einzelnen Investition, beziehungsweise auf die Auswahl einer Investition aus mehreren Alternativen unter Zuhilfenahme der dynamischen Methoden der Investitionsrechnung. Ist es aber möglich, mehrere Investitionsalternativen gleichzeitig zu wählen, so ändert sich die Fragestellung: Aus einer Menge sich gegenseitig nicht ausschließender Investitionen ist jene Kombination oder jenes *Programm von Investitionen* zu bestimmen, welches das dem Investor unterstellte Ziel der Vermögensendwertmaximierung in optimaler Weise erfüllt.

Solche optimalen Investitionsprogramme, also die zeitgleiche Realisation mehrerer Investitionen, ergeben sich auf einem vollkommenen Kapitalmarkt mit unbeschränkten Finanzierungsmöglichkeiten automatisch, indem sämtliche zur Verfügung stehende Alternativen mit positivem Kapitalwert durchgeführt werden und alle anderen, die einen negativen Kapital-

wert aufweisen, abgelehnt werden. Wird nun die Prämisse eines vollkommenen Kapitalmarktes aufgehoben, so bedeutet dies auf der Finanzierungsseite entweder eine Beschränkung der Möglichkeiten zur Kapitalbeschaffung oder die Aufgabe der Annahme eines einheitlichen Kalkulationszinsfußes. Die Bestimmung eines optimalen Investitionsprogramms
bei Einführung eines Kapitallimits lässt sich unter der Voraussetzung eines konstanten Kalkulationszinsfußes und der beliebigen Teilbarkeit der Investitionen noch mit den üblichen
dynamischen Methoden bewerkstelligen, wie in Abschnitt 2.5.2.1 gezeigt wird. Sind die
Investitionen nicht teilbar, kann auf die lineare Programmierung oder auf Heuristiken zurückgegriffen werden, wie Abschnitt 2.5.2.2 zeigt.

Wird der einheitliche Kalkulationszinsfuß jedoch durch verschiedenartige Möglichkeiten der
Mittelbeschaffung zu jeweils unterschiedlichen Zinssätzen ersetzt, so entsteht eine gänzlich
neue Situation. Denn zusätzlich zur Aufgabe der Bestimmung des optimalen Investitions-
plans kommt nun noch die der Festlegung des optimalen Finanzplans hinzu. Wenn jede Fi-
nanzierungsmöglichkeit, anders als auf dem vollkommenen Kapitalmarkt, nur bis zu einer
gewissen Betragsobergrenze zur Verfügung steht, ist freilich die Feststellung der günstigsten
Finanzierung keineswegs ausreichend, sondern eine gleichzeitige Festlegung sämtlicher
durchzuführender Investitionen und deren jeweilige Finanzierung. Denn je umfangreicher
das Investitionsprogramm, desto teurer werden die hierfür notwendigen Mittel. Damit ist die
Höhe der Finanzierungskosten nicht mehr als exogene Größe vorgegeben, sondern sie steht
in Abhängigkeit zu den realisierten Projekten. Mit dem Umfang des Investitionsprogramms
steigen die Finanzierungskosten. Die dynamischen Methoden können aufgrund des fehlenden einheitlichen Kalkulationszinsfußes nicht zur Bestimmung des optimalen Investitions-
und Finanzierungsplans herangezogen werden. Es sind deshalb andere Verfahren anzuwenden, die eine simultane Planung von Investitionen und deren Finanzierung gewährleisten.
Diese Problemstellung ist Gegenstand der Abschnitte 2.5.2.3. und 2.5.2.4., die sich mit variablen Zinsen bei teilbaren und unteilbaren Investitionen befassen.

Für einen Übergang von der Einzel- zur Programmbetrachtung spricht auch die Tatsache,
dass entgegen den bisherigen Überlegungen Einzelinvestitionen in der Regel nicht voneinander unabhängig sind. Unabhängigkeit von Investitionen und Finanzierungen bedeutet, dass
sich die mit einer Investition oder Finanzierung verbundene Zahlungsreihe aufgrund einer
Hinzunahme einer weiteren Investition oder Finanzierung nicht verändert. Auch darf die
Zahlungsreihe einer Investition nicht von der Wahl der Finanzierung beeinflusst sein, und die
Finanzierung nicht von der Wahl der Investitionen.

Bestehen Abhängigkeiten zwischen den Investitionen (beispielsweise produktionstechnischer
Art) und ist damit eine isolierte Zurechenbarkeit von Ein- und Auszahlungen auf einzelne
Projekte nicht mehr möglich, so wird eine simultane Investitions-, Produktions- und Finanzplanung notwendig, die neben den Interdependenzen zwischen Investitions- und Finanzbereich auch funktionale Abhängigkeiten innerhalb und zwischen den betrieblichen Bereichen
von Beschaffung, Produktion und Absatz berücksichtigt. Zur Umgehung des Zurechnungs-
problems werden neben den reinen Investitions- und Finanzierungsentscheidungen auch
Entscheidungen bezüglich der Produktion, der Beschaffung und der Distribution in ein Op-
timierungsmodell einbezogen. Weil aber durch das Hinzutreten dieser funktionalen Variablen und weiterer Nebenbedingungen der Umfang des Modells und der mit seiner Lösung

verbundene Aufwand in nicht unerheblichem Maße anwachsen, hat die simultane Investitions-, Produktions- und Finanzplanung kaum Eingang in die unternehmerische Praxis gefunden. Wir verzichten aus diesem Grund auf eine eingehendere Darstellung. Leser, die sich für Details solcher Modelle interessieren, seien auf die Literaturhinweise am Ende des Kapitels verwiesen.

Die mit der Detailtreue und Komplexität von Modellen steigenden Kosten der Planung, aber auch die Unsicherheit bezüglich der Plandaten aufgrund notwendigerweise ungewisser Prognosen lassen den Einsatz heuristischer Planungsmethoden sinnvoll erscheinen. Diese zeichnen sich durch recht einfache Überlegungen aus, die zu praktikablen und vorteilhaften, wenngleich nicht immer optimalen Lösungen führen. Dabei wird das Investitionsvolumen und seine Finanzierung nur für einen Zeithorizont von ein bis zwei Jahren konkret geplant, für spätere Jahre wird nur ein allgemeines Investitionsvolumen projiziert, das von einem langfristigen Finanzplan begleitet wird. Die eigentliche Investitionsentscheidung wird auf die aktuell anstehenden Investitionen beschränkt und unter Ausklammerung der Zurechnungsproblematik mit Hilfe der simultanen Investitions- und Finanzplanung herbeigeführt.

Wird nicht nur für die erste, sondern auch für alle folgenden Perioden ein unvollkommener Kapitalmarkt unterstellt, sind komplexe Rechen- und Planungsverfahren anzuwenden. Ein solches Verfahren stellt die Lineare Programmierung dar, die die Bestimmung des Maximums einer linearen nx1-dimensonalen Funktion unter Nebenbedingungen erlaubt. Für eine eingehende Darstellung sei auch hier auf das Literaturverzeichnis verwiesen. Die heuristischen Entscheidungsansätze beschränken sich auf einen unvollkommenen Kapitalmarkt in der ersten Periode. In diesem Sinne umfassen die hier angesprochenen Lösungsansätze nur Ein-Zeitpunkt-Modelle, was jedoch keineswegs bedeutet, dass sich die Nutzungsdauer der Investitionen nicht über einen sehr viel längeren Zeitraum erstrecken kann.

2.5.2   Simultane Investitions- und Finanzplanung

Im Gegensatz zur sukzessiven Investitions- und Finanzplanung zeichnet sich die simultane Planung dadurch aus, dass der Finanzierungsrahmen nicht im vorhinein festgelegt und anschließend für die Bestimmung eines optimalen Investitionsprogramms als Datum hingenommen wird. Sondern es wird versucht, sämtliche Teilpläne des Investors gleichzeitig und optimal unter Berücksichtigung der vorhandenen Abhängigkeiten aufeinander abzustimmen. Wie bereits erwähnt, soll hier aber ein Überblick über jene heuristisch orientierten Modelle genügen, die mögliche Interdependenzen zwischen den Investitions- und Finanzplänen des Investors berücksichtigen.

Eine sinnvolle Unterteilung der verschiedenen Möglichkeiten zur Bestimmung der optimalen Investitionsprogrammentscheidung sollte in Abhängigkeit der zu treffenden Annahmen bezüglich der Teilbarkeit von Investitionen erfolgen. Teilbarkeit bedeutet in diesem Kontext immer die proportionale Reduzierung der mit einer Investition verbundenen Ausgaben und Einnahmen. Realinvestitionen sind häufig unteilbar oder eine Teilung würde zu einem gänzlich veränderten Zahlungsstrom führen. So ist eine „Teilung" beim Kauf eines Computers durchaus möglich und zur Reduzierung der Anschaffungskosten kann auf die Mitlieferung einer Festplatte oder eines Monitors verzichtet werden, jedoch dürften damit auch der erhoffte Nutzen bzw. die durch die Hardwareinvestition erwarteten Einnahmen überproportional reduziert sein. Das gleiche gilt für die Teilbarkeit eines Kraftfahrzeugs. Zwar können prinzipiell Fahrzeuge unterschiedlicher Qualitäten und Altersstufen zu verschiedenen Anschaffungskosten erworben werden. Allerdings ist die Proportionalität der Veränderung von Anschaffungskosten und Einnahmen keineswegs gesichert. Beispielsweise ist es eher unwahrscheinlich, dass bei einer Entscheidung für ein älteres Fahrzeug, mit einem Preisnachlass von 50 % gegenüber einem Neuwagen, die erwarteten Einnahmen aus dieser Investition in jeder Folgeperiode exakt halbiert sind. Dagegen ist die Teilbarkeit bei Finanzinvestitionen zumeist gegeben, bis zu einem gewissen Grad jedenfalls. So kann beispielsweise jeder beliebige Geldbetrag auf einem Sparbuch angelegt werden und die erwarteten Zinseinnahmen jeder Folgeperiode werden sich im Allgemeinen (weitgehend) proportional zur angelegten Summe entwickeln. Allerdings gibt es auch hier Einschränkungen, denn für manche Finanzinvestitionen ist eine Mindestanlage erforderlich oder der vereinbarte Zins hängt vom Volumen ab, so dass auch bei Finanzinvestitionen keineswegs immer von einer beliebigen Teilbarkeit ausgegangen werden kann.

Da die Frage nach dem optimalen Investitionsprogramm bei Annahme eines vollkommenen Kapitalmarktes nicht auftreten kann, weil dieses durch die Realisierung aller Investitionen mit positivem Kapitalwert gegeben ist, erscheint eine weitere Unterteilung der Modelle nach der Art der Abweichungen vom Ideal des vollkommenen Kapitalmarktes sinnvoll. Ist das Finanzierungsvolumen begrenzt, sind die Kapitalkosten aber konstant, so eignen sich noch die bekannten dynamischen Methoden zur Festlegung optimaler Investitionsprogramme. Existiert bei begrenztem Volumen kein einheitlicher Kalkulationszinsfuß, sondern sind verschiedene Finanzierungsalternativen mit jeweils unterschiedlichen Finanzierungskosten versehen, so sind speziellere Verfahren der simultanen Investitions- und Finanzplanung heranzuziehen.

Frau Mustermann und Frau Labelle denken über eine Ausweitung ihrer bislang erfolgreich verlaufenden Event-Agentur nach. Sie hoffen, durch die Anschaffung edler Cabriolets Kunden anzusprechen, die bislang die Dienstleistung der Event-Agentur nicht in Anspruch genommen haben. Nach reiflicher Überlegung kommen für die beiden Gründerinnen folgende gebrauchte Oldtimer in Betracht. Die angegebenen Kaufpreise in Periode 0 sind als Maximalpreise zu verstehen, d.h. sie gelten dann, wenn der Wagen durch den Verkäufer in einen 1a-Zustand versetzt wird. Für die Bestimmung des optimalen Investitionsprogramms wird es entscheidend darauf ankommen, ob der Verkäufer die Fahrzeuge ausschließlich in 1a-Qualität anbietet oder ob er sie auch günstiger, dann jedoch in entsprechend schlechterem Zustand abgibt. Den Anschaffungskosten sind bereits die erhofften Einzahlungsüberschüsse im Verlauf der erwarteten Nutzungsdauer von vier Jahren zugeordnet. Es mögen danach keine Resterlöse mehr erzielbar sein.

Investition	Einzahlungsüberschüsse der Perioden				
	t_0	t_1	t_2	t_3	t_4
Amelia DF	-60.000 €	21.000 €	21.000 €	21.000 €	21.000 €
Rho Julietta	-30.000 €	0	1.600 €	10.000 €	38.000 €
Jambon Advantage	-36.000 €	12.000 €	12.000 €	9.000 €	9.000 €
Laumet Premier	-18.000 €	15.000 €	3.000 €	4.000 €	1.000 €

2.5.2.1   Konstanter Kalkulationszins und beliebig teilbare Investitionen

Es soll für den Zwei-Zeitpunkt-Fall die Situation beliebig teilbarer Investitionsobjekte bei konstanten Kapitalkosten und begrenzten Finanzmitteln beleuchtet werden. Jede Investitionsalternative ist höchstens einmal durchführbar. Da ein einheitlicher Kalkulationszinsfuß unterstellt wird, ist die Bestimmung des optimalen Investitionsprogramms mit Hilfe der üblichen dynamischen Methoden (siehe Kapitel 2.3.3) möglich. Neben die Methode des Kapitalwerts und die des Internen Zinsfußes tritt eine weitere, nämlich das Rangfolgekriterium der **Kapitalwertrate**, auch **Profitability Index** genannt. Diese Kennziffer ist definiert als der Kapitalwert pro Kapitaleinsatz, sie setzt also den erzielten Übergewinn in Relation zum hierfür notwendigen Kapital und gibt damit den durch die Investition erzielten Übergewinn pro eingesetzter Geldeinheit wieder.

Frau Mustermann und Frau Labelle haben ihren Kreditrahmen durch die notwendige Grundausstattung für ihre Event-Agentur schon stark beansprucht, so dass ihre Hausbank nur noch einen zusätzlichen Kredit von maximal 60.000 € zum Zinssatz von 10% gewähren möchte. Andere Möglichkeiten der Kapitalbeschaffung stehen ihnen zur Zeit nicht offen. Sie möchten nun wissen, welches der zur Auswahl stehenden Fahrzeuge als lohnenswerte Investition erscheint. Die mit den vier zur Auswahl stehenden Oldtimern verbundenen Zahlungsströme sind der vorherigen Tabelle zu entnehmen.

Von jedem der gebrauchten Wagen gibt der Händler höchstens ein Exemplar ab. Jedoch müssen die Fahrzeuge nicht im 1a-Zustand übernommen werden, sondern können in einem beliebigen Renovierungszustand erworben werden. Sämtliche Ein- und Auszahlungen reduzieren sich beim Kauf eines nicht optimal instand gesetzten Oldtimers proportional. Können oder möchten die Gründerinnen also für ein Fahrzeug nur die Hälfte des Listenpreises an Ausgaben leisten, so reduzieren sich aufgrund der verminderten Leistungsfähigkeit des Fahrzeugs auch alle für die Zukunft erwarteten Einnahmen in jeder Periode um die Hälfte. Trotz ihrer nicht sehr großen Realitätsnähe soll diese Annahme für den Moment getroffen werden, denn sie entspricht exakt den Anforderungen an beliebig teilbare Investitionen, die in diesem Abschnitt betrachtet werden.

Frau Mustermann und Frau Labelle setzen wieder die ihnen bereits vertraute Kapital-wertmethode (KW), den Internen Zins (IZ) sowie zusätzlich die Kapitalwertrate (KWR) ein, um das optimale Investitionsprogramm zu bestimmen. Entsprechend den Ergebnissen ord-nen sie jeder Investitionsalternative einen Rang zu:

Investition	Verwendete Verfahren und Rang					
	KW (in €)	Rang	IZ	Rang	KWR	Rang
Amelia DF	*6567,17*	*1*	*14,96%*	*2*	*0,109*	*2*
Rho Julietta	*4789,97*	*2*	*14,49%*	*3*	*0,158*	*1*
Jambon Advantage	*-2264,60*	*4*	*6,88%*	*4*	*-0,063*	*4*
Laumet Premier	*1803,96*	*3*	*17,19%*	*1*	*0,100*	*3*

Nach der Kapitalwertmethode ergibt sich ein eindeutiger Vorteil für den mit dem Kredit gerade noch finanzierbaren Amelia; das Investitionsprogramm besteht also allein aus diesem, weil für eine weitere Investition die Finanzmittel nicht ausreichend sind. Bei Be-rechnung der Vorteilhaftigkeit mit dem Verfahren des Internen Zinses würde das optimale Investitionsprogramm aus dem Laumet zum Kaufpreis von 18.000 € und einem weniger gut erhaltenen Amelia zum Preis von 42.000 € bestehen; an dieser Stelle ist die Annahme der beliebigen Teilbarkeit erforderlich. Die Gründerinnen ziehen jedoch die Kapitalwertrate für ihre Entscheidung heran, sie werden also den Rho für 30.000 € und eine billigere Vari-ante des Amelia zum Preis von ebenfalls 30.000 € beschaffen. Die Richtigkeit der Vorge-hensweise der beiden Frauen kann gezeigt werden, indem die Gesamtkapitalwerte der drei aufgezeigten Investitionsprogramme berechnet werden (vgl. Aufgabe 4).

Die unterschiedlichen Kennziffern Kapitalwert, Interner Zins und Kapitalwertrate können zu unterschiedlichen Investitionsprogrammen führen und es stellt sich die Frage, welches Ver-fahren zur Bestimmung des optimalen Programms geeignet ist. Wesentlich für den Erfolg ist hierbei aufgrund des begrenzten Kapitalangebots ein Verfahren, welches die Gewinngröße in Beziehung zu den mit der Investition verbundenen Anschaffungsausgaben setzt. Da die Ka-pitalwertmethode dies gerade nicht leistet, ist sie als untauglich abzulehnen. Dagegen weisen sowohl der Interne Zins als auch die Kapitalwertrate eine solche Beziehung zur Investitions-summe auf, weswegen sie prinzipiell beide als tauglich zur Bestimmung eines optimalen Investitionsprogramms bei konstantem Kalkulationszins und Kreditlimit gelten können. Das Verfahren des Internen Zinsfußes ist jedoch mit dem Problem der Wiederanlageprämisse behaftet. Ist die Wiederanlage von Mitteln durch den Kalkulationszins vorgegeben, und nicht durch den Internen Zins, ist deshalb die Kapitalwertrate als Entscheidungskriterium zu wäh-len. Deren Vorteil basiert auf zwei Elementen: Zum einen ist aufgrund der beliebigen Teil-barkeit jeder Investitionsalternative sichergestellt, dass jede verfügbare Geldeinheit investiert werden kann und im Falle des ausreichenden Vorhandenseins profitabler Anlagemöglichkei-ten auch tatsächlich investiert wird. Zum anderen wird durch die Anwendung der Kapital-

wertrate gleichzeitig sichergestellt, dass jede investierte Geldeinheit ihrer profitabelsten
Verwendung zugeführt wird, was wiederum die optimale Gesamtallokation des zur Verfügung stehenden Gesamtinvestitionsbetrages und damit den maximal erzielbaren Kapitalwert
garantiert.

2.5.2.2   Konstanter Kalkulationszins und nicht teilbare Investitionen

Die Aufgabe der Prämisse beliebiger Teilbarkeit bedeutet, dass jede Investitionsalternative
entweder in vollem Umfang oder gar nicht durchgeführt werden kann. Dies führt im allgemeinen zu anderen Ergebnissen, als dies bei teilbaren Investitionen der Fall wäre. Eine Entscheidung mit Hilfe der Kapitalwertmethode, des Internen Zinsfußes oder der Kapitalwertrate führt hier häufig zu suboptimalen Entscheidungen. Bei konstantem Kalkulationszins und
nicht teilbaren Investitionsalternativen muss daher auf andere Verfahren, etwa auf die lineare
Programmierung zurückgegriffen werden, um die Entscheidung für ein Investitionsprogramm zu treffen, die dem Investor den größten Gesamtkapitalwert und damit den größten
Vermögenszuwachs erbringt. Denn neben dem Rangfolgekriterium wird durch die Unteilbarkeit der Investitionen nun die möglichst hohe Ausschöpfung des Finanzierungsrahmens
für die Auswahl des optimalen Investitionsprogramms mitentscheidend. Es kommt nicht
mehr allein darauf an, die Investitionen in der Reihenfolge der höchsten Profitabilität durchzuführen, sondern es ist gleichzeitig darauf zu achten, dass ein möglichst großer Betrag des
zur Verfügung stehenden Investitionsbudgets ausgeschöpft und einer Verwendung zugeführt
wird, die einen Übergewinn verspricht. Nur bei simultaner Berücksichtigung dieser beiden
Bedingungen kann ein maximaler Gesamtkapitalwert erzielt werden. Können die verschiedenen Investitionsalternativen nicht jeweils nur einmal durchgeführt werden, dann kommt
auch die mehrfache Durchführung der Investition mit der höchsten Profitabilität in Betracht.

*Die Hausbank von Frau Mustermann und Frau Labelle gewährt ihnen weiterhin einen
Kredit in Höhe von 60.000 € zum Zinssatz von 10% für Erweiterungsinvestitionen. Dies
stellt die einzige Finanzierungsquelle für sie dar. Allerdings seien die vier Investitionsalternativen nun nicht mehr beliebig teilbar, d.h. jeder der vier Oldtimer kann nur im voll
restaurierten 1a-Zustand vom Händler erworben werden. Wieder existiert von jedem Modell nur ein Exemplar. Die Gründerinnen stellen sich unter der neuen Bedingung der Unteilbarkeit wieder die Frage nach dem optimalen Investitionsprogramm. Die Daten und
Rangfolgen lauten unverändert:*

Investition	Verwendete Verfahren und Rang					
	KW	Rang	IZ	Rang	KWR	Rang
Amelia DF	*6567,17*	*1*	*14,96%*	*2*	*0,109*	*2*
Rho Julietta	*4789,97*	*2*	*14,49%*	*3*	*0,158*	*1*
Jambon Advantage	*-2264,6*	*4*	*6,88%*	*4*	*-0,063*	*4*
Laumet Premier	*1803,96*	*3*	*17,19%*	*1*	*0,100*	*3*

Nach der Kapitalwertmethode würde wieder der Amelia angeschafft werden und Frau Mustermann und Frau Labelle würden damit einen Gesamtkapitalwert von 6567,17 € erwirtschaften. Die Methode des Internen Zinses ergibt ein Programm, das allein aus dem Laumet besteht, weil der DF als das im Rang nachfolgende Projekt bereits nicht mehr finanzierbar ist. Mit dieser Vorgehensweise reduziert sich der Kapitalwert auf 1803,96 €. Berechnen die beiden Frauen ein optimales Investitionsprogramm mit Hilfe des Kriteriums der Kapitalwertrate, so würden sie sich für den Rho entscheiden, aber auch dann würde der erzielbare Kapitalwert mit 4789,97 € deutlich unter dem bei Kauf des Amelia bleiben.

Wie leicht zu sehen ist, ist im Falle eines konstanten Kalkulationszinses bei unteilbaren Investitionen eine strikte Anwendung des Rangordnungsverfahrens nicht sinnvoll, weil es nicht in der Lage ist, eine optimale Entscheidung aufzuzeigen. Denn wie sich im Beispiel zeigt, führt nur die gemeinsame Anschaffung des Rhos und des Laumets für insgesamt 48.000 € zu einem maximalen Kapitalwert von 6593,93 € und damit zu einer optimalen Programmentscheidung. Er ist damit höher als beim Kauf des Amelias, ohne dass jedoch sämtliche Finanzmittel ausgeschöpft werden müssen. Hier sind also Einzelfallbetrachtungen und eine Überprüfung aller möglichen Investitionskombinationen, also eine vollständige Enumeration, notwendig.

Das Rangfolgeverfahren führt auch dann nicht notwendig zum Erfolg, wenn nicht finanzierbare Alternativen „übersprungen" werden und die jeweils im Rang nächstbeste, noch finanzierbare Investition gewählt wird. Im Beispiel führt dies zwar, unter Bezug auf die Kapitalwertrate als Rangfolgekriterium, zum selben Ergebnis wie die vollständige Enumeration. Allerdings ist dieses Resultat reiner Zufall, wie eine nur geringfügige Reduzierung des Kaufpreises für den Amelia zeigt – ohne dass damit eine Änderung der Rangfolgen verbunden ist (vgl. Aufgabe 5).

Wird die Annahme der Existenz von jeweils nur einem Modell aufgehoben, dann würde die optimale Entscheidung von Frau Mustermann und Frau Labelle im Kauf von 2 Exemplaren des Rhos bestehen. Sie hätten damit ihre Kreditlinie vollständig ausgeschöpft und würden einen absoluten Maximalkapitalwert von 9579,94 € erzielen. Dies gilt allerdings nur dann, wenn die Investitionsalternative „Rho" in sich unabhängig ist, d.h. der Zahlungsstrom des zweiten Wagens exakt demjenigen des ersten entspricht.

Zusammenfassend bleibt festzuhalten, dass im Falle eines einheitlichen und konstanten Kalkulationszinssatzes, zu dem ein begrenzter Betrag von Finanzierungsmitteln zur Verfügung steht, das zur Entscheidungsfindung heranzuziehende Verfahren in Abhängigkeit der Teilungsmöglichkeit der Investition zu wählen ist. Die Frage der Teilbarkeit der Finanzierung hat auf die optimale Entscheidung dagegen keinen Einfluss. Im Falle beliebig teilbarer Investitionen werden diese entsprechend der nach der Kapitalwertrate ermittelten Rangfolge bis zum maximalen Finanzlimit durchgeführt. Sind die Investitionen hingegen nicht teilbar, so kann zwar im Allgemeinen keines der erwähnten dynamischen Verfahren für eine Entscheidungsfindung als tauglich angesehen werden, jedoch wird auch hier das den maximalen Gesamtkapitalwert erbringende Investitionsprogramm unter alleiniger Berücksichtigung der Limitierung der zur Verfügung stehenden Mittel errechnet. Eine solche Vernachlässigung der Teilbarkeit auf der Finanzierungsseite ist aber nur so lange möglich, wie ein einheitlicher Zins für gleiche Bedingungen bei der Geldaufnahme und -anlage sorgt. Verteuert sich hingegen das Kapital mit zunehmendem Umfang des Investitionsprogramms, so werden neue, die Variabilität der Zinsen berücksichtigende Ansätze erforderlich.

2.5.2.3   Variable Zinsen und beliebig teilbare Investitionen (Dean-Modell I)

Wesentlich realitätsnäher als die bisherigen Betrachtungen ist die Unterstellung von verschiedenartigen Finanzierungsquellen, die mit jeweils unterschiedlichen Zinsen für aufzunehmendes Kapital verbunden sind. Wenn die zur Verfügung stehenden Quellen der Mittelbeschaffung untereinander unabhängig und auch unabhängig von den mit ihnen zu realisierenden Investitionsobjekten gewählt werden können, so bedeutet eine Ausweitung des Investitionsprogramms eine Verteuerung der Finanzierung jeder hinzutretenden Investition. Zur Abstimmung dieser Interdependenzen zwischen dem Umfang des Investitionsprogramms und den Kosten des zu beschaffenden Kapitals schlägt *Dean* (1951) die Konstruktion einer Kapitalbedarfs- und einer Kapitalangebotskurve vor. Existiert ein Schnittpunkt der beiden Funktionen und ist er eindeutig, ist durch ihn das optimale Investitions- und Finanzierungsprogramm simultan berechnet und festgelegt. Der Schnittpunkt wird auch als **cut-off-point** bezeichnet. Damit ist ex post der Kalkulationszinsfuß bekannt, der für die Bestimmung des optimalen Investitions- und Finanzierungsprogramms ex ante gebraucht worden wäre.

Die Kapitalbedarfsfunktion wird ermittelt, indem sämtliche in Frage kommenden Investitionsalternativen absteigend in der Reihenfolge der jeweils mit ihnen verbundenen Internen Zinssätze sortiert werden. In der gleichen Weise sind die Finanzierungsmöglichkeiten aufsteigend in der Reihenfolge der zugehörigen Kapitalkosten zu sortieren. Auf diese Weise entsteht eine Rangfolge der Investitionen und der Finanzquellen, die sowohl graphisch als auch tabellarisch dargestellt werden kann. Die Kapitalkosten der zur Verfügung stehenden Finanzierungen entsprechen dem Kostensatz der Geldüberlassung. Im Falle der Fremdfinanzierung sind dies also etwa von der Bank geforderte Kreditzinsen einschließlich aller mit der Finanzierung verbundenen Nebenkosten, bei Eigenfinanzierung von den Eigentümern geforderte Renditen auf das zur Verfügung gestellte Kapital. Mit Kenntnis der Zinssätze aller Investitionen und Finanzierungen wird anschließend der Schnittpunkt der beiden Kapitalfunktionen ermittelt.

Im Koordinatensystem zur graphischen Ermittlung der Lösung werden auf der Abszisse der betragsmäßige Umfang des Finanzierungs- und Investitionsprogramms und auf der Ordinate die Internen Zinsen der Investitionen beziehungsweise die Kapitalkosten abgetragen. Die Kapitalbedarfsfunktion besteht aus allen potentiellen Investitionen, die in der Reihenfolge ihrer internen Verzinsung, beginnend mit der höchsten, eingezeichnet werden. Die Kapitalangebotsfunktion besteht aus allen potentiellen Finanzierungsquellen, die in der Reihenfolge ihrer Kapitalkosten, beginnend mit der günstigsten, eingezeichnet werden.

Die Lösung kann ebenfalls durch eine tabellarische Gegenüberstellung der Internen Zinsen der Investitionen und den Kapitalkosten der Finanzierungsmöglichkeiten, unter Berücksichtigung der jeweiligen Beträge, herbeigeführt werden. Solange der Interne Zins einer Investition über dem ihm zugeordneten Kapitalkostensatz liegt, wird sie als vorteilhaft angesehen und realisiert.

Die Hausbank von Frau Mustermann und Frau Labelle kürzt ihr Finanzierungsangebot von bisher 60.000 € zum Zinssatz von 10% um die Hälfte auf nur noch 30.000 €. Gleichzeitig aber macht sie das Angebot, einen weiteren Kredit in Höhe von nochmals 66.000 € zu einem erhöhten Zins von 16% zur Verfügung zu stellen. Die Gründerinnen sind unzufrieden und suchen eine weitere Sparkasse auf, die ihnen zusätzlich einen Kredit in Höhe von 15.000 € zu 12% bereitstellt. Auch der Vater von Frau Mustermann erfährt von der Misere und bietet seiner Tochter deshalb eine Geldüberlassung in Höhe von 24.000 € an, die er lediglich mit 8% verzinst wissen möchte. Der geordnete Investitions- und Finanzplan von Frau Mustermann und Frau Labelle sieht damit folgendermaßen aus:

	IZ	Betrag	Finanzierung	Betrag	Kosten
Laumet Premier	17,19%	18.000 €	Vater	24.000 €	8%
Amelia DF	14,96%	60.000 €	Kredit I	30.000 €	10%
Rho Julietta	14,49%	30.000 €	Sparkasse	15.000 €	12%
Jambon Advantage	6,88%	36.000 €	Kredit II	66.000 €	16%

Mit Hilfe einer graphischen Auswertung dieser Informationen kann nun das optimale Investitions- und Finanzierungsprogramm bestimmt werden. Auf der Ordinate sind die Kapitalkosten (k) der verschiedenen Finanzierungsmöglichkeiten und die Interne Verzinsung (r) jeder Investitionsalternative abgetragen; auf der Abzisse die zugehörigen Geldbeträge.

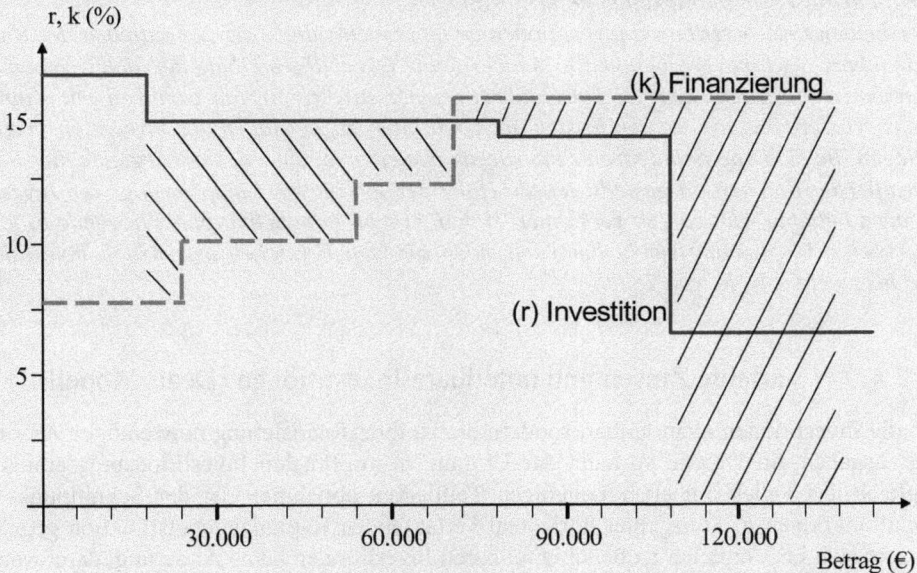

Das optimale Investitionsprogramm umfasst nur die Anschaffung des Laumet und des Amelia. Letzterer kann aber nicht in vollem Umfang finanziert werden, weil Finanzierungen, deren Kostensatz unterhalb des Internen Zinses des Amelia liegen, nur bis zu einem Betrag von 69.000 € zur Verfügung stehen. Wird allen Investitionen wiederum eine beliebige Teil-

barkeit unterstellt, so werden Frau Mustermann und Frau Labelle eine um 9.000 € günsti-
gere Variante des Amelia beschaffen, so dass die Gesamtausgaben exakt 69.000 € betra-
gen. Sie werden also den Händler bitten, den Wagen in einen Zustand zu versetzen, der ihm
einen Wert von nur 51.000 € beilegt, denn sonst müssen sie den Kredit der Hausbank zu
16% ganz oder teilweise in Anspruch nehmen, was sie zwangsläufig schlechter stellen
würde.
Sind die verschiedenen Investitionen nicht beliebig teilbar, so müsste bei einer strengen
Anwendung des Dean-Modells auf die Anschaffung des DF komplett verzichtet werden.
Jedoch zeigt eine einfache Rechnung, dass bei einer unterstellten beliebigen Teilbarkeit der
Kredite die Aufnahme eines Kredits mit einer Verzinsung von 16% in Höhe von 9000 € zur
Anschaffung des Amelia im Vergleich zum Verzicht auf dieses Fahrzeug vorteilhaft wäre.
Dies gilt nicht, wenn der Kredit unteilbar ist und deshalb die gesamte Kreditsumme von
66.000 € aufgenommen werden muss. In diesem Fall kann zwar mit dem überschüssigen
Kapital in Höhe von 57.000 € noch zusätzlich der Laumet angeschafft werden, jedoch nicht
der Jambon Advantage. Aus diesem Grund reicht die Schraffierung ab einem Betrag von
108.000 € bis zur Abszisse. Fehlt es an anderen Anlagemöglichkeiten, so muss ein Kapital
in Höhe von 27.000 € (Inanspruchnahme aller vier Finanzierungsalternativen und Durch-
führung aller drei möglichen Investitionen) also annahmegemäß unverzinst bleiben, was
den Gesamtkapitalwert deutlich sinken lässt. Die Prämisse der Unverzinslichkeit der über-
schüssigen 27.000 € kann dahingehend modifiziert werden, dass die Möglichkeit einer
Anlage der Summe am Kapitalmarkt eingeräumt wird oder weitere Investitionen in Be-
tracht gezogen werden. In Abhängigkeit von der dabei unterstellten Verzinsung können
sich dann die Vorteilhaftigkeiten natürlich ändern.
Entscheidend bei unteilbaren Investitionen ist nicht mehr allein der Schnittpunkt der Kapi-
talangebots- und -nachfragefunktion, sondern eine Gegenüberstellung der sich ergebenden
Einnahmen und Ausgaben bei Durchführung einer Investition, die zum Teil mit Kapital
finanziert werden muss, dessen Kosten über den Internen Zinsfüßen der Investitionsprojek-
te liegen. Im Fall von unteilbaren Finanzierungsquellen ist ein solcher Vergleich durch die
schraffierten Flächen dargestellt. Ist die Höhe der gewährten Finanzierung vom Investor
dagegen beliebig wählbar, so verkleinert sich die rechts vom Schnittpunkt liegende Fläche.
Ihre rechte Begrenzung reicht dann nur noch bis zum Erreichen der dritten Investition,
also bis zu einer Höhe von 78.000 €.

2.5.2.4   Variable Zinsen und unteilbare Investitionen (Dean-Modell II)

Sind die Investitionen nicht teilbar, sondern die zu ihrer Realisierung notwendigen Anschaffungsausgaben ein Datum, so kann der Umfang des optimalen Investitionsprogramms im
Vergleich des Falles mit einer beliebigen Teilbarkeit abnehmen. Ist der Schnittpunkt der
Kapitalfunktionen in Form einer horizontal verlaufenden Kapitalangebotsfunktion gegeben,
so ergibt sich im Vergleich zu beliebig teilbaren Investitionen keine Änderung, dann werden
alle Investitionen links des Schnittpunkts durchgeführt. Durchstößt die Kapitalangebotsfunktion dagegen die Kapitalnachfragefunktion vertikal (vgl. Graphik), so wird bei strikter Anwendung des Dean-Modells das Investitionsobjekt, welches zum Teil Kapitalkosten oberhalb
seines Internen Zinses aufweist, nicht mehr realisiert. Für das dargestellte Investitionspro-

gramm des Beispiels würde das den Verzicht auf das gesamte zweite Investitionsobjekt bedeuten, obwohl nur ein kleiner Teil davon – nämlich 15 % der Anschaffungskosten – mit
dem teuren Kredit II der Hausbank finanziert werden müsste; der Rest könnte mit deutlich
unterhalb des Internen Zinses liegenden Kreditkosten finanziert werden.

Bei Unteilbarkeit der Investitionsalternativen ist von entscheidender Bedeutung, ob Kredite
beliebig teilbar sind. Ist dies der Fall, wird der Kredit nur in jener Höhe aufgenommen, die
notwendig ist, um das gewünschte Projekt finanzieren zu können. Ob dessen Durchführung
angesichts des teilweise über dem Internen Zins liegenden Finanzierungszinses profitabel ist,
zeigt ein Vergleich der zusätzlichen negativen Zahlungsbeiträge (aufgrund der oberhalb des
Internen Zinses liegenden Kapitalkosten der teureren Finanzierung) mit den zusätzlichen
positiven Beiträgen (Kapitalkosten unterhalb des Internen Zinses). Bei Unteilbarkeit der
Finanzierung gelten die gleichen Bedingungen der Vorteilhaftigkeit, jedoch sind nun aufgrund der Aufnahme von Finanzmitteln, die über das notwendige Maß hinausgehen, zusätzliche Überlegungen anzustellen. So ist zu bestimmen, ob weitere Investitionen getätigt werden können, ob das Geld zinsbringend am Finanzmarkt untergebracht werden kann oder ob
es unverzinst bis zum vereinbarten Tilgungszeitpunkt gehalten werden muss. Entsprechend
sind die Berechnungen der mit der Finanzierung verbundenen Zahlungsbeiträge zu modifi-
zieren. Im Allgemeinen verschlechtern sich die Konditionen für den Investor bei Vorliegen
einer nicht teilbaren Finanzierung.

2.5.3 Kritik an den Verfahren zur simultanen Investitions- und Finanzplanung

Ein generelles Problem aller Verfahren zur simultanen Investitions- und Finanzplanung ist
die Beschränkung auf eine Planungsperiode. Sie setzt eine gleichzeitige Anschaffung aller
im Investitionsprogramm enthaltenen Alternativen voraus. Zukünftige Investitionen können
nicht erfasst werden. Somit können nur im Zeitpunkt der Entscheidung bekannte Alternativen geprüft werden, Reaktionen auf im Zeitablauf eintretende Datenänderungen oder Infor-
mationsgewinne sind dagegen nicht möglich. Diese statische Betrachtungsweise lässt folglich zeitliche Interdependenzen außer Acht:

- Bei mehrperiodischen Entscheidungsproblemen ist eine einmalige anfängliche Ermittlung
  des cut-off-points nicht ausreichend, denn dieser wird durch das Hinzutreten und Ausscheiden von Investitionen und Änderungen der Finanzierungsmodalitäten in den der ersten Periode folgenden variabel.
- Reicht der Entscheidungshorizont über eine Periode hinaus, so werden Konsum- und
  Ausschüttungsplanungen des Investors relevant, die bei einperiodischer Betrachtung keine Rolle spielen.
- Die Liquiditätsplanung spielt bei zunehmender Periodenzahl eine immer wichtigere Rolle. Die einperiodischen Verfahren können die Gefahr der Möglichkeit eines Liquiditäts-
  engpasses vernachlässigen, jedoch muss eine realistische Betrachtung über mehrere Perioden hinweg nicht nur einen maximalen Kapitalwert anstreben, sondern auch die
  Nebenbedingung der Aufrechterhaltung der Zahlungsfähigkeit über den gesamten Be-
  trachtungszeitraum einhalten.

- Die Verwendung des Internen Zinses als Entscheidungskriterium ist infolge der Probleme im Zusammenhang mit der so genannten Wiederanlageprämisse in Mehr-Perioden-Modellen nicht sinnvoll.

Neben den sich durch die Zwei-Zeitpunkt-Betrachtung ergebenden Unzulänglichkeiten sind weitere Kritikpunkte im Zusammenhang mit den Annahmen bezüglich Unabhängigkeit und Teilbarkeit von Investitionen und Finanzierungen zu formulieren, die vertikale Interdependenzen zum Gegenstand haben:

- Auf der Seite der Investitionen sind sachlich-technische oder ökonomische Interdependenzen im Beschaffungs-, Produktions- oder Absatzbereich eher die Regel als die Ausnahme. Insofern ist die unterstellte isolierte Betrachtung der Investitionsalternativen nicht immer realistisch.
- Finanzierungen sind ebenfalls nicht immer unabhängig voneinander. Beispielsweise werden Fremdkapitalgeber bei der Finanzierung einer Investition auf einen Eigenmittelbeitrag nicht verzichten wollen, so dass die Konditionen der Bereitstellung von Krediten von der Unterlegung der Investition mit Eigenkapital beeinflusst wird. Die Kapitalangebotskurve im Modell von Dean kann folglich nicht allein nach der Rangfolge der Kapitalkosten aufgestellt werden, weil sonst der Fall eintreten könnte, dass ein komplettes Investitionsprogramm ausschließlich mit Fremdkapital finanziert wird, das im Vergleich zu Eigenkapital häufig „billiger" ist.
- Auch die Unabhängigkeit von Finanzierung und Investition ist nicht immer gegeben. Sowohl Fremd- als auch Eigenkapitalgeber können die Mittelbereitstellung von den zu finanzierenden Investitionsobjekten abhängig machen. Sie werden dies insbesondere dann tun, wenn die Projekte unterschiedlich riskant sind.

2.5.4   Weiterführende Themenstellungen

Die Kritik an den Verfahren zur simultanen Investitions- und Finanzplanung zeigt, dass deren Erweiterung im Sinne einer Integration von zeitlichen und sachlich-technischen Interdependenzen in die Modellansätze notwendig ist. Eine Mehr-Perioden-Betrachtung unter Einbezug der beschriebenen denkbaren Abhängigkeiten zwischen Investitionen und Finanzierungen leisten die Modelle der Linearen Programmierung (LP). Unter der Linearen Programmierung versteht man ein Rechenverfahren zur Bestimmung des Maximums einer linearen, mehrdimensionalen Funktion unter Nebenbedingungen. Produktionstheoretische LP-Modelle nehmen die Finanzierungsmöglichkeiten als exogen gegeben an und ermitteln ein für mehrere Perioden und unter Berücksichtigung von Abhängigkeiten optimales Investitions- und Produktionsprogramm. Kapitaltheoretische LP-Ansätze dagegen unterstellen ein vorgegebenes Produktionsprogramm und bestimmen ein optimales Investitions- und Finanzierungsprogramm.

Doch auch die Modelle der Linearen Programmierung unterliegen der Kritik. So ist fraglich, ob eine steigende Anzahl von zu berücksichtigenden Nebenbedingungen und damit eine steigende Komplexität der linearen Gleichungssysteme zum Erfolg im Sinne einer verbesserten Entscheidungsfindung führen kann. Es kann mit der beliebigen Ausweitung der einbezogenen Variablen sehr schnell zu einem nicht mehr zu bewältigenden Aufwand an Datenerfassung und -verarbeitung kommen, der die Kosten der Linearen Programmierung über ihren zusätzlichen Nutzen steigen lässt. Durch Vereinfachungen und unter Vernachlässigung mancher Einflüsse läst sich vielleicht eher eine pragmatische und handhabbare Lösung der simultanen Investitions- und Finanzplanung erreichen.

2.5.5 Weiterführende Literatur

Vertiefte Einsichten in die Modellansätze der Programmplanung im Zwei- und Mehr-Zeitpunkt-Fall, auch erweitert um den Fall unsicherer Erwartungen, liefern Blohm, H./Lüder, K.: Investition, 9. Auflage, München 2006, S. 285-305.

Der simultanen Investitions-, Produktions- und Finanzplanung und der rechnerischen Vereinfachung durch heuristische Planung widmen sich Franke, G./Hax, H.: Finanzwirtschaft des Unternehmens und Kapitalmarkt, 5. Auflage, Berlin/Heidelberg 2004, S. 221-236.

Für eine Vertiefung des Modells von Dean empfiehlt sich das Original: Dean, J.: Capital Budgeting, New York 1951.

2.5.6 Übungsaufgaben

1. *Was sind Investitionsprogramme? Unter welchen Voraussetzungen können sie nicht mit den herkömmlichen dynamischen Verfahren der Investitionsrechnung bestimmt werden?*

2. *Was bedeutet Abhängigkeit von Investitionen und Abhängigkeit von Finanzierungen? Nennen Sie je ein Beispiel für untereinander abhängige und unabhängige Investitionen und Finanzierungen.*

3. *Nennen Sie ein Beispiel für Abhängigkeiten zwischen Investitionen und Finanzierung. In welchen Verfahren werden solche Abhängigkeiten berücksichtigt?*

4. *Berechnen Sie die Kapitalwerte der im Beispiel für beliebig teilbare Investitionen ermittelten Investitionsprogramme. Weshalb ist das Kriterium der Kapitalwertrate unter der Annahme beliebig teilbarer Investitionen für eine Entscheidungsfindung am besten geeignet?*

5. *Im Beispiel für nicht teilbare Investitionen verringere sich der Kaufpreis des Amelia um 200 €. Welches Investitionsprogramm sollte dann – unter den getroffenen Annahmen eines konstanten Kalkulationszinssatzes von 10% und unteilbaren Investitionen – durchgeführt werden? Welches Investitionsprogramm wird durchgeführt, wenn eine Beurteilung nicht mit Hilfe der vollständigen Enumeration, sondern mit Hilfe der Rangfolgeverfahren durchgeführt wird?*

6. *Berechnen Sie unter Zugrundelegung der im letzten Beispiel gegebenen Werte jeweils unter Zugrundelegung beliebig teilbarer Kredite und nicht teilbarer Kredite den Kapitalwert bei Kauf a) des Amelia und des Laumet, b) des Laumet, des Amelia und des Rho, c) aller Fahrzeuge.*

7. *Im letzten Beispiel sind in der dort dargestellten Graphik zwei schraffierte Flächen für den Fall unteilbarer Finanzierungen eingezeichnet. Zeigen Sie, dass die Fläche rechts des Schnittpunkts die größere der beiden darstellt. Wie groß wären beide im Fall beliebig teilbarer Finanzierungen?*

2.6   Nicht-monetäre Ziele in der Investitionsrechnung

2.6.1   Einführung

In den bisherigen Überlegungen sind wir vereinfachend davon ausgegangen, dass der Investor nur ein einziges Ziel verfolgt: die Maximierung seines Einkommens oder Vermögens. Mit der Investition möchte er einen möglichst hohen Vermögenszuwachs, eine möglichst hohe periodische Entnahme oder eine möglichst hohe Verzinsung auf sein eingesetztes Kapital erzielen. Mögliche andere Folgen der Investition, bzw. Eigenschaften des Anlageobjektes, die keinen direkten Vermögenseffekt auslösen, wurden in diese Betrachtung nicht einbezogen. In der Realität spielen jedoch nicht selten auch nicht-monetäre Ziele eine große Rolle. Es kann sich dabei um nicht-materielle Bedürfnisse des Investors handeln wie – z.B. beim Kauf eines PKW – das Sicherheitsgefühl, Ausstattungsmerkmale oder die Ästhetik. Bei Großinvestitionen sind oft andere Personen und Personengruppen von den Wirkungen betroffen. Dann können z.B. ihre Immissionsbelastungen, die ökologischen Wirkungen, die Folgen für die Zahl und Qualität der Arbeitsplätze oder gar die Sicherung von Menschenrechtsstandards (so z.B. bei Verlagerung von Arbeitsplätzen in Entwicklungsländer oder beim Bau von Staudämmen mit der möglichen Folge der Zwangsumsiedlung von Menschen oder der Zerstörung von Natur- und Kulturlandschaften) wichtige Zusatzkriterien der Investitionsentscheidung sein. Oft wird es dabei nicht nur um eines, sondern um die gleichzeitige Berücksichtigung mehrerer nicht-monetärer Kriterien gehen. Daher wird der Umgang mit solchen Problemstellungen generell als Multi-Criteria-Decision-Making (MADM) bezeichnet. Die angeführten Beispiele machen deutlich, dass derartige Mehr-Kriterien-Entscheidungen durchaus auch für privatwirtschaftliche Investitionen typisch sind, wenn auch in der Regel das Ziel der Einkommens- oder Vermögensmaximierung dominieren mag. Besondere Bedeutung erlangen sie aber bei öffentlichen Investitionen wie dem Bau von Verkehrswegen und von Ver- und Entsorgungseinrichtungen, bei denen die Berücksichtigung mehrerer nicht-monetärer Nutzen- und Schadenswirkungen bei einer mehr oder weniger großen Zahl betroffener Personen meist zentraler Bestandteil der Investitionsentscheidung ist.

Eine erste und einfache Möglichkeit, solche zusätzlichen nicht-monetären Zielsetzungen zu berücksichtigen, besteht darin, sie als Nebenbedingungen zu setzen. Alternativen, die wenigstens einer der gesetzten Bedingungen nicht genügen, scheiden aus. Aus den verbleibenden Alternativen wird dann mit den beschriebenen quantitativen Kalkülen die beste Lösung ermittelt. Der Vorteil dieser Vorgehensweise besteht in der relativ einfachen Handhabung. Nachteilig wirkt sich aber seine Starrheit aus: Schon ein geringes Verletzen einer Nebenbedingung führt zu einem Ausscheiden einer Alternative, die möglicherweise alle übrigen Kriterien sehr vorteilhaft erfüllt. Es findet also weder das relative Gewicht des einzelnen Ziels noch der Grad der Erfüllung oder Verfehlung der angestrebten Ziele eine Berücksichtigung.

Zur Überwindung bzw. Vermeidung dieser Schwächen wurden daher mehrere Methoden der Nutzen-Kosten-Untersuchungen entwickelt, von denen wir zwei wichtige Typen im Weiteren darstellen. Bei Entscheidungen im öffentlichen Sektor hat die Kosten-Nutzen-Analyse (Cost-Benefit-Analysis) weite Verbreitung gefunden. Im privatwirtschaftlichen Bereich dominiert dagegen der Einsatz der Nutzwertanalyse. Auf weitere Verfahren wird am Ende des Kapitels verwiesen.

2.6.2   Kosten-Nutzen-Analyse

Die Kosten-Nutzen-Analyse strebt an, Investitionsalternativen unter Heranziehung aller ihrer relevanten Zielwirkungen – also sowohl der monetären als auch derjenigen, denen keine konkreten Geldströme zugeordnet werden können – zu beurteilen. Von Bedeutung sind dabei nicht nur die Folgen einer Investition für den Investor selbst (eine bestimmte Person oder ein bestimmtes Unternehmen). Vielmehr sind ihre direkten und indirekten Vor- und Nachteile für alle Betroffenen (bzw. die als Betroffene Akzeptierten) relevant. Die Anwendung der Kosten-Nutzen-Analyse ist also überall dort sinnvoll, wo die nicht-monetären Effekte von Investitionen eine nicht vernachlässigbare, möglicherweise gar die dominante Rolle spielen. Bei öffentlichen Investitionsprojekten ist dies oft der Fall. Aus diesem Grund wird diese Methode besonders gerne im öffentlichen Bereich eingesetzt. Häufige Anwendungsgebiete sind der Verkehrssektor (Infrastrukturinvestitionen in Straßen, Flughäfen, Eisenbahn etc.), die Ver- und Entsorgung (Bau neuer Kraftwerke, Mülldeponien etc.), das Gesundheitswesen (z.B. Nutzen von Vorsorgemaßnahmen oder Rettungszentren), der Bildungsbereich (Nutzen von Investitionen in Aus- und Fortbildungsinstitutionen und -maßnahmen) sowie die Förderung von Forschung und Entwicklung.

Ein Grund dafür ist, dass die Güter oder Dienstleistungen, die in ihrem Rahmen angeboten werden, oft sog. „öffentliche Güter" sind, d.h. sie stehen extrem preiswert oder gar kostenlos der Gesellschaft zur Verfügung (z.B. Nutzung einer öffentlichen Straße). Für diese Güter existieren keine Marktpreise, deswegen können ihre Vorteile nicht direkt in Geldeinheiten ausgedrückt und den Kosten gegenüber gestellt werden. Aber auch bei der Bereitstellung von anderen, nicht-öffentlichen Gütern kann die Berücksichtigung unterschiedlicher nicht-monetärer Effekte für eine adäquate Beurteilung der gesamtgesellschaftlichen Konsequenzen notwendig sein. Neben den geplanten Auswirkungen verursachen die öffentlichen Vorhaben i.d.R. mehrere nicht direkt beabsichtigte positive oder negative Nebeneffekte, die ebenfalls von der Gesellschaft getragen werden. Als Beispiel dafür kann der Bau einer gebührenpflich-

tigen Autobahn genannt werden. Die Folgen einer solchen Investition gehen über den Haupt-
effekt, der in der Bereitstellung eines Transportweges besteht und dessen Wert sich leicht
über Gebühreneinnahmen bestimmen lässt, weit hinaus. Auf der einen Seite sind gewisse
Nachteile zu erwarten, wie z.B. die Lärmbelastung des nah gelegenen Wohngebietes oder die
Umweltverschmutzung durch Abgase. Auf der anderen Seite bedeutet ein solches Projekt
möglicherweise einen Aufschwung für die lokale Wirtschaft. Solche Nebeneffekte sind
durch die Gebühreneinnahmen nicht gedeckt, ihre Berücksichtigung ist aber für die Beurteilung der Investition erforderlich.

Die besondere Herangehensweise der Kosten-Nutzen-Analyse zur Lösung von Mehrkrite-
rienproblemen besteht darin, dass alle mit dem untersuchten Vorhaben verbundenen Kosten
(Schäden, Nachteile) und Nutzen in Geldgrößen umgerechnet und hierüber vergleichbar
gemacht werden.

Den Nutzen und Kosten werden Geldgrößen zugeordnet, die ihre Bedeutung für das Gesamt-
urteil zum Ausdruck bringen. Schafft man es, alle unterschiedlichen Auswirkungen einer
Investition in Geldeinheiten umzurechnen, kann man für die Beurteilung der Vorteilhaftigkeit die bekannten monetären Investitionsrechenmethoden, wie z.B. die Kapitalwertmethode
oder die Methode des Internen Zinsfußes, heranziehen.

Bei der Bestimmung der monetären Äquivalente von verschiedenen nicht-monetären Effekten greift die Kosten-Nutzen-Analyse auf die Wohlfahrtstheorie zurück. Der Ausgangspunkt
ist die Feststellung, dass das Wohlbefinden einer Person vom Umfang und von der Struktur
ihres Konsums abhängt. Der Beitrag von unterschiedlichen konsumierten Gütern zum allgemeinen Wohlbefinden variiert jedoch stark, so dass die Änderungen des Konsums in unterschiedlichen Bereichen auch unterschiedliche Wohlfahrtsänderungen hervorrufen. So erhöht
der Bau einer Autobahn für die lokalen Einwohner den Konsum des Gutes „Mobilität", verringert jedoch den Konsum des Gutes „Ruhe". Die Veränderung der gesamten Wohlfahrt
einer konkreten Person durch diese Investition ist das Produkt dieser gegenläufigen Effekte.
Im Rahmen der Kosten-Nutzen-Analyse werden die einzelnen Auswirkungen von öffentlichen Projekten getrennt betrachtet. Man fragt sich, welche Geldsumme einer Person im Gegenzug für einen negativen Effekt angeboten werden müsste, damit dieser kompensiert wäre,
bzw. mit welcher Geldsumme die Person belastet werden müsste, damit eine positive Wirkung neutralisiert wäre. Mit anderen Worten, man sucht nach dem Geldbetrag, der genau den
gleichen positiven oder negativen Nutzwert wie die betrachtete Änderung des Konsums hat,
die durch die Investition verursacht wird. Dieser Betrag gilt dann als der monetäre Wert des
untersuchten Effektes (sog. Kompensationsvariation).

Es ist einsichtig, dass diese Monetarisierung aller Auswirkungen des Projektes für alle Betroffenen eine erhebliche Schwierigkeit darstellen kann. Besonders problematisch sind dieje-
nigen Effekte, deren Messung aus methodologischen oder technischen Gründen nicht möglich ist und für die keine Märkte hergestellt werden können (sog. intangible Effekte). Zu
dieser Gruppe gehören viele öffentliche Güter, aber auch Effekte wie z.B. die optischen
Veränderungen der Landschaft oder das internationale Ansehen. Ihre Beurteilungen durch
die einzelnen Betroffenen können voneinander extrem abweichen und auch inkonsistent sein.
Alles das macht die Ermittlung von monetären Äquivalenten in solchen Fällen äußerst
schwierig. Ein großer Teil der Kosten-Nutzen-Analyse besteht aus Methoden, die dies er-

möglichen sollen. Einen Lösungsansatz bietet die Analyse des Einflusses von intangiblen Effekten auf die Preise anderer, marktgängiger Güter. Eine weitere Methode besteht in der Untersuchung der Aufwendungen für substitutive oder komplementäre Güter. Es können auch Umfragen, Feldstudien und Laborexperimente angewendet werden. Die Ermittlung der monetären Werte von tangiblen Effekten, die einen Marktpreis haben, ist zwar methodisch etwas leichter, aber auch nicht unproblematisch. Man muss die Auswirkungen der Angebots- und Nachfrageänderungen des betrachteten Marktes auf andere Märkte einschätzen. Dies ist nur durch umfangreiche Marktstudien möglich.

Um dem Problem der Erfassung individueller Nutzenveränderungen und ihrer Aggregation auszuweichen, wird oft auf sog. Ersatzpreise zurückgegriffen. Dies können zum einen durchschnittliche (ersparte) Kosten der Vermeidung von Schäden sein, zum anderen lassen sich auch (hypothetische) Kosten der Beseitigung von Schäden heranziehen. Für eine Nutzen- bzw. Schadenkategorie wie Lärmbelastung (z.B. durch eine Straße oder einen Flughafen) würde dies im ersten Fall den Ansatz von Kosten zur Reduzierung der Lärmentstehung bedeuten, im zweiten Fall z.B. die Kosten für den Einbau von Lärmschutzfenstern oder den Bau von Lärmschutzwällen etc. In ähnlicher Weise werden bei Verkehrsinvestitionen z.B. für die Zeitersparnis durch beseitigte Staus durchschnittliche Stundensätze je Nutzer angesetzt, was zwar bei beruflich bedingten Fahrten angemessen erscheinen mag, nicht aber bei Freizeitfahrten oder Fahrten vom und zum Arbeitsplatz. Die Beispiele zeigen, dass sich die Monetarisierung der Kosten und Nutzen aus Gründen der einfacheren Erfassung verschiedentlich doch weit von nutzentheoretisch gerechtfertigten Werten entfernen kann. Besonders problematisch wird dies, wenn es um die Bewertung von Verletzungen oder Todesfällen geht, die durch eine Investition verursacht oder gerade vermieden werden sollen (z.B. durch sicherere Straßen oder Flughäfen). Ihre Erfassung über die notwendigen Aufwendungen des Gesundheitssystems (bei der Behandlung und Heilung von Verletzungen) oder von zu zahlenden Hinterbliebenenrenten (bei Todesfällen) kann die subjektiven „Schäden" der Betroffenen kaum angemessen abbilden.

Ein weiteres Problem ist die Vollständigkeit der Erfassung von Kosten und Nutzen. Am leichtesten sind die direkten Effekte zu erkennen, d.h. die von dem Entscheidungsträger mit der Investition beabsichtigten. Es existieren aber sehr wohl auch indirekte unbeabsichtigte Folgen, die ebenfalls entscheidungsrelevant sind. Deren Umfang und Vielfalt ist manchmal so groß, dass einige weniger offensichtliche Auswirkungen leicht übersehen werden können.

Die Kosten-Nutzen-Analyse wurde in der Literatur ausführlich behandelt. Es wurden mehrere mehr oder weniger praktikable Methoden der Monetarisierung von nicht-monetären Effekten unterschiedlicher Art entwickelt. Als ein besonderer Vorteil dieser Methode wurde vor allem ihre solide theoretische Basis genannt. Dennoch sind mit der Monetarisierung, wie gezeigt, immer erhebliche praktische Probleme verbunden. Die Umrechnung der Auswirkungen, die eindeutig keinen monetären Charakter haben, in Geldeinheiten kann nur in groben Annäherungen erfolgen. Dies macht die Investitionsentscheidungen, insbesondere bei knapp beieinander liegenden Alternativen, problematisch und führt folglich auch mitunter zu großen Problemen der Akzeptanz des Ergebnisses bei einzelnen Gruppen von Betroffenen.

Aus diesem Grund ist auch die anfängliche Euphorie, mit der Kosten-Nutzen-Analyse ein bündiges Instrument zur Erhöhung der Rationalität öffentlicher Investitionen mit umfangreichen nicht monetären Kosten- und Nutzeneffekten zur Verfügung zu haben, verflogen. Dies kommt auch darin zum Ausdruck, dass die Verpflichtung zur Durchführung von Kosten-Nutzen-Analysen bei öffentlichen Investitionen „von erheblicher wirtschaftlicher Bedeutung", die seit 1969 in den Bundes- und Landeshaushaltsordnungen festgeschrieben war, inzwischen wieder zurückgenommen bzw. durch eine allgemeinere Formulierung der Anwendung „angemessener Wirtschaftlichkeitsuntersuchung" (z.B. § 7,2 Bundeshaushaltsordnung) ersetzt wurde.

2.6.3   Nutzwertanalyse

Die Nutzwert-Analyse verzichtet – im Gegensatz zur Kosten-Nutzen-Analyse – auf die Umrechnung nicht-monetärer „Kosten" und Nutzen in Geldeinheiten und verwendet stattdessen abstrakte Nutz- bzw. Punktwerte.

Der Kern der Methode besteht in der Betrachtung des Gesamtnutzens eines Objektes als einer Summe der Teilnutzen, die sich aus seinen Eigenschaften ergeben. Die Beurteilung einzelner Aspekte erfolgt im ersten Schritt getrennt. Jede Eigenschaft wird bei allen Alternativen nach einheitlichen Kriterien unabhängig von den anderen Eigenschaften bewertet. Erst in einem weiteren Schritt werden die Teilnutzen zu einem Nutzwert zusammengeführt. Da nicht alle Eigenschaften der Objekte gleich wichtig sind, muss ihre relative Bedeutung bestimmt werden. Das Gesamtbild ergibt sich also einerseits aus der Beurteilung der einzelnen Ausprägungen und andererseits aus deren Gewichtung im Endurteil. Die Nachteile in einem Bereich können dabei durch die Vorteile bei einem anderen Kriterium kompensiert werden.

Das Verfahren zur Ermittlung von Nutzwerten besteht aus folgenden Schritten:

1. Bestimmung der Zielkriterien
2. Gewichtung der Zielkriterien
3. Bestimmung der Teilnutzen
4. Ermittlung des Gesamtnutzwertes
5. Beurteilung der Vorteilhaftigkeit

Für ihre Realisierung stehen i.d.R. jeweils mehrere Möglichkeiten zur Verfügung, von denen nur einige häufig verwendete hier angesprochen werden.

2.6.3.1   Bestimmung der Zielkriterien

Die Identifikation der Ziele einer Investition ist der Ausgangspunkt für die Durchführung der Nutzwertanalyse. Es müssen Kriterien bestimmt werden, die für die Beurteilung der Vorteilhaftigkeit der Investitionsobjekte relevant sind. Werden sie fehlerhaft oder unvollständig ermittelt, wird auch die Entscheidung nicht den Präferenzen des Investors (bzw. allgemeiner: der Entscheidungsträger) entsprechen und damit nicht optimal sein. Da die Ziele bei jeder Entscheidungssituation unterschiedlich sind, kann deren Bestimmung auch nicht nach einem festgelegten Algorithmus erfolgen. Es können aber einige Regeln genannt werden, die dies erleichtern. Sie beziehen sich auf die Sammlung der Ziele, die Zusammenstellung der Ziele, die Anzahl der erforderlichen Kriterien und die Prüfung auf Doppelbewertungen und Überschneidungen.

Denkbare Ziele können intuitiv oder deduktiv identifiziert werden. Im ersten Fall werden sie als unsortierte Ideen gesammelt und erst später strukturiert. Im zweiten Fall werden zunächst die allgemeinen Anforderungen der obersten Ebene definiert und systematisch in immer konkretere Kriterien der unteren Ebenen gegliedert. In beiden Fällen ist das Erhalten einer klaren und logischen Hierarchie von besonderer Bedeutung. Durch die Anordnung in unterschiedliche Ebenen können die allgemeineren von den konkreteren Zielen getrennt werden, wobei nur die Ziele der untersten Ebene bei der Entscheidung direkt berücksichtigt werden. Dabei stellt sich die Frage nach der sinnvollen „Tiefe" der Struktur und nach der Anzahl der Ziele. Dies hängt von der Bedeutung der jeweiligen Entscheidung ab – je wichtiger sie ist, desto detaillierter sollten die Kriterien definiert werden. Dabei ist es auch wichtig, dass sie sich möglichst nicht überschneiden und voneinander nicht abhängen, da sie sonst mehrfach in das Urteil einfließen würden. Bei der Auswahl von entscheidungsrelevanten Eigenschaften der Investitionsobjekte sollte man auch beachten, dass sie operationalisierbar sind, d.h. dass sie vom Entscheidungsträger tatsächlich beobachtet und beurteilt werden können.

2.6.3.2 Gewichtung der Zielkriterien

Die einzelnen Entscheidungskriterien sind aus der Sicht der Entscheidungsträger unterschiedlich wichtig. Die relative Bedeutung der Zielkriterien wird über Gewichtungsfaktoren zum Ausdruck gebracht und in den Bewertungsalgorithmus eingesetzt. Einige Methoden zur Ableitung von Gewichten werden im Weiteren dargestellt.

2.6.3.2.1 Methode der singulären Vergleiche

Der erste Schritt dieses methodisch einfachen Ansatzes besteht in der Anordnung der Zielkriterien nach ihrer Wichtigkeit. Dem wichtigsten Kriterium wird die Ziffer 1 zugeordnet. Anschließend wird jedes Kriterium mit ihm verglichen und jeweils der Faktor ermittelt, mit dem diese Ziffer multipliziert werden muss, um die relative Wichtigkeit des jeweiligen Kriteriums im Vergleich zum Wichtigsten zu erhalten. Eine Modifikation dieses Verfahrens ist möglich, indem jedes Kriterium nicht mit dem ersten, sondern jeweils mit dem darliegenden in der Rangfolge verglichen wird. Oft werden die Gewichte auch so normiert, dass ihre Summe gleich 1 ist.

2.6.3.2.2 Methode der sukzessiven Vergleiche

Bei dieser Methode werden durch sukzessive Vergleiche die Gewichte der einzelnen Kriterien so festgelegt, dass sie bestimmten, vorab definierten Bedingungen entsprechen. Wie bei der vorhergehenden Methode werden im ersten Schritt den Kriterien in einer ersten groben Schätzung Bedeutungsmaße (Relevanzzahlen) zugeordnet. Anschließend überprüft man, ob alle Relevanzzahlen den vorher festgelegten Bedingungen entsprechen (z.B. das wichtigste Ziel soll insgesamt über 50 % Gewicht erhalten, die beiden unwichtigsten Kriterien sollen zusammen höchstens ein Gewicht von 20 % haben). Wird für eine Relevanzzahl die Bedingung nicht erfüllt, passt man sie entsprechend an.

2.6.3.2.3 Matrixverfahren

Bei einer größeren Zahl von Kriterien bietet es sich an, die Entscheidungskriterien mit Hilfe einer Matrix miteinander paarweise zu vergleichen. Den Spalten und Zeilen werden die einzelnen Kriterien zugeordnet. So können alle Kriterien mit allen anderen wie auch mit sich selbst verglichen werden. Da diese Matrix immer symmetrisch ist, kann sich die Untersuchung auf die Halbmatrix beschränken. Bei den Paarvergleichen werden den Kriterien Punkte zugerechnet – das jeweils Wichtigere bekommt einen Punkt, das weniger Wichtige keinen Punkt. Sind die beiden Kriterien gleich wichtig, wird jedem ein halber Punkt zugerechnet. Die Diagonale – also der Vergleich der Kriterien mit sich selbst – erhält immer einen Punkt. Auf diese Weise wird gesichert, dass Kriterien, die gegenüber allen anderen Kriterien als weniger wichtig eingestuft werden, überhaupt ein Gewicht zugewiesen bekommen und in der Betrachtung bleiben. Für jedes Kriterium werden am Ende die Punkte summiert. Um die relativen Gewichte zu erhalten, ist wiederum eine Normierung erforderlich – die Anzahl der Punkte für das jeweilige Kriterium wird durch die Summe aller Punkte geteilt.

2.6.3.2.4 Delta-Verfahren

Beim Deltaverfahren wird auf die Nutzentheorie zurückgegriffen. Es basiert auf der Annahme, dass eine Erhöhung des Erfüllungsgrades jeder Eigenschaft den Nutzen eines Objektes proportional steigert. Grundlage der Methode bildet die Frage, um wie viel ein Merkmal verbessert werden muss, um ceteris paribus eine gleiche, vorab festgelegte Nutzensteigerung zu erzielen. Das Gewicht eines Kriteriums ist umgekehrt proportional zu dieser notwendigen Verbesserung.

Durch andere, teilweise hoch komplizierte Methoden wird zwar die Genauigkeit der Gewichtungsfindung erhöht, gleichzeitig aber auch die praktische Anwendbarkeit beschränkt.

2.6.3.3 Bestimmung der Teilnutzen

Ein weiterer Schritt der Nutzwertanalyse ist die Bestimmung der Teilnutzen, die sich aus der Erfüllung der einzelnen Kriterien ergeben. Es handelt sich hier um eine Transformationsfunktion, die den Wert einer Eigenschaft in abstrakte Nutzeinheiten umrechnet. Aus dieser Formulierung sind zwei grundsätzliche Probleme der Teilnutzenbestimmung zu erkennen: die Bestimmung des Erfüllungsgrades eines Kriteriums und seine Umwandlung in den Nutzwert.

Damit der Grad des Erreichens eines Ziels überhaupt erfasst werden kann, muss vorher eine Mess-Skala bestimmt werden. Je nach dem Charakter der gemessenen Eigenschaft werden nominale, ordinale oder kardinale Skalen verwendet. Bei **nominalskalierten** Merkmalen wird zwischen Werte-Klassen unterschieden, denen jedoch keine Rangordnung zugewiesen werden kann. Durch den Vergleich zweier Werte kann lediglich festgestellt werden, ob sie gleich oder unterschiedlich sind. Bei einem Automobilkauf könnten dies z.B. Merkmale wie die Farbe oder der Wagentyp (Limousine, Cabrio etc.) sein.

Bei **Ordinalskalen** steht eine Reihenfolge der Werte fest. Von zwei Objekten kann dasjenige identifiziert werden, bei dem das Zielkriterium besser erfüllt ist als bei dem anderen. Die Entfernung zwischen den Werten, d.h. das Ausmaß des Unterschieds zwischen den Zielerfüllungsgraden, kann jedoch nicht bestimmt werden. So kann z.B. beim Kauf eines PKW bei dem Merkmal „Ausstattung" beschrieben und aufgezählt sein, welche Art, Menge und Kombination von Ausstattungselementen als „dürftig", „ausreichend", „gut" oder „üppig" einzustufen sind.

Die Interpretation von Distanzen zwischen Zielerfüllungsgraden ist erst bei **Kardinalskalen** möglich, zu denen **Intervallskalen** und **Verhältnisskalen** gehören. Bei den Ersten sind nur die absoluten Unterschiede zwischen den Werten interpretierbar – man kann feststellen, um wie viele Einheiten die Ausprägung bei einem Objekt stärker als bei dem anderen ist. Der klassische Fall hierfür sind Temperaturmessungen. Bei Verhältnisskalen ist zusätzlich die Berechnung der Relationen zwischen den Werten sinnvoll. Es kann eine Aussage getroffen werden, um welchen Faktor eine Alternative bezüglich eines Kriteriums besser ist als die andere. Im Fall des Autokaufs zählen hierzu Merkmale wie die Motorstärke, die Höchstgeschwindigkeit, die Kofferraumgröße, der Verbrauch oder die Pannenhäufigkeit.

Transformationsfunktionen	Eigenschaften	Grafische Darstellung
Diskrete Funktion	• endlich viele zulässige Zielwerte • endlich viele erreichbare Nutzenniveaus • für alle Messskalen geeignet	
Stückweise-konstante Funktion	• unendlich viele zulässige Zielwerte • endlich viele erreichbare Nutzenniveaus • nur für kardinalskalierte Kriterien geeignet	
Stetige Funktion	• unendlich viele zulässige Zielwerte • unendlich viele erreichbare Nutzenniveaus • nur für kardinalskalierte Kriterien geeignet	

Abb. 2.11   Arten der Transformationsfunktionen

Ein weiteres Problem bei der Bestimmung der Teilnutzen ist die Transformation der einzelnen Ausprägungen in die mit ihnen verbundenen Nutzwerte. Es erfolgt mit Hilfe einer Transformationsfunktion. Je nachdem, wie die Nutzwerte ermittelt werden, spricht man von einer diskreten, einer stückweise-konstanten oder einer stetigen Funktion. Die Eigenschaften der einzelnen Funktionstypen werden in der Abb. 2.11 dargestellt. Ihre genaue Spezifikation hängt immer von der gemessenen Eigenschaft und von den Präferenzen des Entscheidungsträgers ab. Wichtig ist jedoch, dass die Teilnutzen aller Eigenschaften in der gleichen Nutzenskala gemessen werden. I.d.R. ist das eine Punkteskala von 0 bis 10 bzw. bis 100. Werden – was in der Praxis oft fälschlicherweise geschieht – unterschiedlich dimensionierte Nutzenskalen für die einzelnen Teilnutzen verwendet, dann wird damit implizit eine weitere Gewichtung der Kriterien in das Verfahren eingebracht.

Nach diesen Vorarbeiten kann nun die konkrete Teilnutzenbestimmung der zu vergleichenden Alternativen erfolgen. Hierzu sind deren jeweilige Zielausprägungen für die gewählten Kriterien zu bestimmen bzw. zu schätzen. Über die definierten Wertefunktionen und -tabellen sind diesen dann die ihnen entsprechenden Teilnutzwerte zuzuordnen.

2.6.3.4   Nutzwertermittlung und Entscheidungsfindung

Nunmehr können die Gesamtnutzwerte der Investitionsobjekte ermittelt werden. Für jede Alternative müssen hierzu die Teilnutzen, die sich aus den einzelnen Kriterien ergeben, zu einer Zahl aggregiert werden, die dem Nutzwert der Alternative entspricht. Wie bei den anderen Verfahrenspunkten sind auch hier mehrere Ansätze möglich.

Die Wahl der geeigneten Aggregationsmethode hängt vor allem von den spezifischen Präferenzen der Entscheidungsträger ab, sie muss aber auch an die Mess-Skala der Teilnutzen angepasst werden. Da die Teilnutzen am häufigsten mit einer kardinalen Punkteskala bewertet werden, sind bei der Nutzwertanalyse vor allem die für diese Messungsart geeigneten Methoden von Interesse. Als ein Standardansatz gilt dabei die Addition der entsprechend gewichteten Teilnutzen. Die Berechnung erfolgt nach der folgenden Formel:

$$NW_j = \sum_{i=1}^{m} G_{ij} \cdot TN_{ij}$$

mit:

NW_j = Nutzwert der Alternative j

G_{ij} = Gewicht der Eigenschaft i beim Objekt j

TN_{ij} = Teilnutzen der Eigenschaft i beim Objekt j

Weitere Möglichkeiten stellen die multiplikative Verknüpfung und additiv-multiplikative Aggregationsverfahren dar. Diese Methoden sind vor allem dann plausibel, wenn die Teilnutzen der einzelnen Kriterien voneinander abhängen. Da jedoch meistens schon bei der Wahl der Zielkriterien auf deren Unabhängigkeit geachtet wird, werden sie selten gebraucht und eingesetzt.

Die Entscheidungsfindung basiert schließlich auf den für alle Investitionsalternativen be-rechneten Gesamtnutzwerten. Voraussetzung für ihre Vergleichbarkeit ist natürlich, dass in allen Fällen die gleichen Berechnungsmethoden angewendet werden. Die Alternative ist relativ vorteilhaft, deren Nutzwert größer ist als der der anderen Investititonsobjekte. Im Gegensatz zu den Verfahren der Bestimmung der monetären Vorteilhaftigkeit (Kapitalwert-methode etc.) fehlt es der Nutzwertanalyse aber an einer eindeutigen Benchmark, die Aussa-gen über die absolute Vorteilhaftigkeit eines Investitionsobjekts erlaubt. Hier kann der Inves-tor lediglich einen subjektiv definierten „kritischen Wert" setzen, dessen Überschreiten er als Bedingung für die Akzeptanz der gefundenen Alternative betrachtet.

Verursachen die zu vergleichenden Investitionsalternativen unterschiedlich hohe Kostenbe-lastungen, kann dieser Kostenaspekt zusammen mit dem Nutzenniveau im Rahmen einer Nutzwert-Kosten-Analyse betrachtet werden. Der Begriff „Kosten" lässt sich hier in zweier-lei Weise interpretieren. Zum einen werden damit oft – begrifflich sehr schief – die Anschaf-fungsausgaben der Investition gemeint. Zum andern kann es sich tatsächlich um eine Be-trachtung von Perioden- oder Stückkosten handeln.

Zur Erfassung der Kostenseite in der Nutzwertanalyse stehen grundsätzlich drei Ansätze zur Verfügung. Der Erste besteht in der direkten Einbeziehung von Kosten als ein Zielkriterium. Die monetären Beträge werden also mit Hilfe einer Funktion in Nutzwerte transformiert und fließen entsprechend gewichtet in den Gesamtnutzen des Objektes ein. Durch die Wahl des Gewichtes und der Transformationsfunktion kann der Einfluss dieses Faktors gesteuert wer-den.

Der zweite Weg besteht in der Ermittlung von Nutzwert-Kosten-Quotienten. Man berechnet den Nutzen je Kosteneinheit, indem man den Nutzwert durch die Anschaffungsausgaben der Investition teilt. Gewählt werden sollte diejenige Alternative, die den höchsten Quotienten aufweist. Problematisch erscheint diese Vorgehensweise aber deshalb, weil eine nur bedingt kardinal interpretierbare Größe (Nutzwert) zu einer kardinalen Größe (Kosten) in Beziehung gesetzt wird. Ein rechnerisch doppelt so hoher Nutzwert bedeutet eben in aller Regel nicht einen doppelt so hohen Nutzen. Die Berechnung von Nutzwert-Kosten-Quotienten kann daher die Rangfolge von Investitionen verfälschen.

Die dritte Möglichkeit bietet die Darstellung der Nutzen und Kosten in einem zwei-dimensionalen Diagramm. Aus dem Diagramm lässt sich ablesen, mit welchen zusätzlichen Kosten (wiederum: Periodenkosten oder Anschaffungsausgaben) eine bestimmte Nutzenstei-gerung verbunden ist. Auch hier tritt aber das Problem der unterschiedlichen Dimensionie-rung von Kosten und Nutzen auf.

Als eine Ergänzung der Nutzwert- bzw. Nutzwert-Kosten-Analyse kann eine Sensitivitäts-analyse durchgeführt werden. Sinn dieses Schrittes ist die Ermittlung der Empfindlichkeit der Ergebnisse auf Veränderungen der verwendeten Kriterien, ihrer Gewichte und der den Alternativen zugewiesenen „Noten" der Erfüllung der Kriterien. Je stabiler das Ergebnis, desto sicherer ist es, dass die Entscheidung die Richtige ist und den Präferenzen des Ent-scheidungsträgers über die Investitionsalternativen entspricht. Der Sensitivitätsanalyse kommt vor allem auch bei Investitionsentscheidungen, an denen mehrere Personen oder Gruppen mit unterschiedlichen Interessen mitwirken (z.B. bei Mitwirkung des Betriebsrats an Entscheidungen über neue Arbeitssysteme), eine bedeutende Rolle zu, lässt sich doch hierüber zeigen, wie eine veränderte Gewichtung der Zielkriterien, die aus der Sicht der Beteiligten und Betroffen sicher unterschiedliche Bedeutung haben, die Rangfolge der geprüften Investitionsalternativen beeinflusst.

2.6.3.5   Beurteilung der Nutzwertanalyse

Die Nutzwertanalyse gehört zu den populärsten Ansätzen zur Berücksichtigung der nicht-monetären Kriterien bei Investitionsentscheidungen. Als ihre unbestreitbaren Vorteile können die Einfachheit und die Nachvollziehbarkeit genannt werden. Die meisten Varianten der Methoden verlangen von dem Anwender keine hohe Qualifikation und sind leicht replizierbar. Deswegen können sie auch bei weniger wichtigen Entscheidungen ohne großen Aufwand als Entscheidungshilfe herangezogen werden. Die Methoden haben jedoch auch einige Nachteile. Insbesondere wird ihnen vorgeworfen, dass sie nicht auf einer einheitlichen theoretischen Grundlage aufgebaut sind. So sind die getrennte Bestimmung der Wertfunktionen und der Gewichte sowie die additive Teilnutzenaggregation problematisch. Außerdem ist die Nutzwertanalyse immer ein Ergebnis subjektiver Urteile des Entscheidungsträgers, bietet also – wie gezeigt – viel Freiheitsgrade der Gestaltung und Anwendung des Verfahrens. Es ist daher durchaus ratsam, sie mit der traditionellen Vorteilhaftigkeitsrechnung zu kombinieren.

Frau Mustermann und Frau Labelle überlegen den Erwerb einer weiteren Limousine für ihre Event-Agentur. Diesmal möchten sie ihre Entscheidung aber nicht ausschließlich auf die unsicheren zukünftigen Einzahlungsüberschüsse basieren. Sie sind überzeugt, dass ihr Erfolg proportional zur Zufriedenheit der Kunden ist, die wiederum von den Eigenschaften des Autos abhängt. Deswegen möchten sie bei dem Erwerb direkt die wichtigsten technischen und optischen Merkmale der Limousine berücksichtigen, ohne sie jedoch in Geldeinheiten auszudrücken. Die beiden Unternehmerinnen sind überzeugt, dass die Nutzwert-Kosten-Analyse die Methode ist, die für ihr Entscheidungsproblem am besten geeignet ist. Ihre Alternativen sind die schon aus den vorigen Beispielen bekannten: ein Präsident (P), ein Washington (W) und ein Old England (OE). Jetzt möchten sie in fünf Schritten die Nutzwerte ermitteln.

Schritt 1: Bestimmung der Zielkriterien
Die beiden Geschäftsführerinnen haben zwei grobe Gruppen von Kriterien identifiziert, die sie jeweils in zwei detaillierte Kriterien untergliedern.

Technik (A)		Optik (B)	
Motorstärke (A1)	*Benzinverbrauch (A2)*	*Ausstattung (B1)*	*Komfort (B2)*

Schritt 2: Bestimmung der Gewichte
Zur Bestimmung der Gewichte (G) haben sie sich für das Matrixverfahren entschieden.

	A1	A2	B1	B2	Summe	Gewicht
A1	½ \ ½	1 \ 0	0 \ 1	0 \ 1	½+½+1+0+0 = 2	20%
A2		½ \ ½	0 \ 1	0 \ 1	0+½+½+0+0 = 1	10%
B1			½ \ ½	0 \ 1	1+1+½+½+0 = 3	30%
B2				½ \ ½	1+1+1+½+½ = 4	40%
					10	100%

X\Y: X = Punkte für das Zeilenkriterium, Y = Punkte für das Spaltenkriterium
Die Matrix zeigt, dass die beiden Frauen das Kriterium „Komfort" für wichtiger ansehen als alle anderen Kriterien. Das geringste Gewicht erhält das Kriterium „Benzinverbrauch", das gegenüber allen anderen Kriterien als das weniger wichtige eingestuft wird.

Schritt 3: Teilnutzenberechnung
Für jedes Entscheidungskriterium haben Frau Mustermann und Frau Labelle eine Mess-Skala festgelegt und eine entsprechende Transformationsfunktion aufgestellt. Auf dieser Basis haben sie die Eigenschaften der drei Autos in Teilnutzen umgerechnet.

	A1		A2		B1		B2	
Skala	Kardinal		Kardinal		Ordinal		Ordinal	
Transformations-funktion	$TN =0{,}25 \times X$		$TN = -2 \times X + 100$		Sehr schlecht = 0		Sehr schlecht = 0	
					Schlecht = 10		Schlecht = 45	
	mit:		mit:		Mittel = 40		Mittel = 75	
	X - Merkmalswert		X - Merkmalswert		Gut = 80		Gut = 90	
					Sehr gut = 100		Sehr gut = 100	
Alternativen	Wert	TN	Wert	TN	Wert	TN	Wert	TN
P	280	70	20	60	Sehr gut	100	Gut	90
W	320	80	20	60	Sehr gut	100	Mittel	75
OE	380	95	30	40	Gut	80	Sehr gut	100

Schritt 4: Nutzwertberechnung
Aus den Teilnutzen und Gewichten haben die Unternehmerinnen nach der Additionsregel die Gesamtnutzwerte aller drei Alternativen ermittelt.

$$NW = G_{A1} \cdot TN_{A1} + G_{A2} \cdot TN_{A2} + G_{B1} \cdot TN_{B1} + G_{B2} \cdot TN_{B2}$$
$$NW_P = 70*0{,}2 + 60*0{,}1 + 100*0{,}3 + 90*0{,}4 = 86$$

$$NW_W = 80 * 0,2 + 60 * 0,1 + 100 * 0,3 + 75 * 0,4 = 82$$
$$NW_{OE} = 95 * 0,2 + 40 * 0,1 + 80 * 0,3 + 100 * 0,4 = 87$$

Nach dieser Analyse haben sie festgestellt, dass der Old England den höchsten Nutzwert hat.

Schritt 5: Beurteilung der Vorteilhaftigkeit
Um bei der Entscheidung auch die Anschaffungskosten zu berücksichtigen, haben die beiden Frauen die Nutzwert-Kosten-Quotienten berechnet.

	Nutzwert	Rangfolge	Kosten	Rangfolge	NW/K	Rangfolge
P	86	2	200 T €	1	0,430	1
W	82	3	225 T €	3	0,364	3
OE	87	1	220 T €	2	0,395	2

Unter Berücksichtigung der Kosten ist nicht mehr der Old England, sondern der Präsident die optimale Wahl.
Die Frauen sind sich jedoch nicht ganz sicher, ob Ihre Vorgehensweise richtig war, insbesondere ob der Komfort für die Kunden wirklich wichtiger als die Ausstattung ist und ob die Transformationsfunktion für die Motorstärke richtig ist, insbesondere ob der Koeffizient von 0,25 in dieser Funktion angemessen ist. Um den Einfluss dieser eventuellen Fehler auf das Ergebnis zu überprüfen, führen sie eine Sensitivitätsanalyse durch. Sie berechnen zuerst die Nutzwerte der drei Limousinen unter der Annahme, dass die Ausstattung das wichtigste Kriterium ist, dass also die Gewichte und die Reihenfolge der Kriterien B1 und B2 drehen.

	Nutzwert	Rangfolge	Kosten	Rangfolge	NW/K	Rangfolge
P	87	1	200 T €	1	0,435	1
W	84,5	3	225 T €	3	0,376	3
OE	85,0	2	220 T €	2	0,386	2

Auch bei der geänderten Annahme bleibt also der Präsident die optimale Wahl.
Als nächstes berechnen sie die Nutzwerte der Alternativen für unterschiedliche Werte des zweifelhaften Koeffizienten und stellen sie in einem Diagramm dar.

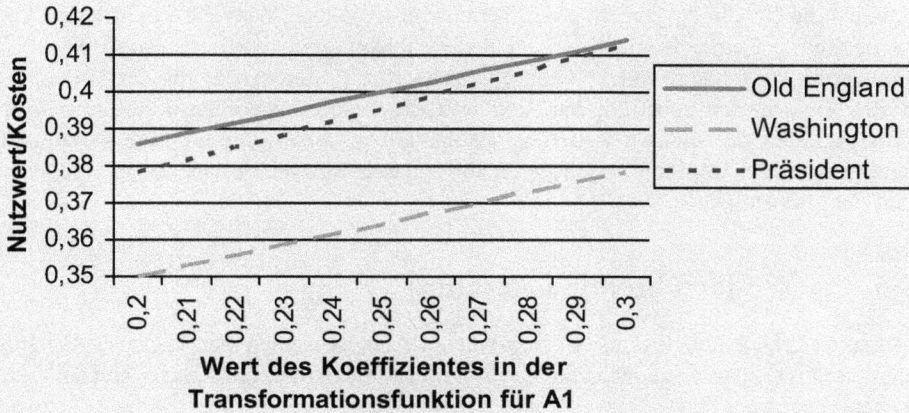

Für alle Werte des unsicheren Koeffizienten liegt der Präsident vorne.
Die Sensitivitätsanalyse hat gezeigt, dass auch bei Abweichungen von den ursprünglichen Annahmen der Kauf eines Präsident die optimale Lösung bleibt. Frau Mustermann und Frau Labelle werden daher mit diesem Auto ihre Event-Agentur ausstatten und sind sich der Richtigkeit ihrer Entscheidung recht sicher, da sie sich gegenüber Änderungen der Annahmen als robust erwiesen hat.

2.6.4   Überblick über weitere Verfahren

Neben den dargestellten zwei Methoden der Entscheidungsfindung beim Vorliegen mehrerer nicht-monetärer Kriterien existieren noch viele andere für diese Zwecke entwickelten Verfahren. Die Wichtigsten sind der Analytische Hierarchieprozess (AHP) und die Multiattributive Nutzentheorie (MAUT).

Der Aufbau der AHP ähnelt etwas dem der Nutzwertanalyse. Auch hier wird von einer Hierarchie der Zielkriterien ausgegangen. Für die Ermittlung der Gewichte wie auch der Teilnutzen der Alternativen ist nur die Kenntnis der Präferenzen des Entscheidungsträgers notwendig, wobei die Präferenzordnung auch gewisse Inkonsistenzen aufweisen darf. Durch die Anwendung dieser Methode auf jeder Stufe der Zielhierarchie können die Gewichte der Kriterien und die Teilnutzen der Alternativen, die sich aus der Erfüllung der einzelnen Kriterien ergeben, ermittelt werden. Der Gesamtnutzen einer Alternative berechnet sich dann als der gewichtete Durchschnitt aller Teilnutzen.

Die MAUT ähnelt in ihren Grundzügen ebenfalls der Nutzwertanalyse. Sie formuliert jedoch, neben den Methoden zur Gesamtnutzenbestimmung, auch die nutzentheoretisch begründeten Bedingungen für deren Anwendbarkeit. Ähnlich wie bei der Nutzwertanalyse werden bei der MAUT für jedes Kriterium Teilnutzenfunktionen definiert, auf deren Basis

Substitutionsraten und die Gewichtungsfaktoren für die Zielkriterien ermittelt werden. Eine Voraussetzung für die Aggregation der Teilnutzen ist jedoch, dass die Zielkriterien voneinander unabhängig sind. Je nach der Art der Unabhängigkeit wird eine entsprechende Gesamtnutzenfunktion angewendet. Wenn eine schwache Präferenzordnung der Kriterien existiert, die Zielkriterien substituierbar sind und die Beurteilung eines Kriteriums von den Erfüllungsgraden der anderen Kriterien unabhängig ist, kann eine additive Gesamtnutzenfunktion verwendet werden. Im Vergleich zur Nutzwertanalyse basiert die MAUT also stärker auf der Nutzentheorie.

2.6.5   Weiterführende Literatur

Für einen tieferen Einblick in die Kosten-Nutzen-Analyse eignen sich Hanusch, H.: Nutzen-Kosten-Analyse, 2. Auflage, München 1994 und Mühlenkamp, H.: Kosten-Nutzen-Analyse, München/Wien 1994.

Einen guten Überblick über die Nutzwertanalyse liefern Blohm, H./Lüder, K./Schaefer, Ch.: Investition, 9. Auflage, München 2006, S. 153-178.

Eine etwas umfangreichere, aber sehr verständliche Darstellung bieten Rinza, P./Schmitz, H.: Nutzwert-Kosten-Analyse, Düsseldorf 1977.

Einen guten Überblick über alle wesentlichen Verfahren gibt Schneeweiß, H.: Planung: Systemanalytische und entscheidungstheoretische Grundlagen (Band 1), Berlin/Heidelberg 1991.

Die AHP und die MAUT werden auch dargestellt in Götze, U.: Investitionsrechnung, 5. Auflage, Berlin/Heidelberg 2006, S. 188-217 sowie bei Lillich, L.: Nutzwertverfahren, Heidelberg 1992, S. 68-83.

2.6.6   Übungsaufgaben

1. *Nennen Sie Beispiele für nicht-monetäre Investitionsziele.*

2. *Worin unterscheiden sich die Kosten-Nutzen-Analyse und die Nutzwertanalyse?*

3. *Was versteht man unter Kompensationsvariationen?*

4. *Aus welchen Hauptschritten besteht die traditionelle Nutzwertanalyse?*

5. *Erklären Sie kurz das Matrixverfahren. Angenommen ein Investitionsobjekt hat drei entscheidungsrelevante Eigenschaften: Größe, Gewicht und Lärm, wobei die Größe am wichtigsten und das Gewicht am wenigsten wichtig ist. Ermitteln Sie die Gewichtung der Zielkriterien mit Hilfe des Matrixverfahrens.*

6. *Worin unterscheiden sich die Nominal-, Ordinal- und Kardinalskalierung?*

7. *Nennen sie jeweils zwei Beispiele der Merkmale, die mit diesen Skalen gemessen werden.*

8. *Definieren Sie und nennen Sie Beispiele für diskrete, stückweise-konstante und stetige Teilnutzenfunktionen.*

9. *Beschreiben Sie kurz, welche alternativen Verfahren zur Kosten-Nutzen- bzw. zur Nutzwertanalyse existieren.*

2.7 Investitionsentscheidungen mit Steuern und staatlichen Finanzierungshilfen

Wir haben bis hierher die Verfahren der Investitionsrechnung dargestellt, als ob der Investor in einer Welt ohne Steuern lebe bzw. eventuelle Steuerzahlungen seine Investitionsentscheidung nicht beeinflussten. In der Realität sehen wir uns aber mit einer Vielfalt an Steuern und Subventionen konfrontiert, mit deren Hilfe die Staaten (und andere Gebietskörperschaften) versuchen, auf die Investitionsentscheidungen von Unternehmen und Privatpersonen einzuwirken. Da Steuern und Subventionen Zahlungsströme auslösen, ist zu erwarten, dass sie sich auf die Vorteilhaftigkeit von Investitionsprojekten auswirken. Das folgende Kapitel gibt zuerst einen Überblick über die wichtigsten Steuerarten des deutschen Steuersystems, bevor gezeigt wird, wie die Steuern in den Investitionsrechnungsverfahren zu berücksichtigen sind und in welcher Weise und Stärke die Steuerbelastungen auf die Vorteilhaftigkeit von Investitionen einwirken. Gleiches folgt dann für die wichtigsten Formen öffentlicher Finanzierungshilfen.

2.7.1 Überblick über die deutschen Steuerarten

Die in Deutschland bestehenden Steuerarten können nach der Besteuerungsbasis in Ertragsteuern, Substanzsteuern, Steuern auf Vermögenstransfers sowie Verkehrsteuern und Verbrauchsteuern eingeteilt werden. Unter Ertragsteuern werden die Steuerarten verstanden, die auf der Basis des Ertrages, Gewinns, Erfolges oder Überschusses eines Steuersubjekts (natürliche oder juristische Person) erhoben werden. Zu ihnen zählen die Einkommensteuer (ESt), die Körperschaftsteuer (KSt) sowie die Gewerbesteuer (GewSt). Substanzsteuern werden auf bestehende Vermögensbestände, also ungeachtet deren Veränderung, erhoben. Die einzige Substanzsteuer ist derzeit die Grundsteuer, nachdem die früher zusätzlich erhobenen Vermögen- und Gewerbekapitalsteuern entfallen sind. Erbschaften und Schenkungen sind unentgeltliche Vermögenstransfers zwischen Personen und unterliegen der Erbschaft- und Schenkungsteuer. Verschiedentlich werden diese Steuerarten auch zu den Verkehrsteuern gezählt. Verkehrsteuern sind Steuern, die an Akte oder Vorgänge des Rechtsverkehrs oder einen wirtschaftlichen Vorgang anknüpfen. Von größerer wirtschaftlicher Bedeutung ist hier die Grunderwerbsteuer.

Schließlich belastet die Verbrauchsteuer den Verbrauch oder Gebrauch von spezifischen Gegenständen (z.B. den Verbrauch von Mineralöl oder Tabakwaren). Die Umsatzsteuer ist von der technischen Anknüpfung her ebenfalls eine Verkehrsteuer, von der wirtschaftlichen Funktion her allerdings eine allgemeine Verbrauchsteuer.

Abb. 2.12 gibt einen Überblick über die Gruppierung der Steuerarten sowie die aktuell (2007) geltenden Steuersätze der einzelnen Steuerarten:

	Steuerart	*erhoben auf*	*Steuersatz*
Ertragsteuern	Einkommensteuer	Einkommen natürlicher Personen, auch Gesellschafter von Pers.Gesellschaften	16 - 42%
	Körperschaftsteuer	Einkommen (Gewinn) juristischer Personen	25%
	Gewerbeertragsteuer	Ertrag von Gewerbebetrieben	5% x Hebesatz
Vermögens-übertragung	Erbschaft-/ Schenkungssteuer	Erwerb von Todes wegen / Schenkung unter Lebenden	7 - 50% je nach Steuerklasse und Betrag
Substanzsteuer	Grundsteuer	privaten und gewerblichen Grundbesitz	0,26 - 1% x Hebesatz
Verkehrsteuern	Umsatzsteuer	steuerbare Umsätze von Lieferungen und Leistungen	19% [7%]
	Grunderwerbsteuer	Wechsel des Grundstückeigentums	3,50%
Verbrauchsteuern	KFZ Steuern	Halten von KFZ	
	Mineralölsteuer	Verwendung von Mineralöl	
	Tabaksteuer	Verbrauch von Tabak(waren)	

Abb. 2.12   Übersicht über die wichtigsten Steuerarten

Die gewinnunabhängigen Steuern umfassen die Verbrauch-, die Verkehr- und die Substanz-steuer und werden als sog. Kostensteuern bezeichnet. Diese können im Rahmen der Investi-tionsrechnung ohne Modifikation z.B. in der Kapitalwertformel als allgemeine Auszahlung in der Anschaffungsauszahlung (z.B. Grunderwerbsteuer) oder im Zahlungsüberschuss einer Periode erfasst werden.

Eine Berücksichtigung der vom Periodengewinn abhängigen Ertragsteuern in der Investiti-onsrechnung ist hingegen schwieriger, da:

1. Die durch eine einzelne Investition ausgelöste Gewinnänderung ermittelt werden muss;
2. Der der Steuer unterliegende Gewinn oder Ertrag im Allgemeinen nicht mit den Einzahlungsüberschüssen der einzelnen Perioden übereinstimmt;
3. Der einkommen- bzw. körperschaftsteuerliche Gewinn aufgrund der gewerbesteuerlichen Hinzurechnungs- und Kürzungsvorschriften nicht mit dem gewerbesteuerlichen Gewinn übereinstimmt;
4. Bei der Einkommensteuer wegen des progressiven Tarifs eine Abhängigkeit der Steuerbelastung nicht nur vom Gewinn der jeweiligen Investition gegeben ist, sondern auch vom Gesamtgewinn der Unternehmung, von dessen Aufteilung auf die Kapitaleigner sowie von deren sonstigen Einkünften und von deren persönlichen Verhältnissen;
5. Bei der Gewerbesteuer zwar die Höhe der Steuermesszahl feststeht, aber die Steuer entscheidend vom Hebesatz bestimmt wird, der von der Gemeinde des Firmensitzes bzw. der Betriebsstätte festgelegt wird.

Daraus folgt, dass sowohl die Ermittlung der Bemessungsgrundlage (Punkte (1)-(3)) als auch die Feststellung des relevanten Steuertarifs ((4) und (5)) mit Schwierigkeiten verbunden ist. Die Steuerzahlungen basieren auf den Gewinnen gemäß der Steuerbilanz, so dass den Investitionsobjekten für die Ermittlung der Steuerhöhe Erträge und Aufwendungen zugeordnet werden müssen. Da in den einzelnen Perioden die Einzahlungen vom Ertrag und die Auszahlungen vom Aufwand abweichen können, müssen die Differenzen dieser Größen beachtet werden. Auf der Aufwandseite ist dies z.B. das Auseinanderfallen von Investitionszahlungen und der Verteilung der Auszahlungen auf die Nutzungsdauer als Aufwand (Absetzung für Abnutzung (AfA)).

Die Feststellung des relevanten Steuertarifs ist dadurch erschwert, dass (siehe (4)) die Höhe der periodischen steuerbaren Gesamteinkommen notwendig ist und dass eine eventuelle Veränderung des Steuersystems und der Steuersätze während der Laufzeit der Investition bei der Entscheidung über die Durchführung der Investition nicht einbezogen werden kann. Eine exakte Berücksichtigung aller durch eine Investition ausgelösten Steuerzahlungen mit den tatsächlich relevanten Steuersätzen ist aus diesen Gründen kaum möglich, so dass im Folgenden nur eine vereinfachte Berücksichtigung von Ertragsteuern, basierend auf dem Kapitalwertmodell, vorgestellt wird.

2.7.2 Berücksichtigung von Steuern in der Investitionsrechnung

Steuern, die durch die Investition ausgelöst werden, stellen Auszahlungen für diese Investition dar und sind deshalb bei der Ermittlung der Einzahlungsüberschüsse zu berücksichtigen. Das Standardmodell zur Berücksichtigung von Steuern in der Investitionsrechnung basiert auf folgenden vereinfachenden Annahmen:

- Die drei gewinnabhängigen Steuern (KSt bzw. ESt und GewSt) werden zu einer Gewinnsteuer zusammengefasst. Die Besteuerung erfolgt proportional und nicht progressiv. Der Steuersatz beträgt s.

- Steuererhöhungen sind nicht auf die Preise überwälzbar, soll heißen, dass bei den Einnahmen keine Rückwirkungen zu berücksichtigen sind.
- Für die Steuerzahlungen wird von einer vereinfachten Gewinndefinition ausgegangen: Gewinn v.St. = Einzahlungsüberschuss – steuerliche Abschreibungen. Falls die Finanzierung (partiell) über Fremdfinanzierung erfolgt, sind auch die gezahlten Fremdkapitalzinsen abzugsfähig. Dies ist zwar bei der ESt und KSt korrekt, bei der GewSt müsste aber die hälftige Hinzurechnung von Dauerschuldzinsen berücksichtigt werden.
- Für den steuerlich relevanten Gewinn bzw. Verlust im Rahmen der Veräußerung von Investitionsobjekten gilt:
  Veräußerungsgewinn = Verkaufserlös – Restbuchwert
- Die Steuerzahlungen erfolgen zu den jeweiligen Einzahlungs- bzw. Auszahlungszeitpunkten des Investitionsobjekts. Es liegt also eine sofortige Besteuerung vor. Faktisch ergeben sich immer durch Vorauszahlungen bzw. spätere Bescheide und Zahlungen zeitliche Verwerfungen.
  (Hypothetische) Erträge aus Ergänzungs- oder Alternativanlagen müssen ebenfalls versteuert werden und unterliegen dem Steuersatz s. Zinsaufwendungen für aufgenommene Kredite mindern den steuerpflichtigen Gewinn. Der Kalkulationszinssatz nach Steuern beträgt $i_{st} = i\,(1\text{-}s)$.
- Es wird ein sofortiger Verlustausgleich unterstellt, d.h. falls in einer Periode der Einzahlungsüberschuss kleiner ist als die steuerlich zulässigen Abschreibungen oder der Restbuchwert größer ist als der erzielte Veräußerungserlös, tritt ein steuerlicher Verlust bzw. ein Veräußerungsverlust ein. Beim sofortigen Verlustausgleich wird nun unterstellt, dass dieser Verlust mit anderen steuerpflichtigen Gewinnen verrechnet und so die gesamte Steuerlast reduziert werden kann. Dies wirkt praktisch wie eine negative Steuer als Zuwendung an das Unternehmen.

Erfolgt in der Investitionsrechnung in dieser Weise eine vereinfachte Berücksichtigung von Steuern, so sind die jährlichen Einzahlungsüberschüsse jeweils um die Steuerzahlung St = s * (EZÜ$_t$ - AfA$_t$) zu kürzen. Ein eventuell anfallender Veräußerungsgewinn ist ebenfalls mit dem Steuersatz s zu versteuern. Gleichzeitig ist der Kalkulationszinsfuß auf den Satz zu korrigieren, der bei einer zu versteuernden, nicht abschreibungsfähigen Alternativanlage erwirtschaftet würde, also auf $i_{st} = i\,(1\text{-}s)$. Die **Kapitalwertformel unter Berücksichtigung von Steuern** ergibt sich folglich als:

$$KW_0 = \sum_{t=1}^{n} \frac{EZ\ddot{U}_t - s\left(EZ\ddot{U}_t - AfA_t\right)}{\left(1+i_{st}\right)^t} + \frac{VE_n - s(VE_n - BW_n)}{\left(1+i_{st}\right)^n} - KE_0$$

mit:

EZÜ$_t$ = Einzahlungsüberschuss in Periode

AfA$_t$ = steuerliche Abschreibung in Periode t

s   = gewinnabhängiger Steuersatz

VE$_n$ = Verkaufserlös zum Zeitpunkt n

BW$_n$ = Restbuchwert zum Zeitpunkt n

KE$_0$ = Kapitaleinsatz in Periode 0

i$_{st}$ = steuerkorrigierter Zinssatz

Da der Steuersatz der gewinnabhängigen Steuern, wie oben angesprochen, von einer Vielzahl von Faktoren abhängt, die schwierig zu prognostizieren sind, wird aus Vereinfachungsgründen meist ein über die Nutzungsdauer konstanter Steuersatz unterstellt. Zu seiner Schätzung ist immer von der Einkommensveränderung auszugehen, die durch die betrachtete Investition ausgelöst wird. Dieser ist die daraus resultierende Grenzsteuerbelastung zuzuordnen. Es wäre also falsch, den durchschnittlichen Steuersatz des Investors bzw. des Unternehmens heranzuziehen.

Der Steuerberater der beiden Gründerinnen ist gerade im Hause. Stolz zeigt Frau Mustermann die erfreulichen Ergebnisse der Investitionsrechnungen. Der Steuerberater weist nun darauf hin, dass in den Berechnungen die steuerlichen Auswirkungen gar nicht erfasst seien. Diese könnten aber seiner Meinung nach die Vorteilhaftigkeit der Investitionen stark beeinträchtigen.

Haben die Steuerzahlungen Auswirkungen auf die Vorteilhaftigkeit der Investition? Die Limousinen werden linear auf die geschätzten Wiederverkaufserlöse abgeschrieben. Der (Grenz-)Steuersatz möge bei 40% liegen.

Bei einem Steuersatz von 40% ergeben sich folgende Kapitalwerte mit Berücksichtigung der Steuer:

$$i_{st} = (1-0,4)0,08 = 0,048 = 4,8\%$$

Old England:

Bei linearer Abschreibung auf den Restwert von 130.000 € und einer Nutzungsdauer von 4 Jahren ergibt sich:

AfA = (220.000 € -130.000 €) / 4 =22.500 €

$$KW_{Old\ England} = \frac{45.000 - 0,4(45.000 - 22.500)}{(1+0,048)^1} - \frac{43.000 - 0,4(43.000 - 22.500)}{(1+0,048)^2}$$

$$+ \frac{38.000 - 0,4(38.000 - 22.500)}{(1+0,048)^3} + \frac{32.000 - 0,4(32.000 - 22.500)}{(1+0,048)^4}$$

$$+ \frac{130.000}{(1+0,048)^5} - 220.000$$

$$= 4.811,87\ \text{€}$$

Washington:

Bei linearer Abschreibung auf den Resterlös von 125.000 € und einer Nutzungsdauer von 5 Jahren ergibt sich:

AfA = (225.000 € – 125.000 €) / 5 = 20.000 €

$$KW_{Washington} = \frac{45.000 - 0,4(45.000 - 20.000)}{(1+0,048)^1} - \frac{42.000 - 0,4(42.000 - 20.000)}{(1+0,048)^2}$$

$$+ \frac{38.000 - 0,4(38.000 - 20.000)}{(1+0,048)^3} + \frac{28.000 - 0,4(28.000 - 20.000)}{(1+0,048)^4}$$

$$+ \frac{30.000 - 0,4(30.000 - 20.000)}{(1+0,048)^5} + \frac{125.000}{(1+0,048)^5} - 225.000$$

$$= 5.389,11\ \text{€}$$

Präsident:

Bei linearer Abschreibung und einer Nutzungsdauer von 5 Jahren ergibt sich:

AfA: (200.000 € – 100.000 €) / 5 = 20.000 €

$$KW_{Pr\ äsident} = \frac{42.000 - 0,4(42.000 - 20.000)}{(1+0,048)^1} - \frac{40.000 - 0,4(40.000 - 20.000)}{(1+0,048)^2}$$

$$+ \frac{35.000 - 0,4(35.000 - 20.000)}{(1+0,048)^3} + \frac{33.000 - 0,4(33.000 - 20.000)}{(1+0,048)^4}$$

$$+ \frac{22.000 - 0,4(22.000 - 20.000)}{(1+0,048)^5} + \frac{100.000}{(1+0,048)^5} - 200.000$$

$$= 4.929,40\ \text{€}$$

Es sind auch unter Berücksichtigung von Steuern noch alle drei Alternativen absolut vorteilhaft. Im Vergleich schneidet immer noch der Washington (KW 5.389,11 €) besser ab als

die Alternativen Präsident und Old England. Auch hat sich in diesem Fall keine Verschie-
bung der Rangfolge ergeben. Die Alternative Präsident mit einem Kapitalwert von
4.929,40 € schneidet gegenüber der Alternative Old England mit einem Kapitalwert von
4.811,87 € besser ab.

Die plausible Erwartung ist, dass durch die Berücksichtigung von Steuern das Ergebnis der
Investitionsrechnung schlechter ausfällt als ohne Steuerlast. Denn die zusätzliche Auszahlung reduziert die zu diskontierenden Einzahlungsüberschüsse. In vielen Fällen zeigt sich
überraschenderweise der gegenteilige Effekt: der Kapitalwert nach Steuern ist höher als vor
bzw. ohne Steuern. Nicht selten resultieren für Investitionen, die ohne Steuern wegen eines
negativen Kapitalwerts abgelehnt werden, nach Steuern positive Kapitalwerte. Sie lohnen
sich also. Dieses im ersten Ansehen doch recht kuriose Ergebnis wird meist als **Steuerparadoxon** bezeichnet. Nachfolgende Tabelle verdeutlicht die Wirkung des Steuerparadoxons an
einem einfachen Zahlenbeispiel.

Steuerparadoxon: steigender Kapitalwert bei steigendem Steuersatz.

Ein Unternehmer erwägt eine Sachinvestition mit folgendem Zahlungsstrom:

t_0	t_1	t_2	t_3
-45.000 €	0 €	30.000 €	26.400 €

Die Investition wird mit Eigenkapital finanziert. Der Kalkulationszinsfuß i soll der Rendite
einer alternativen Finanzanlage entsprechen und beträgt 10%. Ohne Berücksichtung von
Steuern ergibt sich folgender Kapitalwert:

$$KW_{Sachinvestition} = W_{Sachinvestition} = \frac{0}{(1+0,1)^1} + \frac{30.000\ €}{(1+0,1)^2} + \frac{26.400\ €}{(1+0,1)^3} - 45.000\ €$$

$$= -371,90\ €$$

Bei einem Steuersatz von 50% ergibt sich folgender korrigierter Kalkulationszinssatz:

$i_{st} = 0,1\ (1-0,5) = 0,05 = 5\%$

Die jährlichen Abschreibungen betragen 15.000 €. In t_0 sind die Einnahmen wegen Anlauf-
schwierigkeiten Null, d.h. es entsteht ein steuerlicher Verlust.

$$KW_{Sachinvestition} = \frac{0 - 0,5(0 - 15.000 \, €)}{(1 + 0,05)^1} - \frac{30.000 \, € - 0,5(30.000 \, € - 15.000 \, €)}{(1 + 0,05)^2}$$

$$+ \frac{26.400 \, € - 0,5(26.400 \, € - 15.000 \, €)}{(1 + 0,05)^3} - 45.000 \, €$$

$$= 432,46 \, €$$

Mit dem korrigierten Kalkulationszinsfuß von $i_{st} = 5\%$ wird die Investition vorteilhaft, obwohl eine Steigerung des Steuersatzes von 0% auf 50% stattgefunden hat.

Wie ist das Steuerparadoxon zu erklären? Dazu müssen wir uns erinnern, was der Kapital-wert aussagt. Wir vergleichen eine Investition mit einer Anlage am Kapitalmarkt und halten sie für vorteilhaft, wenn sie einen größeren Überschuss erwirtschaftet als diese Anlage. Wir messen also nicht einen absoluten Vermögenszuwachs, sondern eine Verbesserung der Ver-mögenssituation relativ zu einer anderen Anlage. Unterliegt nun die Anlage am Kapitalmarkt auch der Besteuerung, dann wird auch die Rendite der Alternativanlage geringer. Daher müssen wir die durch die Steuerzahlungen verringerten Einzahlungsüberschüsse dann auch mit einem entsprechend niedrigeren Kalkulationszinssatz diskontieren. Je nachdem welcher Effekt überwiegt, verbessert oder verschlechtert sich der Kapitalwert unter Berücksichtigung von Steuern. Bei einer Investition in ein der Abnutzung unterliegendes und daher abschrei-bungsfähiges Objekt wird durch die Berücksichtigung der Abschreibungen der steuerbare Gewinn nicht so stark reduziert wie der fiktive Überschuss einer Anlage am Kapitalmarkt, bei der keine Abschreibung geltend gemacht werden kann. Dies vermag die Veränderung der relativen Vorteilhaftigkeit auszulösen.

Selbstverständlich verringert eine Steuer auf die Überschüsse den Vermögenszuwachs, der mit einer Investition zu erzielen ist. Muss der Investor also auf seine Überschüsse Steuern bezahlen, wird er nicht so reich wie in einer Welt ohne Steuern. Hätten wir nicht die Kapi-talwerte der Investition vor und nach Steuern berechnet, sondern ihre Internen Zinsfüße, dann wäre uns das Ergebnis sofort plausibel erschienen: der Interne Zinsfuß nach Steuern liegt unter dem vor Steuern, auch wenn die Investition sich jetzt lohnt. Er liegt jetzt leicht über dem (verringerten) Kalkulationszinsfuß, während er ohne Steuern leicht unter dem unkorrigierten Kalkulationszinsfuß lag. Auch ein vollständiger Finanzplan hätte uns gezeigt, dass das resultierende Endvermögen nach Steuern geringer ausfällt als ohne Steuern, der Investor also durch die Steuer absolut gesehen einen Vermögensverlust erleidet.

Die beiden Gründerinnen können nicht verstehen, dass bei Berücksichtigung einer Steuer-belastung von 40% der Kapitalwert ihrer geplanten Investition höher ausfallen kann als bei Berechnung ohne Steuer. Um zu erfahren, wie sich die Besteuerung auf die Verzinsung des eingesetzten Kapitals auswirkt, berechnen sie auch den Internen Zins nach Steuern. Es liegen die gleichen Zahlungsströme zugrunde wie bei der Berechnung der Kapitalwerte.

Bei einem Steuersatz von 40% ergeben sich folgende Interne Zinssätze:

Old England: $\quad\quad\quad\quad\quad\quad i_{eff\ Old\ England} = 5,53\%$

Washington: $\quad\quad\quad\quad\quad\quad i_{eff\ Washington} = 5,47\%$

Präsident: $\quad\quad\quad\quad\quad\quad i_{eff\ Präsident} = 5,51\%$

Nun zeigt sich nochmals deutlich, dass die Belastung mit Steuern die durch die Investition erzielbare Verzinsung reduziert. Das hatten die beiden Gründerinnen auch erwartet.

Wenn das Ergebnis der Investitionsrechnung durch die Abzugsfähigkeit der Abschreibungen beeinflusst wird, dann liegt es nahe, dass auch die verwendete Abschreibungsmethode von Bedeutung ist. Wird statt der linearen die degressive Abschreibung mit den steuerlich zulässigen Maximalsätzen angesetzt, dann erhöht sich dadurch der Aufwand der früheren Perioden. Für bewegliche Wirtschaftsgüter des Anlagevermögens, die nach dem 31.12.2005 und vor dem 01.01.2008 angeschafft oder hergestellt worden sind, beträgt der anzuwendende degressive Abschreibungssatz das Dreifache des linearen Abschreibungssatzes, aber maximal 30% (§ 7 Abs. 2 Satz 3 EStG). Die Gewinne werden reduziert und in spätere Perioden verschoben. In aller Regel folgt daraus ein höherer Kapitalwert als bei linearer Abschreibung.

Wird ein Investitionsgut nicht ausschließlich mit Eigenkapital finanziert, soll aber die Investitionsrechnung aus der Sicht der Eigenkapitalgeber erfolgen, also den auf ihren Kapitalanteil voraussichtlich erwirtschafteten Kapitalwert zeigen, dann sind alle mit dem Fremdkapital verbundenen Zahlungen als entsprechende Einnahmen und Ausgaben zu berücksichtigen. So stellt der Zufluss des Fremdkapitalbetrags eine Einnahme dar, während die zu leistenden Zins- und Tilgungszahlungen als Ausgaben in den entsprechenden Perioden zu erfassen sind. Zusätzlich ist die Abzugsfähigkeit der Zinsen bei der Ermittlung des steuerbaren Ergebnisses zu beachten.

Die **Kapitalwertformel unter Berücksichtigung von Steuern und Fremdkapital** ergibt sich folglich als:

$$KW_0 = \sum_{t=1}^{n} \frac{EZ\ddot{U}_t - /+ Fremdkapitalzahlungen - s\left(EZ\ddot{U}_t - AfA_t - Z_t\right)}{\left(1+i_{St}\right)^t}$$
$$+ \frac{VE_n - s(VE_n - BW_n)}{\left(1+i_{St}\right)^n} - KE_0$$

Aufgrund der zusätzlichen Berücksichtigung der Fremdkapitalzahlungen in den Zahlungsströmen und der Abzugsfähigkeit der Zinszahlungen (z) bei der Bemessungsgrundlage der

Steuern kann sich hier wiederum eine andere Vorteilhaftigkeit zeigen als bei Berechnung der Kapitalwerte auf das gesamte eingesetzte Kapital. Verschiedentlich ist hier nun sogar möglich, dass nicht nur relativ zu einer Kapitalanlage am Markt, sondern auch absolut die Vermögensveränderung höher ist als im Fall ohne Steuern. Dies setzt voraus, dass der Abzug der Abschreibungen und der Zinsen von den Einzahlungsüberschüssen zu einem negativen steuerlichen Ergebnis führt. Dies reduziert die Steuerbelastung nicht nur, sondern verwandelt sie sogar in einen Steuererstattungsanspruch bzw. in eine Möglichkeit der Verlustverrechnung mit positiven Einkünften anderer Investitionen. Ein großer Teil der Immobilieninvestitionen „lebt" von diesem Effekt, der die Renditen nach Steuern höher ausfallen lässt als vor Steuern. Dieser Effekt wird noch zusätzlich gesteigert, wenn, wie dies bei privaten Investitionen in fremdgenutzte Immobilien nach § 23 EStG derzeit geregelt ist, nach einer Haltefrist von zehn Jahren Veräußerungsgewinne nicht der Besteuerung unterliegen.

Der Steuerberater der beiden Gründerinnen empfiehlt, zur endgültigen Klärung, welcher PKW die beste Investitionsalternative darstellt, nicht den gesamten Kapitalwert zugrunde zu legen, sondern danach zu entscheiden, bei welcher Alternative der Kapitalwert auf den von ihnen selbst eingebrachten Kapitalbetrag von 100.000 € am höchsten ausfällt.

Als Fremdkapitalzins legen sie 7% zugrunde. Es möge sich jeweils um endfällige Kredite handeln, die also erst nach Ablauf der Nutzungsdauer in einem Betrag getilgt werden. Während der Jahre der Kreditlaufzeit ist daher der Zins auf den gesamten Kreditbetrag als Ausgabe zu berücksichtigen.

Old England: *KW = 7.376,86 €*

Washington: *KW = 8.654,24 €*

Präsident: *KW = 7.541,51 €*

Erleichtert stellen die beiden fest, dass die Investition unter Berücksichtigung von Steuern sogar vorteilhafter ist als ohne die Berücksichtigung der steuerlichen Belastung.

2.7.3   Berücksichtigung von staatlichen Finanzierungshilfen

Die Öffentliche Hand versucht in vielfacher Weise, private Investitionen anzuregen und zu fördern und dadurch zeitlich, sachlich und regional zu lenken. Inzwischen lassen sich wenigstens vier Ebenen Öffentlicher Kassen unterscheiden, von denen solche Hilfen kommen können: die Europäische Union, der Bund, die Bundesländer und die Gemeinden. Aus der Vielzahl denkbarer Hilfen sollen hier nur vier, in ihrem Umfang recht bedeutende, herausgegriffen und in ihrer Wirkung auf die Vorteilhaftigkeit von Investitionen beispielhaft dargestellt werden:

- Investitionszulagen,
- Investitionszuschüsse,
- Sonderabschreibungen und
- Zinsvergünstigung von Darlehen zur Investitionsfinanzierung.

Investitionszulagen stellen nicht-rückzahlbare Geldmittel zur Durchführung von Investitionen dar, die bei Vorliegen der Fördervoraussetzungen des Investitionszulagengesetzes (Inv-ZulG 1999, 2005 und 2007) für Investitionen in den neuen Bundesländern gewährt werden. Nach § 12 Satz 1 InvZulG zählen Investitionszulagen nicht zu den Einkünften i.S.d. Einkommensteuergesetzes, stehen dem Unternehmen also in voller Höhe zur Verfügung und können damit in vollem Umfang als Einzahlungsstrom der Investition zugerechnet werden. Wird angenommen, dass sie schon zum Zeitpunkt der Investitionsauszahlung (in t_0) zur Verfügung stehen (meist wird es zu kleineren Verzögerungen der Auszahlung kommen), dann mindert die Investitionszulage rechnerisch die Anschaffungsausgabe der Investition und erhöht den Kapitalwert um ihren vollen Betrag.

Bei **Investitionszuschüssen** handelt es sich ebenfalls um nicht-rückzahlbare staatliche Geldmittel zur Durchführung von Investitionen, die nach dem 30. Rahmenplan zur Gemeinschaftsaufgabe „Verbesserung der regionalen Wirtschaftsstruktur in den neuen Bundesländern und strukturschwachen Gebieten der alten Bundesländer" gewährt werden. Die Höhe des möglichen Zuschusses (7,5 % – 50 %) hängt von der Einstufung der Region nach Fördergebieten ab. Auf diese Förderung besteht aber auch bei Erfüllung der Förderkriterien kein Rechtsanspruch. Investitionszuschüsse gehören zu den Einkünften i.S.d. EStG und sind deshalb zu versteuern. Dabei kann der Steuerpflichtige gemäß R 6.5 Abs. 2 EStR zwischen zwei Wegen wählen:

- Volle Versteuerung als Einnahme im Jahr des Zuflusses oder
- Minderung der Abschreibungsbasis um den Zuschussbetrag.

Die zweite Variante ist meist günstiger, da dann die teilweise „Rückzahlung" des Zuschusses über die Steuerlast nicht sofort, sondern über die verminderten Abschreibungen erst über einen längeren Zeitraum erfolgt. Vor allem bei Investitionsgütern mit langen Abschreibungsdauern kommt dieser Ersparnis- und Verschiebeeffekt zum Tragen.

Die Investitionen in den neuen Bundesländern nach der Wiedervereinigung wurden in großem Umfang nach den Regeln des Fördergebietsgesetzes durch **Sonderabschreibungen** begünstigt. Den Investoren wird dabei aus rein fiskalischen Motiven die Möglichkeit eröffnet, über die ökonomisch notwendige Abschreibung hinausgehende Abschreibungen vorzunehmen und damit den ansonsten anfallenden Gewinn in spätere Perioden zu verschieben. Hierin zeigt sich ihre Wirkung auf die Vorteilhaftigkeit von Investitionen. Inzwischen sind nur noch sehr begrenzte Möglichkeiten zum Ansatz von Sonderabschreibungen gegeben, so z.B. nach § 7 g EStG zur Förderung kleiner und mittlerer Betriebe. Auch die erhöhte Abschreibung auf Baudenkmäler nach § 7 i EStG und für Modernisierungen in Sanierungsgebieten nach § 7 h EStG lassen sich darunter fassen.

Schon seit langem hat die Öffentliche Hand Unternehmen auch durch **zinsgünstige Darlehen** bei der Finanzierung von Investitionen unterstützt, so z.B. über das ERP-Programm des Bundes, aber auch durch zahlreiche Förderprogramme der Länder. Die Reduzierung der Zinsbelastung schlägt sich in der Investitionsrechnung zum einen unmittelbar in einer geringeren Auszahlung für das Fremdkapital nieder, zum andern erhöht sich c.p. dadurch auch die Steuerlast, weil die periodischen Einnahmenüberschüsse und die steuerbaren Gewinne entsprechend höher ausfallen. Als Nettowirkung bleibt also der um den Steuersatz reduzierte Zinsvorteil übrig.

2.7.4   Weiterführende Literatur

Eine kompakte Übersicht über die Steuerarten liefert Scheffler, W.: Besteuerung von Unternehmen I: Ertrag-, Substanz- und Verkehrsteuern, 4. Auflage, Heidelberg 2001.

Zur prinzipiellen Berücksichtigung von Steuern in der Investitionsrechnung vgl. Schneider, D.: Investition, Finanzierung und Besteuerung, 7. Auflage, Wiesbaden 1992, S. 173-251, und Kruschwitz,, L.: Investitionsrechnung, 10. Auflage, München 2005, S. 117-165.

Eine ausführliche Darstellung und Diskussion findet sich in Mellwig, W.: Investition und Besteuerung, Wiesbaden 1985.

Der Einfluss von „Steuervergünstigungen" auf die Vorteilhaftigkeit von Investitionen ist bei Schneider, D.: Investition, Finanzierung und Besteuerung, 7. Auflage, Wiesbaden 1992, S. 321-355 zu finden.

2.7.5   Übungsaufgaben

1. *Beschreiben und erklären Sie das Steuerparadoxon! Gegeben sei eine durch folgende Zahlungsreihe charakterisierte Investition:*

t_0	t_1	t_2	t_3	t_4
-1.000 €	300 €	400 €	400 €	500 €

    a. Untersuchen Sie die Vorteilhaftigkeit dieser Investition mit Hilfe der Kapitalwertmethode. Der Kalkulationszinsfuß sei 20%.

    b. Wie verändert sich das Ergebnis, wenn man Steuern in die Rechnung mit einbezieht? Der Steuersatz (s) sei 25%, die Investition voll eigenfinanziert und es soll linear abgeschrieben werden.

2. *Welche Steuerarten sind mit welchen Sätzen in die Investitionsrechnung mit einzubeziehen?*

3. *Was ist der Unterschied zwischen einer Investitionszulage und einem Investitionszuschuss? Was folgt daraus für die Wirkung auf die Vorteilhaftigkeit der Investition? Welcher Weg der Behandlung des Investitionszuschusses ist warum in der Regel vorteilhafter?*

4. *Dem Chief Financial Officer (CFO) einer Immobilien-Anlagegesellschaft wird folgende Immobilieninvestition angeboten:*
   Kaufpreis: 750.000 € (Grundstücksanteil 50.000 €);
   Netto-Mieteinnahmen p.a.: 150.000 €;
   Nicht an den Mieter übertragbare Bewirtschaftungskosten p.a.: 20.000 €;
   Verkauf nach 4-jähriger Haltedauer zum Buchwert .

   Lohnt sich die Investition, wenn mit einem Kalkulationszinssatz (vor Steuern) von 15%, einem Steuersatz von 25% und einer jährlichen Abschreibungsrate von 2 % gerechnet wird?

2.8   Finanzinvestitionen

Die bisher benutzten Beispiele bezogen sich durchgehend auf Sachinvestitionsobjekte wie Grundstücke, Fahrzeuge, Maschinen etc. Unternehmen investieren ihr Kapital jedoch in zunehmendem Maße auch in Finanzanlagen. Sie beteiligen sich an anderen Unternehmen oder kaufen ganze Firmen auf, legen überschüssiges Kapital in Aktien, Renten, Fonds oder sonstigen Finanzprodukten an oder leihen anderen Unternehmen, Öffentlichen Haushalten oder Privatpersonen gegen Zins für bestimmte oder unbestimmte Zeit Geld.

Die folgenden Ausführungen sollen zeigen, dass sich mit den bisher dargestellten Methoden der Investitionsrechnung auch Finanzinvestitionen bewerten lassen. Wir wollen dies an einfachen Beispielen der Kapitalanlage in einer Anleihe und des Kaufs eines Unternehmens demonstrieren.

2.8.1   Der Kauf von Anleihen

Mit einem Investment in Anleihen (Bonds) sind für den Kapitalgeber Ansprüche auf Zahlung eines zeitabhängigen Entgelts für die Nutzungsüberlassung von Kapital sowie die Rückzahlung des überlassenen Kapitals verbunden. Die künftigen Zahlungsströme an den Kapitalgeber sind tagesgenau bekannt und sicher, falls die Laufzeit der Anleihe festgeschrieben ist, die Anleihe auch bis zur Fälligkeit gehalten wird (yield to maturity) und der Emittent keinem Ausfallrisiko unterliegt. Von diesen Annahmen wird im Folgenden ausgegangen. Wir haben es also mit einem viel präziser zu bestimmenden Zahlungsstrom zu tun, als dies in aller Regel bei Sachinvestitionen der Fall ist. Die Bewertung der Anleihe erfolgt sinnvollerweise über ein Barwertkalkül. Der auf den aktuellen Zeitpunkt diskontierte Wert aller künftigen Einnahmen durch Zins- und Tilgungszahlungen entspricht dann dem fairen Preis der Anleihe.

2.8.1.1   Kuponanleihen

Bei Kuponanleihen handelt es sich um Anleihen, auf die in regelmäßigen Abständen vom Emittenten ein im Voraus fest vereinbarter Zinssatz ausgezahlt wird (straight bond). Zinszahlungen erfolgen in der Regel jährlich oder halbjährlich (Kupons). In das Barwertkalkül zur Bewertung einer Kuponanleihe sind die Kuponzahlungen (K) einzubeziehen. Diese werden im Zeitpunkt (t) ihrer Fälligkeit mit den jeweiligen Zinssätzen (r (0,t)) auf den heutigen Tag diskontiert. Zudem ist der Rückzahlungskurs (RZK) am Ende der Laufzeit (T) auf den heutigen Tag abzuzinsen. Der heutige Wert der Kuponanleihe B(0,T) mit Fälligkeit in Zeitpunkt (T) ergibt sich dann aus der Summation der Barwerte der Kuponzahlungen und des Rückzahlungskurses:

$$B(0,T) = \sum_{t=0}^{T} \frac{K_t}{(1+r(0,t))^t} + \frac{RZK(T)}{(1+r(0,T))^T}$$

Anleihen werden typischerweise auf Wertpapiermärkten gehandelt. Sind die Zahlungsströme wie oben angenommen bekannt und sicher, so sollte die Anleihe genau zu dem berechneten Wert am Markt notieren. Notiert die Anleihe tatsächlich zu einem niedrigeren Preis, so bringt der Kauf eine Rendite, die über dem Kalkulationszinsfuß liegt.

2.8.1.2   Zerobonds

Zerobonds sind Anleihen, bei denen während der Laufzeit keine Zinszahlungen geleistet werden. Vielmehr wird der aufgelaufene Zins und Zinseszins am Ende der Laufzeit mit der Tilgung ausbezahlt. Die Differenz zwischen dem Rückzahlungskurs und dem Emissionskurs enthält den Zinsertrag bis zur Endfälligkeit. Der Barwert eines Zerobonds $B^0(0,T)$ ergibt sich daher lediglich aus dem abgezinsten Rückzahlungskurs (RZK):

$$B^0(0,T) = \frac{RZK(T)}{(1+r(0,T))^T}$$

Die Event-Agentur von Frau Mustermann und Frau Labelle hat letztes Jahr hohe Gewinne erwirtschaftet. Frau Labelle möchte ihren Anteil am Kapitalmarkt anlegen. Sie denkt an eine weniger spekulative Anlage in Staatsanleihen der Bundesrepublik Deutschland. Auf den Internetseiten ihrer Direktbank sieht sie eine solche Anleihe, die gestern den Kupon ausbezahlt hat, mit einer Restlaufzeit von fünf Jahren, einem Nominalwert von 100 € und einem jährlichen Kupon von 5%. Diese notiert aktuell zu 104 €.

Die Zahlungsstruktur der Anleihe sieht wie folgt aus:

Jahr	1	2	3	4	5
Kupon	5 €	5 €	5 €	5 €	5 €
Rückzahlung					100 €
Summe	5 €	5 €	5 €	5 €	105 €

In den weiteren Jahren 1 bis 4 zahlt die Anleihe einen Kupon von 5 €. Am Ende der Lauf-zeit nach 5 Jahren wird der Nominalwert von 100 € und der Kupon für das fünfte Jahr zurückgezahlt. Da Frau Labelle nicht weiß, ob sich ein Investment in diese Anleihe für sie lohnt, fragt sie ihren Anlageberater.

Ihr Anlageberater bewertet die Anleihe. Er legt entsprechend den aktuellen Kapitalmarkt-bedingungen einen Kalkulationszinssatz von 3,8% zugrunde und zinst die Zahlungen in den Perioden auf den heutigen Zeitpunkt ab. Der berechnete Wert der Anleihe ergibt sich wie folgt:

$$B(0,5) = \frac{5\,€}{(1+0,038)^1} + \frac{5\,€}{(1+0,038)^2} + \frac{5\,€}{(1+0,038)^3} + \frac{5\,€}{(1+0,038)^4} + \frac{(5\,€+100\,€)}{(1+0,038)^5}$$

$$= 105,37\,€$$

Der Wert der Anleihe beträgt demnach 105,37 €. Da die Anleihe aktuell zu 104 € notiert, rät ihr Anlageberater zum Kauf der Anleihe.

2.8.2   Der Kauf von Unternehmen und Unternehmensteilen

Auch der Kauf eines Unternehmens oder eines Unternehmensteils ist als eine Investition zu verstehen, deren Vorteilhaftigkeit sich über einen Vergleich der Zahlungsströme erschließt. Vernünftigerweise wird niemand bereit sein, für ein Unternehmen heute mehr zu bezahlen, als er – bewertet aus heutiger Sicht – künftig an Einnahmenüberschüssen aus dem Unter-nehmen erwarten kann. Dies gilt für den Kauf ganzer Unternehmen grundsätzlich in der gleichen Weise wie für den Erwerb von Unternehmensteilen, also auch den Kauf von Aktien oder die Übernahme einer Beteiligung an einer Personengesellschaft.

2.8.2.1   Der Unternehmenswert als Barwert künftiger Zahlungsüberschüsse

Bei einem Unternehmenskauf ist die Aufgabe der Investitionsrechnung die Ermittlung einer Preisobergrenze für einen potentiellen Investor. Orientiert sich der potentielle Investor aus-schließlich an finanziellen Zielen, so ist der Unternehmenswert der Barwert zukünftiger, zu erwartender Zahlungsüberschüsse der Unternehmenseigner. Je nach Absicht des Käufers kann er dabei eine begrenzte Investitionsperiode im Auge haben oder eine unbegrenzte Fort-führung des Unternehmens unterstellen.

Die formale Bewertungsmethodik ist einfach und knüpft unmittelbar an die Kapitalwertme-thode an. Der Unternehmenswert BW_0 im Zeitpunkt $t = 0$ errechnet sich durch Diskontierung der zukünftigen zu erwartenden Zahlungen an die Investoren (EZÜ) im jeweiligen Zeitpunkt t mit einem Kalkulationszinsfuß (i):

$$BW_0 = \sum_{t=0}^{T} \frac{EZÜ_t}{(1+i)^t}$$

In der formalen Vorgehensweise der Abgrenzung und Berechnung der künftigen Zahlungsströme haben sich zwei Verfahrenstypen herausgebildet: das Equity und das Entity-Verfahren.

Bei der Equity-Methode werden die freien Zahlungsströme (Free Cash Flows) angesetzt, die das Unternehmen nach Bedienung der Investitionsbedarfe des Unternehmens und nach Zahlungen an die Fremdkapitalgeber an die Eigenkapitalgeber ausschütten könnte. Hierbei wird demnach direkt der Wert des Eigenkapitals berechnet.

Bei der Entity-Methode werden freie Cash Flows angesetzt, die der Gesamtheit der Kapitalgeber, also Eigen- und Fremdkapitalgeber zusammen, nach Bedienung der Investitionen des Unternehmens zufließen können. Ihr diskontierter Wert ergibt den Gesamtwert des Unternehmens. Durch Subtraktion des Werts des Fremdkapitals vom Gesamtunternehmenswert errechnet sich der Marktwert des Eigenkapitals.

2.8.2.2   Die Bestimmung der Rechnungsgrößen

Die praktischen Probleme der Bewertung von Unternehmen liegen in der Ermittlung der „richtigen" Werte für die künftigen Cash Flows und im Ansatz des „richtigen" Diskontierungssatzes.

Im Gegensatz zur Bewertung von Anleihen, bei der die Zahlungsströme vertraglich vereinbart und exakt bestimmt sind, steht der potentielle Erwerber bei einem Unternehmenskauf vor der Aufgabe, den künftig zu erwartenden Zahlungsstrom für einen sehr langen Zeitraum zu schätzen. Dies gilt auch, wenn er selbst die Absicht hat, sich nur für eine kurze Frist zu binden. Denn der Veräußerungserlös, den er beim Wiederverkauf erzielen kann, wird wiederum – bei rationalem Verhalten der Marktteilnehmer – dem Barwert der dann für die Zukunft zu erwartenden Zahlungsüberschüsse entsprechen. Bei der Schätzung der Zahlungsströme wird sich der potentielle Erwerber zum einen an den verfügbaren Zahlen der vergangenen Perioden orientieren. Es besteht aber keine Gewähr, dass sich daraus die künftige Entwicklung hochrechnen lässt. Dies gilt vor allem, wenn es gerade die Absicht des Käufers ist, nach Übernahme eines Unternehmens dessen Überschüsse zu steigern. Daher wird er zum andern mehr oder weniger präzise Prognosen anzustellen versuchen, die, ausgehend vom gesamten wirtschaftlichen Umfeld, der Branchensituation und den Umsatz- und Erlöspotentialen des Unternehmens, den möglichen Verlauf des künftigen Entwicklungspfads der Zahlungsüberschüsse erfassen sollen. Meist wird eine differenzierte Prognose nur für die ersten Planperioden gelingen, während man sich für die weiter in der Zukunft liegenden Perioden mit pauschalen Annahmen über durchschnittliche Veränderungsraten begnügt.

Diskontierung bedeutet Vergleich mit einer Alternativanlage. Es gilt also, diese Alternativanlage und die bei ihrer Wahl hypothetisch zu erzielende Rendite möglichst korrekt zu bestimmen. Der Kalkulationszinsfuß muss dabei die Äquivalenzkriterien erfüllen. Demnach müssen sich die Erträge aus der Alternativanlage auf denselben Zeitraum wie das zu bewertende

Objekt erstrecken (Planungshorizontäquivalenz). Zudem müssen die Erträge aus dem Vergleichsobjekt in identischer Weise verfügbar sein wie die Erträge aus dem Bewertungsobjekt (Verfügbarkeitsäquivalenz). Aus der Verfügbarkeitsäquivalenz folgt unmittelbar eine Steueräquivalenz. Steueräquivalenz bedeutet nicht zwingend die gleiche Art der Besteuerung, sondern dass das Bewertungsobjekt und die Alternativanlage der Besteuerung unterworfen werden. Nettozahlungsströme aus dem Bewertungsobjekt sind demnach mit der Nettorendite aus der Vergleichsalternative zu vergleichen.

Selbstverständlich ist auch notwendig, eine wirklich vergleichbare Anlage zugrunde zu legen. Bei der Equity-Variante geht es um Zahlungsströme, die dem Eigenkapital zufließen. Daher ist als Vergleichszins auch eine alternative Anlage in Eigenkapital zu wählen. Bei der Entity-Variante werden Zahlungsströme erfasst und diskontiert, die den Eigen- und Fremdkapitalgebern zufließen. Der angemessene Diskontierungssatz muss sich daher aus den Eigenkapitalkosten und den Fremdkapitalkosten zusammensetzen. Diese „weighted average cost of capital" (wacc) errechnen sich als der mit den Kapitalanteilen gewichtete Durchschnitt der Alternativrenditen für Eigen- und Fremdkapital. Die Alternativanlage muss dabei derselben Unsicherheitsdimension unterliegen wie das Bewertungsobjekt (Risikoäquivalenz).

Die Event-Agentur von Frau Mustermann und Frau Labelle hat sich prächtig entwickelt und befindet sich in einer guten Auftragslage. Die Damen möchten gerne weiter wachsen, indem die Event-Agentur ein Catering-Unternehmen hinzukauft. Sie verhandelt mit dem Besitzer einer Catering-Firma, dieser verlangt 500.000 € für seine Firma.

Frau Mustermann und Frau Labelle haben lediglich 250.000 € in den Kassen ihrer Event-Agentur und wenden sich an ihren Anlageberater. Dieser weiß, dass eine Bank zur Zeit 6% für einen Kredit verlangt und am Kapitalmarkt für Investitionen in Firmen mit gleichem Risiko ca. 8% Rendite an die Eigenkapitalgeber gezahlt wird. Er berechnet dann die gewichteten Kapitalkosten für die Damen:

$$wacc = \frac{250.000\ €}{500.000\ €} * 8\% + \frac{250.000\ €}{500.000\ €} * 6\% = 7\%$$

Des Weiteren rechnet der Anlageberater damit, dass die Catering-Firma im ersten Jahr und im zweiten Jahr einen Überschuss vor der Zahlung der Fremdkapitalkosten von jeweils 20.000 € erwirtschaftet. Im dritten, vierten und fünften Jahr rechnet er mit einem Überschuss vor Fremdkapitalkosten von jeweils 35.000 €. Danach vermutet er einen für jedes folgende Jahr gleich bleibenden Überschuss vor Fremdkapitalkosten von 50.000 €. Nach der Entity-Methode ergibt sich der gesamte Wert für die Catering-Firma wie folgt:

$$BW_0 = \frac{20.000\ €}{(1+0,07)^1} + \frac{20.000\ €}{(1+0,07)^2} + \frac{35.000\ €}{(1+0,07)^3} + \frac{35.000\ €}{(1+0,07)^4} + \frac{35.000\ €}{(1+0,07)^5}$$

$$+ \frac{1}{(1+0,07)^5} * \frac{50.000\ €}{0,07}$$

Der Wert des Unternehmens liegt demnach bei 625.662 €. Um das Eigenkapital zu bewerten, zieht der Anlageberater den Wert des Fremdkapitals von 250.000 € ab. Das Eigenkapital hat einen Wert von 375.662 €. Vergleicht man den Wert des Eigenkapitals mit dem tatsächlich eingesetzten Kapital, ergibt sich ein positiver Kapitalwert. Der Kauf des Unternehmens ist also vorteilhaft.

2.8.3   Weiterführende Literatur

Die Grundlagen der Bewertung von Anleihen werden in Steiner, M./Bruns, Ch.: Wertpapiermanagement, 8. Auflage, Stuttgart 2003, S. 135-186, bei Uhlir, H./Steiner, P.: Wertpapieranalyse, 4. Auflage, Heidelberg 2001, S. 5-75, und bei Bodie, Z./Kane. A./Marcus, A.J.: Investments, 6. ed., New York u.a. 2005, S. 445-485 übersichtlich dargestellt.

Ausführliche, sehr tiefgehende Darstellungen der Methoden der Unternehmensbewertung finden sich u.a. in Drukarczyk, J.: Unternehmensbewertung, 4. Auflage, München 2003, und in dem Sammelband von Peemöller, V.H.: Praxishandbuch der Unternehmensbewertung, Herne/Berlin 2001.

Eine gute Lehrbuchdarstellung zu den DCF-Verfahren findet sich bei Brealey, R.A./Myers, St.C./Marcus, A.C.: Fundamentals of Corporate Finance, 5. ed., Boston u.a. 2007, S. 142-231.

2.8.4   Übungsaufgaben

1. *Mittels welcher Methode der Investitionsrechnung werden Finanzinvestitionen bewertet?*

2. *Unter welchen Voraussetzungen sind die Zahlungen einer Anleihe sicher?*

3. *Welche konkreten Zahlungen kommen bei Kuponanleihen einem Investor zu?*

4. *Was sind die zentralen Unterschiede zwischen Kuponanleihen und Zerobonds?*

5. *Inwiefern stellt der Kauf eines Unternehmens eine Investition dar?*

6. *Was ist das Ziel bei der Anwendung von Investitionsrechnungen bei der Unternehmensbewertung?*

7. *Grenzen Sie die Equity- von der Entity-Methode ab!*

8. *Welche Äquivalenzkriterien sollte ein geeigneter Kalkulationszinssatz erfüllen?*

9. *Aus welchen Größen errechnen sich die „weighted average cost of capital"?*

2.9 Investitionsrechnung unter Unsicherheit

Schon eingangs von Kapitel 2.2 über Investitionsentscheidungen hatten wir betont, dass wir bei den meisten Kapitalanlagen mit keinen vorgegebenen Zahlungsströmen rechnen können, die mit Sicherheit eintreten. Es lässt sich also nicht exakt vorhersagen, welche (finanziellen) Folgen die Investitionsentscheidung auslösen wird. Enttäuschungen aufgrund negativer Verfehlungen der erwarteten Ergebnisse sind ebenso möglich wie positive Überraschungen, wenn die Überschüsse über den Plangrößen liegen.

In den bisherigen Darstellungen des Investitionsproblems und der angemessenen Lösungswege haben wir dieses Phänomen der Unsicherheit schlicht ausgeklammert, um die Problemebenen nicht zu vermischen. Abschließend wollen wir nun wenigstens im Groben andeuten, wie wir die Unsicherheit der Zukunft in der Investitionsrechnung und der Investitionsentscheidung generell berücksichtigen können.

2.9.1 Begriff und Formen der Unsicherheit bei Investitionen

Die Zukunft ist unsicher. Der Investor hegt meist nur mehr oder weniger exakte Erwartungen über die künftige Entwicklung der Zahlungsströme und des Umfelds, somit auch der vergleichbaren Alternativen und des Kalkulationszinsfußes, die aber enttäuscht werden können. Dies liegt daran, dass er in aller Regel nicht alle Parameter, die den Erfolg einer Investition bestimmen, bei der Entscheidung durch Vereinbarungen eindeutig festlegen oder in späteren Perioden so kontrollieren kann, dass keine (negativen) Abweichungen von den Zielgrößen auftreten. Er ist vielmehr von Entwicklungen der „Natur", so z.B. vom Klima bei der Herstellung landwirtschaftlicher Produkte oder von der Haltbarkeit technischer Geräte, aber auch von den Entscheidungen anderer Wirtschaftssubjekte und den Veränderungen gesellschaftlicher, sozialer und politischer Rahmenbedingungen abhängig.

Da lassen sich in Menge oder Preis die geplanten Umsätze nicht realisieren, weil aufgrund einer konfusen Sozialpolitik die Konjunktur zusammenbricht oder der Hauptkonkurrent mit einer wirksamen Gegenstrategie die eigene Marktoffensive ins Leere laufen lässt. Da steigen die Herstellungskosten eines Bürogebäudes wegen zu optimistischer Planungen, wegen nicht vorhersehbarer Probleme der Stabilität des Untergrunds oder wegen zusätzlicher Auflagen der Baubehörden weit über das Budget. Bei den laufenden Ausgaben schlagen die unerwarteten Ölpreissteigerungen aufgrund politischer Spannungen durch. Die Nutzungsdauer von Anlagen wird zwar technisch zutreffend eingeschätzt, aber der politische Druck oder die schnelle Entwicklung der Technologie machen die Anlagen weit früher als geplant unrentabel. Da sollen nach einer Unternehmensübernahme Synergieeffekte großen Ausmaßes realisiert werden, die sich aber danach wegen der zu großen Kulturunterschiede des kaufenden Weltkonzerns und des erworbenen mittelständischen Unternehmens nicht einstellen wollen, etc. Die Gazetten sind voll von Beispielen für Sach- und Finanzinvestitionen (z.B. Unternehmensübernahmen, Aktienkäufe), die sich schon nach kurzer Zeit dramatisch weit schlechter entwickelt haben, als die Planungen einer oft ganzen Garde von Experten versprochen hatten. Aber selbstverständlich sind auch Fälle zu beobachten, in denen das realisierte Ergebnis weit über den Erwartungen liegt.

Für die Ableitung sinnvoller Entscheidungen bei Unsicherheit und die Auswahl von Entscheidungsmodellen ist es notwendig, zu präzisieren, wie viel der Entscheidungsträger weiß, d.h. worauf konkret sich seine Unsicherheit bezieht. So kann bei ihm Unsicherheit darüber vorliegen,

- was überhaupt das zu lösende Problem darstellt,
- welche Lösungsalternativen zur Verfügung stehen,
- welche Umfeldsituationen eintreten können, wenn eine bestimmte Alternative gewählt wird (z.B. Kunden können mit hoher, mittlerer oder niedriger Nachfrage auf die Einführung eines neuen Produkts reagieren; Konkurrenten können mit aggressiver Preisstrategie oder mit der Entwicklung eines eigenen Neuprodukts reagieren oder sich passiv verhalten),
- welche Auswirkungen auf die Investitionsziele zu erwarten sind, wenn nach der Wahl einer bestimmten Alternative bestimmte Umfeldsituationen eintreten (z.B. um wie viel geht der jährliche Umsatz zurück, wenn der Hauptkonkurrent auf die Markteinführung eines neuen Produkts mit einer aggressiven Preisstrategie antwortet),
- welchen Nutzen er den Zielausprägungen zuordnen soll, insbesondere wenn er mehrere Zielkriterien beachten will/muss.

In aller Regel wird bei der Analyse von Entscheidungen unter Unsicherheit unterstellt, dass alle genannten Punkte bis auf Punkt 4 dem Entscheidungsträger bekannt sind, dass darüber also gerade keine Unsicherheit vorliegt. Es bleibt dann nur die Unsicherheit darüber, welche Umfeldsituation nach Wahl einer Alternative tatsächlich eintreten wird. Beispielsweise ist also unbekannt, ob der Konkurrent mit einer aggressiven Preisstrategie, einer Neuproduktstrategie oder einer passiven Haltung auf die Einführung eines neuen Produkts reagieren wird.

Kann der Entscheidungsträger dem Eintritt dieser möglichen Umfeldsituationen Wahrscheinlichkeiten zuordnen, dann sprechen wir von Entscheidungen unter **Risiko**. Objektive Wahrscheinlichkeiten im statistischen Sinne basieren auf einer großen Zahl von Beobachtungen unter gleichen, auch künftig geltenden Bedingungen. Diese Bedingungen sind bei Unternehmensinvestitionen fast nie gegeben. Man muss sich daher meist mit subjektiven Wahrscheinlichkeiten begnügen, die den Grad der Überzeugung einer Person zum Ausdruck bringen, dass eine bestimmte Situation eintrete.

Ist eine Zuordnung von Wahrscheinlichkeiten nicht möglich, kann also der Entscheidungsträger nur die Aussage treffen, dass eine der genannten Reaktionen folgen wird, dann liegt eine Entscheidung unter **Ungewissheit** vor.

Die Folge von Unsicherheit über die Folgewirkungen ist, dass auf der Basis bestimmter Daten gefällte Investitionsentscheidungen **fehlerhaft** sein können. Insbesondere besteht die Möglichkeit, dass sich in der Planungsphase positiv eingeschätzte (und deshalb durchgeführte) Investitionen später als negativ erweisen (also keinen positiven Kapitalwert erwirtschaften), oder umgekehrt ursprünglich negativ beurteilte (und deshalb abgelehnte) Investitionen letztlich positiv gewesen wären. Diese Fehler können bedrohliche Auswirkungen auf das investierende Unternehmen haben. Es ist deshalb von großer Bedeutung, diese Unsicherheit im Investitionsentscheidungsprozess und in der Investitionsrechnung zu berücksichtigen. Die weiteren Ausführungen werden zeigen, in welcher Weise dies geschehen kann.

2.9.2 Aufzeigen der Unsicherheit und ihrer Zielwirkungen

Ein erster Weg des Umgangs mit dem Problem der Unsicherheit ist, die möglichen Umfeldsituationen und Datenkonstellationen darzustellen und die Bandbreite der Zielwerte aufzuzeigen, die im Falle ihres Eintretens resultieren können. Die Unsicherheit der Schätzdaten wird dadurch selbstverständlich nicht beseitigt. Es werden lediglich die Wirkungen möglicher eintretender Ereignisse und Umfeldsituationen auf das Ergebnis des Vorteilhaftigkeitsvergleichs aufgezeigt. Dafür geeignete Methoden sind die Sensitivitätsanalyse und die Risikoanalyse.

2.9.2.1 Sensitivitätsanalyse

Die Sensitivitätsanalyse (auch als Empfindlichkeits- oder Sensibilitätsanalyse bezeichnet) dient dazu, die Auswirkungen von Änderungen einzelner Parameterwerte oder Gruppen von Parametern auf das Ergebnis der Investitionsrechnung aufzuzeigen. Es soll also offen gelegt werden, wie „sensibel" das Entscheidungskriterium (z.B. der Kapitalwert) auf einzelne Datenänderungen reagiert.

Die Vorgehensweise ist methodisch recht einfach: Ist die Zielgröße der Investition der Kapitalwert, dann wird ein Parameter der Berechnungsformel des Kapitalwerts herausgegriffen, der als (besonders) unsicher erscheint. Sukzessive werden die für möglich gehaltenen Schätzwerte für diese Größe in die Berechnungsformel eingesetzt. Unter Konstanz der übrigen Parameterwerte werden nunmehr die jeweiligen Kapitalwerte berechnet. Die durch Variation des Parameterwerts resultierenden Zielwerte können dann grafisch in einer Kapitalwertfunktion oder tabellarisch dargestellt werden. Diese Prozedur lässt sich für jeden unsicheren Parameter wiederholen.

Den beiden Gründerinnen fiel in einem Gespräch auf, dass sie sich doch sehr unsicher sind, ob die alten Limousinen tatsächlich nach 5 Jahren einen so hohen Resterlös bringen werden, wie sie ihn geschätzt haben. Sie fragen sich, wie es sich auf das Ergebnis der Kapitalwertrechnung auswirken würde, wenn sie auf Grund der Ergebnisse einer neuen Marktstudie davon ausgehen müssten, dass (bei sonst gleichen Daten) die Resterlöse um 12% unter den ursprünglich geschätzten Werten lägen.

Die Resterlöse der drei Limousinen würden sich dann folgendermaßen verändern:

Periode	ursprünglich geschätzt	reduziert
Old England	130.000 €	114.400 €
Washington	125.000 €	110.000 €
Präsident	100.000 €	88.000 €

Daraus errechnen sich bei einem Kalkulationszinsfuß von 8 % folgende Kapitalwerte:

	t_0	t_1	t_2	t_3	t_4	t_5	
Old England A1	- 220.000 €	45.000 €	43.000 €	38.000 €	32.000 €		
					114.400 €		
Barwert A1	- 220.000 €	41.667 €	36.866 €	30.166 €	107.608 €		- 3.694 €
Washington A2	- 225.000 €	45.000 €	42.000 €	38.000 €	28.000 €	30.000 €	
						110.000 €	
Barwert A2	- 225.000 €	41.667 €	36.008 €	30.166 €	20.581 €	95.282 €	- 1.297 €
Präsident A3	- 200.000 €	42.000 €	40.000 €	35.000 €	33.000 €	30.000 €	
						88.000 €	
Barwert A3	- 200.000 €	38.889 €	34.294 €	27.784 €	24.256 €	74.864 €	87 €

*Von den drei Fahrzeugen wäre unter dieser Annahme also nur noch der Präsident vorteil-
haft. Er würde gerade noch einen positiven Kapitalwert erreichen, während die anderen
Fahrzeuge weit im negativen Bereich lägen.*

Aus den Kapitalwertfunktionen werden zum einen die Parameter deutlich, deren Veränderung besonders große Auswirkungen auf die Zielgröße hat. Ein „steiler" Verlauf der Kurve
deutet auf eine hohe Sensitivität des Kapitalwertes gegenüber Änderungen des Parameterwertes hin. Schon eine kleine Veränderung des Parameterwertes bewirkt eine große Veränderung des Kapitalwerts. Ein flacher Verlauf bedeutet eine geringe Sensitivität. Zum anderen
lassen sich – unter Konstanz der jeweils anderen Daten – Grenzwerte oder kritische Werte
für einzelne Parameter bestimmen, bei denen die Vorteilhaftigkeit einer Investition „um-
kippt". Der Schnittpunkt der Kurve mit der Abszisse gibt den Parameterwert an, bei welchem
der Kapitalwert 0 ist, also der „kritische" Wert erreicht wird.

Die kritischen Werte der Parameter können auch durch „Nullsetzen" der Kapitalwertfunktion
ermittelt werden. Die Kapitalwertformel ist dann nach dem jeweiligen Parameterwert aufzulösen. Für den Parameter „Kalkulationszinsfuß" ist dieses Vorgehen bei der Errechnung des
Internen Zinsfußes schon gezeigt worden. Der Interne Zins ist also der kritische Wert des
Kalkulationszinsfußes.

Abb. 2.13 zeigt typische Verläufe von Kapitalwertfunktionen für verschiedene Parameter.

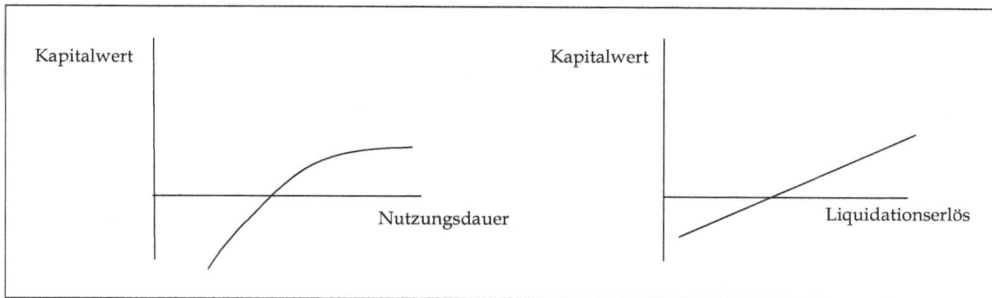

Abb. 2.13   Verläufe von Kapitalwertfunktionen

Die in der klassischen Kapitalwertformel enthaltenen Parameter sind oft zu komplex, um die tatsächlichen Einflussfaktoren des Risikos detailliert zu erfassen. So kann es beispielsweise bei den periodischen Ausgabenströmen interessant sein, die Sensitivität bezüglich der Preisentwicklung bestimmter wichtiger Produktionsfaktoren (z.B. Personal, Rohstoffe) zu ermitteln. Dazu müssen die Parameter lediglich in ihre einzelnen Komponenten zerlegt werden; die prinzipielle Vorgehensweise ändert sich dadurch jedoch nicht.

Die Stärken und Vorteile einer Sensitivitätsanalyse liegen also in ihrer einfachen Umsetzung, ihren geringen Ansprüchen an die Schätzdaten (Wahrscheinlichkeiten für den Eintritt der einzelnen Parameterwerte werden nicht benötigt) und der guten Interpretierbarkeit ihrer Ergebnisse. Sie liefert einen brauchbaren Einblick in die Risikostruktur einer Investition, wenn ein dominanter Parameter mit Unsicherheit behaftet ist. In diesem Fall entspricht die ceteris paribus-Bedingung hinsichtlich der übrigen Parameter der Realität.

In vielen Fällen sind aber Schätzrisiken bezüglich mehrerer Größen zu beobachten. Will man dann zu einer brauchbaren Aussage über das tatsächliche Verlustrisiko einer Investition kommen, hilft es wenig, jeweils nur einen Parameter zu variieren und die Reaktion der Zielgröße zu beobachten. Die unteren und oberen Grenzwerte der Zielgröße lassen sich allerdings auch in diesen Fällen vergleichsweise einfach ermitteln, indem die Kapitalwerte zum einen bei Ansatz der pessimistischen Werte aller unsicheren Parameter, zum andern in Kombination aller optimistischen Werte der Parameter berechnet werden. Deren Differenz zeigt das gesamte Risikospektrum der Investition auf. Der Verlauf dazwischen ist aber durch eine Sensitivitätsanalyse nicht darstellbar. Ebenso wenig ist eine Berechnung des kritischen Wertes möglich, da dieser aus einer Vielzahl von Wertekombinationen der Parameterschätzungen resultieren kann. Auch Aussagen über die Wahrscheinlichkeit der Erzielung eines positiven oder negativen Ergebnisses lassen sich aus der Sensitivitätsanalyse nicht ableiten. Es ist noch einmal zu betonen, dass die Sensitivitätsanalyse dem Entscheidungsträger keine Entscheidungsregel an die Hand gibt, wie er zu verfahren hat, welche Alternative unter Berücksichtigung des Risikos für ihn letztendlich die beste ist.

2.9.2.2   Risikoanalyse

Einige der Schwächen der Sensitivitätsanalyse lassen sich durch die Risikoanalyse beheben. Sie erlaubt insbesondere, die Variation mehrerer unsicherer Parameter gleichzeitig zu beobachten und die Auswirkung dieser gleichzeitigen Variationen auf die Zielgröße zu beschreiben. Ausgehend von Wahrscheinlichkeitsverteilungen für die einzelnen unsicheren Parameter lässt sich damit also die Wahrscheinlichkeitsverteilung des Entscheidungskriteriums, z.B. des Kapitalwerts, berechnen (vgl. Schindel 1978).

Wiederum werden, wie bei der Sensitivitätsanalyse, die denkbaren Ausprägungen der einzelnen unsicheren Parameterwerte (periodische Einnahmen und Ausgaben, evtl. weiter aufgeteilt in Zahlungen je Produkttyp und Inputfaktor oder in Mengen- und Preiskomponenten, Resterlös, Nutzungsdauer, Zinssatz etc.) benötigt. Nunmehr allerdings ist auch die Schätzung ihrer Eintrittswahrscheinlichkeiten notwendig. Deren Verteilungen können diskret oder stetig sein. Auch die Form der Häufigkeitsverteilung ist beliebig.

Eine erste Variante der Risikoanalyse ist die **analytische Methode**. Sie geht vereinfachend davon aus, dass nur die Zahlungsströme aller Perioden der denkbaren Nutzungsdauer der Investition unsicher sind; die anderen Parameter werden als sicher betrachtet. Für die Prognosewerte der Zahlungsströme wird eine Normalverteilung mit geschätztem Erwartungswert und geschätzter Varianz unterstellt. Unter diesen Prämissen lassen sich Erwartungswert und Varianz des Entscheidungskriteriums nach den für eine Summe von Zufallsvariablen geltenden Regeln berechnen: Der Erwartungswert des Kapitalwerts ist gleich der Summe der erwarteten Barwerte der geschätzten Zahlungsströme; bei der Berechnung der Varianz des Kapitalwerts sind zusätzlich zu den Varianzen der Periodenzahlungsströme die Kovarianzen zwischen den Parametern zu berücksichtigen.

Bei komplexeren Modellstrukturen, wenn also auch für andere Parameterwerte Unsicherheiten mit bestimmten Wahrscheinlichkeitsverteilungen angenommen werden, ließe sich unter bestimmten Voraussetzungen grundsätzlich auch noch die Variation der Zielgröße mit Hilfe der **Vollenumeration** durchrechnen. Sind alle Parameter diskret formuliert und liegen nicht allzu viele Parameter bzw. Schätzwerte pro Parameter vor, können (theoretisch) alle möglichen Datenkombinationen durchgerechnet und daraus die Wahrscheinlichkeitsverteilung der Zielgröße ermittelt werden. Oft stößt man hier aber schnell an praktische Grenzen.

In solchen Fällen kann die **Risikoanalyse durch Simulation** zur Anwendung kommen. Meist greift man dabei auf die Monte-Carlo-Methode zurück, mit der Stichproben beliebigen Umfangs aus bekannten statistischen Verteilungen zur Nachahmung (Simulation) von Zufallsprozessen gezogen werden können.

Die Parameterverteilungen werden hierzu in Zufallszahlen „umgesetzt", wobei sichergestellt sein muss, dass die Wahrscheinlichkeiten einander entsprechen; das heißt, die Wahrscheinlichkeit, dass ein Parameterwert gezogen wird, muss der ihm zugeordneten Wahrscheinlichkeit in der Häufigkeitsverteilung entsprechen. Für jede Parameterverteilung wird dann ein Wert durch Ziehung von Zufallszahlen bestimmt. Aus den für alle Parameter gezogenen Werten lässt sich nunmehr der zugehörige Kapitalwert errechnen. Dieser Vorgang wird wiederholt, bis die vorgegebene Anzahl von Simulationsläufen erreicht ist und/oder sich die

Häufigkeitsverteilung des Kapitalwerts entsprechend vorgegebener Kriterien stabilisiert hat. Eine Zahl von ca. 1.000 bis 2.000 Simulationsläufen hat sich dabei meist als notwendig und ausreichend erwiesen.

Die Ergebnisse der Simulation werden meist als Risiko-Chancen-Profil der Kapitalwerte tabellarisch oder grafisch (vgl. Abb. 2.14) dargestellt. Ein solches Risiko-Chancen-Profil zeigt, mit welcher Wahrscheinlichkeit welcher Kapitalwert mindestens erreicht wird. Als zusätzliche Kennzahlen können noch Gewinn- oder Verlustwahrscheinlichkeiten, Verteilungsparameter wie Erwartungswert, Varianz oder 95%-Schranken berechnet und dem Investor als Entscheidungshilfe an die Hand gegeben werden.

Die Abb. 2.14 zeigt beispielhaft die Risiko-Chancen-Profile zweier Investitionen. Das Profil der Investition A verläuft deutlich flacher als das von Investition B. Die erzielbaren Kapitalwerte streuen also stärker. Mit einer Wahrscheinlichkeitsverteilung von 3% muss bei Investition A sogar mit einem negativen Ergebnis von -4 oder weniger gerechnet werden. Investition B dagegen erreicht mit Sicherheit nur positive Kapitalwerte. Andererseits lässt Investition A mit 10% Wahrscheinlichkeit einen Kapitalwert von mindestens 24 erwarten, während Investition B maximal einen Kapitalwert von 20 bringt.

Histogramm Investition A   Histogramm Investition B

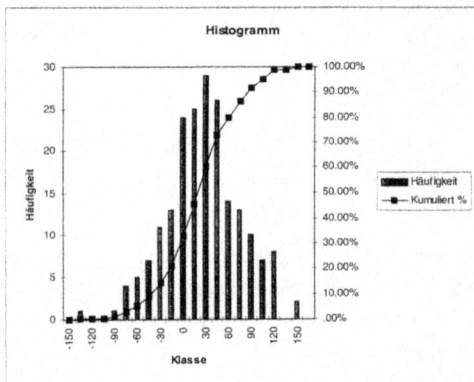

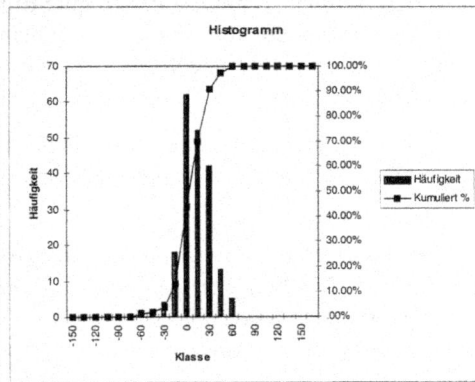

Abb. 2.14   Darstellung eines Risiko-Chancen-Profils

Auch die Risikoanalyse liefert dem Entscheidungsträger keine Entscheidungsregel, wie er zu verfahren hat, welche Alternative also die unter Berücksichtigung des Risikos letztendlich beste ist. Er muss vielmehr zusätzlich eine der im nächsten Abschnitt beschriebenen Entscheidungsregeln unter Risiko anwenden, um zu einer (nutzen-) optimalen Entscheidung zu gelangen. So ist auch bei Betrachtung einer isolierten Investition in allen Fällen mit Verlustwahrscheinlichkeit abzuklären, ob eine Investition mit einem bestimmten Risiko-Chancen-Profil für ihn entsprechend seiner subjektiven Risikopräferenz vorteilhaft ist.

Auch bei Wahlentscheidungen zwischen mehreren Alternativen mit unterschiedlichen Risi-
ko-Chancen-Profilen wird sich nur sehr selten eine eindeutig überlegene Alternative zeigen.
Dann ist zusätzlich eine der nachfolgend beschriebenen Regeln anzuwenden.

2.9.3   Berücksichtigung der Unsicherheit in der Investitionsrechnung: Entscheidungen unter Ungewissheit

Als Entscheidung unter **Ungewissheit** hatten wir oben eine Investitionssituation bezeichnet,
bei der der Entscheidungsträger zwar angeben kann, welche denkbaren Umweltsituationen
(z.B. Reaktionen der Abnehmer und Konkurrenten auf die Investitionsaktivität) künftig eintreten können. Er kann ihnen aber keine Wahrscheinlichkeiten zuordnen.

Die Entscheidungstheorie hat für solche Entscheidungssituationen einige Prinzipien bzw.
Regeln entwickelt, die hier weiterhelfen (können). Nach dem Effizienzprinzip kann eine
Alternative aus der weiteren Betrachtung ausscheiden, wenn sie in allen Umweltsituationen
schlechtere Ergebnisse aufweist als eine andere Alternative. Dies vermag möglicherweise die
Zahl der zu betrachtenden Alternativen zu verringern.

Nach dem Dominanzprinzip ist eine Alternative dann optimal, wenn sie in allen Umweltsituationen bessere oder zumindest gleich gute Ergebnisse erwarten lässt wie alle anderen Alternativen (Ergebnisdominanz, absolute Dominanz). Eine optimale Lösung ist damit nur dann
gegeben, wenn es eine eindeutig überlegene Alternative gibt. Dies kommt allerdings recht
selten vor.

In allen anderen Fällen bedarf es zusätzlicher Entscheidungsregeln, von denen im Folgenden
einige einfache Varianten vorgestellt werden.

*Nach weiteren Marktanalysen haben unsere beiden Gründerinnen eine weitere Investiti-
onsalternative D (Bismarck) gefunden. Der Investitionserfolg ist unsicher. Die Gründerinnen sehen drei mögliche Umweltsituationen (s1 = enthusiastische Aufnahme der Marktidee
der Gründerinnen, s2 = durchschnittliche Nachfrageentwicklung, s3 = weitgehend ablehnende Reaktion der potentiellen Kundschaft), die sich in unterschiedlicher Weise auf die
realisierbaren Kapitalwerte auswirken. Eine Wahrscheinlichkeit für ihr Eintreten können
sie aber nicht angeben. Frau Mustermann möchte nun wissen, ob sich eine der gefundenen
Investitionsalternativen unter Berücksichtigung der Unsicherheit den anderen als überlegen (dominant) oder unterlegen (ineffizient) erweist. Die Tabelle zeigt, welche Ergebnisse
(Kapitalwerte in T €) die Alternativen A - D bei den Umweltsituationen s1 – s3 erwarten
lassen.*

Situation Alternativen	s1 (gut)	s2 (mittel)	s3 (schlecht)
A (Old England)	25	7,7	2
B (Washington)	30	8,9	-3
C (Präsident)	16	8,3	5
D (Bismarck)	22	7,5	1

In unserem Beispiel erweist sich keine Alternative als dominant, also in allen Umweltsitua-tionen als überlegen. Aber der Bismarck (Alternative D) ist nicht effizient; denn er bringt in allen Situationen schlechtere Ergebnisse als der Old England (A). Er kann daher aus den weiteren Betrachtungen und Berechnungen ausscheiden.

2.9.3.1   Maximin-Regel

Die Maximin-Regel schlägt vor, die Alternative zu wählen, die bei Eintreten des jeweils ungünstigsten Umweltzustandes das relativ beste Ergebnis verspricht. Der Wert jeder Alternative besteht also im schlechtestmöglichen Ergebnis dieser Alternative. Es wird die Alternative gesucht, die das Maximum der minimalen Nutzen verwirklicht. Sind die Ergebnisse keine Nutzen-, sondern Schadensgrößen (z.B. Gesamtkosten je Alternative), dann ist analog die Alternative zu wählen, die bei Eintritt des jeweils ungünstigsten Umweltzustands die relativ niedrigste Schadensgröße erwarten lässt. Es ist dann also das Minimum der Schadensmaxima zu suchen (**Minimax-Regel**).

Für unser Beispiel bedeutet die Anwendung der Maximin-Regel, dass der Präsident zu wählen wäre, weil er im schlechtesten Fall (s3) den größten Kapitalwert aller Alternativen erwarten lässt.

Die Maximin-Regel bildet somit die Risikopräferenz eines extremen Pessimisten ab, der nur auf die möglichen schlechten Ergebnisse achtet und die möglichen positiven Überraschungen völlig unbeachtet lässt. In einer Welt mit starken Gegenspielern, deren Erfolg davon abhängt, dass der Spieler einen Misserfolg erleidet, mag diese Einstellung durchaus Sinn machen. Oft ist aber eine solche Orientierung an schlechtesten Werten überzogen, d.h. sie gewichtet die Verlustgefahr unangemessen stark.

2.9.3.2   Optimismus-Pessimismus-Regel

Die Optimismus-Pessimismus-Regel schwächt diese Position beliebig ab. Das je nach Umweltsituation beste (U_B) und das schlechteste Ergebnis (U_S) jeder Alternative a_i wird mit
einem Parameter α_i,den der Entscheidungsträger zwischen 0 und 1 vorgibt, gewichtet und zu
einer Nutzengröße addiert. Der Wert der Alternative ergibt sich danach aus der Formel:

$$U(a_i) = \alpha U_B(a_i) + (1-\alpha)U_S(a_i)$$

Es ist nun die Alternative zu wählen, die den höchsten gewogenen Gesamtnutzen U(a_i) ver-
spricht. Im Parameter α kommt das Ausmaß des Optimismus des Entscheidungsträgers zum
Ausdruck. Bei α = 0, wenn also ausschließlich der Pessimismus dominiert, gilt wieder die
Maximin-Regel.

*Unser Beispiel liefert bei einem angenommenen Wert von α = 0,6 folgende optimale Lö-
sung.*

Alternative	Situation s1	s2	s3	Optimismus-Pessimismus-Regel
A (Old England)	25	7,7	2	25*0,6+2*0,4 = 15,8
B (Washington)	30	8,9	-3	30*0,6+(-3*0,4) = 16,8
C (Präsident)	16	8,3	5	16*0,6+5*0,4 = 11,6

*Unter Berücksichtigung von Chancen und Risiken erweist sich also der Washington als die
beste Alternative.*

Die Optimismus-Pessimismus-Regel ist zwar in der Lage, die Risikopräferenz des Entscheidungsträgers formal zu erfassen. Die Vernachlässigung aller Umweltzustände, die nicht zum
besten oder schlechtesten Ergebnis führen, ist aber kritisch zu sehen, wie ein einfaches, bewusst extrem gestaltetes Beispiel belegt. Für zwei Alternativen a_1 und a_2 mögen folgende
Zielausprägungen bei 10 unterschiedlichen Umweltzuständen s1 – s10 zu erwarten sein:

	s1	s2	s3	s4	s5	s6	s7	s8	s9	s10
a_1	11	1	1	1	1	1	1	1	1	0
a_2	10	9	9	9	9	9	9	9	9	-1

Bei jedem beliebigen α wird nach der definierten Regel Alternative a_1 vorgezogen, da sie die höheren Nutzenwerte verspricht. Dass in den meisten Fällen, die eintreten können, aber a_2 besser abschneidet, geht völlig verloren. Das dürfte kein sinnvolles Entscheidungsverhalten abbilden.

2.9.3.3 Laplace-Regel

Die Laplace-Regel folgt dem **Prinzip des unzureichenden Grundes**. Danach ist eine Gleichverteilung der Wahrscheinlichkeiten des Eintritts der Umweltzustände zu unterstellen, wenn kein hinreichender Grund gegeben ist, eine andere Verteilung anzunehmen. Der Nutzen der Alternativen wird damit als ungewogener Durchschnitt aller zu erwartenden Resultate bei allen denkbaren Umweltsituationen gemessen. Die Alternative mit dem höchsten Durchschnittswert ist die Beste.

Für unsere Gründerinnen bedeutet die Anwendung dieser Regel, dass sich wiederum der Washington als optimal erweist.

Situation Alternative	s1	s2	s3	LaPlace-Regel
A (Old England)	25	7,7	2	*(25+7,7+2)/3 = 11,57*
B (Washington)	30	8,9	-3	*(30+8,9+(-3))/3 = 11,97*
C (Präsident)	16	8,3	5	*(16+8,3+5)/3 = 9,77*

2.9.3.4 Minimax Regret-Regel

Die Minimax Regret-Regel wirkt auf den ersten Blick etwas kurios. Der Entscheidungsträger sucht nach dieser Regel die Alternative, bei der er den **geringsten Nutzenentgang** zu bedauern hat, wenn er letztendlich nicht die für die tatsächlich eintretende Umweltsituation optimale Alternative gewählt hat. Er orientiert sich also nicht mehr an den originären Ergebnissen bzw. deren Nutzen, sondern an den „Bedauernsgrößen", am Verfehlen der besten Lösung.

Diese werden berechnet als Differenz zwischen dem bestmöglichen Ergebnis bei Eintritt einer bestimmten Umweltsituation und dem Ergebnis, das bei Wahl einer bestimmten Alternative dann tatsächlich realisiert wird. Die originäre Ergebnismatrix muss daher nach dieser Logik in eine Regretmatrix umgewandelt werden. Vom (besten) maximalen Ergebnis je Umweltsituation werden hierzu jeweils die tatsächlichen Ergebnisse der Alternativen bei Eintritt dieser Umweltsituation subtrahiert. Auf diese Regretmatrix wird nun in einem zweiten Schritt die Minimax-Regel angewandt, d.h. es ist die Alternative zu suchen, deren „Bedauern" (Abweichen vom besten Ergebnis) im schlechtesten Fall am geringsten ausfällt.

Für unser Beispiel ergibt sich daraus folgende Regretmatrix:

Situation Alternative	s1	s2	s3	Maximales Bedauern
A (Old England)	*(30-25)=5*	*(8,9-7,7)=1,2*	*(5-2)=3*	*5*
B (Washington)	*(30-30)=0*	*(8,9-8,9)=0*	*(5-(-3))=8*	*8*
C (Präsident)	*(30-16)=14*	*(8,9-8,3)=0,6*	*(5-5)=0*	*14*

Die beste Entscheidung bietet hier der Old England, da er das jeweils beste Ergebnis bei Eintritt einer bestimmten Umweltsituation um maximal 5 verfehlt, während die anderen Alternativen höhere maximale Abweichungen vom besten Wert befürchten lassen.

Entscheidungsträger, die nach der Minimax Regret-Regel verfahren, können als „ehrgeizige Pessimisten" bezeichnet werden. Sie orientieren sich zum einen nur an den Ergebnissen, die im schlechtesten Fall eintreten können. Zum andern sind für sie nicht die absoluten Ergebnisse relevant, sondern die Distanz des Verfehlens der besten Lösung, die möglichst klein gehalten werden soll.

2.9.4 Berücksichtigung der Unsicherheit in der Investitionsrechnung: Entscheidungen unter Risiko

Als Entscheidungen unter Risiko hatten wir oben bezeichnet, wenn nach der Investition mehrere Umfeldsituationen mit unterschiedlichen (bekannten) Ergebnisauswirkungen eintreten können und der Entscheidungsträger dem Eintritt dieser möglichen Umfeldsituationen Wahrscheinlichkeiten zuordnen kann. Davon wird in Literatur und Praxis der Investitionsentscheidung unter Unsicherheit meist ausgegangen, auch wenn es sich fast immer nur um subjektive Wahrscheinlichkeiten handelt, die nicht auf statistischen Beobachtungen aus gleichartigen Fällen beruhen, sondern nur den – aus welchen Erfahrungen, Überlegungen und Analysen auch immer abgeleiteten – Grad der Überzeugung von Personen zum Ausdruck bringen, eine bestimmte Situation werde mit einer bestimmten Wahrscheinlichkeit eintreten.

Nach längeren Überlegungen meinen unsere Gründerinnen nun doch, den erwarteten Umweltzuständen Wahrscheinlichkeiten zuordnen zu können. Informelle Vorgespräche mit potentiellen Kunden haben sie optimistisch gestimmt, dass der Markt mit 50% Wahrscheinlichkeit sehr positiv auf ihr Angebot reagieren wird. Nur mit 20% Wahrscheinlichkeit befürchten sie eine weitgehend ablehnende Haltung.

Situation Alternative	s1 (gut)	s2 (mittel)	s3 (schlecht)
Wahrscheinlichkeit	0,5	0,3	0,2
A (Old England)	25	7,7	2
B (Washington)	30	8,9	-3
C (Präsident)	16	8,3	5

Auch für Entscheidungen unter Risiko bietet die Entscheidungstheorie zahlreiche Entscheidungsprinzipien und Entscheidungsregeln zum Auffinden der besten Lösung an. Wiederum konzentriert sich die Darstellung auf einige wichtige und häufig angewandte Regeln.

Wie bei der Entscheidung unter Ungewissheit sollte als erstes geprüft werden, ob nicht eine Alternative alle anderen absolut dominiert, also in allen Umweltsituationen gleiche oder bessere Ergebnisse liefert als die anderen Alternativen (**Ergebnisdominanz**).

Bei Vorliegen von Wahrscheinlichkeiten kann zusätzlich auch auf **Wahrscheinlichkeitsdominanz** geprüft werden. Eine Alternative ist dann wahrscheinlichkeitsdominant, wenn für jedes denkbare vorgegebene Ergebnis bzw. jedes Anspruchsniveau die Wahrscheinlichkeit, ein besseres Ergebnis zu erzielen, bei dieser Alternative am höchsten ist.

Frau Labelle hat zwar Mühe, zu verstehen, was die Wahrscheinlichkeitsdominanz zum Ausdruck bringt. Frau Mustermann hat aber der Ehrgeiz gepackt. Mit Hilfe eines alten Studienfreundes prüft sie Schritt für Schritt, welches Ergebnis von den einzelnen Alternativen mit welcher Wahrscheinlichkeit erreicht oder überschritten wird. Hierzu ordnet sie alle denkbaren Ergebnisse in aufsteigender Reihenfolge und berechnet die Wahrscheinlichkeit ihres Erreichens oder Überschreitens für jede Alternative: $P(eA_i \geq e^*)$.

e*	P(eA≥e*)	P(eB≥e*)	P(eC≥e*)
-2	1,0	1,0	1,0
2	1,0	0,8	1,0
5	0,8	0,8	1,0
7,7	0,8	0,8	0,8
8,3	0,5	0,8	0,8
8,9	0,5	0,8	0,5
16	0,5	0,5	0,5
25	0,5	0,5	0
30	0	0,5	0

Es wird ersichtlich, dass keine Alternative sich als wahrscheinlichkeitsdominant erweist, also alle Anspruchsniveaus mit der gleichen oder einer höheren Wahrscheinlichkeit erfüllt als die anderen. So erreicht Alternative C (Präsident) den Wert 5 mit der höchsten Wahrscheinlichkeit (100%), die anderen Fahrzeuge dagegen nur mit 80%. Alternative B (Washington) erreicht dafür als einziger mit einer Wahrscheinlichkeit von 50% den Wert 30.

Meist zeigt sich, dass – wie in unserem Beispiel – keine Alternative ergebnis- oder wahrscheinlichkeitsdominant ist. Dann muss zum Auffinden der optimalen Alternative zusätzlich eine Entscheidungsregel angewandt werden.

2.9.4.1 Erwartungswertregel

Eine sehr einfache Entscheidungsregel ist die Erwartungswertregel, auch als **Bayes-Regel** bezeichnet. Nach ihr ist die Alternative zu wählen, die den höchsten Erwartungswert der wahrscheinlichkeitsverteilten Ergebnisse liefert. Der Nutzen einer Alternative a_i wird also durch die Summe der mit den Eintrittswahrscheinlichkeiten p_j gewichteten Ergebnisse e_{ij} der einzelnen möglichen Umweltzustände j gemessen.

$$U(a_i) = \mu(a_i) = \sum_{j=1}^{n} e_{ij} * p_i$$

Frau Mustermann und Frau Labelle beschließen nun, auch mit Hilfe der Erwartungswert-
regel die Vorteilhaftigkeit der zur Debatte stehenden Investitionen zu prüfen.

Situation Alternative	s1 (gut)	s2 (mittel)	s3 (schlecht)	Erwartungswert
Wahrscheinlichkeit	0,5	0,3	0,2	
A (Old England)	25	7,7	2	25 * 0,5 + 7,7 * 0,3 + 2 * 0,2 = 15,21
B (Washington)	30	8,9	-3	30 * 0,5 + 8,9 * 0,3 -3 * 0,2 = **17,07**
C (Präsident)	16	8,3	5	16 * 0,5 + 8,3 * 0,3 + 5 * 0,2 = 11,49

Während die beiden Gründerinnen die Erwartungswerte betrachten, wird ihnen klar, dass
nach der Bayes-Regel diesmal der Washington aufgrund des höchsten Erwartungswertes
die optimale Alternative darstellen würde.

Die Erwartungswertregel vernachlässigt das Risiko der Entscheidung völlig. Bei gleichem
Erwartungswert spielt also keine Rolle, wie weit die einzelnen möglichen Ergebnisse sich
von diesem Erwartungswert entfernen. Eine sichere und eine unsichere Alternative werden
damit als gleichwertig angesehen, wenn nur ihr Erwartungswert gleich hoch ist. Diese Vernachlässigung des Streuungsrisikos kann bei häufiger Wiederholung der gleichen Entscheidung noch gerechtfertigt werden, da dann auf lange Frist mit dem Eintritt des Erwartungswerts als durchschnittlichem Ergebnis zu rechnen ist. Aber selbst in diesem Fall erweist sich
diese Regel dann als problematisch, wenn negative Ergebnisse zum Ruin des Unternehmens,
dem Verlust des Arbeitsplatzes des Entscheidungsträgers oder sonstigen, nicht durch spätere
Erfolge wieder ausgleichbaren Nachteilen führen können. Denn dann nutzt dem Unternehmen die Orientierung am hypothetisch langfristig erreichbaren Durchschnitt wenig.

Die weitaus meisten Investitionen werden aber nur einmalig durchgeführt, haben also keine
Nachfolger, die identische Zahlungsströme erwarten lassen. Es tritt damit nur ein einziges
Ereignis mit einem bestimmten Ergebnis ein. Der Erwartungswert zählt dann möglicherweise
gar nicht zu den Ergebnissen, die eintreten können. Er hilft dem Entscheidungsträger auch
insofern nicht mehr, als der Ausgleich negativer Abweichungen vom Erwartungswert nicht
durch positive Ergebnisse bei späteren Investitionen wieder ausgeglichen werden kann. In
diesen Fällen bleibt der Entscheidungsträger meist nicht mehr indifferent gegenüber dem
Risiko mehr oder weniger großer Abweichungen realisierter Größen gegenüber dem Erwartungswert. Die Erwartungswertregel bildet dann die Risikopräferenz der Entscheidungsträger
nicht angemessen ab.

Eine erste Verbesserung brächte hier der Ersatz des Erwartungswerts durch den **Modalwert**.
Es leuchtet durchaus ein, bei einmaligen Investitionen auf die Alternative zu setzen, die bei
der Umweltsituation mit der größten Eintrittswahrscheinlichkeit den größten Erfolg ver-

spricht. Sinnvoller ist es, das Risiko der Investition explizit in der Entscheidungsregel zu berücksichtigen.

2.9.4.2   Die Erwartungswert-Standardabweichungsregel (μ/σ-Regel)

Nach der μ/σ-Regel wird jede Alternative mit Hilfe von zwei Parametern, nämlich dem Erwartungswert und der Standardabweichung der Ergebnisse bei den möglichen Umweltsituationen, bewertet. Der Nutzen einer Alternative a_i wird dabei durch den Erwartungswert gemessen, der um den λ-fachen Betrag der Standardabweichung korrigiert wird.

$$U_{\lambda_\sigma}(a_i) = \mu(a_i) - \lambda * \sigma(a_i)$$

Die Risikoeinstellung des Entscheidungsträgers kommt in der Wahl des Gewichtungsparameters λ zum Ausdruck. Bei $\lambda > 0$ ist der Entscheider risikoscheu. Er zieht bei gleichem Erwartungswert die Alternative vor, die eine geringere Streuung aufweist, bzw. er präferiert bei gleicher Streuung die Alternative mit dem höheren Erwartungswert. Für einen risikofreudigen Entscheidungsträger gilt dagegen ein Gewichtungsparameter von $\lambda < 0$. Ein risikofreudiger Investor ist bereit, für die Chance einer positiven Abweichung vom Erwartungswert einen niedrigeren Durchschnittswert in Kauf zu nehmen. Nimmt λ den Wert von 0 an, verhält sich der Entscheidungsträger risikoneutral.

Woche für Woche verhalten sich Millionen von Lottospielern risikofreudig, denn der durchschnittliche erwartete Gewinn liegt unter dem Einsatz. Die Chance auf einen sehr großen Gewinn, wenn sie auch sehr gering ist, überwiegt das kleine, aber recht wahrscheinliche Verlustrisiko. In klassischen wirtschaftlichen Situationen, vor allem wenn Verluste und negative Abweichungen die Existenz bedrohen können und/oder gegenüber Dritten gerechtfertigt werden müssen, ist aber die Annahme risikoscheuen Verhaltens plausibler. Die Wirtschaftswissenschaften unterstellen daher in ihren Modellen, durch die Befunde der empirischen Entscheidungsforschung bestärkt, üblicherweise risikoscheue Entscheidungsträger.

Abb. 2.15 zeigt den Verlauf der Risikopräferenzfunktionen bei Risikoaversion und Risikofreude. Bei Risikoaversen sind die Nutzenindifferenzkurven nach rechts gekrümmt. Jeder Zuwachs an Risiko (höhere Standardabweichung) muss, um das gleiche Nutzenniveau zu erreichen, durch einen höheren Erwartungswert kompensiert werden. Man gelangt bei konstantem μ und fallendem σ zu Indifferenzkurven höherer Präferenz.

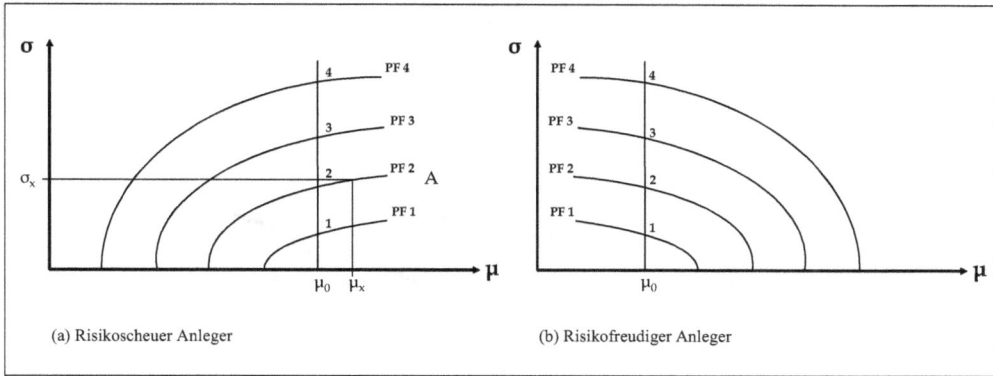

Abb. 2.15   Risikopräferenzfunktionen

Risikofreudige Investoren dagegen hätten einen nach links gekrümmten Verlauf ihrer Nutzenindifferenzkurven. Jeder Zuwachs an Risiko bedeutet bei gleichem Erwartungswert einen Zuwachs an Nutzen.

Mit Hilfe der Nutzenindifferenzfunktionen kann der Wert jeder unsicheren Investition auf einen sicheren Wert zurückgeführt werden, der den gleichen Nutzen verspricht. Dieser sichere, nutzenidentische Wert wird als Sicherheitsäquivalent bezeichnet. So ist in Abb. 2.15 SA das Sicherheitsäquivalent der Investition A, weil es, bei einem Risiko von 0, auf der gleichen Nutzenindifferenzkurve liegt wie der mit Risiko behaftete Erwartungswert der Investition A. Wir werden im nächsten Kapitel wieder auf das Konzept des Sicherheitsäquivalents zurückkommen.

Die μ/σ-Regel reduziert jede Verteilung auf die zwei Parameter Erwartungswert und Standardabweichung. Streng genommen lassen sich nutzentheoretisch haltbare Entscheidungen daraus nur ableiten, wenn entweder rigide Annahmen über den Verlauf der Nutzenfunktionen getroffen werden oder eine Normalverteilung der unsicheren Inputwerte unterstellt wird.

2.9.4.3   Das Bernoulli-Prinzip

Dem Bernoulli-Prinzip zufolge ist die Auswahl einer optimalen Alternative nach dem Erwartungswert des Nutzens zu treffen. Das setzt voraus, dass für den Entscheidungsträger je nach dessen subjektiver Höhen- und Risikopräferenz eine kardinale Nutzenfunktion definiert und jedem Ergebnis einer Alternative, das bei einer bestimmten Umweltsituation zu erwarten ist (e_{ij}), entsprechend dieser Nutzenfunktion ein Nutzenwert zugeordnet werden kann. Durch Multiplikation der jeweiligen Einzelnutzen $u(e_{ij})$ mit ihren Eintrittswahrscheinlichkeiten p_j ist dann der Erwartungswert des Nutzens für jede Alternative $EU(a_i)$ zu berechnen. Die Alternative mit dem höchsten Erwartungswert des Nutzens ist zu wählen.

$$EU(a_i) = \sum u(e_{ij}) * p_i \to \text{max!}$$

Das Vorgehen sei beispielhaft an Abb. 2.16 erläutert. Zugleich lässt sich damit zeigen, wie die Risikopräferenz nach dem Bernoulli-Prinzip zum Ausdruck gebracht wird.

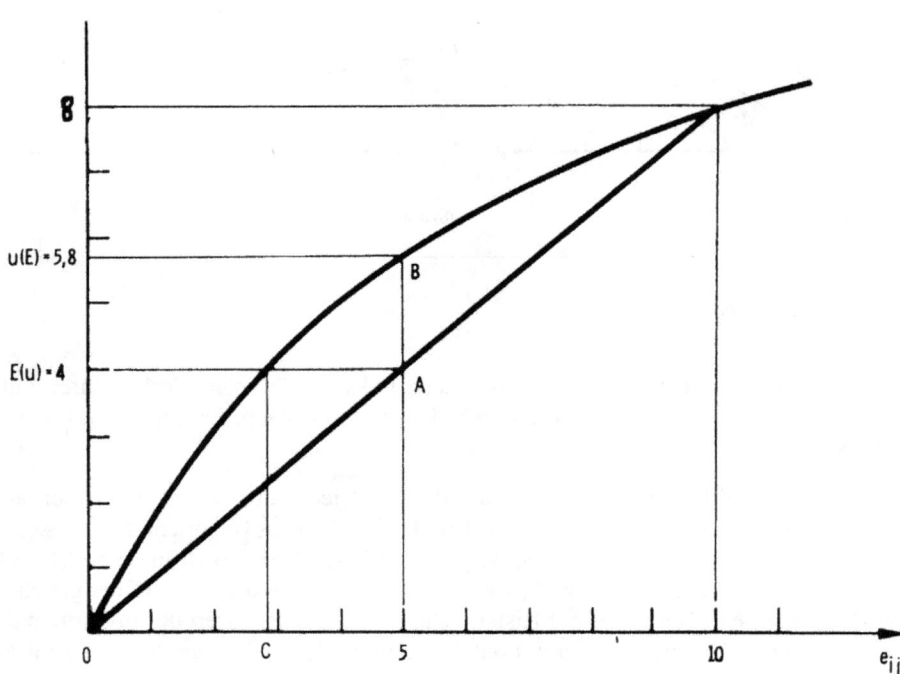

Abb. 2.16   Bernoulli-Prinzip

A_1 sei eine Alternative, die mit Sicherheit ein Ergebnis von $e_1 = 5$ Geldeinheiten erbringe. Entsprechend der Nutzenfunktion des Entscheidungsträgers entspreche dies einem Nutzen von 5,8 Einheiten.

e_1 $= 5$

$U(e_1)$ $= 5,8$

A_2 dagegen sei eine unsichere Alternative, die zwei Ergebnisausprägungen mit einer Wahrscheinlichkeit von jeweils 50 % erwarten lasse. Im schlechten Falle bringe die Investition ein Ergebnis von 0, bei guter Entwicklung ein Ergebnis von 10. Der Erwartungswert der Ergebnisse beträgt dann 5.

e_{21} $= 0$

e_{22} $= 10$ $(p_{21} = p_{22} = 0,5)$

$E(e_2)$ $= 5$

Entsprechend der Nutzenfunktion ist dem Ergebnis 0 ein Nutzen von 0, dem Ergebnis 10 ein Nutzen von 8 zuzuordnen. Hieraus errechnet sich ein Erwartungswert des Nutzens von 4.

$U(e_{21})$ $=$ 0

$U(e_{22})$ $=$ 8

$EU(e_2)$ $=$ $0{,}5 * 0 + 0{,}5 * 8 = 4$

Die Erwartungswerte der Ergebnisse der beiden Alternativen sind damit gleich hoch, der Erwartungswert der damit verbundenen Nutzen ist aber bei der sicheren Alternative höher. Sie ist demnach der unsicheren Alternative vorzuziehen. Ist der Erwartungswert des Nutzens geringer als der Nutzen des Erwartungswerts, dann ist dies ein Zeichen für die Risikoaversion des Entscheidungsträgers. Risikonutzenfunktionen mit dem oben skizzierten Verlauf sind also typisch für risikoscheue Investoren.

Die Tauglichkeit des Bernoulli-Prinzips für die Ableitung nutzenmaximaler Entscheidungen unter Risiko ist in der Entscheidungstheorie heftig umstritten. Seiner praktischen Anwendung stehen vor allem die Schwierigkeiten der Ableitung individueller Nutzenfunktionen entgegen.

2.9.5 Berücksichtigung der Unsicherheit in der Investitionsrechnung: Sicherheitsäquivalente und Korrekturverfahren

Bei der Darstellung der μ/σ-Regel hatten wir gezeigt, dass jede durch den Erwartungswert und die Standardabweichung beschreibbare Verteilung eines Ergebnisses grundsätzlich in ihr Sicherheitsäquivalent – als sicheres Ereignis mit gleichem Nutzen – umgerechnet werden kann. Auch bei den anderen dargestellten Entscheidungsregeln, der Erwartungswertregel und dem Bernoulli-Prinzip, ließen sich grundsätzlich Sicherheitsäquivalente ableiten. Mit Hilfe des Sicherheitsäquivalents lassen sich dann relativ leicht Alternativen unterschiedlicher Erfolgs-Risiko-Struktur miteinander vergleichen. So können darüber auch Risiko-Chancen-Profile, wie sie als „Produkte" einer Risikoanalyse in Kapitel 2.9.2 dargestellt wurden, beurteilt und bezüglich der Investitionsnutzen in eine eindeutige Rangfolge gebracht werden. Bei der Risikoanalyse werden – dies sei noch einmal wiederholt – alle denkbaren Kombinationen unsicherer Inputgrößen oder eine mit Hilfe von Simulationen gezogene Zahl von Stichproben auf ihre Erfolgswirkungen durchgerechnet. Wir berücksichtigen also explizit das Risiko bei den Inputparametern und wenden die μ/σ-Regel erst auf den Output der Investitionsrechnung, z.B. den Kapitalwert an, um die nutzenmaximale Alternative zu finden.

Ein eleganter und arbeitssparender Weg wäre, schon bei der Berechnung der Kapitalwerte (oder anderer Entscheidungskriterien der Vorteilhaftigkeit von Investitionen) die Idee der Sicherheitsäquivalente zu nutzen. Dazu müssen die unsicheren Inputparameter (jährliche Einzahlungen, jährliche Auszahlungen, Resterlös, Investitionsauszahlung) direkt in ihre Sicherheitsäquivalente umgerechnet werden. Die vermutete Verteilung der Werte bei Eintritt denkbarer Umweltsituationen wird also durch den Ansatz der Sicherheitsäquivalente durch jeweils einwertige Rechnungsgrößen ersetzt. Dies führt selbstverständlich dann auch zu einwertigen Kapitalwerten, die unmittelbar miteinander verglichen und nach ihrer Rangfolge sortiert werden können.

In der praktischen Anwendung besteht das Problem, die Sicherheitsäquivalente adäquat zu bestimmen. Die Entscheidungsträger tun sich in aller Regel schwer, nutzenidentische sichere Werte für unsichere Verteilungen von Parametern zu benennen. Vor allem muss auch darauf geachtet werden, dass das gewählte Sicherheitsäquivalent nicht unter dem Wert liegen kann, der bei der schlechtest möglichen Situation zu erwarten ist. Gegenüber einer expliziten Risikoanalyse bleibt der Nachteil, dass die Gesamtstruktur des Risikos nicht mehr erkennbar ist und dass vor allem das Zusammenspiel der Parameter und mögliche gemeinsame Abhängigkeiten von bestimmten Umweltsituationen nicht erfasst werden können.

In der Praxis der Investitionsrechnung wird daher der Grundgedanke des Sicherheitsäquivalents zwar gern benutzt, aber sehr oft völlig „verhunzt" angewandt. In sog. **Korrekturverfahren** werden mehr oder weniger willkürlich, zumindest nicht durch theoretische Überlegungen gestützt, die Punktschätzwerte bzw. Erwartungswerte für die Inputparameter „negativ" korrigiert, um dem Risiko Rechnung zu tragen. An den Parametern Periodeneinnahmen, Resterlös und Nutzungsdauer werden Abschläge, an den Periodenausgaben, den Investitionsausgaben und am Kalkulationszinsfuß werden Zuschläge vorgenommen, soweit diese Größen für unsicher gehalten werden. Die Wirkung dieser Korrekturen ist leicht erkennbar: das Ergebnis der Investitionsrechnung (Kapitalwert, Interner Zins, Annuität) wird weniger vorteilhaft. Ohne diese Korrekturen attraktive Investitionen mit positivem Kapitalwert rutschen damit möglicherweise in negative Kapitalwerte ab, so dass die Investitionen nicht mehr sinnvoll erscheinen und daher unterbleiben.

Solche Korrekturen können auf einen besonders unsicheren Parameter beschränkt oder bei mehreren, im Grenzfall gar allen Inputwerten vorgenommen werden. Für ihre Höhe kommen absolut oder relativ bemessene Zu- und Abschläge in Frage, die über alle Perioden konstant, mit zunehmenden Prognosezeiträumen steigend oder nach subjektiv eingeschätzter Unsicherheit von Planperiode zu Planperiode schwankend festgelegt werden können. Daraus folgt auch, dass für einzelne Investitionsalternativen entsprechend dem damit verbundenen Risiko unterschiedlich hohe Korrekturen vorgenommen werden können. Oft wird aber mit pauschalen, zumindest für bestimmte Investitionstypen einheitlich festgelegten Zu- und Abschlägen gearbeitet.

Frau Labelle ist sehr skeptisch, ob die geschätzten Einnahmen auch tatsächlich erzielt werden können. Sie möchte für die Alternative A (Old England) die Berechnung des Kapitalwerts noch einmal unter Annahmen durchrechnen, die ihrem Risikoempfinden entsprechen. Die Gründerinnen hatten für folgenden Zahlungsstrom

Periode	t_0	t_1	t_2	t_3	t_4
EZÜ (in €)	-220.000	45.000	43.000	38.000	22.000+140.000

bei einem Kalkulationszinsfuß von 8 % einen Kapitalwert von 7.772,70 € berechnet. Nun nehmen wir folgende Korrekturen vor: Die jährlichen Einzahlungsüberschüsse werden um 10% herabgesetzt. Die Nutzungsdauer werde um 1 Jahr verkürzt (bei gleichem Resterlös wie vorher eine Periode später). Zugleich werde der Kalkulationszinsfuß um 2% erhöht. Nunmehr gelte also ein Zahlungsstrom

Periode	t_0	t_1	t_2	t_3	t_4
EZÜ (in €)	-220.000	40.500	38.700	34.200 + 140.000	0

Daraus errechnet sich bei 10 % Kalkulationszins ein Kapitalwert von -20.319,31 €. Die vorher zwar nicht beste, aber absolut gesehen durchaus vorteilhafte Investition erscheint nun nicht mehr attraktiv.

In der Praxis erfreut sich das Korrekturverfahren wegen seiner einfachen Handhabung nach wie vor großer Beliebtheit. Dagegen ist sich die Fachliteratur einig, dass es aufgrund der massiven Schwächen grundsätzlich abzulehnen ist.

Oft werden simple „handwerkliche" Fehler begangen, indem auch bei Größen, die gar keinem Risiko unterliegen, Zu- oder Abschläge vorgenommen werden:

- Auch bei Vermeidung solcher Fehler und Konzentration der Korrekturen auf die risikobehafteten Größen erfolgt die Berücksichtigung der Risiken summarisch, damit zu pauschal und ohne Bezug auf die theoretische Basis des Sicherheitsäquivalents. Weder das tatsächliche Ausmaß des Risikos noch die subjektive Risikopräferenz des Entscheidungsträgers werden damit adäquat erfasst.
- Eine gleichzeitige Korrektur der Zahlungsgrößen und des Kalkulationszinssatzes ist theoretisch nicht zu rechtfertigen. Entweder sind korrigierte, das Risiko berücksichtigende Zahlungsgrößen mit einem dann risikolosen Kalkulationszinsfuß zu diskontieren, oder es sind unkorrigierte Zahlungsgrößen mit einem Kalkulationszinsfuß abzuzinsen, der dann das Risiko adäquat berücksichtigen muss.
- Die reale Risikostruktur wird dadurch nicht sichtbar gemacht, sondern sogar verschleiert.
- Problematisch ist das Verfahren vor allem dann, wenn nicht zuerst mit den tatsächlich im Durchschnitt erwarteten Größen und dann mit korrigierten Größen gerechnet wird, um die Auswirkung der Korrekturen erkennbar zu machen, sondern wenn sofort im ersten Schritt – was in der Praxis üblich ist – die Berechnung mit korrigierten Inputwerten durchgeführt wird.
- Bei der Interpretation der Ergebnisse wird oft übersehen, dass die so berechneten Kapitalwerte, wenn pauschale Zu- und Abschläge gemacht werden, gar nicht auf Daten basieren, mit deren Eintritt tatsächlich gerechnet wird. Selbst bei theoretisch korrekter Ableitung von Sicherheitsäquivalenten müsste man die resultierenden Kapitalwerte eher als abstrakte Nutzenwerte und nicht als tatsächlich erwartete (diskontierte) Zahlungsgrößen interpretieren.

2.9.6   Berücksichtigung der Unsicherheit in der Investitionsrechnung: Risikoadjustierung des Kalkulationszinssatzes

Die gleiche korrigierende Wirkung auf den Kapitalwert einer Investition wie beim Ansatz von Sicherheitsäquivalenten lässt sich erzielen, wenn man statt der Zahlungsströme (also der Zählergröße in der Kapitalwertformel) die Nennergröße, also den Kalkulationszinsfuß, gemäß dem Investitionsrisiko adjustiert.

Damit der Risikozuschlag z auf den Kalkulationszinsfuß r dem Sicherheitsäquivalent in der Ergebniswirkung gleichwertig ist, muss folgende Bedingung gelten:

$$KW_{korr} = \frac{Sicherheitsäquivalent}{r} = \frac{\mu}{r+z}$$

Daraus folgt für die angemessene Höhe des Risikozuschlags z:

$$z = \left(\frac{\mu}{Sicherheitsäquivalent} - 1 \right) \cdot r$$

Da das Sicherheitsäquivalent sinnvollerweise nie kleiner angesetzt sein sollte als der geringste erwartete Wert, lässt sich als maximales z festlegen:

$$z(\max) = \left(\frac{\mu}{Mindestertragserwartung} - 1 \right) \cdot r$$

Bei der beschriebenen Vorgehensweise wird der Risikoaufschlag auf den Kalkulationszinsfuß also subjektiv, entsprechend der Risikopräferenz des Entscheidungsträgers festgelegt, die im Sicherheitsäquivalent ihren Ausdruck findet. Folglich unterliegt sie auch den gleichen theoretischen und praktischen Problemen wie die Ableitung von Sicherheitsäquivalenten. Als besondere Schwierigkeit ist zu vermerken, wenn mehrere Inputgrößen, z.B. die jährlichen Einnahmenüberschüsse, der Restwert und die Anschaffungsausgaben unsicher sind und mit Sicherheitsäquivalenten auf ihre nutzengleichen sicheren Werte umgerechnet werden. Es existiert keine eindeutige Regel, wie in diesen Fällen ein diesen Korrekturen entsprechender Risikozuschlag auf den Zinsfuß vorgenommen werden soll.

Ein alternativer, in der Praxis inzwischen häufig begangener Weg, den Risikoaufschlag auf den Zinsfuß zu bestimmen, bietet sich über die Nutzung der Modelle und Erkenntnisse der Kapitalmarkttheorie. Insbesondere das von Sharpe, Lintner und Mossin in den 1960-er Jahren des letzten Jahrhunderts entwickelte **Capital Asset Pricing Model** (CAPM) bildet dabei die Basis für die Ableitung eines von den subjektiven Risikopräferenzen des Entscheidungsträgers unabhängigen Risikoaufschlags. Das CAPM zeigt, dass unter den Bedingungen eines vollkommenen Kapitalmarkts für Kapitalanlagen mit gleichem Risiko auch der gleiche Preis gelten muss. Die Renditen einzelner Kapitalanlagen (Investitionen) unterscheiden sich dann nur durch die Prämie, die für das übernommene Risiko vom Markt verlangt und bezahlt wird. Wird das Anlagekapital genügend breit gestreut, dann gleichen sich die spezifischen, in der Theorie als „unsystematisch" bezeichneten Risiken der einzelnen Kapitalanlagen aus. Nicht durch eine breite Streuung beseitigbar ist dagegen das Risiko, dass sich die Renditen aller Anlagen gemeinsam in eine bestimmte Richtung bewegen. Nur dieses sog. **systematische Risiko** wird vom Markt durch eine Risikoprämie auf den risikolosen Zins entgolten.

Folgt man diesen Überlegungen, dann schätzt jeder Investor das Risiko einer Kapitalanlage ein und leitet daraus seinen (Mindest-)Renditeanspruch ab. Denn diesen würde er ja bei einer Alternativanlage am Markt mit gleichem Risiko realisieren können. Die so abgeleiteten risikoadjustierten Renditen sind also als objektivierte Opportunitätskosten einer Kapitalanlage zu interpretieren. Es ist damit theoretisch bündig und sinnvoll, sie als Kalkulationszinsfuß für Investitionsrechnungen zu benutzen. Die Einschätzungen des „Marktes", also aller anderen Anleger, ersetzen die subjektive Einschätzung der Risikopräferenz und führen zu einer gleichsam objektiven Bestimmung angemessener Risikoprämien.

Der risikoadjustierte Zinssatz r_r berechnet sich also nach dem CAPM wie folgt:

$$r_r = r + \beta * (r_M - r)$$

Der risikolose Zins r wird um die der jweiligen Investition angemessene Risikoprämie adjustiert. Diese setzt sich zusammen aus der Risikoprämie, die der Kapitalmarkt für risikobehaftete Anlagen im Durchschnitt bezahlt, also der Marktrendite r_M risikobehafteter Anlagen abzüglich des risikolosen Zinses r, und einem Faktor β, der das systematische Risiko der jeweiligen Investition misst, also die Stärke des Gleichlaufs der spezifischen Investitionsrendite mit der Marktrendite.

Bei der Verwendung solcher objektivierter risikoadjustierter Kalkulationszinsfüße sind einige theoretische Probleme nicht zu übersehen. Zum einen ist das CAPM als abstraktes Gleichgewichtsmodell unter strengen Annahmen, nicht als die reale Welt und deren Bedingungen erklärendes Modell entwickelt worden. So ist seine Erklärungskraft für die real zu beobachtenden Renditen wiederholt in Frage gestellt bzw. widerlegt worden. An die Stelle des CAPM könnte daher auch ein anderes, komplexeres kapitalmarkttheoretisches Modell mit größerer Erlärungskraft treten. Zum andern ist auch fraglich, ob ein für den Kapitalmarkt und die dort typische Verhaltensweise der breiten Streuung der Kapitalanlagen entwickeltes Modell ohne Schwierigkeiten auf reale Investitionen und Investoren übertragen werden kann, bei denen dieser Diversifikationseffekt der Vernichtung der investitionsspezifischen Risiken nicht oder nur ansatzweise gegeben ist.

Die praktischen Probleme der Ableitung konkreter Zinsfüße für Investitionen sind nicht minder groß. Denn so eindeutig die obige Formel wirkt, so schwierig ist die Bestimmung der „richtigen" Zahlenwerte, vor allem für die Marktrendite und das β. Denn es ist zum einen nicht eindeutig, welcher sachliche und regionale Markt der Messung der Rendite zugrunde gelegt wird. So weist der DAX als Markt der 30 größten deutschen börsennotierten Unternehmen eine andere Marktrendite auf als ein breiter deutscher oder gar als ein europäischer oder ein Weltmarktaktienindex. Ebenso erhält man andere Renditegrößen, wenn auch andere Assetklassen wie Renten oder Immobilien in den Marktindex einbezogen werden. Zum andern hat gerade die jüngere Vergangenheit wieder schlagende Belege dafür geliefert, wie stark die ausgewiesene Marktrendite vom Zeitraum abhängig ist, für den sie berechnet wird.

So lassen sich beliebige Zeiträume mit sehr hohen, mäßigen oder gar negativen Risikoprämien finden. Auch die Betas der Unternehmen sind stark vom Erhebungszeitraum abhängig. Es ist auch kritisch zu prüfen, ob einzelnen Unternehmensinvestitionen einfach die Betas des gesamten Unternehmens zugrunde gelegt werden dürfen oder ob nicht investitionsspezifische Betas ermittelt werden müssten. Für nicht börsennotierte Unternehmen besteht ohnehin das Problem, aus ähnlichen Unternehmen mit Börsennotierung die notwendigen Werte für die Berechnung abzuleiten und zu übertragen.

Über diese Einzelaspekte hinausgehend ist zu dem Verfahren der Sicherheitsäquivalente und dem daraus ableitbaren Ansatz risikoadjustierter Kalkulationszinsfüße grundsätzlich kritisch anzumerken, dass sie zwar formal das Investitionsrisiko berücksichtigen und im Ergebnis der Investitionsrechnung niederschlagen lassen. Durch die Umrechnung der Verteilungen auf einwertige Größen werden aber letztendlich die möglichen Streubreiten der Ergebnisse und damit die tatsächliche Risikostruktur der Investition gerade nicht ersichtlich, sondern bleiben verdeckt.

2.9.7   Bewältigung der Unsicherheit durch sequentielle Investitionsentscheidungen

Den bisher dargestellten Verfahren der Bewältigung der Unsicherheit lag eine einstufige Investitionsentscheidung zugrunde. In vielen Fällen, insbesondere bei großen, für die Entwicklung eines Unternehmens entscheidenden Investitionsprojekten, bietet sich jedoch als Strategie an, die geplante Investition in mehreren Schritten vorzunehmen. Nach einer Anfangsinvestition hängt dann die Auswahl des nächsten Schrittes, also der Art und des Umfangs der Folgeinvestition, davon ab, wie die Umwelt auf die Erstinvestition reagiert hat. So kann ein Unternehmen z.B. bei Einführung eines neuen Produkts zunächst mit dem Aufbau einer kleinen Produktionsanlage starten. Wenn die Kunden auf das neue Produkt positiv reagieren, also mit weiterer erhöhter Nachfrage zu rechnen ist, kann dann im nächsten Schritt ein Ausbau der Anlagen erfolgen. Erweist sich dagegen die Produkteinführung als Misserfolg, dann kann das Unternehmen z.B. mit einer Beibehaltung oder gar mit einer Rückführung der Kapazität, aber auch mit einer Verstärkung der Marketingaktivitäten reagieren.

Aufgrund der Unsicherheit können also je nach der Reaktion der Umwelt unterschiedliche Folgeentscheidungen getroffen werden. Es sind deshalb für alle als wahrscheinlich erachteten Umweltzustände alternative Investitionsfolgen zu planen. Aus diesem Grund wird das Verfahren verschiedentlich auch als flexible Planung bezeichnet.

Solche möglichen Entscheidungssequenzen lassen sich als Entscheidungsbäume darstellen. Sie bestehen aus Entscheidungsknoten (E_i), bei denen der Investor eine Wahlentscheidung zu treffen hat, Ereignisknoten (U_j), die die in Abhängigkeit von den getroffenen Entscheidungen erwarteten Umweltzustände (z.B. Nachfragereaktionen, Konkurrentenverhalten, Konjunkturentwicklung, politische Entscheidungen) beschreiben, und den sie verbindenden Kanten (Ästen), die die Handlungsalternativen und deren erwarteten Ergebnisse bei den jeweiligen Umweltzuständen abbilden. Für den Eintritt der Umweltzustände werden meist subjektive Wahrscheinlichkeiten angenommen, so dass auch hier die vorher beschriebenen Entscheidungsregeln unter Risiko Anwendung finden können. Die R_i lassen sich als Kapitalwerte der Handlungsalternativen bei Eintritt bestimmter Umweltsituationen verstehen.

Die beiden Gründerinnen sind sich uneins, ob sie gleich zu Beginn ihr Geschäft „groß" ausbauen (also zwei Fahrzeuge kaufen) oder erst einmal „klein" (mit einem Fahrzeug) anfangen und dann die weitere Entwicklung abwarten sollen. Frau Labelle plädiert für eine „große Lösung", d.h. für einen sofortigen Ausbau der Kapazität. Frau Mustermann ist dagegen wesentlich skeptischer und schlägt daher vor, moderat zu beginnen und erst im nächsten Schritt, wenn sich die positiven Erwartungen tatsächlich erfüllen sollten, eine Erweiterung vorzunehmen.

Bei einer Entscheidung für die anfängliche kleine Lösung (= oberer Ast von E_1) wird das Unternehmen, so schätzen sie, mit einer Wahrscheinlichkeit von je 50% mit einer schwachen oder einer hohen Nachfrage rechnen können (U_1 und U_2). Entwickelt sich die Nachfrage positiv, dann kann im zweiten Schritt (E_2) das Unternehmen mit dem Kauf eines weiteren Fahrzeugs (= oberer Ast von E_2), aber auch mit einer zeitweisen Anmietung weiterer Fahrzeuge (= unterer Ast von E_2) reagieren. Die daraus resultierenden Überschüsse (R_1-R_4)hängen wiederum davon ab, wie die Umwelt (U_5-U_8) diese zweiten Schritte aufnimmt, wie also Kunden und Konkurrenten sich verhalten.

Bei einer niedrigen Nachfrage (U_2) sieht Frau Mustermann die Möglichkeiten, dann entweder keine weiteren Änderungen vorzunehmen (= oberer Ast von E_3) oder mit einer Verstärkung der Marketingaktivitäten zu reagieren (= unterer Ast von E_3). Die daraus erwarteten Zahlungsüberschüsse in Abhängigkeit von den Umweltreaktionen U_9-U_{11} zeigen R_5-R_7.

Entscheidet sich das Unternehmen für die sofortige große Lösung (unterer Ast von E_1), dann wird es ebenfalls mit einer Wahrscheinlichkeit von je 50% mit einer hohen und einer niedrigen Nachfrage rechnen können (U_3 und U_4). Da ein „Rückbau" der Kapazität nicht möglich oder sinnvoll erscheint, bleibt es bei anfänglich schlechter Nachfrage bei der getroffenen Entscheidung mit der Folge eines negativen Ergebnisses R_{11}.

Bei freundlicher Reaktion des Marktes bleibt den beiden die Möglichkeit, es bei der großen Kapazität zu belassen (= oberer Ast von E_4) oder sie sogar noch etwas auszubauen (= unterer Ast von E_4). Je nach der weiteren Marktentwicklung resultieren daraus die erwarteten Ergebnisse R_8-R_{10}.

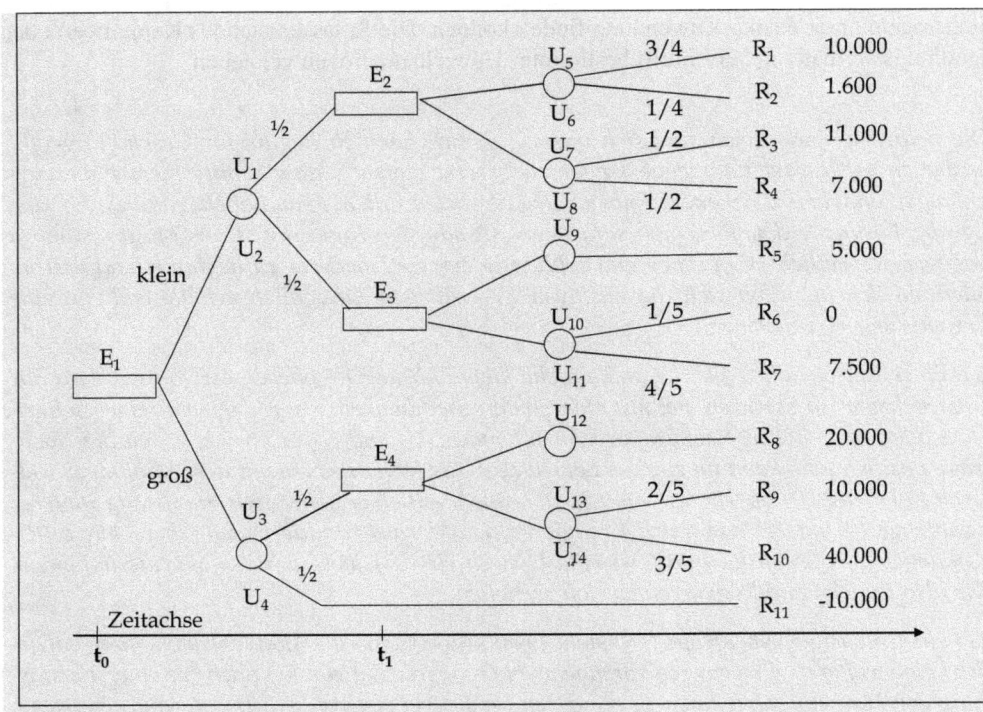

Das unmittelbare Entscheidungsproblem des Investors besteht nun darin, die Startentscheidung E_1 (im Zeitpunkt t_0) optimal zu treffen, ohne die tatsächlich eintretenden Umweltzustände und damit die später zu treffenden Folgeentscheidungen mit Sicherheit zu kennen. Als ein Lösungsweg wird das sog. **Roll Back-Verfahren** vorgeschlagen. Im Wege der Rückwärtsrechnung wird für jeden „Entscheidungsast" der Erwartungswert der Ergebnisse berechnet. Begonnen wird mit den möglichen Folgeentscheidungen, für die die geschätzten Resultate R_i vorliegen. Dazu sind diese Resultate R_i, die bei einer bestimmten Entscheidung und den auf sie folgenden möglichen Umweltzuständen zu erwarten sind, mit den Wahrscheinlichkeiten für das Eintreten dieser Umweltzustände zu gewichten. Die Erwartungswerte der Entscheidungsäste für jeden Entscheidungsknoten können nun miteinander verglichen werden. Falls der Investor also einmal in die Entscheidungssituation E_i kommen sollte, wäre es für ihn vorteilhaft, den Entscheidungsast zu wählen (die Folgeentscheidung zu treffen), der den höchsten Erwartungswert aufweist. Dem Entscheidungsknoten wird dieser Wert zugeschrieben. Die anderen möglichen Alternativen in diesem Entscheidungsknoten mit niedrigeren Erwartungswerten werden deshalb eliminiert.

In dieser Weise werden alle Entscheidungsknoten bewertet, denen unmittelbar Endresultate zugeordnet werden können. Diese Vorgehensweise wiederholt sich dann auf der nächsten vorgelagerten Entscheidungsstufe, in zweistufigen Entscheidungssequenzen also auf der anstehenden Startinvestitionsentscheidung. Die eben berechneten maximalen Erwartungswerte der Entscheidungsknoten der Folgestufe bilden nun die Ausgangsresultate alternativer

Entscheidungen bei Eintritt der denkbaren Umweltsituationen. Für die Entscheidungsäste der Startinvestition wird also in der gleichen Weise ihr jeweiliger Erwartungswert berechnet. Aus deren Vergleich lässt sich dann der erwartungswertmaximale Entscheidungsast, also die vorteilhafte Startalternative, der „robuste erste Schritt" bestimmen. In komplexeren Entscheidungssituationen lässt sich anstelle des Roll Back-Verfahrens die dynamische Programmierung einsetzen.

Wie allgemein beschrieben, müssen wir in einem ersten Schritt für jeden Entscheidungsast (E_2-E_4) den Erwartungswert berechnen.

Dazu sind die Resultate R_i der jeweiligen Entscheidung mit den Wahrscheinlichkeiten der denkbaren Umweltzustände zu gewichten. Für den oberen Ast der Entscheidung E_2 beträgt der Erwartungswert

$10.000 € * 3/4 + 1.600 € * 1/4 = 7 900 €;$

für den unteren Ast der Entscheidung E_2 errechnet sich ein Erwartungswert von

$11.000 € * 1/2 + 7.000 € * 1/2 = 9 000 €.$

Falls also später die Entscheidungssituation E_2 auftreten sollte (das geschieht, wenn wir in E_1 den oberen Ast wählen und dann die Umwelt mit einer hohen Nachfrage reagiert), ist es vorteilhafter, sich für den „unteren Ast" zu entscheiden. Der obere Ast wird deshalb eliminiert (hier durch einen Strich durch die Kante angedeutet) und der Erwartungswert des besseren Astes im Entscheidungsknoten als später mögliches Ergebnis festgehalten.

Analog sind auch die Werte für E_3 und E_4 zu berechnen. Bei E_3 erweist sich der untere Ast als vorteilhafter, ebenso bei E_4, weil in beiden Fällen deren Erwartungswerte höher sind als bei Wahl der anderen Alternative.

Die „Entscheidungswerte" der bedingten Entscheidungen E_2-E_4 betragen also, wie in folgendem Schaubild ersichtlich,

E_2 $= 9.000 €;$

E_3 $= 6.000 €;$

E_4 $= 28.000 €.$

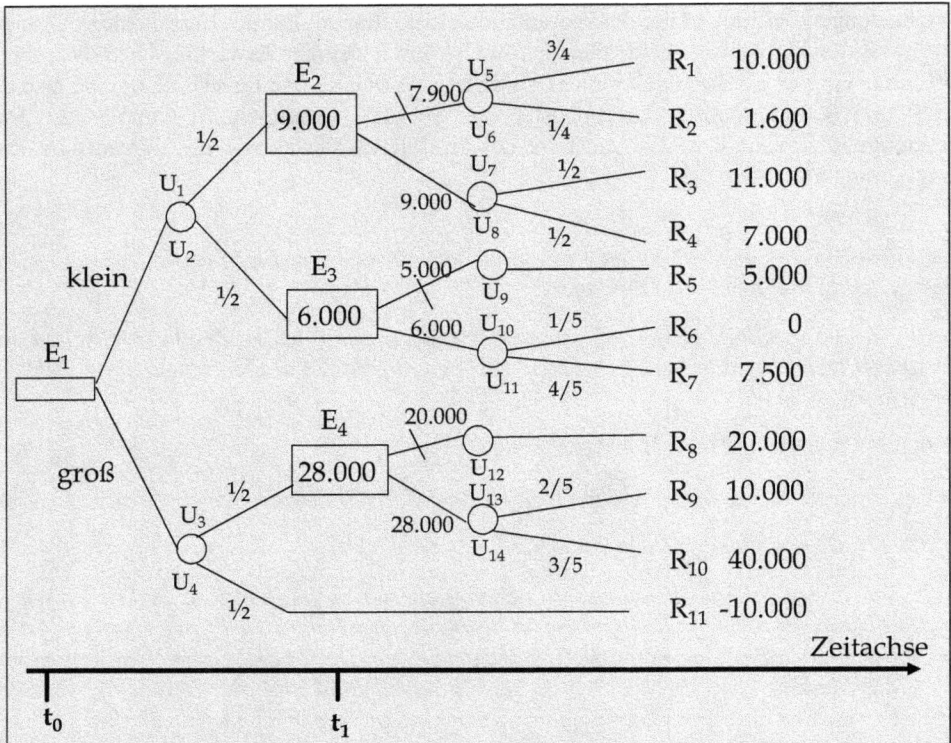

Im nächsten Schritt kann nun dieses Verfahren für die zeitlich davor liegende Entscheidung, also für die Äste der Entscheidung E_1 wiederholt werden. Wir „rollen" die Entscheidung damit durch Einsetzen der jeweils besseren Erwartungswerte zurück auf eine einperiodige Entscheidung.

Der obere Ast der Entscheidung E_1 ergibt einen Erwartungswert von

9.000 € * 1/2 + 6.000 € * 1/2 = 7.500 €;

der Erwartungswert des unteren Astes beläuft sich auf

28.000 € * 1/2 + (-10.000 €) * 1/2 = 9.000 €.

Damit erweist sich der untere Ast (sofortige starke Erweiterung der Kapazität) als die vorteilhafte Anfangsinvestition in E_1.

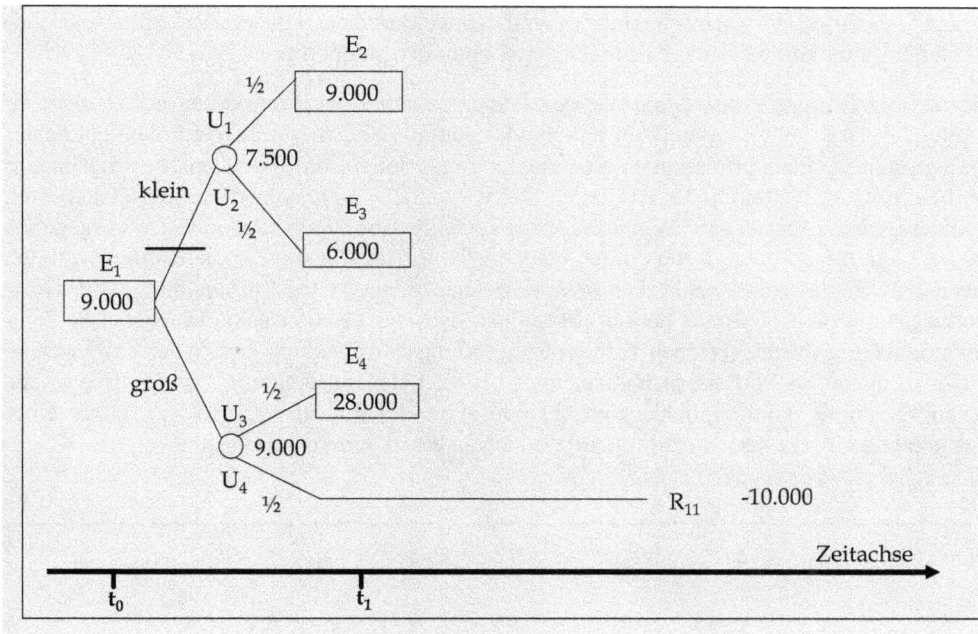

Die Kritik an der beschriebenen Vorgehensweise lässt sich zum einen an der unbefriedigenden Erfassung des Risikoaspekts, zum andern an den hohen Informationsanforderungen festmachen. Bei der Berechnung des Wertes eines Entscheidungsastes wird in der Tat meist (wie auch hier) nur vom Erwartungswert ausgegangen. Die Streuung der Resultate bleibt unberücksichtigt. Dieser Kritik kann aber abgeholfen werden, wenn statt der Erwartungswerte die Bernoulli-Nutzen jeder Alternative angesetzt werden, die die Risikopräferenz des Investors zum Ausdruck bringen.

Die hohen Informationsanforderungen zeigen sich darin, dass dem Investor im Zeitpunkt t_0, neben den jetzigen auch alle späteren Handlungsmöglichkeiten, alle möglichen zukünftigen Umweltsituationen und deren Eintrittswahrscheinlichkeiten sowie die Resultate jedes Astes (also deren Zahlungsströme und die sich daraus errechnenden Kapitalwerte) bekannt sein müssen. Dabei sind Entscheidungssituationen in der Realität regelmäßig noch wesentlich komplexer als im gewählten Beispiel. Der Entscheidungsbaum wird somit sehr schnell unübersichtlich und verursacht kaum zu bewältigende Planungsprobleme. Dabei gilt es zu beachten, dass ein einmal aufgestellter Entscheidungsbaum nicht einfach „abgearbeitet" wird, d.h. die Folgeentscheidungen so durchgeführt werden, wie sie im Entscheidungsbaum mit den jeweiligen Zahlungsströmen geplant werden. Vielmehr muss, wenn nach der ersten Entscheidungsrunde die Umwelt ihre Reaktion gezeigt hat und die Folgeentscheidung ansteht, erneut ein kompletter Entscheidungsbaum mit Alternativen, Umweltsituationen und Resultaten entsprechend der nunmehr verfügbaren Informationslage entwickelt und optimiert werden. Dieser praktischen Schwierigkeit kann dadurch begegnet werden, dass man sich auf

wenige „wichtige" Folgeentscheidungen und Umweltzustände konzentriert, allerdings mit
der Gefahr, nunmehr bestimmte Entwicklungsrichtungen zu übersehen.

Die flexible Planung weist einige Gemeinsamkeiten mit Investitionsketten auf, wie sie in
Kapitel 2.4 dargestellt wurden. Dort hatten wir ebenfalls Folgen von Investitionen betrachtet
und versucht, kapitalwertmaximale Ketten von Investitionen mit optimalen Nutzungsdauern
für die einzelnen Kettenglieder zu finden. Der wesentliche Unterschied zur hier diskutierten
flexiblen Planung besteht darin, dass dort die jeweiligen Folgeinvestitionen fix vorgegeben
waren, wenn die optimale Kette einmal berechnet war. Bei Annahme sicherer Informationen
über die Zahlungsströme macht dies auch Sinn. Hier hingegen, bei Entscheidung unter Unsicherheit, hatten wir ja gerade darauf abgehoben, dass der Investor seine Folgeentscheidung
davon abhängig macht, welchen Erfolg seine Anfangsentscheidung erzielt hat bzw. welche
Entwicklung an den Märkten sich abzeichnet, bis die Folgeentscheidung ansteht. Eine solche
zustandsbedingte Wahlmöglichkeit erhöht den Wert der Investitionskette gegenüber einer
starr geplanten Folge von Investitionen, wie sich an einem einfachen Beispiel zeigt.

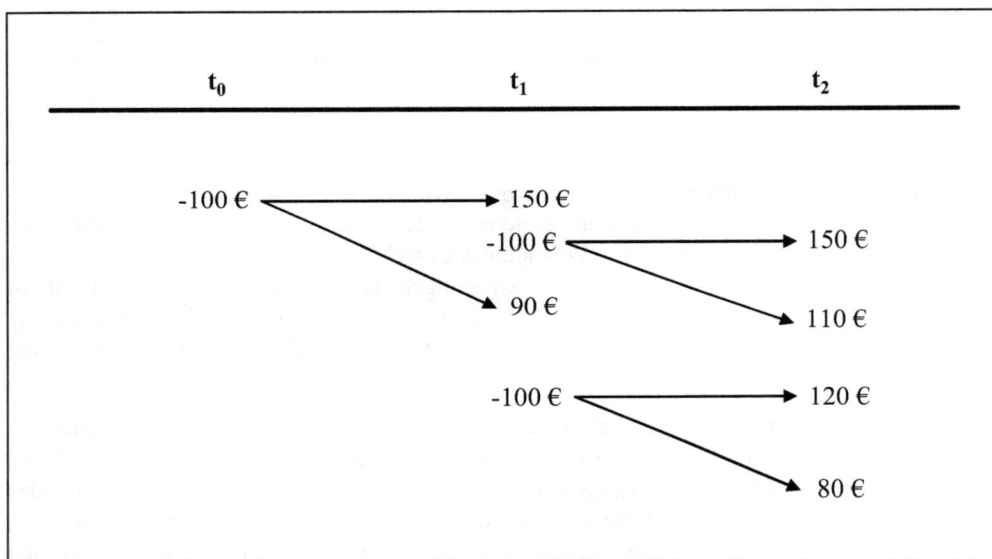

Abb. 2.17   Zustandsabhängige Folgeentscheidungen

Eine Investition in t_0 mit einer Anschaffungsausgabe von 100 € bringe in t_1 mit je 50%
Wahrscheinlichkeit Rückflüsse von 150 € oder 90 €, im Durchschnitt 120 €. Das Ergebnis
einer Folgeinvestition in t_1, ebenfalls mit Investitionssumme 100 €, sei abhängig von der
eingetretenen Umweltsituation. Entwickelt sich die Umwelt positiv, hat also die Erstinvestition Rückflüsse von 150 € gebracht, dann sind bei der Folgeinvestition, wieder mit je 50%
Wahrscheinlichkeit, Rückflüsse von 150 € oder 110 € zu erwarten. Der Erwartungswert der
Rückflüsse beträgt damit 130 €. Bei schlechter Entwicklung dagegen bringt sie Rückflüsse

von 120 € oder 80 €, also mit Erwartungswert 100 €. Als Kalkulationszinssatz werden 10% unterstellt.

Bei starrer Planung wird ein risikoneutraler Entscheidungträger, der sich also nur am Erwartungswert orientiert, auf jeden Fall nach der Erstinvestition die Folgeinvestition durchführen. Denn sowohl der Erwartungswert der Erstinvestition als auch der Folgeinvestition sind positiv. Das Anhängen der Folgeinvestition erhöht bei einem Zinsfuß von 10 % den gesamten Kapitalwert, wie der Zahlungsstrom zeigt.

$KW_{Erstinvestition}$ = 9,09 €

$KW_{Investitionskette}$ = 13,22 €

Wenn der Investor dagegen die Entwicklung der Erstinvestition abwartet, wird er die Folgeinvestition nur im Fall der günstigen Umweltsituation vornehmen.

Er erwirtschaftet dann bei einem Kalkulationszinsfuß von 10 % folgenden Kapitalwert.

t_0	t_1	t_2
-100 €	150 €	
	-100 €	130 €
-100 €	50 €	130 €

$KW_{Szenario\ I}$ = 52,89 €

t_0	t_1	t_2
-100 €	90 €	
-100 €	90 €	

$KW_{Szenario\ II}$ = -18,18 €

Bringt die Erstinvestition nur 90 €, verzichtet der Investor vernünftigerweise auf die Folgeinvestition, da der Erwartungswert ihrer Rückflüsse nur so hoch ist wie die Investitionssumme und ihr Kapitalwert folglich mit -9,09 € negativ ausfällt.

Mit je 50%-iger Wahrscheinlichkeit wird der Investor also, bei Verzicht auf die Folgeinvestition, mit einem Kapitalwert von -18,18 € bzw. bei Durchführung der Folgeinvestition mit einem Kapitalwert von 52,89 € rechnen können. Der Erwartungswert der beiden Ergebnisse liegt dann bei 17,35 € und damit deutlich höher als bei starrer Planung.

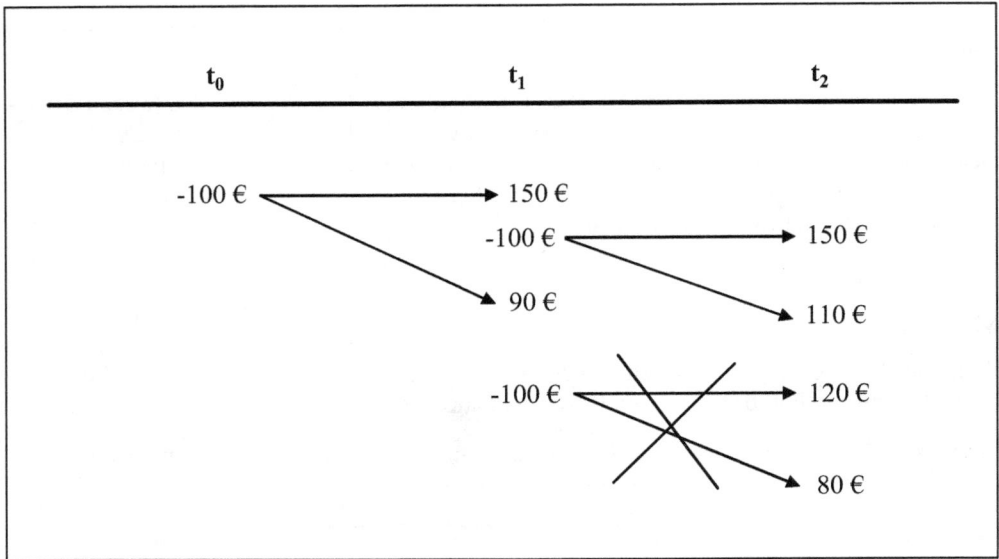

Abb. 2.18   Darstellung der Investitionskette bei zustandsabhängiger Folgeentscheidung

Ein moderner Begriff für Wahlmöglichkeit bei künftigen Entscheidungssituationen heißt Option. So lag es nahe, die Erkenntnisse der Optionspreistheorie und die daraus entstandenen Optionspreismodelle, die für Kapitalmarktprodukte an (beinahe) vollkommenen Märkten entwickelt wurden, auf die Bewertung von Optionen der hier beschriebenen Art bei Investitionen, auf sog. Realoptionen, zu übertragen. Aufgrund der strengen formalen Anforderungen der Optionspreismodelle an die Marktbedingungen und auch wegen Datenproblemen ist aber ihre Übertragung nur im Sinne einer Heuristik möglich. Im Rahmen unserer einführenden Überlegungen wollen wir auf eine Darstellung der Realoptionstheorie und ihrer Einsatzmöglichkeiten zur Unterstützung von Investitionsentscheidungen verzichten.

2.9.8   Reduzierung der Unsicherheit durch Diversifikation

Ein einfaches Modell der Reduzierung der Unsicherheit bei Investitionen stellt die verfolgte Regel dar, man solle „nicht alle Eier in einen Korb legen". Sie prägt sicher in großem Umfang praktische Verhaltensweisen der Kapitalanlage. Damit die Einhaltung dieser Regel tatsächlich eine Reduktion des Risikos bringt, muss gelten, dass sich die Umweltzustände bzw. die Investitionsergebnisse nicht gleichgerichtet entwickeln, sondern z.B. zufällig schwanken. Für unsere beiden Gründerinnen bedeutet dies, dass z.B. die Nachfrage nach den Prestige Cars sich schlechter als erwartet entwickelt und damit geplante Umsätze ausbleiben, während gleichzeitig die Nachfrage nach dem Arrangement von Festivitäten weit über den erhofften Umfang steigt. Ungeplante Gewinne und Verluste gleichen sich somit partiell aus, so dass das Gesamtrisiko des Geschäfts der Gründerinnen sich nicht schlicht aus der Addition der Einzelrisiken der Geschäftsbereiche ergibt, sondern deutlich niedriger ausfallen kann.

Von entscheidender Bedeutung hierfür ist offenbar, ob die Entwicklungen der Zahlungsströme der einzelnen Investitionen voneinander unabhängig verlaufen, von einem gemeinsamen Faktor getrieben werden, sich gegenseitig bedingen oder verstärken oder sich gegenläufig verhalten. Das statistische Maß für den Gleichlauf ist der Korrelationskoeffizient. In allen Fällen, in denen die Entwicklungen einzelner Investitionen sich nicht völlig gleichförmig verhalten (also einen Korrelationskoeffizienten von 1 aufweisen), reduziert eine Mischung mehrerer Investitionen das Gesamtrisiko des Investors. Im Extremfall völlig gegenläufiger Entwicklungen (Korrelationskoeffizient von -1) führt die Kombination von zwei in sich hoch risikobehafteten Einzelinvestitionen sogar zu einer insgesamt risikolosen Kapitalanlage.

Mit dieser Überlegung ist dann nicht mehr (nur) das Ergebnis der Einzelinvestitionen für die Frage der Attraktivität von Kapitalanlagen maßgebend, sondern deren Beitrag zur Verbesserung der Rendite-Risikokombination für das Investitionsportfolio. Der Nobelpreisträger Markowitz hat in den 1950-er Jahren mit seiner **Theorie der Portfolio Selection** diese Grundidee aufgegriffen und daraus ein systematisches Modell entwickelt, das unter bestimmten Annahmen über das Verhalten der Investoren, die Kapitalanlagen und die verfügbaren Informationen Aussagen über optimale Kombinationen von Kapitalanlagen liefert. Auch die modernen Gleichgewichtstheorien des Kapitalmarkts bauen auf diesen Überlegungen auf. In der Wertpapieranlage für private und institutionelle Anleger hat sich die Konzeption der Mischung von Anlagen zur Erreichung nutzenmaximaler Rendite-Risikopositionen inzwischen allgemein durchgesetzt.

Wir hatten uns hier auf Realinvestitionen konzentriert. Auch bei ihnen kann die Idee der Portfolio Selection grundsätzlich zum Tragen kommen. Lange Zeit wurde sie sogar zu einem dominanten Konstruktionsprinzip von Konzernen erklärt, indem der Diversifikationseffekt einzelner Geschäftsbereiche besondere Beachtung erfuhr und damit möglichst heterogene Geschäftsbereiche ausgewählt und kombiniert wurden. Hier sind aber auch die Grenzen der Anwendung des Grundkonzepts der Risikoreduzierung durch Diversifikation bei Realinvestitionen deutlich zutage getreten: Während ein Kapitalanleger idealtypisch Wertpapiere beliebig mischen kann, ohne durch deren Auswahl deren Einzelrenditen und -risiken zu beeinflussen, treten bei Realinvestitionen typische Synergie- und Anergieeffekte auf, d.h. die Investitionserfolge sind nicht unabhängig von dem Zusammenwirken der Investitionen und vor allem auch von den Fähigkeiten des Unternehmers, in spezifischen Märkten mit spezifischen Investitionsideen tätig zu werden. Wenn die Marktstrategie einen Ausbau des westeuropäischen Marktes nahe legt, macht es wenig Sinn, nur aus Gründen der Diversifikation von Risiken in Teilmärkte mit hohen Risikostreueffekten zu investieren.

2.9.9 Weiterführende Literatur

In der Struktur unserer Darstellung ähnlich, aber umfangreicher stellt Kruschwitz, L.: Investitionsrechnung, 10. Auflage, München 2005, S. 297-443, die Investitionsentscheidungen unter Unsicherheit dar.

Einen Überblick über die verschiedenen Risikobegriffe liefert Mikus, B.: Risiken und Risikomanagement – ein Überblick, in: Götze, U. et al. (Hrsg.): Risikomanagement, Heidelberg 2001, S. 3-28.

Zur Anwendung von Sensitivitätsanalysen auf die Investitionsentscheidung vgl. Kilger, W.: Kritische Werte in der Investitions- und Wirtschaftlichkeitsrechnung, Zeitschrift für Betriebswirtschaft 1965, S. 338-353.

Die Risikoanalyse durch Simulation geht auf Hertz, D.: Risk analysis in capital investment, Harvard Business Review 1/1964, S. 95-106, zurück.

Das Basiswerk zur Risikoreduzierung durch Diversifikation ist Markowitz, H.: Portfolio Selection: Efficient Diversification of Investments, New York 1959 (reprint der 2. Auflage: Cambridge 1997).

Eine leicht zugängliche Hinführung zum CAPM bieten Schmidt, R.H./Terberger, E.: Grundzüge der Investitions- und Finanzierungstheorie, 4. Auflage, Wiesbaden 1997, S. 339-374. Sehr knapp, aber ebenfalls gut verständlich ist die Darstellung bei Spremann, K.: Modern Finance, 2. Auflage, München 2005, S. 103-124.

2.9.10   Übungsaufgaben

1. *Grenzen Sie Entscheidungen unter Ungewissheit von Entscheidungen unter Risiko ab.*

2. *Charakterisieren Sie risikofreudige und risikoscheue Anleger! Veranschaulichen Sie beide Anlegertypen anhand einer geeigneten Grafik (mit Beschriftung und Erklärung)!*

3. *Was ist das Gemeinsame, was sind die zentralen Unterschiede von Sensitivitäts- und Risikoanalysen? Was leisten Sie zum Umgang mit dem Investitionsrisiko?*

4. *Was besagt das Sicherheitsäquivalent? Wie lässt es sich zur Bewältigung des Risikos bei Investitionsentscheidungen einsetzen?*

5. *Wie verhält sich der Risikozuschlag auf den Kalkulationszinssatz zum Ansatz eines Sicherheitsäquivalents?*

6. *Ein Investor sieht sich mit folgender Gewinnmatrix konfrontiert und möchte sich anhand der Ertragswert-Standardabweichungs-Regel für eine der Alternativen entscheiden.*

Situation	s1	s1	s1	μ	σ
Wahrschein-lichkeit	0,5	0,3	0,2		
A	-100	150	800	155	340,18
B	-50	200	600		247,44
C	100	200	300	170	

a) *Vervollständigen Sie die obige Tabelle!*

b) *Als risikoscheuer Investor hat er für sich ein λ von 0,5 festgelegt! Sie sollen ihm als Berater zur Seite stehen. Welche Alternative würden Sie ihm aus welchen Gründen empfehlen?*

7. *Gegeben sei folgende Entscheidungsmatrix bei einer Investition (die Zahlen sind Gewinngrößen):*

Situation Eintrittswahr- scheinlichkeit	s1 (gut) 0,5	s2 (mittel) 0,3	s3 (schlecht) 0,2
A	10	6	0
B	15	7	-2
C	20	6	-3
D	8	6	0

a) *Ist eine Alternative dominant oder ineffizient?*

b) *Was bedeutet Wahrscheinlichkeitsdominanz?*

c) *Ist eine Alternative wahrscheinlichkeitsdominant?*

8. *Die jährlichen erwarteten Einnahmenüberschüsse einer Investition mögen gleichverteilt zwischen 600 000 € und 900 000 € schwanken. Der risikolose Zinsfuß sei 8 %. Wie hoch darf dann der maximal anzusetzende Risikoaufschlag ausfallen?*

9. *Unter welcher Voraussetzung ist eine Alternative wahrscheinlichkeitsdominant?*

10. *Erklären Sie das Bernoulli-Prinzip der Maximierung der Nutzen!*

3 Finanzierung

3.1 Finanzierungsquellen, Finanzierungsformen, finanzielle Arrangements

3.1.1 Finanzierungsbegriff und Finanzierungsquellen

Der erste Teil des Buches hatte mit den Investitionsentscheidungen und den hierfür zweckmäßigen Rechenverfahren vertraut gemacht. Nun sind im zweiten Teil die Möglichkeiten der Beschaffung der zu ihrer Realisierung notwendigen Finanzmittel vorzustellen und die für ihre Auswahl anzustellenden Überlegungen zu diskutieren.

Wir werden im Weiteren die Quellen der Finanzierung nach der **Innenfinanzierung** und der **Außenfinanzierung** unterscheiden. Dies findet sich allerdings in keinem modernen (angelsächsischen) Lehrbuch. Worum geht es genau? Die meisten Bücher nennen als Aufgabe der Finanzierung etwas unpräzise die Kapitalbeschaffung. Häufig wird dann – in Umkehrung der zahlungsstromorientierten Definition für die Investition – Finanzierung beschrieben als ein Zahlungsstrom, der mit einer Einnahme beginnt und in späteren Perioden Ausgaben(überschüsse) erwarten lässt. Konsequent weiter gedacht und eng ausgelegt bedeutet dies eine Beschränkung auf eine Geldzufuhr von außen in das Unternehmen. Eine Finanzierung lässt sich dann näher als Folge eines Kontrakts zwischen dem Unternehmen und einem Kapitalgeber beschreiben, der die Bedingungen der Kapitalüberlassung näher regelt. Weil alle Kapitalgeber aus der Sicht des Unternehmens „außen" stehen, stellt jede Art einer solchen Kapitalzuführung eine Außenfinanzierung dar.

Bei einer solchen Begriffsfassung fällt also der Teil der Zahlungsströme eines Unternehmens, den wir im Einführungsteil als solche des Innen- oder Leistungsbereichs bezeichnet hatten, nicht oder nur partiell unter die Finanzierung. Denn Umsatzeinnahmen resultieren ebenso wie Ausgaben für die Beschaffung von Produktionsfaktoren nicht, zumindest nicht unmittelbar, aus Finanzierungskontrakten. Sehen wir Finanzierung hingegen aus dem Blickwinkel des Finanzmanagers, dann besteht seine zentrale Funktion, wie eingangs beschrieben, in der Planung und Abstimmung **aller** Zahlungsströme des Unternehmens, also einschließlich der Einnahmen und Ausgaben des Leistungsbereichs. Finanzierung in diesem Sinne betont den Aspekt der Liquiditätsbeschaffung, auch wenn die liquiden Mittel nicht von Finanziers dem Unternehmen neu zugeführt werden. Wir nehmen diese weitere Sicht ein, die im Folgenden zu der Untergliederung in Innen- und Außenfinanzierung führt, werden aber jeweils deutlich auf den spezifischen Charakter des jeweiligen Finanzierungstypus hinweisen.

In den detaillierteren Ausführungen zu den einzelnen Finanzierungsformen wird sich ohnehin zeigen, dass Innen- und Außenfinanzierung in mehrfacher Weise indirekt miteinander verbunden sind. So lassen sich – auch dies hatten wir im Eingangskapitel betont – alle im Leistungsbereich verfügbaren Geldmittel auf frühere Einzahlungen von Kapitalgebern zurückführen. Sie stellen daher nicht gleichsam „herrenloses" Geld dar, auf das niemand Anspruch erheben könnte. Vielmehr ist in jeder Periode grundsätzlich neu darüber zu befinden, ob diese Mittel bis auf weiteres im Unternehmen verbleiben oder besser (weil so effizienter verwendet) an die Kapitalgeber zurückgegeben werden sollten.

Des Weiteren spielt das Innenfinanzierungspotential, also der Saldo der Einnahmen und laufenden Ausgaben des Leistungsbereichs, eine bedeutende Rolle bei der Beurteilung der Attraktivität eines Unternehmens aus Sicht von Eigen- wie von Fremdkapitalgebern, also für deren Entscheidung, eine Finanzierungsbeziehung mit einem Unternehmen einzugehen oder eine schon bestehende beizubehalten. Denn das Innenfinanzierungspotential, oft als Cash Flow bezeichnet, signalisiert die Fähigkeit des Unternehmens, aus diesen selbst erwirtschafteten Überschüssen Kredite zu tilgen, Investitionen durchzuführen und Wachstum zu realisieren, ohne hierfür den Finanzmarkt in Anspruch nehmen zu müssen. Wir werden hierauf bei der Darstellung der Möglichkeiten von Fremdkapitalgebern, ihren Rückzahlungsanspruch zu sichern, noch intensiver eingehen.

3.1.2   Typen von Finanziers und Finanzierungsmotive

Mit der (zeitweisen) Überlassung von Geld an ein Unternehmen tauschen die Kapitalgeber (Finanziers) sicheres Geld gegen mehr oder weniger unsichere Ansprüche auf künftige Zahlungsströme. Als Kompensation hierfür fordern bzw. erwarten sie eine bestimmte Verzinsung, evtl. begleitet von Ansprüchen auf Mitsprache- und Informationsrechte, Zugriffsmöglichkeiten auf Sicherheiten oder von Kündigungs- und Ausscheidungsmöglichkeiten. Art und Umfang der geforderten Kompensation werden vom wahrgenommenen Risiko des Kapitalgebers abhängen, sein Geld ganz oder teilweise zu verlieren bzw. die geforderte Verzinsung zu verfehlen. Als „Benchmark" für die Höhe der Ansprüche dienen generell die Bedingungen, die am Finanzmarkt bei einer im Risiko vergleichbaren Anlage im Durchschnitt zu erzielen sind. Die Kenntnis der Preisbildung an den Finanzmärkten und der Einflussfaktoren auf die vom „Markt" geforderten Kompensationen für die Überlassung von Kapital ist daher zentrale Voraussetzung für rationale Finanzierungsentscheidungen von Unternehmen.

Die Finanziers haben durchaus unterschiedliche Vorstellungen über die Höhe des Risikoanteils, den sie zu tragen bereit sind, und auch über die Ansprüche, die sie damit verbinden. Die eine Extremposition ist eine möglichst risikolose Anlage, die auf einen fixen, vom unsicheren Unternehmensergebnis unabhängigen und abgesicherten Rückzahlungs- und Zinsanspruch gerichtet ist. So wird typischerweise die Position eines Fremdkapitalgebers beschrieben. Dem steht als andere Extremposition die Übernahme des vollen Unternehmensrisikos gegenüber, bei der nicht nur der Zahlungsanspruch mit dem unsicheren Unternehmenserfolg schwankt, sondern über die auch gewährleistet ist, dass die fixen Ansprüche des Fremdkapitalgebers erfüllt werden. Dies entspricht der Position eines idealtypischen Eigenkapitalgebers. In praxi finden sich aber viele Mischpositionen in der Weise, dass Eigenkapitalgeber diese volle Absicherung von Fremdkapitalansprüchen nicht gewährleisten wollen oder können und deshalb auch Fremdkapitalgeber partiell Risiken mittragen (müssen). Insgesamt sind immer Finanziers notwendig, die Risikopositionen übernehmen. Je höher der Anteil der Finanziers ist, die voll abgesichert sein wollen, desto höher ist das Risiko für die verbleibenden Finanziers, die bereit sind, Risiken zu tragen. Faktisch trägt damit mancher Fremdkapitalgeber, dessen Fixanspruch nicht besichert ist, ein dem Eigenkapitalgeber vergleichbar hohes Risiko.

3.1.2.1 Finanzierungstypus nach der Rechtsposition

Üblicherweise werden die Finanziers nach dem Kriterium der **Rechtsstellung** in Eigen- und Fremdkapitalgeber unterschieden. Bei einer **Eigenfinanzierung** ist der Kapitalgeber juristisch **(Mit-)Eigentümer** des Unternehmens. Er haftet für die Schulden des Unternehmens unbegrenzt oder mindestens in Höhe seines Kapitalanteils. Als Kompensation hierfür ist er am Gewinn und Verlust des Unternehmens beteiligt und hat beim Ausscheiden grundsätzlich Anspruch auf Beteiligung am Vermögenszuwachs. Seiner Miteigentümerposition entsprechend hat er auch grundsätzlich Rechte auf Mitwirkung an der Unternehmensführung, die allerdings je nach der gewählten Rechtsform variieren. Der Zusatz „grundsätzlich" bringt zum Ausdruck, dass solche Ansprüche vertraglich weitgehend gestaltbar sind, also auf sie gegen andere Arten von Kompensationen auch verzichtet werden kann. Oft wird als zusätzliches Merkmal des Eigenkapitals genannt, es stehe unbefristet oder gar dauerhaft zur Verfügung. Letzteres trifft jedoch nicht zu. So kann Eigenkapital gewollt z.B. durch Privatentnahmen, Kapitalherabsetzungen oder Gewinnausschüttungen, aber auch ungewollt, so z.B. durch Verluste, dem Unternehmen entzogen werden. Insbesondere ist wichtig, zwischen der Dauer der Verfügbarkeit des Kapitals für das Unternehmen und der Dauer des Engagements eines bestimmten Eigenkapitalgebers zu unterscheiden. Wir greifen dies in Kürze wieder auf.

Bei einer **Fremdfinanzierung** sind die Kapitalgeber hingegen **Gläubiger** des Unternehmens und überlassen der Unternehmung in der Regel befristet Kapital für einen meist fest vereinbarten, d.h. vom Unternehmensergebnis unabhängigen Zins auf den Nominalwert des Kapitals. Ihr Anspruch beschränkt sich infolgedessen auch auf die termin- bzw. vertragsgetreue Bezahlung dieses Zinses und Rückzahlung des überlassenen Betrags. Die typischen Schwankungen der Unternehmensgewinne tangieren Fremdkapitalgeber nur insofern, als sie eine Höhe erreichen, die die vertragsgemäße Bedienung der Kredite nicht mehr erlaubt oder gar eine Insolvenz auslöst. Im letzteren Falle haben sie dann Anspruch, aus dem verbleibenden Firmenvermögen oder zugesagten Sicherheiten bedient zu werden. Damit sind sie grundsätzlich einem deutlich geringeren Risiko als die Eigenkapitalgeber ausgesetzt. Dies schlägt sich in einer durchschnittlich niedrigeren Verzinsungserwartung nieder.

Mehr und mehr finden sich in der realen Welt, wie wir noch zeigen werden, Finanzierungsformen, die nach diesen Kriterien nicht eindeutig dem Eigen- oder dem Fremdkapital zuzuordnen sind, sondern Elemente der einen wie der anderen Form enthalten. Solche Mischformen werden inzwischen meist als **mezzanines** oder **Hybridkapital** bezeichnet.

3.1.2.2   Personalistische vs. kapitalistische Finanziers

Für das Verständnis der realen Finanzierungsbeziehungen erscheint uns wichtig, neben der dominant an die Rechtsposition anknüpfenden Unterscheidung in Eigenkapital- und Fremdkapitalgeber eine weitere Typisierung der Kapitalgeber nach der Enge und Dauerhaftigkeit der (Kapital-) Bindung vorzunehmen. Vordergründig scheinen Enge und Dauerhaftigkeit der Bindung des Kapitalgebers an das Unternehmen durch seine Eigentümer- oder Gläubigerposition weitgehend geprägt zu sein. Dies ist aber zunehmend in Frage zu stellen.

Sehr eng und auf Dauer angelegt ist die Bindung eines idealtypischen **Eigentümer-Unternehmers**, also eines Kapitalgebers, der einen wesentlichen Teil seines Vermögens in ein möglicherweise von ihm oder seinen Vorfahren gegründetes und aufgebautes Unternehmen investiert hat, alleine oder mit anderen dieses Unternehmen führt und aus diesem Unternehmen dominant sein Einkommen bezieht. Die Wahl einer Rechtsform, über die er unbeschränkt auch mit seinem Privatvermögen für die Schulden der Gesellschaft haftet, verstärkt diese Position noch, ist aber für die Charakterisierung dieses Typus nicht essentiell. Wir wollen diesen durch die persönliche Bindung geprägten Kapitalgebertypus „**personalistisch**" nennen. Unternehmen und Kapitalgeber sind hier fast als eine Einheit zu sehen, innerhalb derer es nur wenige Konflikte gibt. Die Unternehmens- und Eigentümerinteressen decken sich weitgehend. Ein solcher personalistischer Eigenkapitalgeber wird die Bindung zu seinem Unternehmen auch aufrechterhalten, wenn die Rendite auf sein eingesetztes Kapital nicht der üblichen Marktrendite entspricht, und wird in einer Unternehmenskrise fest zu seinem Unternehmen stehen, d.h. es mit allen Mitteln zu retten versuchen, insbesondere dann, wenn mit dem Untergang des Unternehmens auch der Arbeitsplatz als Erwerbsquelle unterginge.

Neben dem klassischen Alleineigentümer-Unternehmer sind, wenn vielleicht in abgeschwächter Form, auch die mitunternehmerisch tätigen Miteigentümer von Personen- und Kapitalgesellschaften und ebenso Familienmitglieder und Freunde der Eigentümer-Unternehmer zu diesem personalistischen Kapitalgebertypus zu rechnen, die wesentliche Teile ihres Vermögens in ein Unternehmen investieren und daraus wesentliche Teile ihres Einkommens beziehen. Damit findet er sich in der weit überwiegenden Zahl der kleinen und mittleren Unternehmen und somit der Gesamtzahl der Unternehmen wieder.

Dem steht der Idealtypus des „**kapitalistischen**" Kapitalgebers gegenüber. Dieser sieht die Beteiligung an der Finanzierung eines Unternehmens als eine von zahlreichen möglichen Kapitalanlagen, die er nach den Kriterien von erwarteter Rendite und in Kauf zu nehmendem Risiko zu optimieren versucht. Er wird also nur bereit sein, Kapital zur Verfügung zu stellen, wenn das Unternehmen mindestens Renditen verspricht, die bei vergleichbarem Risiko durchschnittlich am Finanzmarkt zu erzielen sind. Ändern sich nach Eingehen eines Finanzierungskontrakts die externen Bedingungen (z.B. andere Anlagen bieten nunmehr höhere Renditen), stellt sich das eingegangene Engagement als Enttäuschung heraus (es bietet nicht die erwarteten Renditen) oder ist das angestrebte Renditeziel erreicht oder übertroffen (z.B. der Aktienkurs steht über dem eingeschätzten „fairen" Wert), dann wird die Finanzierungsbeziehung möglichst schnell wieder aufgelöst und das Kapital anderweitig investiert. „Herzblut" hängt an einer solchen Finanzierungsbeziehung nur insofern, als natürlich auch ein kapitalistischer Finanzier während seines finanziellen Engagements möglichst viel gewinnen, zumindest aber nichts verlieren möchte und er soweit möglich durch Einflussnahme auf die Unternehmensführung darauf einzuwirken versucht.

Die Entstehung und Verbreitung dieses Kapitalgebertypus hängt selbstverständlich eng mit der Entwicklung organisierter weltweiter Finanzmärkte zusammen. Der Kauf von Unternehmensanteilen über die Börse ist der Prototyp solcher oft sehr kurzfristig orientierten Finanzierungsengagements. Ein Großteil der institutionellen Finanzinvestoren, also der Investment- oder Pensionsfonds, aber auch die Vielzahl der Kleinaktionäre zählen zu diesem Kapitalgebertypus. Auch außerhalb des Börsengeschehens finden sich „kapitalistische" Kapitalgeber, so vor allem in Form von Private-Equity-Fonds, die sich für eine begrenzte Zeit an Unternehmen beteiligen oder sie aufkaufen, um sie nach einigen Jahren möglichst mit Gewinn wieder zu veräußern.

Insbesondere die letzten Beispiele deuten darauf hin, dass „personalistischer" und „kapitalistischer" Kapitalgebertypus nicht gleichzusetzen sind mit dem Begriffspaar „aktiver" und „passiver" Finanzier. Ob und in welchem Ausmaß Finanziers auf die Unternehmensführung mit der Absicht der Steigerung der Performance einzuwirken versuchen, hängt vorrangig vom Vertrauen in die Qualität des Managements auf der einen Seite und von den Möglichkeiten der Einflussnahme auf der anderen Seite ab, die wesentlich von der absoluten und relativen Höhe des eingebrachten Kapitalanteils und damit dem „Drohpotential" des Kapitalgebers geprägt sind.

Enge und Dauerhaftigkeit der Kapitalbindung spielen nicht nur bei der Eigenfinanzierung eine Rolle. Auch Fremdkapitalgeber lassen sich als eher personalistisch oder kapitalistisch einstufen. So verhält sich die klassische Hausbank, die Unternehmen über viele Perioden und die Höhen und Tiefen der Entwicklung begleitet und mit Krediten versorgt, als personalistischer Kapitalgeber, während z.B. Investoren in Unternehmensanleihen oder in kurzfristige verbriefte Kreditformen Züge kapitalistischer Finanziers aufweisen.

Auch bei dieser Kategorisierung sollten wir uns im Klaren sein, dass die reale Welt neben den „reinen" Formen alle Schattierungen und Grautöne kennt. Vor allem sollten wir uns davor hüten, den unterschiedlichen Typen von Finanziers vorschnell wertende Etiketten wie „gut" oder „schlecht" bzw. „zu präferieren" oder „abzulehnen" oder gar abwertende Bezeichnungen aus dem Tierreich anzuhängen.

3.1.2.3 Globale Entwicklungstendenzen

Einige globale Entwicklungstrends der vergangenen Jahrzehnte, die mit für diesen Wechsel vom personalistischen zum kapitalistischen Typ des Finanziers beigetragen haben, sollen im Folgenden kurz skizziert werden.

Tendenzen an den Finanzmärkten

| Trennung von Eigentum und Verfügungsmacht | Globalisierung — begünstigt durch | 1. Ökonomisch- technologische Innovation - Informationstechnik - neue Finanzinstrumente 2. Deregulierung |

Zunahme

Kapitalmarkt-orientierung/ Verbriefung

Institutionelle Investoren

erfordert

führt zu   führt zu

Rating

Normierung Standardisierung

Handelbarkeit

führt zu

erhöhte Effizienz von Märkten

führt zu

Kostenreduzierung

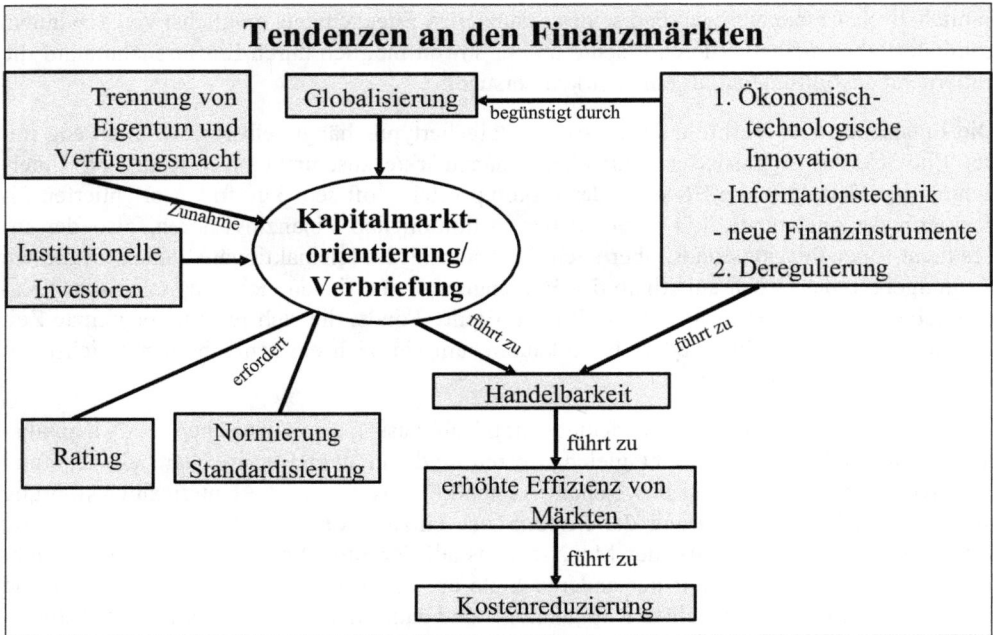

Abb. 3.1   Tendenzen an den Finanzmärkten: Übersicht

3.1.2.3.1   Kapitalmarktorientierung und Verbriefung

Wie Abb. 3.1 erkennen lässt, steht im Mittelpunkt der Finanzmarktentwicklungen eine verstärkte Orientierung am organisierten Kapitalmarkt, präziser: die Tendenz zur Verbriefung von Finanzierungskontrakten. **Verbriefung (Securitization)** bedeutet, Finanzprodukte als Wertpapiere (oder in wertpapierähnlicher Form) auszugestalten und sie damit an organisierten Märkten handelbar zu machen. Die Verbriefung kommt den Interessen der unmittelbaren Marktpartner (Unternehmen und Finanziers) ebenso wie der Finanzintermediäre (also von Unternehmen und Institutionen, die notwendige Transformationsleistungen zwischen den Vorstellungen der Kapitalnachfrager und -anbieter übernehmen) entgegen.

Ihre mögliche Handelbarkeit reduziert zudem die Anlagerisiken, erhöht die Effizienz der Finanzmärkte und senkt die Finanzierungskosten. Insbesondere erlaubt sie auch institutionellen Finanziers, sich bei Bedarf, beispielsweise zur Refinanzierung oder zur Steuerung ihrer Risikopositionen, von ihren Forderungsbeständen zu trennen, ohne dass die ursprünglichen Finanzierungskontrakte davon tangiert sind.

3.1.2.3.2 Trennung von Eigentum und Verfügungsmacht

Während der überwiegende Teil kleiner und mittlerer Unternehmen noch durch familiäre Strukturen geprägt ist und die Leitung meist in den Händen der Eigentümer liegt, überwiegt bei den Großunternehmen der Trend zur Trennung von Eigentum und Verfügungsmacht. Bei ihnen liegt das Eigenkapital in den Händen einer großen Zahl von Kleinaktionären oder großen privaten oder institutionellen Investoren. Das Management obliegt meist professionellen Fremdmanagern. Dies hat weit reichende Folgen: Zum einen treten die schon eingangs beschriebenen Probleme der **Informationsasymmetrie** – hier zwischen Management und Aktionären – auf. Dies weckt den Bedarf nach effizienter **Corporate Governance**, also nach wirksamen Institutionen und Mechanismen zur Überwachung des Managements. Ein funktionierender Kapitalmarkt mit einer ständigen Bewertung der Unternehmensperformance dient dabei als willkommenes, disziplinierend wirkendes Instrument. Zum anderen handelt es sich bei den Aktionären tendenziell um reine Finanzinvestoren ohne weitergehende Bindung an das Unternehmen. Ihre Motivation orientiert sich vorrangig an der erwarteten Aktienperformance. Das Investment wird, wenn für keine dem Durchschnitt anderer Anlagen vergleichbare Rendite mehr erwartet wird – im Gegensatz zu Gesellschaftern von Eigentümer- oder Familienunternehmen, die ihr Unternehmen auch durch schlechte Zeiten begleiten – wieder aufgelöst und bei anderen Unternehmen fortgeführt. Dies erklärt auch ihre Kapitalmarktorientierung und die Präferenz für verbriefte Anlagen: Aktionäre wollen sich mit kleinen Beträgen beteiligen, ihr Risiko begrenzen, jederzeit den Marktwert ihrer Beteiligung kennen und bei Bedarf sofort das Engagement beenden können.

3.1.2.3.3 Zunahme der Bedeutung institutioneller Investoren

Hand in Hand mit dem Anwachsen großer privater Geldvermögen und der Trennung von Eigentum und Verfügungsmacht gewinnen institutionelle Investoren zunehmend an Bedeutung. Die spezifischen Anlagebedürfnisse beziehungsweise das Anlageverhalten institutioneller Investoren, teilweise auch über die Anlagevorschriften gesetzlich erzwungen, haben den Druck in Richtung Verbriefung von Finanzierungstiteln verstärkt. Auch die in jüngerer Zeit stark an Bedeutung gewinnenden Private-Equity-Fonds, die ja gerade begriffstypisch in nicht börsennotierte Unternehmen investieren (bzw. bei einer Übernahme börsennotierter Unternehmen sie meist sofort von der Börse nehmen), benötigen funktionierende Kapitalmärkte als Exitmöglichkeiten.

3.1.2.3.4 Globalisierung der Finanzmärkte

Die Finanzmärkte sind heute in hohem Maße als globale Märkte zu sehen. Sie stellen schon aufgrund der großen Volumina und der Vielzahl von Marktteilnehmern effiziente und wettbewerbsintensive Märkte dar, auf denen für Produkte, die gleiche Renditen und Risiken erwarten lassen, gleiche Preise gelten (law of one price). Kapital wandert international immer in Anlagen, die aus Sicht der Investoren attraktiver erscheinen, und gleicht so auftretende Bewertungsungleichgewichte schnell aus. Voraussetzung für diese Globalisierung war eine umfangreiche Deregulierung, die zu einer Beseitigung der Abschottung nationaler Teilmärkte durch Zulassungsschranken, Transferbeschränkungen oder diskriminierende Steuern in praktisch allen voll entwickelten Staaten führte. Die unterschiedlichen Steuersysteme und Institutionen der Finanzmarktaufsicht stellen letzte „Reservate" nationaler Regulierungen der Finanzmärkte dar.

3.1.2.3.5   Fortschritte in der Informations- und Finanztechnologie

Die Globalisierung der Finanzmärkte wäre in dem zu beobachtenden Ausmaß trotz Deregulierungsmaßnahmen nicht möglich gewesen ohne die rasante Entwicklung moderner Informations- und Kommunikationstechnologien. Die gleichzeitige Verfügbarkeit von Finanzmarktdaten über fast den gesamten Globus trägt entscheidend zur Erhöhung der Markttransparenz bei, verstärkt Reaktionsbedarf und Reaktionsvermögen der Marktteilnehmer zwischen den Finanzzentren und fördert die Schaffung globaler, integrierter Finanzmärkte. Leistungsfähige Informationstechnologie erleichtert zudem die Berechnung „fairer" Preise, selbst für komplex gestaltete Finanzprodukte, ermöglicht das schnelle Orten von Arbitragemöglichkeiten und schafft somit Anreize zur Entwicklung weiterer Finanzmarktinnovationen.

In der Finanztechnologie setzte sich die Erkenntnis der Zerlegbarkeit von Finanzierungskontrakten in einzelne Grundbausteine durch. Komplexe Finanzprodukte lassen sich durch die Zerlegung in ihre Bausteine besser und leichter bewerten, da man (zu recht) davon ausgehen kann, dass sich der „faire" Gesamtwert aus der Summe der Einzelwerte zusammensetzt (**Additivitätstheorem**). Darüber hinaus schafft die Möglichkeit des Trennens von Finanzprodukten (**Stripping**) und ihres neuen Zusammenfügens (**Replicating**) neue, häufig synthetische Finanzprodukte, die originär am Markt nicht verfügbar sind, und erhöht damit die Effizienz von Märkten. Die systematische Nutzung dieser Möglichkeiten, häufig als **Financial Engineering** oder Finanzchemie bezeichnet, setzte die Entwicklung einer Vielzahl von derivativen Instrumenten wie Futures und Optionen und den Aufbau leistungsfähiger Märkte für diese Instrumente in Gang.

3.1.2.3.6   Standardisierung und Rating als Voraussetzung für Kapitalmarktfähigkeit

Verbriefung setzt ein gewisses Maß an Normierung und Standardisierung von Volumina, Kontraktgrößen, Laufzeiten und Kontraktspezifikationen voraus, damit der Marktteilnehmer ohne tiefere Prüfungen der jeweils geltenden Bedingungen Produkttyp, Umfang und Vertragsbedingungen einschätzen kann. In Verbindung mit der angesprochenen Zerlegbarkeit von Finanzierungskontrakten genügt es dabei, die einzelnen Komponenten zu standardisieren. Für die Marktgängigkeit bedeutsamer ist der Weg zur Bestimmung des Produktwertes. Diese Ermittlung kann durch den Markt erfolgen, der als „Produkt" aller Markteinschätzungen einen „fairen", wenn auch nicht unbedingt ökonomisch korrekten Preis findet. Handelt es sich dagegen um die Veräußerung eines Bündels mehr oder weniger risikobehafteter Kredite oder von Kreditrisiken, sind die Marktteilnehmer in der Regel nicht in der Lage, ohne genaue Prüfung der Einzelkredite einen angemessenen Preis bzw. Wert zu finden. Hierzu bedarf es eines **Ratings**, also der objektiven Beurteilung von Risiken anhand einheitlicher Bewertungsmaßstäbe und -skalen. In diesem Sinn bildet Kreditrating, das wir bei der Darstellung der Fremdfinanzierung (Kapitel 3.3.2) noch näher beleuchtet werden, eine Voraussetzung für die Marktfähigkeit von Krediten und Kreditrisiken. Das mit dem Label „Basel II" verbundene Rating von Privat- und Firmenkrediten, zu dem die Banken künftig gesetzlich verpflichtet sind, soll ebenfalls die Risiken ausgereichter Kredite möglichst einheitlich messen und damit vergleichbar und exakt bepreisbar machen. Auch wenn es in diesem Fall nicht vorrangig um die Unterstützung von Kapitalmarkttransaktionen geht, sondern um die risikoabhängige Festlegung des Mindesteigenkapitals der Banken, ist das Kernmotiv doch in der Globalisierung der Finanzmärkte und dem daraus erwachsenden Wunsch nach möglichst einheitlichen Wettbewerbsbedingungen für die international tätigen Banken zu sehen.

3.1.2.3.7   Fazit

Die aufgezeigten Tendenzen zur verstärkten Kapitalmarktorientierung und zur Verbriefung scheinen unumkehrbar, trotz der Erfahrung, dass Kapitalmarktorientierung nicht immer die erwarteten Effizienzvorteile erbringt (man denke nur an die große Zahl von Skandalen und geplatzte Bubbles an den Börsen, bei denen die Steuerungs- und Korrekturfunktion des Marktes ziemlich versagt hat). Potentielle Nutzer der veränderten Finanzierungsmöglichkeiten sind vorrangig Großunternehmen. Kleine und mittlere Unternehmen partizipieren eher indirekt über den „Takt", also die Marktbedingungen, die der internationale Finanzmarkt vorgibt. Jedes Unternehmen, das Kapital nachfragt, ist heute dem globalen Wettbewerb ausgesetzt und muss vergleichbare Konditionen bieten, um Finanziers an sich zu binden. Ob aus diesen Gründen das bisher für diese Unternehmen dominante **Relationship Banking**, das auf Vertrauen und langfristigen, oft auch persönlichen Beziehungen basierende Hausbankmodell, gänzlich verschwindet, zumindest in seiner Bedeutung zurückgedrängt und durch ein Transaction Banking abgelöst bzw. ergänzt werden wird, wird sich allerdings erst erweisen müssen.

Nun lassen aber einige Entwicklungen der letzten Jahre erkennen, dass die verstärkte Nutzung des organisierten Kapitalmarkts offenbar keine „Einbahnstraße" ist, sondern dass auch ein gegenläufiger Trend sich erfolgreich durchsetzt. Immer häufiger und mit immer größeren verfügbaren Finanzbeträgen tritt privates Kapital (Private Equity) an den Finanzmärkten auf, kauft große, auch börsennotierte Unternehmen auf und schafft es häufig, solche Unternehmen sehr erfolgreich und rentabel zu führen oder nach oft recht kurzer Haltedauer mit hohen Preisaufschlägen wieder zu veräußern. Zumindest ein, wenn nicht der dominante Grund für ihren Erfolg scheint in der effektiveren Unternehmens- bzw. Managementkontrolle durch die Konzentration der Eigentumsrechte zu liegen. Die Idee des kapitalistischen Eigentümers ist also nicht unmittelbar mit der Idee der Publikumsgesellschaft verbunden und damit auch nicht zwingend deren Agency-Problemen ausgeliefert, sondern lässt sich auch in einer Eigentums(rechts)struktur realisieren, die als „closely held", als eng geführt und kontrolliert umschrieben werden kann. Rückwirkend sollte auch bei börsennotierten Unternehmen mit breit gestreutem Kapital die stetige „Drohung", es könnte von einem solchen „gebündelten" Kapital übernommen werden, wenn es ineffizient geführt wird, auf das Management disziplinierend wirken.

Eine solche Konzentration von Eigentumsrechten ist auch für börsennotierte Familienunternehmen typisch, also Gesellschaften, deren überwiegender Kapitalanteil vom Gründer selbst oder seinen Erben gehalten wird. In der Tat zeigt sich auch bei ihnen, dass sie tendenziell in der Lage sind, eine bessere Performance zu erzielen als Unternehmen mit breit gestreuten Kapitalanteilen und Eigentumsrechten. Ein stark gegenläufiger Effekt ist allerdings in vielen Ländern zu beobachten, wenn das Familienunternehmen auch von Familienmitgliedern geführt wird. Der Vorteil der konzentrierten Verfügungsrechte wird hier offenbar durch mangelnde Qualifikation innerfamiliär ausgesuchten Managements überkompensiert. Fremdes professionelles Management, gepaart mit gebündelten Verfügungsrechten, scheint die erfolgversprechendste Kombination zu bilden.

3.1.3 Finanzielle Arrangements und die Bedeutung von Finanzierungsinstitutionen

3.1.3.1 Transformationsprobleme

Schon mehrfach haben wir die Beziehung zwischen Unternehmen und ihren aktuellen und potentiellen Kapitalgebern als Marktbeziehung charakterisiert. Deren Gestaltung muss berücksichtigen, dass die kapitalsuchenden Unternehmen und die kapitalanbietenden Finanziers meist unterschiedliche originäre Interessenpositionen und Vorstellungen zur Ausgestaltung der Finanzierungsbeziehung haben.

Auch bei symmetrischer Informationslage zwischen Unternehmen und potentiellem Kapitalgeber können ihre Positionen, wie Abb. 3.2 zeigt, divergieren in Bezug auf

- die Höhe des Betrags, den das Unternehmen benötigt bzw. den der Kapitalgeber anzulegen fähig und bereit ist;
- die Frist, für die das Unternehmen das Kapital gerne ohne Abzugsrisiko verfügbar hätte bzw. der Kapitalgeber sich gerne binden würde;
- das Risiko, das das Unternehmen gerne mit dem Kapital eingehen würde bzw. das der Kapitalgeber einzugehen bereit ist;
- die Menge und (vor allem) Güte an Informationen über das Unternehmen und die zu finanzierenden Projekte, die das Unternehmen zu geben bereit und in der Lage ist bzw. die der Kapitalgeber zur Absicherung seiner Entscheidung und zur laufenden Sicherung seiner Position zu benötigen glaubt.

Wie im Einführungsteil schon angesprochen, sind Finanzierungsbeziehungen über diese divergierenden Interessenspositionen hinaus zentral geprägt durch das Problem der asymmetrischen Informationsverteilung.

Diese asymmetrische Informationsverteilung eröffnet dem Unternehmer Möglichkeiten, vor Vertragsabschluss die Finanziers über bestimmte Eigenschaften der beabsichtigten Investition und/oder der Unternehmerperson im Unklaren zu lassen bzw. bewusst falsch zu informieren. Wir reden von verstecktem Wissen (**hidden information** oder **hidden knowledge**) und von versteckten Eigenschaften (**hidden characteristics**). So bietet der Business Plan eines Gründers durchaus die Gelegenheit, Marktchancen und Wachstumserwartungen attraktiver und Risiken geringer erscheinen zu lassen, als sie der Gründer möglicherweise selbst einschätzt. Auch die „Equity Story" eines aufstrebenden Unternehmens, das eine Erstemission an der Börse anstrebt, wird Anlass geben, die Entwicklungsprognosen in rosigerem Licht erscheinen zu lassen. Zugleich wird der Unternehmer seine fachlichen und unternehmerischen Qualitäten preisen, die der Finanzier meist auch nicht korrekt einschätzen kann.

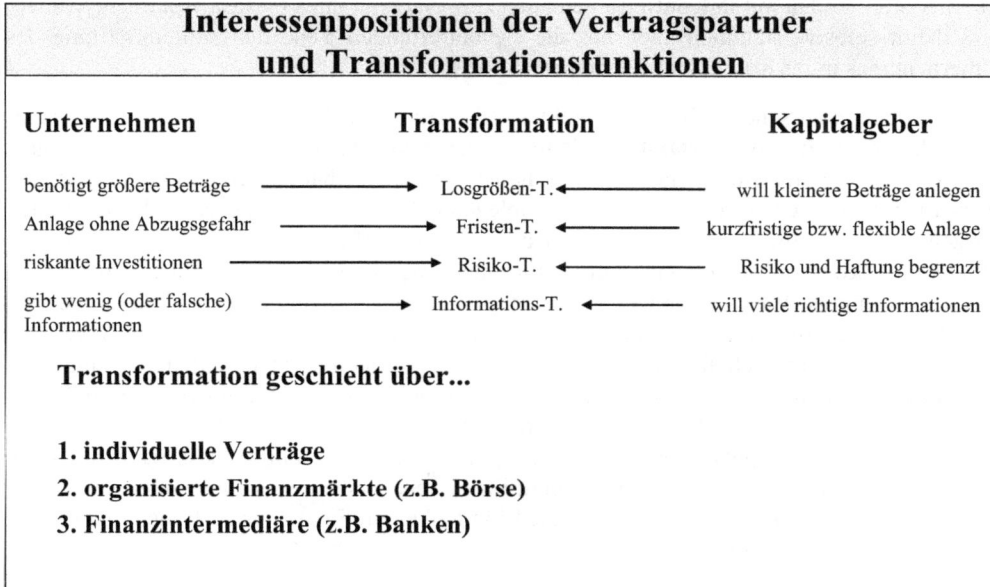

Interessenpositionen der Vertragspartner und Transformationsfunktionen

Unternehmen	Transformation	Kapitalgeber
benötigt größere Beträge ⟶	Losgrößen-T. ⟵	will kleinere Beträge anlegen
Anlage ohne Abzugsgefahr ⟶	Fristen-T. ⟵	kurzfristige bzw. flexible Anlage
riskante Investitionen ⟶	Risiko-T. ⟵	Risiko und Haftung begrenzt
gibt wenig (oder falsche) Informationen ⟶	Informations-T. ⟵	will viele richtige Informationen

Transformation geschieht über...

1. **individuelle Verträge**
2. **organisierte Finanzmärkte (z.B. Börse)**
3. **Finanzintermediäre (z.B. Banken)**

Abb. 3.2   Interessenposition der Vertragspartner und Transformationsfunktionen

Der Finanzier muss zusätzlich damit rechnen, dass der Unternehmer auch nach Abschluss eines Finanzierungsvertrags nicht vereinbarungsgemäße Handlungen zu seinem Vorteil und zum Schaden der Finanziers vornehmen kann, wenn seine Handlungen nicht (vollkommen) oder nur unter Einsatz von Kosten beobachtbar sind (**hidden action**). Die Grundlage hierfür sind Anreize für den Unternehmer, durch bestimmtes Verhalten seinen Vorteil zu mehren. Wird z.B. eine gleiche Verteilung des erwirtschafteten Gewinns auf den Eigentümer-Unternehmer und den Finanzier vereinbart, dann hat der Unternehmer nur einen geringen Anreiz, seine Arbeitsleistung auszudehnen, da er die Früchte seiner Zusatzleistung mit dem Finanzier teilen muss. Leistet er sich dagegen Annehmlichkeiten wie z.B. aufwendige Einrichtungen, Dienstwagen oder „Arbeitsessen", dann profitiert er überproportional, weil der Finanzier anteilig die Aufwendungen trägt. Dieses Risiko wird als **moral hazard** bezeichnet. Auch Fremdkapitalgeber sind diesem Risiko ausgesetzt. Sie haben Nachteile zu befürchten, wenn der Unternehmer risikoreichere Investitionen vornimmt, als er sie vorher mit dem Finanzier vereinbart hat oder als er sie wählen würde, wenn er die Investition mit eigenem Geld finanziert hätte. In ähnlicher Weise ist er in der Lage, die Risikoposition der Fremdkapitalgeber zu verschlechtern, indem er den Verschuldungsgrad durch die Entnahme von Eigenkapital oder die Aufnahme zusätzlicher Kredite erhöht.

Aus diesen Überlegungen ist selbstverständlich nicht zu schließen, dass der Unternehmer tatsächlich das Informationsgefälle zu seinen Gunsten nutzen wird. Allerdings unterstellt die moderne Finanzierungstheorie, dass die Wirtschaftssubjekte grundsätzlich egoistisch, d.h. zu ihrem Vorteil und damit in Konfliktfällen auch zum Nachteil ihres Geschäftspartners handeln und damit selbstverständlich auch nur die sie betreffenden Teile der Zahlungsströme des Unternehmens in ihr Kalkül einbeziehen.

Dies zeichnet wahrscheinlich kein korrektes Bild des tatsächlichen Verhaltens der Finanzmarktakteure. **Fairness, Verlässlichkeit und Vertragstreue** werden sicher bei einem großen, aber schwer zu bestimmenden Teil verhaltensprägende Charaktereigenschaften sein, die dazu führen, dass eben gerade nicht jede Gelegenheit zur Ausnutzung eines Vorteils auch ausgenutzt wird. Eine erhebliche Rolle für die Fairness des Verhaltens wird zusätzlich spielen, ob ein Akteur mit seinem Geschäftspartner nur einmalige oder mehrmalige Geschäftsbeziehungen eingeht. Wer seinem Geschäftspartner beim ersten Kontrakt den Eindruck vermittelt, dass er das Informationsgefälle zu seinen Gunsten ausgenutzt hat, wird sich schwer tun, die gleichen Partner noch einmal (zu akzeptablen Konditionen) für Geschäftsbeziehungen zu gewinnen. Diese Wirkung der schlechten Erfahrung wird meist nicht auf die unmittelbaren Geschäftspartner beschränkt bleiben, sondern sich in der Branche verbreiten und dann möglicherweise zu einem generellen Negativimage mit der Folge führen, dass dann nur noch schwierig und oft nur zu schlechteren Konditionen neue Finanziers zu gewinnen sind. **Vertrauen** und **Reputation** haben damit für die Möglichkeiten, Finanziers zu finden und günstige Finanzierungskonditionen zu erhalten, ein nicht unerhebliches Gewicht.

Zumindest einem rational handelnden und aufgeklärten Finanzier sind diese Risiken des Informationsgefälles und die skizzierten Zusammenhänge aber bewusst. Daher wird er ins Kalkül ziehen, dass der Unternehmer grundsätzlich zu einer Ausnutzung des Informationsgefälles in der Lage wäre. Er wird also eine Finanzierungsbeziehung nur eingehen, wenn er meint, diese Risiken unter Berücksichtigung evtl. gewonnener Erkenntnisse und Erfahrungen einschätzen zu können, sie durch geeignete Maßnahmen reduzieren kann und/oder wenn er für verbleibende Risiken angemessen kompensiert wird.

Auch aufgeklärte Unternehmer wissen um die Problematik asymmetrischer Information, sehen also einerseits ihre Möglichkeiten zu opportunistischem Handeln, erkennen aber anderseits auch die daraus resultierenden Hemmnisse für die potentiellen Kapitalgeber, Finanzierungsbeziehungen einzugehen.

3.1.3.2 Wege zur Lösung der Transformationsprobleme

Was werden Unternehmer wie Finanziers, die ja grundsätzlich beide am Zustandekommen von Finanzierungskontrakten interessiert sind, unternehmen, um trotz dieser vielfältigen Schwierigkeiten unterschiedlicher Interessenlagen und asymmetrischer Information zusammen zu finden? In welcher Weise lassen sich durch Einschaltung von Institutionen und durch geeignete Vereinbarungen Lösungen finden?

3.1.3.2.1   Individuelle Vertragsverhandlungen

Abb. 3.2 benennt drei mögliche Wege der Abstimmung der divergierenden Interessen von Unternehmen und Kapitalgebern. Wie leicht einzusehen ist, erweist sich die Abstimmung über **individuelle Vertragsverhandlungen** als der schwierigste. Denn er bedeutet, dass bei anfänglich divergierenden Vorstellungen entweder ein oder beide Vertragspartner seine / ihre Positionen aufgeben und sich der Vorstellung des anderen Partners annähern oder anpassen müssen. Es sind also Kompromisse notwendig. Der Druck für den einzelnen Verhandlungspartner, ihn einzugehen, wird von seiner Machtposition und damit vor allem von seinen Alternativen der Lösung des Finanzierungs- oder des Kapitalanlageproblems abhängen. Andernfalls kommt eben kein Finanzierungskontrakt mit diesem Verhandlungspartner zustande. Die Zahl der möglichen Finanziers, die hierüber zu gewinnen sind, wird damit eher gering sein, weil entweder Partner mit originär weitgehend gleichen Interessenspositionen gefunden werden müssen oder ein Aufgeben originärer Interessenspositionen für die eine oder andere Seite (oder beide) nötig ist. Wie später bei der Betrachtung einzelner Formen der Eigenfinanzierung noch deutlich werden wird, ist diese Form der Abstimmung der Interessen mit ihren angesprochenen Schwierigkeiten typisch für personalistische Finanzierungsbeziehungen.

3.1.3.2.2   Organisierte Finanzmärkte

Die Abstimmung unterschiedlicher Interessenspositionen gelingt erheblich leichter, wenn ein **organisierter Primär- und Sekundärmarkt** für Anteile an Unternehmensfinanzierungen besteht. Der Idealtypus hierfür ist der Handel von Unternehmensanteilen (Aktien) und Fremdkapitaltiteln (Anleihen) an der Börse.

Die Nutzung der Börse erlaubt die **Größentransformation**. Durch die Aufspaltung des benötigten Betrags in eine Vielzahl kleiner Anteile mit standardisierten Rechten und Pflichten ist es möglich, diese kleinen Anteile auch einer großen Zahl interessierter Kapitalgeber anzubieten, die in Papiere dieses Unternehmens nur kleine Beträge investieren wollen oder können. Für das Unternehmen wird darüber dennoch der gesamte benötigte Kapitalbetrag aufgebracht.

Besonders wichtig ist der Beitrag der Börse für die **Fristentransformation**. Als Sekundärmarkt schafft sie dem einzelnen Investor die Möglichkeit, sich börsentäglich von seiner Kapitalanlage wieder zu trennen, indem er sie an einen anderen Investor weiterveräußert. Das Unternehmen ist davon unmittelbar gar nicht tangiert, weil ein solcher Wechsel unter den Mitfinanziers keine Auswirkungen auf die Verfügbarkeit des aufgebrachten Kapitals hat, also mit keinem Geldabfluss verbunden ist. Oft erfährt das Unternehmen von diesen Verkäufen auch gar nichts und ist nur insofern möglicherweise negativ betroffen, als unerwünschte Investoren über diesen Weg zu Finanziers des Unternehmens werden, unerwünscht deshalb, weil von ihnen Einflussnahmen auf die Unternehmensführung und/oder Benachteiligungen anderer Finanziers befürchtet werden.

Eine **Risikotransformation** gelingt über die Börse insofern, als der Finanzier durch die Möglichkeit, sich mit kleinen Beträgen am einzelnen Unternehmen zu engagieren, sein gesamtes Anlagekapital auf mehrere Anlagen streuen (diversifizieren) kann. Sein Erfolg hängt dadurch nicht mehr ausschließlich vom Wohl und Wehe eines einzelnen Unternehmens ab. Durch Diversifikation kann er das Gesamtrisiko seines Vermögensportfolios also reduzieren.

In einer anderen Weise trägt die Börse ebenfalls zur Reduktion der vom Finanzier wahrgenommenen Risiken bei: Organisierte Märkte als Institutionen stellen ein Bündel von Verhaltensregeln für die Marktteilnehmer dar, deren Einhaltung geprüft und deren Nichtbeachtung sanktioniert wird. Die Zulassung der von einem Unternehmen ausgegebenen Wertpapiere zum Börsenhandel wird deshalb von den Finanziers gern als ein zusätzliches Qualitätsmerkmal interpretiert, das einen höheren Grad an Sicherheit für das eingesetzte Kapital verspricht als bei einem Direktvertrag. Inwieweit dies gerechtfertigt ist und vom Typ und gewählten Segment der Börse abhängt, wird später noch aufzugreifen sein.

Die Börse sorgt auch für eine **Informationstransformation**. Durch die laufende Preisstellung weiß der Finanzier jederzeit, wie der Markt (also die anderen aktuellen und potentiellen Finanziers) den Wert des Finanzierungstitels einschätzt. Die Kapitalmarkttheorie unterstellt gerne (vereinfachend), der Finanzmarkt sei weitgehend informationseffizient. Das bedeutet, dass alle verfügbaren öffentlichen Informationen über das Unternehmen und seine mögliche künftige Entwicklung umgehend und korrekt im Börsenkurs verarbeitet sind. Soweit dies zutrifft, entbindet die Börse den einzelnen Finanzier von einer eigenständigen Informationssuche und -auswertung, weil er dann daraus keine zusätzlichen oder besseren Erkenntnisse gewinnen kann als die, die im aktuellen Kurs schon enthalten sind. Auch wenn der einzelne Finanzier nicht völlig auf die Informationseffizienz des Finanzmarktes vertraut, kann er aus dem aktuellen Kurs und der bisherigen Kursentwicklung, den Erkenntnissen seiner eigenen Analysen zum „fairen" Preis gegenübergestellt, seine Entscheidung ableiten, weiter bei dem Unternehmen engagiert zu bleiben oder sein Investment zu beenden.

3.1.3.3   Finanzintermediäre

Eine Zwischenposition zwischen der individuellen Verhandlungslösung und der Nutzung eines organisierten Marktes stellt die Einschaltung von Finanzintermediären dar. Als **Finanzintermediäre** lassen sich in einer weiten Interpretation alle Institutionen oder Unternehmen verstehen, deren Zweck es ist, zwischen Kapitalanbieter und -nachfrager zu treten und durch ihre Leistungen das Zustandekommen von Finanzierungskontrakten zu fördern. In diesem Sinne zählen auch reine Finanzmakler, die Kapitalanbieter und -nachfrager kennen und ihnen die Suche nach einem geeigneten Vertragspartner erleichtern, dazu.

Von Finanzintermediären im engeren Sinne oder auch von **Finanzproduzenten** wird oft dann gesprochen, wenn deren Transformationsleistungen so weit gehen, dass sie formal als Finanziers auftreten. Die originären Finanziers stellen ihr Geld dann also nicht mehr direkt dem Unternehmen, sondern dem Finanzintermediär zur Verfügung, der es seinerseits in transformierter Form an die kapitalsuchenden Wirtschaftseinheiten weitergibt. Eine unmittelbare Vertragsbeziehung zwischen dem originären Finanzier und dem Kapitalnachfrager besteht dann nicht mehr. Banken sind typische Beispiele für solche Finanzproduzenten. Versicherungen und alle Formen offener und geschlossener Investmentfonds sind ebenfalls dazu zu zählen.

Banken nehmen von anlagewilligen Wirtschaftssubjekten Einlagen an und geben dieses Geld in transformierter Form an Unternehmen weiter. Auch sie sind in der Lage, die beschriebenen Transformationsfunktionen zu einem bestimmten Grad zu erbringen. So sammeln sie Einlagen unterschiedlichen Volumens und geben sie in anderen Größenordnungen weiter. Ebenso transformieren sie Fristigkeiten, wie sie die Kapitalanleger wünschen, zu einer zeitlichen Verfügbarkeit entsprechend den Vorstellungen des Unternehmens.

Eine Risikotransformation kann auf vierfache Weise gelingen.

1. Finanzintermediäre vermögen den Diversifikationseffekt auszunutzen, indem sie ihre Finanzierungen auf eine Vielzahl von Wirtschaftssubjekten streuen.
2. Die Transformationsleistung kann so weit gehen, dass die Anlagerisiken einer Einlage bei der Bank fast völlig von den Ertrags- und Ausfallrisiken der Bank selbst aus deren Einzelgeschäften entkoppelt sind, also nur noch das Risiko des Zusammenbruchs der Bank selbst beim Anleger verbleibt. Selbst dieses kann dann noch durch Einlagensicherungssysteme ausgeschlossen sein.
3. Finanzintermediären, zumindest Institutionen mit entsprechender historischer Performance, wird eine Reputation zugesprochen, die zum einen für eine bestimmte Qualität der Auswahl der Geschäftspartner und zum anderen für Seriosität der Geschäftsabwicklung steht. Diese wird verstärkt, wenn der Finanzintermediär durch rechtliche Vorschriften in seinen Handlungsmöglichkeiten beschränkt ist und er der mit Sanktionen bewehrten Kontrolle öffentlicher Instanzen (z.B. BaFin) unterliegt.
4. Durch die Größentransformation und aufgrund der fachlichen Qualität sind Finanzintermediäre meist besser in der Lage, Prüfungen der Ertragsaussichten und der Vertrauenswürdigkeit kapitalsuchender Unternehmen vor Eingehen einer Finanzierungsbeziehung und Kontrollen der ordnungsgemäßen und sinnvollen Verwendung der überlassenen Gelder nach Vertragsabschluss durchzuführen, als dies der einzelne „kleine" Kapitalgeber könnte oder wollte.

Die letzten Punkte weisen auch schon auf die Informationstransformation durch Finanzintermediäre hin. Sie ersparen dem originären Finanzier oft völlig die Suche und Interpretation von Informationen über die letztlich mit Finanzmitteln versorgten Unternehmen oder liefern zumindest absichernde Zusatzerkenntnisse.

Wir konnten mit diesen Hinweisen zeigen, dass die Nutzung von organisierten Märkten und von Finanzintermediären geeignet ist, die Abstimmung der verschiedenen Interessenlagen von Finanziers und kapitalsuchenden Unternehmen besser zu bewältigen als durch unmittelbare Verhandlungen zwischen potentiellen Partnern. Zugleich wurde deutlich, dass sich dadurch auch die Probleme der Informationsasymmetrie zumindest partiell bewältigen lassen. Ein Teil der Probleme bleibt aber, für den noch Lösungen gefunden werden müssen. Vor allem die insgesamt recht positive Darstellung der hilfreichen Funktionen von Finanzintermediären darf nicht überdecken, dass hier zum einen zwischen einzelnen Typen von Finanzintermediären recht große Unterschiede bestehen können. So wird z.B. ein Venture Capital Fonds deutlich geringere Transformationsleistungen erbringen als eine klassische Bank. Zum anderen bedeutet die Zwischenschaltung eines Intermediärs immer auch die Beteiligung eines weiteren Wirtschaftssubjekts mit eigenen Interessen. Der Finanzintermediär vermag nicht nur Probleme der asymmetrischen Informationsverteilung zu reduzieren, er schafft seinerseits auch neue Informationsasymmetrien. Ob z.B. eine Bank „fair" berät oder dem Anleger überwiegend eigene, vielleicht schlechtere Produkte andient oder ob ein geschlossener Fonds, der von Privatanlegern mit dem Lockmittel der Steuerersparnis Gelder einsammelt und in Schiffs-, Film- oder Immobilienfinanzierungen anlegt, letztlich mehr Risiken der Informationsasymmetrie abbaut als neue schafft, kann nur die Einzelfallprüfung klären.

3.1.3.4   Absicherung gegen Risiken

Wie kann ein Finanzier mit den verbleibenden Risiken umgehen? Ihm stehen grundsätzlich folgende Wege offen:

1. Er nimmt das Risiko in Kauf, fordert bzw. erwartet aber als Kompensation einen adäquaten Aufschlag bei der Verzinsung.
2. Er versucht, seinen Informationsstand zu verbessern.
3. Er fordert Informations-, Mitwirkungs- und Kontrollrechte.
4. Er besteht auf Sicherheiten und Sanktionsrechten für den Fall der Nichterfüllung der vertraglichen Vereinbarungen.

Dabei sind die Wege 1, 2 und 3 eher typisch für einen Eigenkapitalgeber, während bei der Vergabe von Fremdkapital vor allem den Wegen 2 und 4 eine große Bedeutung zukommt.

Ad (1): Die Kompensation übernommener Risiken im Preis ist eine konsequente marktwirtschaftliche Lösung. Sie ist daher auch der durchgängig gewählte Weg. Jeder Finanzier wird seine Verzinsungsforderung (wenn sie vertraglich fixiert wird) oder Verzinsungserwartung (wenn er am unsicheren Unternehmenserfolg partizipiert) an dem von ihm wahrgenommenen Risiko orientieren. Hierzu muss er in der Lage sein, das Risiko eindeutig zu definieren und in quantitativer Weise zu messen. Ebenso muss er eine Vorstellung von der angemessenen Prämie je Risikoeinheit entwickeln, um ihr einen adäquaten Aufschlag auf die risikolose Verzinsung zuordnen zu können. Beides ist erst einmal subjektiv bestimmt.

So wird nicht jeder Finanzier die einzelnen Risikokomponenten und damit das von ihm einzugehende Gesamtrisiko gleich einschätzen. Die Kapitalmarkttheorie unterstellt vereinfachend gerne homogene Erwartungen aller Marktteilnehmer bezüglich der Renditen und Risiken einer Kapitalanlage. Realistischer dürfte die Annahme sein, dass die Finanziers – z.B. aufgrund eines unterschiedlichen Informationsstands oder unterschiedlicher Konzepte der Risikomessung – heterogene Erwartungen und damit unterschiedliche Einschätzungen des Ausmaßes der Geschäfts- oder der Agencyrisiken haben und daher zu differierenden Einschätzungen des angemessenen Risikoaufschlags kommen. Daher wird der eine Privatinvestor eine Neuemission an der Börse für attraktiv halten und zeichnen, deren Preis ein anderer für unangemessen hoch hält. Ebenso wird die eine Bank bereit sein, ein Gründerunternehmen mit einem Kredit zu unterstützen bzw. ihn zu deutlich günstigeren Konditionen zur Verfügung zu stellen als das Konkurrenzkreditinstitut in der gleichen Stadt. Für die Prämie (die Kompensation) je Risikoeinheit dagegen wird sich an den Finanzmärkten ein weitgehend einheitlicher Preis herausbilden, der allerdings über die Zeit nicht notwendig konstant ist.

Eine Kompensation der Finanzierungsrisiken über den Zins erweist sich dann als unzureichend, wenn die Gefahr besteht, dass sich nach Vereinbarung der Finanzierungskonditionen die Bedingungen zu Ungunsten des Finanziers verändern, also sich seine Risiken erhöhen. Denn dann ist die vereinbarte Kompensation nicht mehr risikoadäquat. Dies kann durch externe Einflüsse geschehen, wenn z.B. aufgrund neuer gesetzlicher Regelungen sich die Marktchancen des Unternehmens verschlechtern. Für den Finanzier problematischer sind aber Verschlechterungen seiner Position, die vom Unternehmer unter Ausnutzung des Informationsvorsprungs absichtlich herbeigeführt werden, um dessen eigene Zielerreichung zu verbessern. Zur Absicherung gegen solche Zusatzrisiken bedarf es weiterer vertraglicher Arrangements.

Ad (2): Der Umfang des von einem Finanzier einzugehenden Risikos ist, gleichgültig ob er vom Unternehmenserfolg abhängige oder unabhängige Ansprüche vereinbart, nicht gleichsam exogen und objektiv gegeben, sondern ist Ergebnis seiner subjektiven Wahrnehmung und Einschätzung und vor allem von seinem **Informationsstand** abhängig. Damit kann er möglicherweise durch zusätzliche Aktivitäten der Informationsgewinnung und -auswertung sein Risiko reduzieren und sei es nur die Unsicherheit über sein Risiko, d.h. sich sicherer zu sein in der Einschätzung, das Risiko richtig erfasst zu haben. Eine zusätzliche Informationsgewinnung ist immer dann sinnvoll, wenn die dadurch erreichte Verbesserung der Entscheidungsbasis mehr Nutzen bringt, als sie an Kosten verursacht. Dummerweise ist vor der Gewinnung weiterer Informationen meist nicht abschätzbar, welchen zusätzlichen Nutzen sie erbringen werden.

Finanziers werden sich also in aller Regel nicht mit den vom kapitalsuchenden Unternehmen zur Verfügung gestellten Informationen zufrieden geben, sondern von sich aus aktiv werden, weitere Informationen sammeln bzw. vom Unternehmen anfordern und die potentiellen Anlageobjekte, das Unternehmen und die relevanten Akteure wie die Unternehmensleitung und andere wichtige Finanziers „durchleuchten" (daher oft als **Screening** bezeichnet). Neben einfachen, intuitiven, kaum theoretisch fundierten Verfahren können Eigen- und Fremdkapitalgeber auch auf ausgefeilte Systeme der **Finanzanalyse** zurückgreifen, die die finanzwirtschaftliche Wissenschaft und die Praxis hierzu entwickelt haben. Analysen zur Unterstützung der Eigenkapitalgeber sind dabei vorrangig auf die Einschätzung der Ertragskraft und Ertragsstabilität gerichtet. Aus der Sicht von Fremdkapitalgebern spielt die Abschätzung der Wahrscheinlichkeit eines Ausfalls (der nicht vertragsgemäßen Bedienung des Kredits) und des in diesem Falle voraussichtlich entstehenden Schadens die dominante Rolle.

Für diese Unternehmensanalysen werden, je nach Analysezweck in unterschiedlicher Gewichtung, „harte", quantitativ belegbare Daten ebenso wie „weiche" Faktoren (z.B. Einschätzung charakterlicher Merkmale von Personen), Erwartungs- und Prognosegrößen ebenso wie Erfahrungswerte und historische Daten Verwendung finden. Wie später bei der Vorstellung von Fremdkapitalvarianten noch ausführlicher zu zeigen sein wird, kommt bei den Ratingverfahren, die im Zuge der Neuregelung der Eigenkapitalanforderungen der Banken („Basel II") zur Kreditwürdigkeitsprüfung entwickelt worden sind, vor allem Jahresabschlussdaten der vergangenen Perioden und der Historie der Kreditbeziehung ein großes Gewicht zu.

Banken und andere große Finanziers sind meist in der Lage, solche Analysen der Attraktivität der Finanzierungsbeziehung eigenständig vorzunehmen, und haben hierfür meist auch eigene darauf spezialisierte Abteilungen gebildet. Andere Finanziers dagegen müssen sich mit weniger detaillierten und fundierten Analysen behelfen und/oder auf die Ergebnisse und Angebote eines speziellen Typs von Finanzintermediären vertrauen, die Produzenten von Finanzinformationen. Hierzu zählen externe Ratingagenturen wie Standard & Poor`s oder Moody`s, Auskunfteien, Finanzanalysten, aber auch Medien aller Art, die Kommentare und Empfehlungen zu Finanzanlagen abgeben. Bei großen Finanzengagements nutzen auch institutionelle Finanziers oft solche externen Quellen und die zusätzliche Expertise von Analysten, Wirtschaftsprüfern und anderen Fachleuten.

„Intelligente" Unternehmer, die Kapitalgeber suchen, werden die Informationssuche und -auswertung nicht den Finanziers überlassen, sondern von sich aus aktiv werden, um die Informationsasymmetrie und die daraus für die Kapitalgeber erwachsenden Vertrauensrisiken abbauen zu helfen. Denn damit kann es ihnen leichter gelingen, überhaupt Finanziers für ein Engagement in ihrem Unternehmen zu begeistern und vor allem deren Risikoaufschläge auf die Renditeforderung, die solche Risiken ungenügender Information kompensieren sollen, zu reduzieren oder ganz zu vermeiden. Daher werden seriöse Unternehmen von sich aus bestimmte Sachverhalte offen legen und Nachweise führen, die das Unternehmen und die zu finanzierenden Projekte als attraktiv und finanzierungswürdig, die handelnden Personen als vertrauenswürdig ausweisen und diese Möglichkeit der Kapitalanlage gegenüber anderen Unternehmen positiv herausheben. Die Offenlegung interner Plandaten oder Hinweise auf langjährig erfolgreiche, vertragsgetreue und für die Finanziers risikoarme Geschäftsbeziehungen können hier hilfreiche und wirksame Signale sein. Wiederum werden auch Unternehmen hierfür zur Unterstützung der Glaubwürdigkeit die Reputation angesehener Personen und Einrichtungen zu nutzen versuchen. Dazu zählen z.B. Bestätigungen von Wirtschaftsprüfern über die Korrektheit der in Prospekten und Planungsrechnungen angesetzten Schätzgrößen, Zeugnisse und Bestätigungen renommierter Institutionen zur Qualifikation und Vertrauenswürdigkeit der Unternehmerpersönlichkeiten oder ein gutes Rating einer anerkannten Agentur. Es liegt auf der Hand, dass die Möglichkeiten eines solchen **Signalling** für große und kleine, für junge und alte Unternehmen recht unterschiedlich sind und sich insbesondere Gründer schwer tun, weil sie nicht auf eine erfolgreiche Historie verweisen und meist auch die Reputation renommierter Institutionen nicht auf sich ziehen können. Die freiwillige Herausgabe von Informationen zur Verbesserung der Finanzierungskonditionen wird an Grenzen stoßen, wenn sich der Unternehmer dadurch in seinen Handlungsmöglichkeiten beeinträchtigt sieht oder wenn dies spätere Kontrollen der Kapitalgeber erleichtert, die er vermeiden möchte. Sie wird daher immer eine Abwägung zwischen erreichbaren Konditionsvorteilen und Sicherungen von Handlungsspielräumen bleiben.

Ad (3): Dass die Finanziers nicht nur vor Abschluss des Finanzierungskontrakts, sondern auch während ihres Engagements über die Situation des Unternehmens und damit ihres Kapitalanteils informiert sein möchten, liegt auf der Hand. Ein generelles Informationsrecht für alle Finanziers sollte damit eine Selbstverständlichkeit sein. Die entscheidende Frage ist, worauf sich dieses Informationsrecht beziehen und wie weit es gehen soll. So bietet die jährliche Präsentation des Jahresabschlusses zwar immerhin eine Einsicht in die Vermögens-, Finanz- und Ertragslage des Unternehmens und damit eine Möglichkeit der Überprüfung, ob die erwarteten Renditen Periode für Periode auch erreicht wurden. Dieses Bild ist aber durch die Vorschriften der Jahresabschlusserstellung oder durch bilanzpolitische Maßnahmen verzerrt. Überdies ist dadurch eine Kontrolle der dabei eingegangenen Risiken oder gar eine Überprüfung, ob die einzelnen Aktivitäten den Vereinbarungen entsprechen, nicht möglich. Weiter geht daher eine vom Finanzier oder von Dritten geprüfte oder prüfbare Rechenschaftslegung über vorgenommene Handlungen. Sie wird aber wohl nur selten vom Finanzier durchsetzbar sein.

Für Miteigentümer typisch ist der Anspruch auf **Mitwirkung** an den unternehmerischen Entscheidungen, um die zweckgerechte Verwendung der eingebrachten Mittel sicherzustellen. Die Intensität der gewünschten Mitwirkung wird wesentlich von der Höhe des eingesetzten Betrags und vom Umfang der übernommenen Haftung abhängen. Bringt ein Finanzier einen großen Teil des gesamten Eigenkapitals eines Unternehmens auf und haftet er für die Schulden der Gesellschaft unbeschränkt, dann ist verständlich, wenn er damit den Anspruch auf Mitwirkung an der Geschäftsführung durch ihn selbst oder eine von ihm delegierte Person verbindet. Für Beteiligungen am Eigenkapital bei begrenzter Haftung wird es zur Sicherung des Einflusses ausreichen, an wesentlichen finanzwirtschaftlich relevanten Entscheidungen über die dafür gesetzlich vorgesehenen Gremien mitzuwirken oder, wo diese fehlen, sich diese Einflussrechte vertraglich zu sichern. Bei sehr kleinen Eigenkapitalanteilen spielen diese Mitwirkungsrechte zumeist keine Rolle, sind doch zum einen nur kleine Beträge dem Risiko ausgesetzt und bestehen zum andern aufgrund des geringen Stimmanteils kaum Chancen der wirklichen Einflussnahme auf die unternehmerischen Entscheidungen.

Ad (4): Gläubigern stehen formal solche Mitwirkungsrechte nicht zu. Aber auch sie können, abhängig von ihrer Machtstellung, zum einen Positionen in Aufsichtsgremien beanspruchen und zum andern vertragliche Vereinbarungen anstreben, die ihnen Einfluss auf die Geschäftsführung erlauben. Dabei geht es meist nicht um die Mitwirkung am Tagesgeschäft. Wie wir gezeigt haben, kann das Unternehmen Kreditgeber durch Aktivitäten nach der Kreditvergabe schlechter stellen, indem es deren Risiko erhöht. Eine sinnvolle Maßnahme des Kreditgebers gegen solche Schlechterstellungen bildet die Vereinbarung von Verpflichtungen des Unternehmens, bestimmte Handlungen vorzunehmen bzw. zu unterlassen. Solche Positiv- und Negativverpflichtungen (**Covenants**) sind inzwischen weltweit in großem Umfang Gegenstand kreditvertraglicher Vereinbarungen.

Eine noch stärkere Sicherungswirkung für Gläubiger vermag oft die Einräumung von Kreditsicherheiten im engeren Sinn zu entfalten. Für den Fall, dass das Unternehmen seinen Zahlungsverpflichtungen aus dem Kreditvertrag nicht nachkommt, wird dem Kreditgeber ein unmittelbarer Zahlungsanspruch zugestanden, der sich auf eine andere Person oder eine Sache bezieht. Durch Verwertung dieser Sicherheiten kann er seinen Anspruch auf Rückzahlung und fällige Zinsen (und evtl. sonstige durch das Verfahren verursachte Kosten) durchsetzen und so sein Kapital sichern. Da sich dadurch das Ausfallrisiko verringert, kann auch der Risikozuschlag auf die Zinsen vermindert werden, was für den Kapitalnehmer eine Reduktion der Kapitalkosten bedeutet. Daher wird zumindest der „ehrliche", auf die Vertragserfüllung gerichtete Unternehmer und der, der subjektiv vom Erfolg seines Projekts und Unternehmens überzeugt ist, durchaus bereit und interessiert sein, diesen Weg der Risikoreduktion zu unterstützen, falls er über solche Sicherungsmöglichkeiten verfügt oder sie sich günstiger besorgen kann, als der erreichbaren Reduktion der Finanzierungskosten entspricht.

Die Ausführungen sollten genügend deutlich gemacht haben, dass in Finanzierungsverträgen nicht nur die finanzielle Kompensation für die Überlassung von Geld zu regeln ist, sondern dass sie eine Vielzahl von zusätzlichen Regelungsbestandteilen zur Kompensation übernommener Risiken enthalten. Jeder Marktpartner strebt dabei die seinen Präferenzen entsprechende Kombination von Vor- und Nachteilen an. Die finanzwirtschaftliche Funktion der Kapitalbeschaffung besteht also vorwiegend darin, diese komplexen Finanzmarktbeziehungen im Sinne der Unternehmensziele zu gestalten.

3.1.4   Finanzierung und Rechtsrahmen

Finanzierungsbeziehungen sind Marktbeziehungen. Daher wird sich auch an den Finanzmärkten herausbilden, wer zu welchen Konditionen als Vertragspartner akzeptiert wird, welches effiziente Wege der Beschaffung bzw. der Investition von Kapital sind und welche Formen der Finanzierung für die Angebots- wie die Nachfrageseite sich als attraktiv und den Vorstellungen entsprechend erweisen. Wie (gut) Märkte funktionieren, hängt aber immer in starkem Maße auch davon ab, in welchem institutionellen Rahmen die Vertragspartner agieren können, auf welche rechtlichen Strukturen sie bauen können, welche Institutionen des Finanzmarkts nutzbar sind, welche Aufsichts- und Überwachungsorgane installiert sind und wie effizient sie arbeiten. Damit beeinflusst der staatlich gesetzte Rechtsrahmen nicht nur die Attraktivität der einzelnen Finanzierungsformen, sondern er schafft Markt- und Aufsichtsinstitutionen, definiert mehr oder weniger enge Verpflichtungen für die Vertragspartner, sieht Sanktionen bei Verstößen vor, regelt die Durchsetzbarkeit von Ansprüchen und Interessen und bestimmt so den Spielraum für frei zu vereinbarende Zusatzregelungen.

Ein besonderes Gewicht kommt hierbei den im angelsächsischen Sprachgebrauch als „Investor and Creditor Protection" bezeichneten Schutzregelungen zur Sicherung und Durchsetzung der Position von Eigen- wie von Fremdkapitalgebern zu. Solche Schutzrechte finden sich z.B. im Kapitalmarktrecht, im Recht der einzelnen Rechtsformen, im Insolvenzrecht, in den Regelungen zur Börsenzulassung und zur Schaffung von Überwachungsorganen wie der Securities Exchange Commission (SEC, USA) oder der Bundesanstalt für Finanzdienstleistungsaufsicht (BaFin, Deutschland). Einen beliebig herausgegriffenen Aspekt solcher Regelungen und von Überlegungen ihrer Änderung stellt die aktuelle Diskussion um die Herabsetzung oder den gänzlichen Verzicht auf ein Mindestkapital bei der GmbH dar.

Eines besonderen Schutzes bedürfen die „kleinen" Aktionäre in Publikumsgesellschaften. Sie sind den Risiken der Ausnutzung der Informationsüberlegenheit einerseits durch das Management, andererseits aber auch durch Großaktionäre ausgesetzt, die ebenfalls besser informiert sind und/oder ihre Rechte besser durchsetzen können. Ansatzpunkte der Sicherung ihrer Eigentumsrechte werden in den letzten Jahren verstärkt unter dem Begriff der **Corporate Governance** diskutiert und in einzelnen Staaten in unterschiedlicher Weise gesetzlich verankert. Verschiedene empirische Untersuchungen zeigen, dass in Ländern mit besserem Schutz der Kapitalgeber die Finanzmärkte besser entwickelt sind und partiell damit auch die Kapitalkosten sinken.

Der Einfluss der gesetzlichen Vorschriften zur Rechnungslegung der Unternehmen auf die Finanzierungsmöglichkeiten ist ebenfalls erheblich. Die Pflichten zur Information über die Vermögens-, Finanz- und Ertragslage des Unternehmens sind ja ein zentraler Bestandteil der Corporate Governance. Die dominante Funktion des Jahresabschlusses (und der Zwischenabschlüsse) ist die Entscheidungsunterstützung für die Kapitalgeber. Aber nicht nur der Umfang der zu veröffentlichenden Daten ist entscheidend, sondern auch deren Gehalt. Nun sind Unternehmen, abhängig von ihrem Sitzland und von der Inanspruchnahme des organisierten Kapitalmarktes, verpflichtet, nach unterschiedlichen Standards (HGB, IAS/IFRS, US-GAAP etc.) ihre Abschlüsse aufzustellen. Dies hat zum einen Auswirkungen auf die Höhe ausgewiesener Vermögens- und Schuldenpositionen, soweit jeweils ein anderer Bewertungsmaßstab angelegt werden kann oder muss (z.B. Ansatz zum Fair Value oder zu fortgeschriebenen Anschaffungskosten). Zum andern können sich hierdurch auch Zuordnungen von Positionen verschieben, die zu einem deutlich veränderten Bilanzbild führen.

Ein dramatisches Beispiel hierfür ist die Zuordnung von Finanzierungsformen zum Eigenkapital, die nach IAS 32 erheblich abweichend von der Zuordnung nach HGB vorzunehmen ist. IAS 32 stellt für die Zuordnung einer Finanzierung zum Eigenkapital auf die Dauerhaftigkeit der Verfügbarkeit ab. Bei einer von vornherein beschränkten Laufzeit oder bei einem Kündigungsrecht des Kapitalgebers ist dieses Kapital also dem Fremdkapital zuzuordnen. Das betrifft fast alle Anteile an Personengesellschaften, aber auch die später noch vorzustellenden Formen mezzaninen Kapitals. Aufgrund massiver Kritik an diesem Standard sind inzwischen im ED 32 Änderungen vorgeschlagen worden, die aber nur für einen Teil des davon berührten Kapitals eine Zuordnung zum Eigenkapital bringen würde, wie sie nach HGB gegeben wäre. Nun sind die Empfänger der Jahresabschlussinformationen ja nicht gezwungen, sie so zu interpretieren, wie sie dort ausgewiesen und zugeordnet sind. So kann eine Bank bei ihrer Bonitätsprüfung die Kapitalpositionen nach ihrem Gutdünken dem Eigen- oder Fremdkapital zuordnen, wenn sie das für aussagekräftiger hält als die gesetzliche Zuordnung. Aber selbstverständlich wird der Bilanzausweis faktisch dazu führen, dass eine Vielzahl von Kapitalgebern, die gar nicht in der Lage sind, den tatsächlichen ökonomischen Charakter der einzelnen Bilanzposition zu erfassen, diese Zahlen für „wahr" nimmt (was das Recht der Rechnungslegung ja auch bezweckt). Damit hat eine solche Änderung der Zuordnung von Finanzierungsformen nicht unerhebliche Auswirkungen auf die ökonomische Einschätzung eines Unternehmens durch die potentiellen Finanziers und damit auf seine Finanzierungsmöglichkeiten und -konditionen.

Wenn die ökonomische Einschätzung des Unternehmens tatsächlich stark von den in den Jahresabschlüssen ausgewiesenen Zahlen geprägt wird, besteht beim Management ein verständliches Interesse, die veröffentlichten Zahlen in seinem Sinne zu beeinflussen. Die Rechnungslegungsvorschriften bieten in unterschiedlich starkem Ausmaß Möglichkeiten der Bilanzpolitik, also der zielgerichteten Gestaltung des Zahlenwerks durch Ausnutzung von Bilanzierungs- und Bewertungswahlrechten. So ist weltweit die Tendenz zum Smoothing, also zur Abschwächung von Erfolgsausweisen nach oben wie nach unten und damit der Signalisierung einer möglichst stetigen Erfolgsentwicklung, unbestritten.

Dass die Behandlung einzelner Finanzierungsformen in der Steuerbilanz unmittelbare Auswirkungen auf deren Vorteilhaftigkeit hat, liegt auf der Hand. Denn das Steuerrecht ist nicht finanzierungsneutral, sondern „drängt" die Unternehmen wegen der Abzugsfähigkeit der Fremdkapitalzinsen vom steuerbaren Gewinn tendenziell in die verstärkte Fremdfinanzierung. Steuerrechtliche Regelungen der Zuordnung bestimmter Finanzierungsformen zum Eigen- oder Fremdkapital, zur prozentualen Beschränkung der Abzugsfähigkeit von Zinsen oder der Aktivierung geleaster Vermögensgüter beeinflussen damit die Gestaltung der Finanzierungskontrakte, die Vorteilhaftigkeit einzelner Finanzierungsformen und die Gestaltung der Finanzierungsstruktur.

3.1.5   Weiterführende Literatur

Zur modernen Finanzierungstheorie und zu Finanzierungsproblemen bei asymmetrischen Informationen und Agency-Beziehungen generell siehe Rudolph, B.: Unternehmensfinanzierung und Kapitalmarkt, Tübingen 2006, S. 117-215; Schmidt, R.H./Terberger, E.: Grundzüge der Investitions- und Finanzierungstheorie, 4. Auflage, Wiesbaden 1997, S. 381-445, und Franke, G./Hax, H.: Finanzwirtschaft des Unternehmens und Kapitalmarkt, 5. Auflage, Berlin u.a. 2004, S. 419-466.

Funktionen und Formen von Finanzintermediären werden erläutert in Breuer, W.: Finanzintermediation im Kapitalmarktgleichgewicht, Wiesbaden 1993, und Dietrich, D./Vollmer, U.: Finanzverträge und Finanzintermediation, Wiesbaden 2005.

Die Notwendigkeit, die Ansatzpunkte und die Wirkungsweise einer Corporate Governance beschreibt Tirole, J.: The Theory of Corporate Finance, Princeton/Oxford 2006, S. 15-68.

Die Performance von Familiengesellschaften untersuchte Jaskiewicz, P.: Performance-Studie börsennotierter Familienunternehmen in Deutschland, Frankreich und Spanien, Köln 2006.

Mit der Frage der Eigenkapitalabgrenzung nach IAS 32 befassen sich z.B. Pawelzik, K.U.: Kommen Personengesellschaften durch den „ownership approach" nach IFRS wieder zu Eigenkapital?, Kapitalmarktorientierte Rechnungslegung 3/2006, S. 153-160, und Hennrichs, J./Dettmeier, M./Pöschke, M./Schubert, D.: Geplante Änderungen der Kapitalabgrenzung nach ED IAS 32: „Neues" Eigenkapital für Personenhandelsgesellschaften, Kapitalmarktorientierte Rechnungslegung 2/2007, S. 61-69.

3.1.6   Übungsaufgaben

1. *Warum bereitet es Schwierigkeiten, die Innenfinanzierung unter den gängigen Finanzierungsbegriff (Finanzierung als Kapitalbeschaffung) zu subsumieren?*

2. *Beschreiben Sie die Kriterien zur Abgrenzung von Eigen- und Fremdfinanzierung und zeigen Sie Grenzfälle auf.*

3. *Was unterscheidet „personalistische" von „kapitalistischen" Kapitalgebern?*

4. *Was sind die dominanten Einflussfaktoren der Tendenz zur Verbriefung von Finanzkontrakten?*

5. *Beschreiben Sie die Auslöser der Globalisierung der Finanzmärkte und ihren Beitrag zur Kapitalmarktentwicklung.*

6. *Welche Gegentendenzen zur Verbriefung sind erkennbar und wodurch sind sie ausgelöst?*

7. *Welche Transformationsprobleme sind bei Finanzmarktbeziehungen zu lösen?*

8. *Beschreiben Sie die Schwierigkeiten, die Transformationsprobleme über individuelle Verträge zu lösen.*

9. *Kennzeichnen Sie die Funktionen organisierter Finanzmärkte zur Lösung der Transformationsprobleme.*

10. *Beschreiben Sie die Typen von Finanzintermediären und ihre Funktionen zur Lösung der Transformationsprobleme.*

11. *Skizzieren Sie die Möglichkeiten der Absicherung gegen Risiken aus Finanzierungsbeziehungen und ordnen sie diese idealtypisch den Finanzierungsformen zu.*

12. *Belegen Sie die Bedeutung des Rechtsrahmens für die Gestaltung der Finanzierungsbeziehungen am Beispiel der Rechnungslegung.*

3.2 Innenfinanzierung

3.2.1 Einführung

Bei der Beschreibung der betrieblichen Zahlungsstromtypen im Einleitungskapitel hatten wir als Zahlungsströme des Leistungs- oder Innenbereichs Ausgaben und Einnahmen bezeichnet, die durch die Beschaffung von Produktionsfaktoren und die marktliche Verwertung der erstellten Güter und Leistungen, also insgesamt durch den betrieblichen Leistungsprozess ausgelöst werden. Wir hatten ihm zugleich das Begriffspaar „Kapitalbindung" und „Kapitalfreisetzung" zugeordnet, um zum Ausdruck zu bringen, dass das eingesetzte Kapital in diesem Leistungserstellungs- und -verwertungsprozess immer wieder seine Erscheinungsform zwischen Geld- und Realkapital ändert. Fließen dem Unternehmen aus diesem Prozess in einer Periode mehr liquide Mittel zu, als es an anlaufenden Ausgaben zu leisten hat, dann werden sie als Umsatzüberschuss oder Innenfinanzierungspotential bezeichnet. Die liquiden Mittel können dem Unternehmen aus dem betrieblichen Umsatzprozess durch den Verkauf von Waren und Dienstleistungen sowie aus Umsätzen zufließen, die außerhalb der gewöhnlichen Geschäftstätigkeit liegen, wie z.B. der Verkauf von nicht mehr benötigten Vermögens-gegenständen. Der Begriff der laufenden Ausgabe verweist auf ein Abgrenzungsproblem bzw. auf eine Verknüpfung zum betrieblichen Rechnungswesen. Als „laufend" wird eine Ausgabe für die Beschaffung von Produktionsfaktoren definiert, wenn sie in der gleichen Periode auch als Aufwand verbucht wird. Beschaffungen von Investitionsgütern, die zu einer Aktivierung im Anlagevermögen führen, zählen dagegen nicht dazu. Der Umatzüberschuss ist daher eine abstrakt definierte Summe eines rechnerischen Liquiditätsüberschusses aus dem betrieblichen Leistungsprozess.

Ein Umsatzüberschuss lässt sich auf mehrere Ursachen zurückführen. Zum einen können die periodischen Einnahmen die laufenden Ausgaben übersteigen, wenn in den Umsatzeinnahmen ein **Gewinnanteil** enthalten ist, die erzielten Preise also höher sind als zu Deckung des Aufwands notwendig. Zum anderen kann ein Umsatzüberschuss aber auch schon bei gerade aufwandsdeckenden Umsätzen entstehen, nämlich dann, wenn zwar ein Aufwand verursacht und daher zu verbuchen ist, dem aber in der betrachteten Periode keine Ausgabe gegenüber-steht. Die korrespondierende Ausgabe kann dabei schon in früheren Perioden angefallen sein (wie z.B. bei Abschreibungen) oder erst in späteren Perioden zu Ausgaben führen (wie z.B. bei Rückstellungen). Die Unterscheidung zwischen der Liquiditätsebene und der Erfolgsebe-ne eines Unternehmens ist daher wichtig zum Verständnis der Innenfinanzierungsformen.

Bei der Abgrenzung des Finanzierungsbegriffs hatten wir schon darauf hingewiesen, dass die Innenfinanzierung keine Finanzierung im Sinne einer Zuführung von Kapital durch einen Finanzier bedeutet. Vielmehr geht es bei der Innenfinanzierung um eine Beschaffung von vorübergehender oder dauernder Liquidität, die für Investitionen, für die Rückzahlung von aufgenommenem Kapital oder zur Aufstockung einer Zahlungsmittelreserve benutzt werden kann.

Die folgenden Ausführungen gliedern sich entsprechend der möglichen Quellen des Umsatz-überschusses in die **Selbstfinanzierung**, d.h. die Einbehaltung von Gewinnen, in die **Finanzierung aus Abschreibungen** und in die **Finanzierung aus Rückstellungen**. Dabei wird ihr jeweiliger Finanzierungscharakter besonders herauszuarbeiten sein.

3.2.2   Finanzierung durch Einbehaltung erwirtschafteter Gewinne: Selbstfinanzierung

3.2.2.1   Offene Selbstfinanzierung

Eine elegante und einfache Möglichkeit der Beschaffung liquider Mittel (oder präziser: der Vermeidung ihres Abflusses) bildet die Einbehaltung (Thesaurierung) von Gewinnen, die das Unternehmen erwirtschaftet hat. Sie wird als offene Selbstfinanzierung bezeichnet, wenn die Gewinne im handelsrechtlichen Jahresabschluss als solche (genauer: als Jahresüberschuss) ausgewiesen sind.

Erwirtschaftete Gewinne stehen grundsätzlich den Eigenkapitalgebern zu. Daher kann oder sollte es zuvorderst deren Entscheidung sein, ob sie diese Gewinne entnehmen oder dem Unternehmen weiter zur Verfügung stellen möchten. Der Gesetzgeber hat in der Tat bei den meisten Rechtsformen die Entscheidungskompetenz über die Verwendung des Gewinns in die Hände der Eigenkapitalgeber gelegt.

Ein Einzelunternehmer besitzt alleinige Gewinnverwendungskompetenz und kann entscheiden, ob er den Gewinn im Unternehmen belässt oder entnimmt. Bei Personengesellschaften wird der Unternehmensgewinn den Gesellschaftern auf deren Kapitalkonten gutgeschrieben, es erfolgt also grundsätzlich eine Thesaurierung. Gesellschafter einer offenen Handelsgesellschaft (OHG) können jedoch gemäß § 122 HGB Entnahmen in Höhe von 4% des Kapitalanteils vornehmen und auch den ihnen zustehenden Gewinnanteil entnehmen. Letzteres findet seine Grenze an der gesetzlichen Formulierung „soweit es nicht zum offenbaren Schaden der Gesellschaft gereicht". Im Gesellschaftsvertrag können weitergehende einschränkende Regelungen getroffen werden. Für die persönlich haftenden Gesellschafter (Komplementäre) einer Kommanditgesellschaft (KG) gelten die gleichen Gewinnthesaurierungs- und Entnahmemöglichkeiten wie für die Gesellschafter einer OHG. Beschränkt haftende Gesellschafter (Kommanditisten) einer KG haben nach § 169 HGB einen Auszahlungsanspruch des ihnen jeweils zustehenden Gewinns. Allerdings besteht der Anspruch auf Auszahlung nur, wenn die Kapitalanteile der Kommanditisten voll eingezahlt sind bzw. die Gewinnauszahlung den Kapitalanteil eines Kommanditisten nicht unter die vereinbarte Einlagenhöhe reduziert.

Bei Kapitalgesellschaften bedarf es eines förmlichen Beschlusses des von Gesetz oder Satzung vorgesehenen Gesellschaftsorgans über die Gewinnverwendung. Dieser Beschluss gilt dann für alle Gesellschafter gleichermaßen. Der einbehaltene Gewinn wird den offenen Rücklagen zugeführt. Als Gewinnrücklagen dürfen laut § 272 Abs. 3 HGB nur Beträge eingestellt werden, die aus dem Jahresergebnis des laufenden oder eines früheren Geschäftsjahrs gebildet wurden. Dazu gehören gesetzliche und satzungsmäßige Rücklagen sowie andere Gewinnrücklagen.

Bei Gesellschaften mit beschränkter Haftung (GmbH) obliegt die Feststellung des Jahresabschlusses und die Entscheidung über die Verwendung des Ergebnisses der Gesellschafterversammlung (§ 46 Nr. 1 GmbHG). Grundsätzlich steht der Jahresüberschuss den Gesellschaftern entweder nach dem Verhältnis der Geschäftsanteile zu oder nach dem Maßstab der Verteilung, der im Gesellschaftsvertrag festgesetzt wurde. Nach § 29 Abs. 2 GmbHG können die Gesellschafter beschließen, dass Beträge in die Gewinnrücklagen (Gewinnthesaurierung) eingestellt werden oder dass ein Gewinnvortrag für das kommende Geschäftsjahr vorgenommen wird.

Nur bei der Aktiengesellschaft (AG) hat der Gesetzgeber die Kompetenzen für die Gewinnverwendungsentscheidung auf verschiedene Organe aufgeteilt und dadurch auch die Möglichkeit geschaffen, dass fremde, das heißt nicht am Eigenkapital des Unternehmens beteiligte Personen über die Verwendung von Teilen des Gewinns entscheiden. Er hatte dabei den Schutz der Gesellschaftsinteressen gegen die Interessen der Eigenkapitalgeber im Auge. Zuerst ist aber zu beachten, dass unter Umständen ein bestimmter Teil des Jahresüberschusses gar nicht ausgeschüttet werden darf. So müssen gemäß § 150 Abs. 1,2 AktG 5% des evtl. um einen Verlustvortrag geminderten Jahresüberschusses in die gesetzliche Rücklage eingestellt werden, allerdings nur bis die gesetzliche Rücklage und die Kapitalrücklagen zusammen 10% (oder einen in der Satzung bestimmten höheren Teil) des Grundkapitals erreichen. Wenn Vorstand und Aufsichtsrat einer AG den Jahresabschluss feststellen, können sie einen

Teil des Jahresüberschusses, höchstens aber die Hälfte, in die anderen Gewinnrücklagen einstellen (vgl. § 58 Abs. 2 AktG). Die Satzung kann auch zu einem höheren Prozentsatz der Einstellung in die Rücklagen ermächtigen. Über die Verwendung des restlichen Teils des Jahresüberschusses (Bilanzgewinn) entscheidet dann die Hauptversammlung. Sie kann eine Gewinnausschüttung, eine weitere Einstellung in die anderen Gewinnrücklagen oder einen Gewinnvortrag für das nächste Geschäftsjahr beschließen.

Die ökonomisch interessierende Frage ist, welche Motive und Überlegungen die Entscheidung über die Verwendung des Gewinns prägen oder prägen sollten und wie demzufolge – bestimmte Entscheidungskriterien und rationales Handeln zugrunde gelegt – die Entscheidung zu fällen ist.

Modigliani und Miller (1961) haben schon vor über 45 Jahren in einer grundlegenden Analyse gezeigt, unter welchen Voraussetzungen und Annahmen über den Kapitalmarkt die Gewinnverwendungsentscheidung irrelevant ist, dass also der Wert des Unternehmens und die Position eines Gesellschafters vom Grad der Ausschüttung oder Einbehaltung erwirtschafteter Gewinne nicht beeinflusst wird. Ist der Kapitalmarkt vollkommen in dem Sinne, dass ausgeschüttete Gewinnanteile außerhalb des Unternehmens zu gleich hohen Renditen wieder angelegt werden können wie die thesaurierten Gewinne und dass Kredite zu gleichen Konditionen aufgenommen werden können, dann wird der Gewinn bzw. das Vermögen des Anteilseigners je nach dem Grad der Ausschüttung des Unternehmens zwar anders aufgeteilt, aber in seiner Höhe nicht beeinflusst. Der Anteilseigner kann durch Verkäufe von Anteilen oder die Wiederanlage von ausgeschütteten Gewinnen immer die von ihm gewünschte Position und Kombination herstellen.

Der realen Situation hält dieses Modell offensichtlich nicht stand. Zum einen zeigen sich empirisch erhebliche Unterschiede der Ausschüttungsgrade

- zwischen einzelnen Unternehmen,
- zwischen einzelnen Ländern und
- im Verlauf der Zeit.

Wie zum andern die häufigen Hinweise in der wissenschaftlichen Literatur auf das „**Dividend Puzzle**" (Black, 1976) und die anhaltenden Dispute um dessen „richtige" Auflösung schließen lassen, scheint es auch keine sonstige simple Lösung des Entscheidungsproblems zu geben, wenn die Annahmen des vollkommenen Kapitalmarktes aufgegeben werden.

Betrachten wir zuerst den einfachen Fall des **Eigentümer-Unternehmers**. Er kann seine Gewinnverwendungsentscheidung (weitgehend) autonom treffen und wird sie davon abhängig machen, wie dringend sein Unternehmen den Gewinn zur weiteren Finanzierung braucht und welches seine Alternativen der Verwendung der Ausschüttung sind. Er wird mit anderen Worten also eine Nutzenabwägung vornehmen. Schalten wir private Konsum- oder Geldverwendungsmotive aus, die zu einer Präferenz der Ausschüttungsvariante führen könnten, dann entscheidet bei rationalem Kalkül, ob bei Thesaurierung oder bei Ausschüttung und anderweitiger Wiederanlage die bessere (risikoadjustierte) Rendite erzielbar ist. Ein Unternehmen sollte also grundsätzlich auf eine Thesaurierung verzichten, wenn die unternehmensinternen **Kapitalanlagemöglichkeiten** weniger **rentabel** sind als die am Kapitalmarkt gegebenen. Dabei hat er allerdings auch mit zu bedenken, dass er mit dem einbehaltenen Gewinn nicht nur risiko- und erfolgsträchtige Investitionen vornehmen kann, die er ansonsten extern finanzieren müsste oder für die er kein zusätzliches Kapital mehr bekäme. Er kann damit auch seine Kapitalstruktur verbessern und somit vielleicht entweder das Risiko für Fremdfinanziers mit der Folge günstigerer Konditionen senken oder die Basis und Voraussetzung für weitere Kreditaufnahmen erst schaffen. Die Abhängigkeit der Dividendenentscheidung von den Wachstums- und Ertragserwartungen der Unternehmen wird in zahlreichen Untersuchungen bestätigt.

Renditen gilt es immer unter Berücksichtigung von **Transaktionskosten** und vor allem der **Steuerbelastung** zu vergleichen. In den meisten Ländern sind die Steuerbelastungen nicht finanzierungsneutral gestaltet, bevorzugen oder belasten also bestimmte Finanzierungsformen mehr als andere. Dies gilt auch für die Gewinnverwendung bei Kapitalgesellschaften. Die Vorteilhaftigkeit der offenen Selbstfinanzierung muss daher immer auch unter steuerlichen Gesichtspunkten beurteilt werden.

Dabei muss eine getrennte Betrachtung für Personengesellschaften und Kapitalgesellschaften erfolgen, da für diese beiden Gesellschaftsarten unterschiedliche steuerliche Regelungen Anwendung finden. In der nachfolgenden Analyse sollen die Einkommensteuer bzw. Körperschaftsteuer bei Personen- bzw. Kapitalgesellschaften im Vordergrund stehen. Auf die Betrachtung der Gewerbesteuer und des Solidaritätszuschlages wird verzichtet.

Personengesellschaften sind nach dem deutschen Einkommensteuerrecht kein eigenständiges Steuersubjekt. Deshalb sind die hinter der Personengesellschaft stehenden Gesellschafter unmittelbar einkommensteuerpflichtig mit den jeweils auf sie entfallenden Anteilen am Gewinn der Personengesellschaft (Einheitsprinzip). Die Höhe der Einkommensteuerbelastung bei den Gesellschaftern wird zum einen von den zu versteuernden Gesamteinkünften, zum anderen von den persönlichen Verhältnissen der Gesellschafter beeinflusst. Der Einkommensteuertarif ist dabei progressiv ausgestaltet. Bei Personengesellschaften hat aber nur die Höhe, nicht dagegen die Art der Verwendung des Gewinns (Ausschüttung oder Einbehaltung) einen Einfluss auf die Steuerbelastung. Ein steuerliches Motiv für die Gewinnverwendungsentscheidung eines Gesellschafters ist also nicht gegeben.

Bei **Kapitalgesellschaften** dagegen wird strikt zwischen der Ebene der Gesellschaft und der Ebene der Gesellschafter bzw. Anteilseigner getrennt (**Trennungsprinzip**). Dabei unterliegen Kapitalgesellschaften als juristische Personen der Körperschaftsteuer. Die erwirtschafteten Einkünfte werden unabhängig von der Art der Betätigung als gewerbliche Einkünfte qualifiziert. Die Anteilseigner einer Kapitalgesellschaft dagegen unterliegen, soweit sie natürliche Personen sind, der Einkommensteuer. Die Folge der rechtlichen Trennung zwischen Gesellschaftsebene und Gesellschafterebene ist, dass die Gewinne der Kapitalgesellschaft nicht unmittelbar den Anteilseignern zugerechnet werden. Die Anteilseigner beziehen erst in dem Zeitpunkt steuerpflichtige Einkünfte, in dem die Kapitalgesellschaft Gewinne ausschüttet (**Zuflussprinzip**). Diese Gewinnausschüttungen führen bei den Anteilseignern als Dividendeneinkünfte zu Einkünften aus Kapitalvermögen.

Damit wird deutlich, dass ausgeschüttete Gewinne einer Kapitalgesellschaft einer zweifachen Besteuerung unterliegen, nämlich einer Besteuerung auf Gesellschaftsebene (Körperschaftsteuer) und einer Besteuerung auf Anteilseignerebene (Einkommensteuer). Die Steuerbelastung ist also nicht unabhängig von der Verwendung des Gewinns. Die bei einer Gewinnausschüttung entstehende wirtschaftliche Doppelbesteuerung wird in Deutschland durch das seit 2001 geltende Halbeinkünfteverfahren gemildert. Es führt dazu, dass die Gewinnausschüttungen auf der Ebene des einkommensteuerpflichtigen Anteilseigners nur zur Hälfte der Besteuerung unterliegen. Die Gewinne einer Kapitalgesellschaft sind also bei Einbehaltung nur mit Körperschaftsteuer belastet, wohingegen bei einer Ausschüttung Körperschaftsteuer und Einkommensteuer, wenn auch nur auf die Hälfte der Dividende, anfallen. Das Körperschaftsteuersystem mit einer definitiven Körperschaftsteuer auf Gesellschaftsebene und einer teilweisen Entlastung mit dem Halbeinkünfteverfahren auf Anteilseignerebene ist somit nicht finanzierungsneutral. Es ist politisch gewollt, die Gewinnthesaurierung zu begünstigen und die Neigung zur offenen Selbstfinanzierung durch Einbehaltung der Gewinne zu verstärken. Der Verbesserung der Selbstfinanzierungsmöglichkeiten der Unternehmen steht der Nachteil der Behinderung der Allokationsfunktion des Kapitalmarktes entgegen, da die Gewinne auch bei ex ante schlechteren Renditeaussichten tendenziell in den Unternehmen verbleiben (**Lock-in-Effekt**).

Es zeigt sich, dass die Vorteilhaftigkeit der Selbstfinanzierung stark vom jeweiligen Steuersystem beeinflusst wird. Bis Ende des Jahres 2000 galt in Deutschland das Anrechnungsverfahren, das zwar zu einer Vermeidung der wirtschaftlichen Doppelbelastung führte, aber durch die Höhe des Körperschaftsteuersatzes bei Einbehaltung diese faktisch benachteiligte. Auf Anteilseignerebene bestand im Falle der Ausschüttung ein vollständiger Anrechnungsanspruch, so dass der Anteilseigner die durch die Gesellschaft bereits gezahlte Körperschaftsteuer auf seine persönliche Einkommensteuerzahllast anrechnen konnte. Vollanrechnungssysteme anderer Staaten lassen auf der Gesellschaftsebene den vollständigen Abzug der Dividenden als Betriebsausgaben zu oder stellen Dividendeneinkünfte von der Einkommensbesteuerung frei.

Ein Beispiel soll die Wirkungsweisen des alten und des derzeitigen deutschen Körperschaftsteuersystems verdeutlichen (vereinfachend gleicher KSt-Satz bei beiden Verfahren):

Die inzwischen in eine Kapitalgesellschaft umgewandelte Event-Agentur GmbH erzielte im letzten Geschäftsjahr einen Gewinn von 100.000 €, der komplett an Frau Mustermann ausgeschüttet werden soll. Der Körperschaftsteuersatz für die Gesellschaft beträgt 25%, Frau Mustermann unterliegt mit ihren Dividendeneinkünften einem persönlichen Steuersatz von 40% (er wird aus Vereinfachungsgründen konstant gehalten, obwohl durch das Halbeinkünfteverfahren ihr zu versteuerndes Gesamteinkommen c.p. geringer ausfällt). Der Ausschüttungsvorgang mit der Verdeutlichung der Gesamtsteuerbelastung soll nun anhand der beiden Steuersysteme aufgezeigt werden:

	Halbeinkünfteverfahren	Anrechnungsverfahren
Ebene der Kapitalgesellschaft		
Gewinn des Geschäftsjahres	100.000,00 €	100.000,00 €
- Körperschaftsteuer von 25 %	25.000,00 €	25.000,00 €
= Gewinn nach Steuern	**75.000,00 €**	**75.000,00 €**
Ebene der Anteilseigener		
Dividende	75.000,00 €	75.000,00 €
+ anrechenbare Körperschaftsteuer		25.000,00 €
- steuerfreier Dividendenanteil	37.500,00 €	
= zu versteuerndes Einkommen	37.500,00 €	100.000,00 €
persönliche Einkommensteuer von 40 %	15.000,00 €	40.000,00 €
- anrechenbare Körperschaftsteuer		25.000,00 €
= Einkommensteuerzahllast	**15.000,00 €**	**15.000,00 €**
Gesamtsteuerbelastung		
Gewinn vor Steuern	100.000,00 €	100.000,00 €
- Körperschaftsteuer	25.000,00 €	25.000,00 €
- Einkommensteuerzahllast	15.000,00 €	15.000,00 €
= Nettodividende	**60.000,00 €**	**60.000,00 €**

Frau Mustermann erhält bei einem persönlichen Steuersatz von 40 % unabhängig von den beiden dargestellten Steuersystemen die gleiche Nettodividende (Dividende nach Steuern).

Bei einem Körperschaftsteuersatz von 25% und einem persönlichen Einkommensteuersatz von 40% ergibt sich bei beiden Steuersystemen die gleiche Steuerbelastung. Im Anrechnungssystem wirkt die Körperschaftsteuer wie eine Vorauszahlung auf die Einkommensteuer des Anteilseigners, im Halbeinkünftesystem wird die Definitivbelastung mit Körperschaftsteuer durch eine hälftige Steuerbefreiung der Dividende ausgeglichen. Ein höherer persönlicher Einkommensteuersatz des Anteilseigners führt zur Vorteilhaftigkeit des Halbeinkünfteverfahrens, ein niedrigerer Einkommensteuersatz dagegen zu einer Vorteilhaftigkeit des Anrechnungsverfahrens.

Das alte Anrechnungsverfahren legte unter bestimmten Voraussetzungen nahe, Gewinne auszuschütten und sofort dem Unternehmen wieder zuzuführen (**Schütt-aus-Hol-zurück-Politik**). Dies war dann angebracht, wenn der „Umweg" der Ausschüttung und Zurückholung insgesamt weniger mit Einkommensteuer und Kosten der Ausschüttung und Rückführung belastet war als bei sofortiger Einbehaltung. Bei der jetzigen Gestaltung, bei der die Ausschüttung immer mindestens so hoch besteuert wird wie die Einbehaltung, hat sich diese Überlegung erübrigt.

Die Steuerbelastung hat also rein rechnerisch einen nicht unerheblichen Einfluss auf die Vorteilhaftigkeit der Ausschüttungsentscheidung. In der unternehmerischen Praxis schlägt sich dieser Effekt, der sich nach einer so markanten Änderung des Besteuerungsmodells deutlich zeigen müsste, bei weitem nicht so stark nieder. Er scheint insbesondere bei kapitalmarktorientierten Publikumsgesellschaften mit „fremden" Aktionären, bei denen die Entscheidung über die Höhe der Dividende maßgeblich auch vom Management beeinflusst wird, von anderen zusätzlichen Überlegungen zur „optimalen" Dividendenpolitik überlagert.

So findet sich in der Literatur zum einen das Argument, die Ausschüttung werde am bekundeten Liquiditätsbedarf wichtiger Gesellschafter (z.B. von Pensionsfonds oder anderer Großaktionäre) und auch nach deren Steuerbelastung ausgerichtet (sog. **Klientel-Effekt**).

An der asymmetrischen Informationsverteilung anknüpfende Theorien betonen auch gerne den **Signalcharakter** von Dividenden. So gelten stetige Dividendenzahlungen weithin als Signal für eine stabile Ertrags- und Wachstumssituation des Unternehmens. Ankündigungen von Dividendenanhebungen können als Signal aufgefasst werden, dass das Management, das als Insider über die besseren Informationen verfügt als die Kapitalgeber, gegenüber der bisherigen Markteinschätzung nachhaltig bessere Ertragserwartungen hegt. Der Markt reagiert auf solche Ankündigungen meist mit einem Anziehen der Kurse. Da der Markt offensichtlich die Höhe der Dividende und noch viel stärker deren Veränderung als ein starkes Signal der Unternehmenssituation sieht, halten die Unternehmen die Dividenden auch bei Schwankungen der Ertragssituation möglichst lange auf gleichem Niveau. In Deutschland scheint diese Verhaltensweise der Unternehmen aber deutlich weniger ausgeprägt als in den angelsächsischen Ländern.

Zum anderen spielen Hinweise auf die eigenen **Interessen des Managements** eine große Rolle. Die generelle Hypothese hierzu ist, dass das Management alle Finanzierungsvarianten präferiert, die das eigene Einkommen, die eigenen Handlungsspielräume und die eigene Machtposition erhöhen. Die Einbehaltung von Gewinnen verschafft dem Management freies Kapital, über das es (im Vergleich zu vom Kapitalmarkt aufgenommenem Eigen- oder Fremdkapital) weniger Rechenschaft ablegen muss, das Freiheitsgrade für Wachstums- und Akquisitionsstrategien schafft und tendenziell das an die Unternehmensgröße gekoppelte Einkommen erhöht. Großaktionäre mit Einfluss werden dies zu verhindern wissen, wenn sie befürchten, dass dies zu ineffizientem Kapitaleinsatz führt. Die Beschränkung der finanziellen Reserven kann also als ein wirksames Instrument zur Kontrolle des Managements fungieren. Kleinaktionäre ohne Einfluss werden in gleicher Weise häufig den „Spatz in der Hand" präferieren, also wenigstens jeweils einen Teil des erwirtschafteten Gewinns auch in Form von Cash-Zufluss realisiert und gesichert sehen wollen und möglicherweise mit Abwanderung (Verkauf) reagieren, wenn sie hier Risiken sehen.

Eine neuere, aber ebenfalls nicht unumstrittene Erklärung der im historischen Verlauf sich stark ändernden Neigung von Unternehmen, Dividenden auszuschütten, bieten Baker und Wurgler (2004) mit ihrer **Catering-Theorie** an. Vereinfachend dargestellt unterstellen sie, dass die Investoren die Unternehmen in dividendenzahlende und nicht-dividendenzahlende kategorisieren und dass sie – getrieben durch rationale Erwägungen, aber vor allem auch durch die Stimmung (Sentiment) – einmal die eine und dann wieder die andere Kategorie bevorzugen und bei dieser dadurch jeweils einen relativen Aufschlag auf den Börsenkurs bewirken. Rationale Manager werden dann jeweils diese Präferenzen der Investoren bedienen, indem sie Dividenden ausschütten, wenn dies gerade am Markt mit hohen Bewertungen „belohnt" wird, und im gegenteiligen Fall davon absehen. Es bleibt allerdings offen, was genau hierbei mit Sentiment gemeint ist und was seine Änderung im Zeitablauf bewirkt. Offenbar sehen Aktionäre in boomenden Märkten ihr Kapital (den Gewinnanteil) besser im Unternehmen angelegt, bei (drohenden) Rezessionen präferieren sie dagegen Cash-Zuflüsse. Ergänzende Ansätze setzen an die Stelle des Sentiments das allgemeine und das unternehmensspezifische (idiosynkratische) Risiko.

Die Diskussion um die optimale Ausschüttungspolitik und die Veränderung des realen Ausschüttungsverhaltens wird dadurch erschwert, dass Unternehmen ihren Aktionären nicht nur durch Dividendenzahlungen, sondern auch durch **Aktienrückkäufe** einen Teil der Unternehmensgewinne in liquider Form zukommen lassen können. In der Tat hat in vielen Ländern, vor allem auch in den USA, der Umfang der Aktienrückkaufprogramme kräftig zugenommen, dies schon deshalb, weil häufig der Aktienrückkauf steuerlich gegenüber der Dividendenzahlung begünstigt wird.

3.2.2.2   Stille Selbstfinanzierung

Bei der stillen oder verdeckten Selbstfinanzierung werden Gewinne einbehalten, die zwar schon erwirtschaftet, aber nicht offen und sichtbar im Jahresabschluss ausgewiesen sind.

Diese Jahresabschlussorientierung führt dazu, dass üblicherweise der Zeitraum zwischen der ökonomischen Entstehung der Gewinne und der Entscheidung über ihre Verwendung bei der Diskussion um die Finanzierung aus Gewinnen vergessen wird. Der Gewinn aus den operativen Geschäften des Unternehmens entsteht ja schon mit der Abwicklung des Geschäfts und wird als realisiert ausgewiesen durch die Buchung von Umsätzen, die Gewinnanteile enthalten. Aber erst bei der Erstellung des Jahresabschlusses wird dieser Gewinnanteil sichtbar gemacht, sodass dann über seine Verwendung entschieden werden kann. Zwischen der Entstehung des Gewinns und der Verwendungsentscheidung liegt in den meisten Unternehmen wenigstens ein Jahr. In dieser Zeitspanne steht dem Unternehmen der Gewinn für Finanzierungszwecke zur Verfügung, auch wenn dann später entschieden wird, den gesamten Gewinn auszuschütten. Im eigentlichen Sinne ist diese vorübergehende Selbstfinanzierung nicht still oder verdeckt, da ja nichts unternommen wird, den Gewinn zu verstecken, er war nur für die Aktionäre nicht erkennbar.

Mit der stillen Selbstfinanzierung sind aber in aller Regel andere Sachverhalte beschrieben. Durch Ausnutzung von Bilanzierungs- und Bewertungswahlrechten, die der Gesetzgeber eingeräumt hat, werden **stille Reserven** gebildet. Der Periodengewinn wird also geringer ausgewiesen, als er tatsächlich angefallen ist.

Die Bildung stiller Reserven in der Bilanz kann durch folgende bilanzpolitische Maßnahmen erfolgen:

- Unterlassung von Aktivierungen;
- Unterbewertung von Vermögensgegenständen durch erhöhten Aufwand;
- Unterbewertung von Vermögensgegenständen durch Unterlassung von Wertaufholungen und Zuschreibungen;
- Überbewertung von Passiva durch erhöhten Aufwand.

Ein Beispiel für die Unterlassung von Aktivierungen ist der Verzicht auf den Ansatz eines derivativen (entgeltlich erworbenen) Geschäfts- oder Firmenwertes (§ 255 Abs. 4 HGB). Eine Unterbewertung von Vermögensgegenständen durch einen möglichst hohen Ausweis von nicht zahlungswirksamem Aufwand kann z.B. erzielt werden, indem die Herstellungskosten von fertigen und unfertigen Erzeugnissen zu Teilkosten angesetzt werden, Roh-, Hilfs- und Betriebsstoffe durch den Ansatz von Verbrauchsfolgeverfahren (LIFO etc.) unterbewertet werden, Abschreibungsquoten angewendet werden, die über der tatsächlichen Wertminderung liegen, oder auch eine Sofortabschreibung bei geringwertigen Wirtschaftsgütern erfolgt. Schließlich kann auch die Überbewertung von Passivpositionen die Bildung von stillen Reserven bewirken. So führen beispielsweise überhöhte Zuführungen zu den Rückstellungen zu erhöhtem Aufwand und damit einem geringeren Gewinnausweis.

Die Bildung stiller Reserven führt jedoch nicht automatisch zu einer stillen Selbstfinanzierung. Ein **Finanzierungseffekt** kann nur dann erzielt werden, wenn die **Gewinne realisiert** sind und dem Unternehmen dadurch liquide Mittel zufließen, denen in der gleichen Periode keine Auszahlungen gegenüber stehen. Die Entstehung stiller Reserven aufgrund von Wertsteigerungen über die fortgeführten Anschaffungskosten hinaus führt dagegen nicht zu einer Selbstfinanzierung.

Was **motiviert** ein Unternehmen, stille Selbstfinanzierung zu betreiben? Für einen Eigentümer-Unternehmer ohne weitere am Gewinn beteiligte Miteigentümer ist dominant der mögliche Steuer(spar)effekt maßgebend. Hierzu muss also die Bildung der stillen Reserven nicht nur in der Handelsbilanz, sondern auch in der Steuerbilanz Anerkennung finden. Die steuerlichen Gewinnermittlungsvorschriften sind zwar deutlich enger als die nach HGB, bieten aber durchaus auch Spielraum für die Erhöhung des Periodenaufwands bzw. Verringerung des Periodenertrags, so dass der zu versteuernde Gewinn sinkt. Im Gegensatz zur offenen Selbstfinanzierung, bei der die einbehaltenen oder ausgeschütteten Gewinne den Steuern vom Ertrag (Einkommen-, Körperschaft- und Gewerbesteuer) unterliegen, erfolgt die stille Selbstfinanzierung aus unversteuerten Gewinnen. Die tatsächliche Versteuerung tritt erst dann ein, wenn die stillen Reserven aufgelöst werden. Es kommt hier also zu einer Steuerstundung, die für ein Unternehmen zu einem Liquiditäts- und Zinsgewinn führt.

Für das Management von Unternehmen mit Gesellschaftern, die nicht an der Geschäftsführung beteiligt sind, vor allem von Publikumsgesellschaften, tritt als mögliches weiteres Motiv hinzu, dass damit ein Teil des erwirtschafteten Gewinns im Unternehmen gehalten werden kann, ohne dass den Gesellschaftern dies bewusst ist und sie darüber zu beschließen haben. Dies ist insbesondere in Perioden von Vorteil, in denen ein ohnehin hohes Ergebnis

erwirtschaftet und offen ausgewiesen wird. Besonders wenn dem Management vom ausgewiesenen Gewinn aus den beschriebenen Kontrollgründen wenig für die offene Selbstfinanzierung zugestanden wird, löst dies eine Tendenz zur Erhöhung der stillen Selbstfinanzierung
aus, um hierüber das Potential frei verfügbarer Mittel wieder zu erhöhen. In Perioden mit
einem schlechteren Ergebnisverlauf können Teile dieser Reserven dann ebenso still wieder
aufgelöst werden. Dadurch gelingt es, den periodischen Ergebnisausweis zu glätten
(**Smoothing-Effekt**).

Die Absicht der internationalen Rechnungslegungsvorschriften ist, den Spielraum für den
Aufbau eines stillen Selbstfinanzierungspotentials mehr und mehr zu reduzieren.

3.2.2.3   Steuerfreie Rücklagen

Steuerfreie Rücklagen nehmen im Rahmen der Selbstfinanzierung eine Sonderstellung ein.
Aufgrund der steuerlichen Wirkung könnten die steuerfreien Rücklagen der stillen Selbstfinanzierung zugeordnet werden. Allerdings werden sie als Sonderposten mit Rücklageanteil
offen in der Handelsbilanz ausgewiesen. Deshalb ist keine eindeutige Zuordnung zur stillen
oder offenen Selbstfinanzierung möglich.

Der Gesetzgeber lässt die Bildung steuerfreier Rücklagen zeitlich befristet und unter bestimmten Voraussetzungen zu. Die am meisten in Anspruch genommenen Möglichkeiten
sind die Reinvestitionsrücklage nach § 6b EStG und die Rücklage für Ersatzbeschaffung
nach Abschnitt 35 EStR.

Wenn bei der Veräußerung von bestimmten Wirtschaftsgütern ein Verkaufspreis erzielt wird,
der über den fortgeführten Anschaffungs- und Herstellungskosten (Buchwert) liegt, werden
stille Reserven aufgedeckt. Solche Veräußerungsgewinne müssen grundsätzlich im Jahr der
Entstehung der Ertragsbesteuerung unterworfen werden. § 6b EStG eröffnet nun für
Grundstücke und Gebäude sowie Aufwuchs, die mindestens sechs Jahre zum Anlagevermögen eines Unternehmens gehörten, die Möglichkeit, diese Veräußerungsgewinne zeitlich
befristet der Ertragsbesteuerung vorzuenthalten. Diese Veräußerungsgewinne dürfen auf
andere Grundstücke und Gebäude (und Aufwuchs), die neu angeschafft oder hergestellt
werden, durch Verrechnung mit deren Anschaffungs- oder Herstellungskosten übertragen
werden (erfolgsneutrale Übertragung). Wenn diese Übertragung nicht in der gleichen Periode
gelingt, können die Veräußerungsgewinne zeitlich befristet in eine steuerfreie Rücklage
eingestellt werden, die in der Bilanz als **Sonderposten mit Rücklageanteil**
(§ 247 Abs. 3 HGB) erscheint.

Die Gewinnverwirklichung und die damit verbundene Besteuerung durch die Aufdeckung
stiller Reserven kann auch vermieden werden, wenn ein Wirtschaftsgut infolge höherer Ge-
walt (Brand, Sturm, Überschwemmung, Diebstahl etc.) oder eines behördlichen Eingriffs
(z.B. Enteignung) gegen Entschädigung aus dem Betriebsvermögen ausscheidet. Hier ist
gemäß Abschnitt 35 EStR die Übertragung des Entschädigungsgewinns auf ein funktions-
gleiches (Ersatz-) Wirtschaftsgut oder die befristete Einstellung des Gewinns in einen Sonderposten mit Rücklageanteil möglich.

Neben diesen beiden wichtigsten Möglichkeiten zur Bildung steuerfreier Rücklagen gibt es noch weitere Möglichkeiten für die Bildung solcher Rücklagen, wie z.B. die Ansparabschreibung nach § 7g Abs. 3 EStG zur Förderung kleiner und mittlerer Betriebe oder Rücklagen nach dem Auslandsinvestitionsgesetz. Mit der Einräumung der Bildung steuerfreier Rücklagen werden vom Gesetzgeber im Wesentlichen wirtschaftspolitische Ziele verfolgt.

Eine **Finanzierungswirkung** der Bildung steuerfreier Rücklagen entsteht dadurch, dass eigentlich entstandene Gewinne nicht in der Periode ihrer Entstehung versteuert werden müssen, was insgesamt für ein Unternehmen zu einer geringeren Ertragsteuerbelastung führt. Es handelt sich aber nur um eine Steuerstundung, d.h. um ein Aufschieben der Steuerzahlung bis zu dem Zeitpunkt, in dem die übertragene stille Reserve ihrerseits wieder steuerwirksam aufgelöst wird. Bei Grundstücken kann dies sehr weit in der Zukunft liegen. Bei Gebäuden und anderen abnutzbaren Vermögensgegenständen dagegen reduziert die übertragene stille Reserve den Ausgangsbetrag der jährlichen Abschreibung, so dass die als Aufwand geltend zu machenden jährlichen Abschreibungsbeträge entsprechend niedriger ausfallen. Jahr für Jahr fließt damit ein Teil der Steuerersparnis wieder zurück. Kommt eine Übertragung der gebildeten steuerfreien Rücklage auf ein angeschafftes Wirtschaftsgut nicht zustande, dann ist der Posten wieder gewinnerhöhend aufzulösen und unter Berücksichtigung einer Verzinsung nachzuversteuern. Ein Finanzierungsvorteil kann dann nur entstehen, wenn zwischenzeitlich der ersparte Betrag zu einem höheren Zins angelegt werden konnte als den 6%, die der Nachversteuerung zugrunde liegen.

Aufgrund des umgekehrten **Maßgeblichkeitsprinzips** nach § 5 Abs. 1 EStG wird die Bildung der steuerfreien Rücklagen nur dann steuerlich anerkannt, wenn der Sonderposten mit Rücklageanteil auch in der Handelsbilanz angesetzt worden ist. Deshalb kann hier nicht nur eine Finanzierungswirkung durch die Steuerstundung entstehen, sondern auch durch geringere Ausschüttungen an die Eigenkapitalgeber, die sich nach dem handelsrechtlichen Ergebnis bemessen.

3.2.3   Finanzierung aus Abschreibungen

Teile des Anlagevermögens eines Unternehmens stellen abnutzbare Potentialfaktoren dar. Hierunter versteht man Produktionsfaktoren, wie bspw. Maschinen, die ihre Leistungen über mehrere Jahre hinweg abgeben, aber durch den Zeitablauf, die Nutzung oder andere Einflüsse an Wert verlieren. Zum Zeitpunkt der Beschaffung von Produktionsfaktoren fallen Ausgaben an, die zu einem Liquiditätsabfluss führen. Da die Potentialfaktoren über mehrere Perioden genutzt werden können, ist dieses Kapital für längere Zeit in diesen Vermögensgütern gebunden. Entsprechend den pro Periode eintretenden Wertminderungen des Anlagevermögens werden Abschreibungen angesetzt, die also die Anschaffungskosten des Potentialfaktors planmäßig über die Nutzungsdauer verteilen. Die periodischen Abschreibungsbeträge vermindern als Aufwandsgröße das erwirtschaftete Jahresergebnis. Das Unternehmen wird diesen Verzehr seinerseits als Kostenfaktor in die Preisgestaltung einkalkulieren. Gelingt es dem Unternehmen, am Markt kostendeckende Preise durchzusetzen, fließen die Gegenwerte der Abschreibungen über die Umsatzerlöse in die Unternehmung zurück und setzen so sukzessive Kapital frei, welches zuvor in den Potentialfaktoren gebunden war. Da diese Gegenwerte jedoch erst am Ende der Nutzungsdauer der Vermögensgegenstände für Ersatzbeschaffungen benötigt werden, stehen sie dem Unternehmen zwischenzeitlich als Finanzierungsmittel zur Verfügung. Dieser Effekt wird als **temporärer Kapitalfreisetzungseffekt** bezeichnet.

Das folgende Beispiel soll diesen Vorgang illustrieren.

Frau Mustermann und Frau Labelle haben sich entschieden, eine ihrer Luxuslimousinen mit einem Internetanschluss und der dazugehörigen Hardware auszustatten. Der Anschaffungspreis (Potentialfaktor) betrug 4.000 €. Für die Verwendung des Internetzugangs verlangen Frau Mustermann und Frau Labelle mindestens die deckenden Kosten. Sie gehen von einer gleichmäßigen Nutzung durch ihre Kundschaft (Leistungsabgabe) und somit einem gleichmäßigen Leistungsverzehr über die 5 jährige Nutzungsdauer aus. Mit linearer Abschreibung ergibt sich folgende Kapitalfreisetzung:

Periode	Abschreibungen jährlich	Abschreibungen kumuliert	Kapital-freisetzung	Bilanzwert	
0				4.000 €	(Erstinvestition)
1	800 €	800 €	800 €	3.200 €	
2	800 €	1.600 €	1.600 €	2.400 €	
3	800 €	2.400 €	2.400 €	1.600 €	
4	800 €	3.200 €	3.200 €	800 €	
5	800 €	4.000 €	0 €	0 €	
				(+4000)	(Folgeinvestition)

Im Grunde tritt der Kapitalfreisetzungseffekt mit den jeweiligen Umsatzeinnahmen ein, d.h. in der Regel über die gesamten Perioden verteilt und nicht erst zum Zeitpunkt der buchtechnischen Vornahme der Abschreibungen. Somit ist die reale Dauer der temporären Freisetzung länger als anhand des Beispiels ersichtlich.

Bei einer einzelnen Investition entsteht lediglich eine vorübergehende (temporäre) Kapitalfreisetzung, da die freigesetzten Beträge nur bis zum Ende der Nutzungsdauer verfügbar sind und dann zur Reinvestition benötigt werden. Da ein Unternehmen in der Regel jedoch über eine Vielzahl von Potentialfaktoren verfügt, deren Ersatz zu unterschiedlichen Zeitpunkten anfällt, werden unter bestimmten Voraussetzungen in jeder Periode die Abschreibungsgegenwerte nicht in voller Höhe für den Erhalt der Periodenkapazität benötigt. Anhand des folgenden Beispiels lässt sich zeigen, dass es je nach Verteilung der Ersatzzeitpunkte möglich ist, nicht nur vorübergehend, sondern sogar dauerhaft Kapital freizusetzen, ohne dabei die Zahl der eingesetzten Maschinen zu verringern.

Frau Mustermann und Frau Labelle möchten nun alle drei ihrer Autos mit Internetan-schlüssen ausstatten. Sie rüsten in drei aufeinander folgenden Jahren jeweils ein Auto entsprechend aus. Der Anschaffungspreis beträgt für alle Ausstattungen jeweils 4.000 €, die linear über die Nutzungsdauer von 5 Jahren abgeschrieben werden.

Periode	Investition	Abschreibungen jährlich	Abschreibungen kumuliert	Bilanzwert	Kapitalfreisetzung total	Kapitalfreisetzung vorübergehend	Kapitalfreisetzung dauerhaft
0	4.000 €	–	–	4.000 €	–	–	–
1	4.000 €	800 €	800 €	7.200 €	800 €		
2	4.000 €	1.600 €	2.400 €	9.600 €	2.400 €		
3	–	2.400 €	4.800 €	7.200 €	4.800 €	2.400 €	2.400 €
4	–	2.400 €	7.200 €	4.800 €	7.200 €	4.800 €	2.400 €
5	4.000 €	2.400 €	9.600 €	6.400 €	5.600 €	3.200 €	2.400 €
6	4.000 €	2.400 €	12.000 €	8.000 €	4.000 €	1.600 €	2.400 €
7	4.000 €	2.400 €	14.400 €	9.600 €	2.400 €	–	2.400 €
8	–	2.400 €	16.800 €	7.200 €	4.800 €	2.400 €	2.400 €
9	–	2.400 €	19.200 €	4.800 €	7.200 €	4.800 €	2.400 €
10	4.000 €	2.400 €	21.600 €	6.400 €	5.600 €	3.200 €	2.400 €

Anhand dieses Beispiels wird deutlich, dass die aufgrund des Kapitalfreisetzungseffekts gewonnenen Finanzmittel nicht in voller Höhe für Reinvestitionen und somit den Erhalt der Produktionskapazitäten benötigt werden. Statt sie anderweitig einzusetzen, z.B. als liquide Mittel zu halten oder Kredite zu tilgen, können sie auch für zusätzliche Investitionen verwendet werden. Dies führt zu einem **Kapazitätserweiterungseffekt**, auf den bereits in einem Briefwechsel zwischen Marx und Engels hingewiesen wurde und der, nach den Autoren, die ihn in die Betriebswirtschaftslehre eingeführt haben, als **Lohmann-Ruchti-Effekt** in die Literatur eingegangen ist. Unter den Annahmen unendlicher Teilbarkeit der Aggregate, linearer Abschreibung, der Übereinstimmung von Abschreibungs- und Nutzungsverlauf sowie kontinuierlicher Abschreibung und Reinvestition ergibt sich ein Kapazitätserweiterungsfaktor von 2, d.h. es ist maximal eine Verdopplung der Periodenkapazität möglich. In der Realität ist dieser Faktor wegen begrenzter Teilbarkeit praktisch nicht zu erreichen. Der Kapazitätserweiterungsfaktor ist umso kleiner, je geringer die Anzahl der Anlagen der Erstausstattung, ist d.h. je länger es dauert, bis genügend Abschreibungsgegenwerte zum Kauf einer weiteren Anlage angesammelt wurden.

Auf unser Ausgangsbeispiel angewandt, reichen die Abschreibungsbeträge in der dritten Periode für die Anschaffung einer zusätzlichen Internetausstattung aus. Wäre die Zahl der anfänglich vorhandenen Ausstattungen hingegen fünfmal höher, dann hätten bereits die Abschreibungsbeträge der ersten Periode für eine Kapazitätserweiterung um eine Internetausstattung ausgereicht.

Auch in der vierten Periode kann mit den Abschreibungsbeträgen der nunmehr vier Internetausstattungen in Höhe von 3.200 € und der Restsumme aus der Vorperiode in Höhe von 800 € eine weitere Maschine gekauft werden. Dies führt ab Periode 5 zu einer jährlichen

Gesamtabschreibung von 4.000 € und damit zu einem Betrag, der genau zur Anschaffung einer Internetausstattung ausreicht. Da auch jede Periode eine Internetausstattung ausscheidet, verharrt der Bestand an Autos mit Internetausstattungen also ab Periode 5 bei fünf Autos. Die Wiederanlage der frei werdenden Abschreibungsbeträge führt damit in unserem Beispiel zu einer Erhöhung der Kapazität von drei auf fünf Autos mit Internetausstattungen.

Periode	Investition	Abschreibungen		Kapitalfreisetzung
		jährlich	kumuliert	
0	4.000 €			
1	4.000 €	800 €	800 €	800 €
2	4.000 €	1.600 €	2.400 €	2.400 €
3	4.000 €	2.400 €	4.800 €	800 €
4	4.000 €	2.400 €	8.000 €	-
5	4.000 €	2.400 €	12.000 €	-

Die Wirksamkeit des Kapazitätserweiterungseffekts beruht auf einer essentiellen und verschiedenen, verstärkenden Prämissen. Die **essentielle Voraussetzung**, damit der beschriebene Prozess überhaupt ins Laufen kommen kann, ist die Finanzierung der Erstinvestition mit Kapital, das extern zugeführt wurde und während der gesamten Betrachtungsperiode zur Verfügung steht. Meist wird daher eine **Erstfinanzierung** mit **Eigenmitteln** gefordert. Der Effekt tritt dagegen nicht ein, wenn die Finanzierung über Fremdkapital erfolgt und die Rückflüsse vollständig zur Tilgung dieser Mittel verwendet werden müssen.

Sind dagegen die verstärkenden Prämissen nicht gegeben, dann schwächt sich die Wirkung des Prozesses lediglich graduell ab. Hierzu zählen:

- Es sind mehrere homogene (und unendlich teilbare) Anlagen zu einem Zeitpunkt angeschafft worden, da eine zeitliche Streuung der Anschaffungstermine den Kapazitätserweiterungseffekt tendenziell reduziert.
- Die Abschreibungen sind durch Umsatzeinnahmen zurückgeflossen. Folglich müssen aufwandsdeckende Preise durchsetzbar sein und die Umsatzerträge tatsächlich dem Unternehmen als Einnahmen zugeflossen sein.
- Die aus der Kapazitätserweiterung resultierende Mehrproduktion kann am Markt zu konstanten Preisen abgesetzt werden.
- Es sind kontinuierlich neue gleichartige Anlagen zu konstanten Wiederbeschaffungspreisen anzuschaffen.
- Die Aggregate behalten ihre volle Leistungsfähigkeit bis zum Ende der Nutzungsdauer.
- Die Abschreibungsrückflüsse dürfen nicht zur Finanzierung des durch die Mehrproduktion erforderlichen Umlaufvermögens oder für Reparaturauszahlungen herangezogen werden.

Das Ausmaß der Kapitalfreisetzung wird neben dem Altersaufbau der Anlagen, der Zahl der Maschinen und der Nutzungsjahre auch wesentlich durch die **Abschreibungsmethode** sowie die zeitliche Folge und Homogenität der Investitionen bestimmt. Übersteigen die Abschreibungen die tatsächliche Wertminderung, sei es, dass die Abschreibungsdauer kürzer angesetzt wird als die tatsächliche Nutzungsdauer oder dass eine Abschreibungsmethode gewählt wird, die in den ersten Perioden höhere Aufwendungen verrechnet, so kann der gesamte Effekt verstärkt werden. Allerdings ist dies dann genau genommen einer Kombination der Abschreibungsfinanzierung mit einer stillen Selbstfinanzierung geschuldet, die analytisch zu trennen wäre.

Die Beschreibung des Kapitalfreisetzungs- und Kapazitätserweiterungseffekts und der Voraussetzungen ihres Eintritts hat schon deutlich werden lassen, worin der spezifische Charakter der Finanzierung aus Abschreibungen besteht. Ein Finanzierungseffekt entsteht hier dadurch, dass dem Unternehmen nach einer anfänglichen Anschaffungsausgabe, mit der liquide Mittel abfließen, über die Umsatzeinnahmen die Abschreibungsbeträge des langlebigen Wirtschaftsguts bereits wieder zufließen, bevor diese zur Reinvestition benötigt werden. Diese liquiden Mittel können selbstverständlich auch zur Beschaffung zusätzlicher Vermögensgüter verwendet werden und damit den beschriebenen Kapazitätserweiterungseffekt auslösen. Als essentielle Voraussetzung hatten wir allerdings identifiziert, dass das ursprünglich eingesetzte Kapital nicht fristengleich mit der Freisetzung an die Finanziers zurückgezahlt werden muss, sondern im Unternehmen verbleibt und daher für andere Ausgaben verwendet werden kann. Die Finanzierung aus Abschreibungen kann damit **nicht** als eine weitere oder alternative Form der **Beschaffung von zusätzlichem Kapital** verstanden werden. Sie beschreibt lediglich den Prozess von Freisetzung und Wiederanlage von Kapital, das dem Unternehmen von den Eigen- oder Fremdkapitalgebern schon für eine bestimmte oder unbestimmte Zeit zur Verfügung gestellt ist und für dessen Überlassung das Unternehmen die vereinbarte Verzinsung zu bezahlen hat. Logischerweise steht damit auch kein zusätzlicher Finanzier hinter der Abschreibungsfinanzierung, der eine Kompensation für die Überlassung von Kapital fordern könnte. Bei der Berechnung von Kapitalkosten eines Unternehmens darf die Abschreibungsfinanzierung daher auch keinesfalls berücksichtigt werden.

Dieser Charakter der Abschreibungsfinanzierung wird auch in anderer Weise sichtbar. Der beschriebene Kapazitätserweiterungseffekt mag prima facie erstaunen und auf eine Zuführung von Kapital hindeuten. Bei näherer Betrachtung wird aber schnell offenkundig, dass keine „wunderbare Brotvermehrung" stattfindet. Vielmehr beruht die Erweiterung der Periodenkapazität durch die Wiederanlage der Abschreibungsbeträge allein auf einer **Altersumschichtung** des Maschinenparks gegenüber dem Ausgangszustand. Befinden sich zu Beginn des Prozesses nur neue Maschinen im Unternehmen, so sind nach Ausnutzung des Umsortierungseffekts Anlagen aller Altersklassen vorhanden. Die **Totalkapazität** (als Summe der Restnutzungspotenziale aller vorhandenen Maschinen) und auch die **Summe der Vermögenswerte** bleiben dagegen konstant. Gäbe es die benötigten Anlagen in allen „Altersklassen" zu erwerben, dann hätte das Unternehmen sich gleich von Anfang an mit Anlagen unterschiedlicher Altersstruktur versorgen und damit ihre Periodenkapazität sofort erhöhen bzw. – wenn diese in der Höhe nicht erforderlich gewesen wäre – eine geringere anfängliche Kapitalbindung erreichen können.

Unter finanz- und erfolgswirtschaftlichen Gesichtspunkten verliert die Abschreibungsfinanzierung daher viel von ihrer anfänglichen Faszination. Wie bereits anhand der Prämissen und des Beispiels zur Kapitalfreisetzung deutlich wurde, beruht der Freisetzungseffekt vornehmlich auf der anfänglichen bündelweisen Anschaffung von Produktionsfaktoren. Schneider (1992, S. 165 ff.) hat gezeigt, dass eine bündelweise Beschaffung von Kapazitäten bei ansonsten gleichen Bedingungen stets zu einer schlechteren Kapitalrentabilität als eine bedarfssynchrone Beschaffung von Ressourcen führt. Besteht also die Möglichkeit, ohne Einbuße denkbarer anderweitiger Vorteile, zur bedarfsweisen Einzelbeschaffung von Produktionsfaktoren, so ist dies gebündelten Investitionen mit anschließender Nutzung der Abschreibungsfinanzierung immer vorzuziehen.

Der Kapitalfreisetzungseffekt ist nicht allein auf Abschreibungen begrenzt. Allgemein kann er auch bei anderen stoßweisen Beschaffungsvorgängen beobachtet werden, etwa wenn Verbrauchsgüter „auf Vorrat" beschafft und sofort bezahlt werden.

Besonders liquiditätswirksam ist ein **dauerhafter Abbau** der Kapitalbindung. In der Literatur werden hier insbesondere **Rationalisierungsmaßnahmen** angesprochen, die dazu führen, dass den Einnahmen aus der Veräußerung nicht mehr benötigter Produktionsfaktoren gar keine Ausgaben für deren Ersatz mehr gegenüberstehen. Betragsmäßig viel größere Kapitalfreisetzungen entstehen inzwischen bei **Verkäufen** von **Beteiligungen, Teilunternehmen** und **Tochtergesellschaften**, die häufig Folge der strategischen Neuausrichtung des Unternehmens sind.

Wir werden später im Kapitel zu Finanzierungssubstituten näher darauf eingehen, dass sich auch durch rein finanzwirtschaftliche Maßnahmen die Kapitalbindung entweder in der Dauer oder in der Höhe verringern lässt, etwa indem der Forderungsbestand veräußert wird oder neu benötigte Anlagen nicht gekauft, sondern über Leasing-Verträge nur die Nutzungsrechte erworben werden. Eine vorzeitige Freisetzung ist auch bei schon vorhandenen Beständen an betriebsnotwendigem Anlagevermögen möglich, wenn sie veräußert und die Nutzungsrechte ebenfalls über Leasing-Verträge gesichert werden („**Sale-and-lease-back**").

3.2.4 Finanzierung aus Rückstellungen

3.2.4.1 Funktionen und Typen von Rückstellungen

Eine dritte Quelle, aus der sich ein Umsatzüberschuss einer Periode speisen kann, bilden die Rückstellungen. Rückstellungen sind für Verbindlichkeiten des Unternehmens zu bilden, die am Bilanzstichtag bezüglich der Höhe oder der Fälligkeit unsicher sind. Die wichtigsten Beispiele von Rückstellungen für ungewisse Verbindlichkeiten sind Pensions-, Alt-lasten-, Prozess-, Steuer- und Garantierückstellungen. Aus der Dotierung von Rückstellungen ergibt sich also ein **Finanzierungseffekt**, wenn aus dem betrieblichen Leistungsprozess Zahlungsansprüche Dritter (Fremder) entstehen, die als Aufwand gebucht und in den Umsatzeinnahmen vergütet werden, deren Ausgabe aber erst später erfolgt. Analog zu den Abschreibungen resultiert der Finanzierungseffekt somit daraus, dass der Aufwand und die Ausgabe in der betrachteten Periode auseinander fallen. Die Aufwandsverrechnung geht bei dieser **innerbetrieblichen Fremdfinanzierung** allerdings der Ausgabe voraus.

Ein einfaches Beispiel unserer Event-Agentur, das wir später verallgemeinern werden, soll die Wirkung aufzeigen.

Die beiden Gründerinnen, die Geschäftsführerinnen des Unternehmens sind, haben realisiert, dass sie möglichst früh für die Sicherung ihrer späteren Finanzsituation im Rentenalter vorsorgen sollten. Daher beschließen sie, einen Teil ihrer jährlichen Bezüge nicht in bar auszubezahlen. Das Unternehmen soll dafür nach Erreichen der Altersgrenze mit 67 Jahren den beiden Frauen je eine monatliche Rente in Höhe von 500 € zahlen. Für ihr Unternehmen stellen diese Entgeltanteile, auch wenn sie nicht sofort ausgezahlt werden, Personalkosten dar. Diese werden also zum einen Eingang in die Preiskalkulation finden und zum anderen in ihrer Handels- und Steuerbilanz als betrieblicher Aufwand verrechnet werden, der das zu versteuernde und auch das für die Ausschüttung zur Verfügung stehende Jahresergebnis mindert. Ihrem Unternehmen steht daher dieses Geld bis zur tatsächlichen Auszahlung der Renten für anderweitige Verwendungszwecke zur Verfügung. Wird dann später die versprochene Rente ausbezahlt, ist die dafür gebildete Rückstellung erfolgsneutral aufzulösen. Würde dagegen, was wir nicht annehmen mögen, eine der rentenberechtigten Geschäftsführerinnen vorher sterben, dann würde der Rentenanspruch erlöschen. Das Unternehmen müsste dann die Rückstellung gewinnerhöhend auflösen.

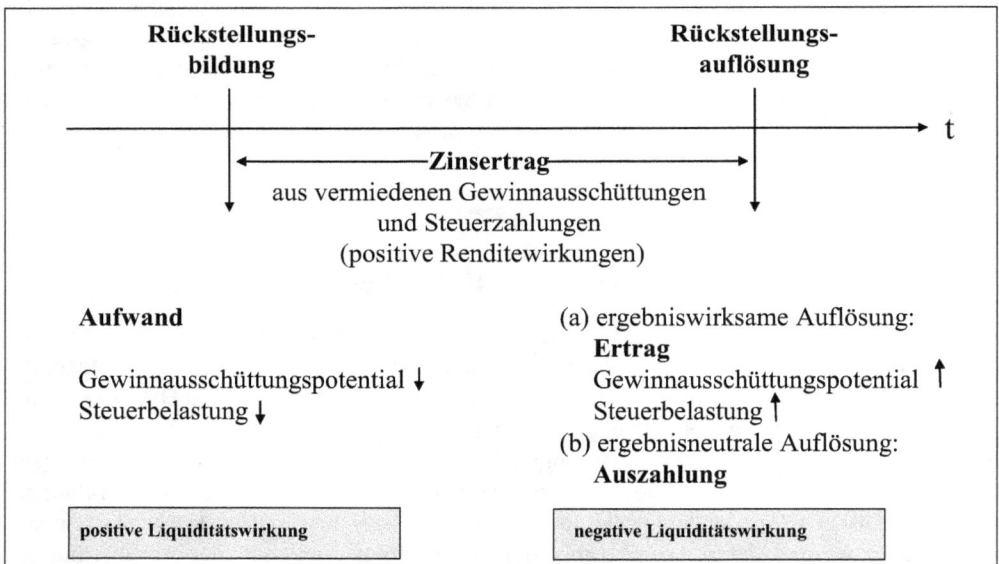

Abb. 3.3   *Schematische Darstellung der Liquiditäts- und Renditewirkungen einer Rückstellung*

Wie die Übersicht in Abb. 3.4 zeigt, sind Rückstellungen aber nicht nur für ungewisse Verbindlichkeiten, also Fremdverpflichtungen zu bilden, sondern müssen oder können auch aufgrund innerbetrieblich begründeter zukünftiger Belastungen, sog. Innenverpflichtungen, angesetzt werden. Zu den zwingend anzusetzenden Innenverpflichtungen zählen

- drohende Verluste aus schwebenden Geschäften,
- unterlassene Aufwendungen für Instandhaltung, die innerhalb von 3 Monaten des folgenden Geschäftsjahres oder Abraumbeseitigung, die im folgenden Geschäftsjahr nachgeholt werden,

Weiterhin besteht ein Passivierungswahlrecht für

- unterlassene Aufwendungen für Instandhaltung, die innerhalb des folgenden Geschäftsjahres nachgeholt werden und für
- Aufwendungen i.S.d. § 249 Abs. 2 HGB, z.B. für künftige Großreparaturen, die durch die jetzige Nutzung verursacht werden.

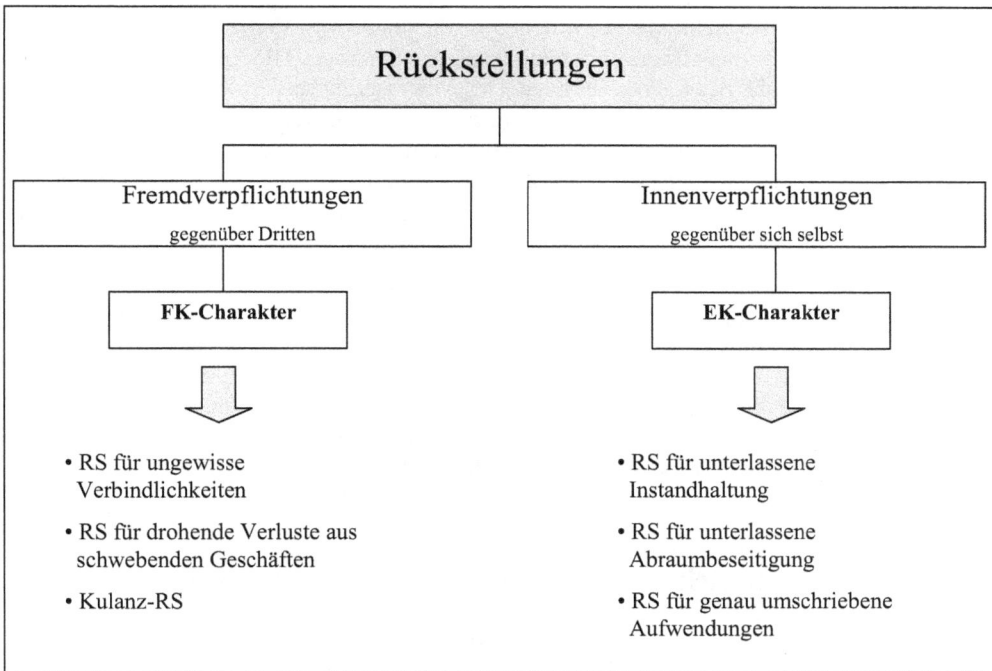

Abb. 3.4 Schematisierung von Rückstellungen anhand ihres Verpflichtungscharakters

3.2.4.2   Finanzwirtschaftliche Effekte von Rückstellungen

Wie deutlich geworden ist, mindert die Bildung von Rückstellungen das im Jahresabschluss ausgewiesene Periodenergebnis. Im Falle ihrer Anerkennung in der Steuerbilanz reduziert sich auch die steuerliche Bemessungsgrundlage und führt, vorausgesetzt die Bemessungs-grundlage ist positiv, bis zu ihrer Auflösung zu einem zinslos gewährten „Steuerkredit". Die finanzwirtschaftliche Auswirkung der Bildung von Rückstellungen hängt also von folgenden Faktoren ab:

- Höhe und Fristigkeit der Rückstellungen;
- Berücksichtigung der Rückstellungen bei der steuerlichen Erfolgsermittlung;
- Höhe des Jahresüberschusses und der Bemessungsgrundlagen der ertragsabhängigen Steuern vor Bildung der Rückstellungen.

Je länger die Zeitspanne zwischen Bildung und Auflösung der Rückstellungen ist, desto länger wirkt der beschriebene finanzielle Vorteil. Die Steuerrückstellungen und die sonstigen Rückstellungen (z.B. Rückstellungen für unterlassene Aufwendungen für Instandsetzung, für Gewährleistungen ohne rechtliche Verpflichtung, für ungewisse Verbindlichkeiten wie Ga-rantieleistungen) haben meist kurz- bis mittelfristigen Charakter. Hier erfolgt die Auflösung oft schon im Folgejahr nach ihrer Bildung. Der Finanzierungseffekt ist infolgedessen be-grenzt. Ausnahmen bilden bspw. Rückstellungen für Bergschäden bei Bergwerken, die na-turgemäß einen sehr langfristigen Charakter haben können, sowie langfristige Gebrauchsga-rantien, wie z.B. bei Baumaterialien. Indem Rückstellungen im Unternehmen allerdings kontinuierlich neu gebildet werden und manche dem Unternehmen längerfristig zur Verfü-gung stehen, verbleibt stets ein so genannter **Bodensatz** zu Finanzierungszwecken.

Rückstellungen für drohende Verluste aus schwebenden Geschäften und alle Rückstellungen, für die ein Bilanzierungswahlrecht besteht, werden steuerlich nicht anerkannt. Damit be-schränkt sich hier der Finanzierungseffekt auf die Reduzierung des ausschüttbaren Gewinns.

Ist in den Jahren der Bildung der Rückstellung das Jahresergebnis schon vor deren Berück-sichtigung negativ, dann reduziert sich der Finanzierungseffekt ebenfalls, weil dann gar kein „Einbehaltungseffekt" auftritt und der steuerliche Effekt auf die Perioden verschoben wird, in denen die Verlustvorträge dann mit Gewinnen verrechnet werden können.

3.2.4.3   Pensionsrückstellungen und deren finanzwirtschaftlicher Effekt

Pensionsrückstellungen haben – wie bereits festgestellt wurde – in der Regel einen langfris-tigen Finanzierungseffekt und stellen für Unternehmen eine Variante dar, vertraglich verein-barten Pensionszusagen gegenüber Beschäftigten Rechnung zu tragen.

Nach den Vorschriften des Handelsrechts besteht für unmittelbare Pensionsverpflichtungen, genauer für sog. „Neuzusagen", eine Passivierungspflicht. Der Ansatz von Pensionsrückstel-lungen wird in der Steuerbilanz nur anerkannt, wenn ihre Berechnung nach versicherungs-mathematischen Grundsätzen erfolgt, d.h. die jeweiligen aktuellen Lebenserwartungen bzw. Invaliditätswahrscheinlichkeiten sowie Fluktuationserwartungen der Arbeitnehmer nach den geltenden Richtlinien einbezogen werden. Weiterhin ist für die steuerliche Anerkennung mit einem Zinssatz von mindestens 6% p.a. abzuzinsen. Diese und weitere Voraussetzungen für eine steuerliche Anerkennung der Zuführungen zu den Pensionsrückstellungen als Betriebsausgaben nennt § 6a EStG.

Um die **Finanzierungswirkung** der Pensionsrückstellungen der Höhe und Dauer nach abschätzen zu können, muss neben der Höhe der Pensionsverpflichtungen

1. ihre zeitliche Struktur,
2. die Alternative zur Bildung der Pensionsrückstellung,
3. die hypothetische Verwendung des Gewinns, falls kein Aufwand angefallen wäre und
4. die Höhe des Gewinns vor Berücksichtigung der Zuweisungen zu der Rückstellung

bekannt sein.

Ad (1): Aus dem Umfang der Pensionsrückstellungen allein ist nicht ersichtlich, in welchen Perioden Ausgaben für Pensionszahlungen in welcher Höhe anfallen werden, denn davon ist die Frist, für die das innerbetrieblich gebildete Fremdkapital zur Verfügung steht, abhängig. Ebenso sind die Annahmen über die Entwicklung der Zusagen und der Pensionshöhen aufgrund der Verpflichtung zur Dynamisierung (der Leistungsansprüche) von Bedeutung.

Ad (2): Pensionszusagen werden meist nicht allein (oder gar nicht) wegen eines möglichen Finanzierungseffekts gegeben, sondern stellen vorrangig ein **personalpolitisches Instrument** der Unternehmen dar. So wählt ein erheblicher Teil der Arbeitnehmer inzwischen den Weg der Entgeltumwandlung, verzichtet also zugunsten einer späteren Rente auf die Auszahlung eines Teils seiner jetzigen Einkünfte und möchte sich so eine zusätzliche Einkommensquelle für die Zeit nach dem Arbeitsleben sichern. Es ist daher nicht zwangsläufig angebracht, den Finanzierungseffekt von Rückstellungen nur mit der Alternative „keine Pensionszusage" zu vergleichen. Vielmehr können als Vergleichsbasis die zur Verfügung stehenden Alternativen, wie Unterstützungskassen, Pensionskassen oder – wie im folgenden Beispiel (Abb. 3.5) – Direktversicherungen, herangezogen werden.

Positionen	Alternative 1: Pensionsrückstellungen	Alternative 2: Keine Pensionszusage	Alternative 3: Direktversicherung
Gewinn vor Steuern und Pensionsaufwand	100.000 €	100.000 €	100.000 €
Aufwand für Zuführung / Versicherungsprämie	20.000 €	-	20.000 €
Verbleibender Gewinn	80.000 €	100.000 €	80.000 €
Zusätzlicher Zahlungsmittelabfluss	-	zusätzl. Gewinnsteuer und evtl. Entnahme	20.000 €

Abb. 3.5   Vergleich der Auszahlungswirkungen bei Pensionsrückstellung, Direktversicherung und im Fall ohne Pensionszusage

Im Vergleich zu Alternative 2 (Keine Pensionszusage) besteht der Finanzierungsvorteil von Pensionsrückstellungen in einer Verhinderung von Gewinnsteuern sowie eventuellen Entnahmen; im Vergleich zu einer Direktversicherung (Alternative 3) werden **Aufwandsausgaben** verhindert. Beschränkt man den Vergleich nicht nur auf die Periode der Bildung der Rückstellungen, sondern betrachtet darüber hinaus auch die Pensionszahlungen, dann wird deutlich, dass bei Alternative 1 ein Zins- und Liquiditätsvorteil durch Verschiebung der Ausgabe entsteht.

Ad (3): Der Vergleich der Alternativen „Pensionsrückstellung" und „keine Pensionszusage" zeigt, dass für eine Berechnung des Finanzierungsvorteils entscheidend ist, wie der Gewinn andernfalls, d.h. ohne Aufwandsbuchung, verwendet worden wäre.

Positionen	Pensionsrückstellungen	Keine Pensionszusage
Gewinn vor Steuern	100.000 €	100.000 €
Pensionsrückstellung	40.000 €	-
steuerpflichtiger Gewinn	60.000 €	-
25% Ertragsteuern	15.000 €	25.000 €
einbehaltene Gewinne	45.000 €	75.000 €
gesamtes Finanzierungsvolumen	-	zusätzl. Gewinnsteuer und evtl. Entnahme

Abb. 3.6   Vergleich der Finanzierungswirkungen mit und ohne Rückstellungen bei Thesaurierung

Bei Thesaurierung des Gewinns beschränkt sich, wie Abb. 3.6 zeigt, der **Liquiditätsvorteil** (10.000 €) auf die **Steuerersparnis** (25% von 40.000 €), die durch die aufwandswirksame Bildung der Pensionsrückstellung erzielt wurde. Bei Ausschüttung tritt zur Steuerersparnis die **Vermeidung des Dividendenabflusses** durch die Verbuchung der Rückstellung als Aufwand und steuerlich abzugsfähige Betriebsausgabe. Solange noch keine Pensionszahlungen geleistet werden müssen, steht die Zuweisung zu den Pensionsrückstellungen dem Unternehmen in voller Höhe als zusätzliches Finanzierungsvolumen zur Verfügung.

Ad (4): Die bisherigen Überlegungen gelten nur, wenn der Gewinn so hoch ist, dass die gesamte Aufwandsbuchung auch tatsächlich den steuerpflichtigen Gewinn schmälert. Ist überhaupt **kein Gewinn** vorhanden und ist die Aufwandsverrechnung auch nicht auf dem Wege des Verlustvortrags oder -rücktrags zu erreichen, dann zeigt die Zuweisung zu Pensionsrückstellungen im Vergleich zum Fall ohne Pensionszusagen **keinen positiven Finanzierungseffekt**. Die Vorteilhaftigkeit gegenüber der Direktversicherung bleibt aber auch dann voll bestehen, wenn kein Gewinn anfällt, da diese auch in Verlustjahren zusätzliche Zahlungsmittel abzieht.

Die Bildung und Auflösung einer Pensionsrückstellung für einen Arbeitnehmer lässt sich mit folgendem idealtypischen Kurvenverlauf (Abb. 3.7) wiedergeben.

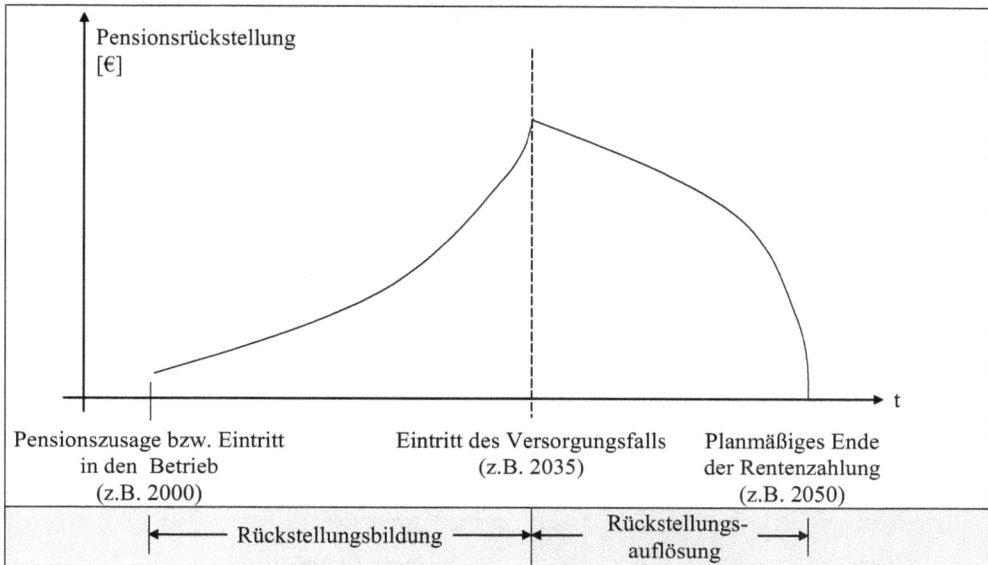

Abb. 3.7   Graphische Darstellung der Bildung und Auflösung einer Pensionsrückstellung

Während der hier unterstellten 35-jährigen Anwartschaftsphase behält das Unternehmen Mittel ein, um nach dem Ausscheiden des Arbeitnehmers die vertraglich festgelegten Altersversorgungszahlungen in der 15-jährigen „Rentenphase" zu finanzieren.

Die Entwicklung des Bestandes der Pensionsrückstellungen eines Unternehmens für alle Arbeitnehmer (Pensionsmittelfonds) und damit des zur Verfügung stehenden Fremdkapitals kann idealtypisch mit folgender Kurve (Abb. 3.8) beschrieben werden. Diese Kurve ergibt sich aus der Addition der Werte der einzelnen Pensionszusagen, die bis zum Eintritt des Versorgungsfalls progressiv steigend und danach degressiv fallend verlaufen.

Vom Beginn der Bildung der Pensionsrückstellung bis zum Beginn der Pensionszahlungen wird das innerbetriebliche Fremdkapital stetig steigen. In Phasen, in denen die Pensionszahlungen den Zuführungen zu den Rückstellungen entsprechen, bleibt der Kapitalstock konstant und die Bildung und Auflösung von Rückstellungen halten sich gerade die Waage. Baut das Unternehmen den Personalbestand dagegen aus und/oder kommt es durch die Dynamisierung der Zusagen zu einer Erhöhung der Rentenverpflichtungen und folglich höheren Zuführungen in die Rückstellung, kann das Fremdkapital aus Pensionsrückstellungen weiter zunehmen. Verringert sich jedoch der Personalbestand oder werden für neue Mitarbeiter nur noch geringere Pensionszusagen gemacht, dann baut sich der Kapitalstock schrittweise wieder ab. Dies kann vor allem bei schlechter Geschäftslage zu erheblichen Liquiditätsbelastungen für die Unternehmen führen, da Pensionszahlungen weiterhin zu leisten sind, ihnen jedoch nur noch geringe Steuervorteile durch neue Zuführungen zu den Rückstellungen gegenüberstehen. Aus dem laufenden Innenfinanzierungsprozess sind diese Zahlungen dann häufig nicht mehr zu leisten. Das mit den Rückstellungen gebildete Kapital ist meist im betriebsnotwendigen Vermögen gebunden, lässt sich also nicht beliebig und schnell freisetzen.

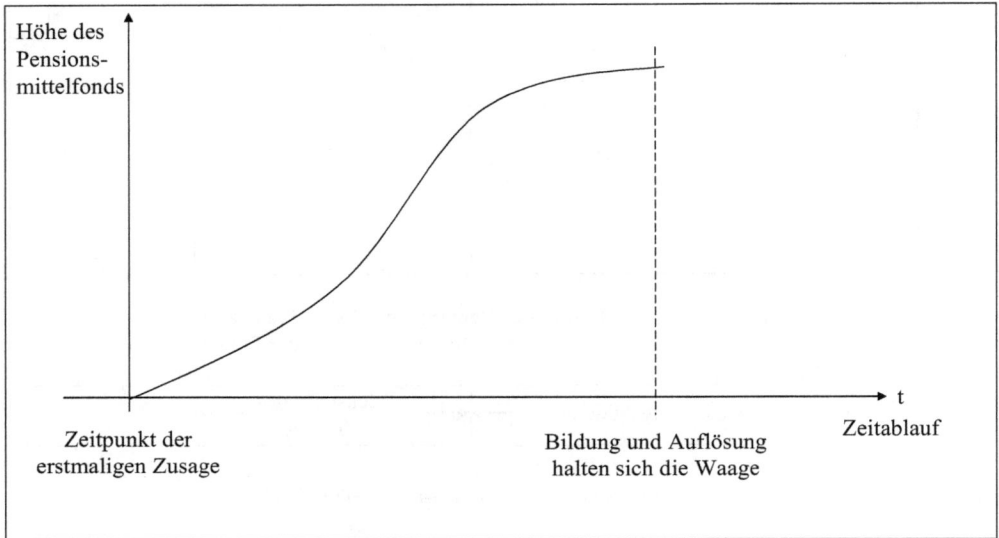

Abb. 3.8   Schematische Darstellung des Pensionsmittelfonds

3.2.4.4   (Alternative) Formen der betrieblichen Alterssicherung in Deutschland

Vor allem um diesen Unwägbarkeiten der künftigen Entwicklung der finanziellen Belastungen und der Belastung des originären betrieblichen Leistungsprozesses zu entgehen, sichern sich Unternehmen zunehmend durch geeignete Maßnahmen ab oder wählen andere Durchführungswege, um ihren vertraglich vereinbarten Pensionszusagen später nachkommen zu können. Wie sofort deutlich werden wird, haben diese Wege aber eines gemeinsam: eine Finanzierungswirkung entfalten sie nicht (oder nur indirekt), da – anders als bei der Bildung von Rückstellungen – Aufwand und Ausgabe in dieselbe Periode fallen. Mit zunehmender Wahl dieser Durchführungswege verlieren die Pensionszusagen als Innenfinanzierungspotential für die Unternehmen an Bedeutung.

Eine erste Lösung ist, das über die Pensionsrückstellungen gebildete Kapital nicht einfach im betriebsnotwendigen Firmenvermögen zu binden, sondern es ganz oder zumindest teilweise gezielt in getrennt gehaltenen Kapitalanlagen zu investieren und aus deren Früchten und deren Wiederveräußerung die Pensionsverpflichtungen zu erfüllen. Dieser Weg wird als **Asset Funding** bezeichnet. Im Grunde wird hiermit eine Art betriebsinterner Pensionsfonds aufgebaut. Unter bestimmten Voraussetzungen, vor allem wenn das angelegte Vermögen dem Zugriff des Unternehmens dauerhaft entzogen ist, gelingt hierüber auch – als schöner Nebeneffekt – eine Reduzierung der im Jahresabschluss auszuweisenden Pensionsverpflichtungen und damit eine Verbesserung des Bilanzbildes.

Bei der betrieblichen Altersvorsorge über **Pensionskassen** wird ein externer, rechtlich selbständiger Träger eingeschaltet. Die Arbeitnehmer haben gegenüber der Pensionskasse einen Rechtsanspruch auf die vereinbarte Betriebsrente und haben außerdem die Möglichkeit, sich durch zusätzliche Beiträge aus eigenen Mitteln zu beteiligen. Die Unternehmen zahlen regelmäßig Beiträge in die Pensionskasse ein, die als Betriebsausgaben steuerlich abzugsfähig sind. Die Pensionskassen unterliegen den gesetzlichen Bestimmungen der Versicherungsaufsicht (VAG) und gleichen in ihrer Funktionsweise damit eher einer Versicherungs- als einer Investmentgesellschaft.

Beim System der **Unterstützungskassen** ist ebenso wie bei den Pensionskassen eine externe, rechtlich selbständige Einrichtung dazwischengeschaltet. Die Sicherung der Mitarbeiter erfolgt, ebenso wie bei der Direktzusage, über den Pensionssicherungsverein, an den das Unternehmen daher Beiträge abzuführen hat. Die Unterstützungskasse unterliegt nicht der Versicherungsaufsicht und kann ihr Vermögen auch dem Unternehmen als Darlehen zur Verfügung stellen, damit also indirekt doch zur Finanzierung beitragen. Um die Bedienung der zugesagten Versorgungsleistungen zu sichern, empfiehlt sich für das Unternehmen der Abschluss einer Rückdeckungsversicherung.

Bei der **Direktversicherung** schließt der Arbeitgeber als Versicherungsnehmer zugunsten des Mitarbeiters einen Vertrag mit einem privaten Lebensversicherer ab. Damit trägt das Versicherungsunternehmen, nicht das Unternehmen das Leistungsrisiko. Die Versicherungsprämien sind beim Unternehmen als Betriebsausgaben abzugsfähig. Dies ist ein vor allem von mittelständischen Unternehmen häufig und gern gewählter Weg.

Seit 2002 ist der **Pensionsfonds** auch als externe, rechtlich selbständige Einrichtung bei der betrieblichen Altersversorgung zugelassen. Gegen die Zahlung von Beiträgen führen Pensionsfonds für den Arbeitgeber kapitalgedeckte betriebliche Altersvorsorge durch und die Arbeitnehmer erhalten einen Rechtsanspruch auf Leistungen gegenüber dem Pensionsfonds. Der Pensionsfonds hat eine recht große Freiheit bei der Vermögensanlage. So ist die Anlage in Aktien nicht begrenzt und die Vermögensanlage kann auch durch Dritte erfolgen, so dass der Fonds lediglich als Vermögensverwalter agiert. Um die Sicherheit der angelegten Gelder zu gewährleisten, wird der Pensionsfonds durch das Bundesaufsichtsamt für das Versicherungswesen (BAV) überwacht.

3.2.5   Interne Kapitalmärkte im Konzern

Eine besondere Bedeutung vermag die Innenfinanzierung in größeren Unternehmen mit
mehreren Geschäftsbereichen, insbesondere in Konzernen mit rechtlich selbständigen Tochtergesellschaften zu entfalten. In einem wirtschaftlich einheitlich geführten Konzern wird die
Zuweisung von Finanzmitteln an die Tochtergesellschaften vernünftigerweise zentral gesteuert werden. Die erwirtschafteten finanziellen Überschüsse der einzelnen Geschäftsbereiche
und Tochtergesellschaften werden also nicht „automatisch" dort zur weiteren autonomen
Disposition verbleiben. Vielmehr wird die Zentrale die insgesamt verfügbaren Mittel so den
Bereichen zuweisen bzw. unter ihnen aufteilen, wie sie dies zur optimalen Verwendung des
Kapitals entsprechend den jeweiligen Bedarfen und den Renditechancen für sinnvoll hält.

Dies spricht dafür, dass solche internen Kapitalmärkte vorteilhaft sind und zu einer grundsätzlich effizienteren Kapitalallokation beitragen. Insbesondere gilt dies, wenn die Zentrale
über bessere und umfassendere Informationen über die Investitionsmöglichkeiten in den
einzelnen Bereichen (und außerhalb des Konzerns) und deren erwarteten Renditen und Risiken verfügt als die jeweiligen Manager in den Bereichen und auch als die externen Kapitalgeber. Die im Vergleich zu externen Kapitalgebern stärkeren Kontroll- und Verfügungsrechte erlauben eine effiziente Überwachung der Geschäftsbereiche und damit ein „**Winner-
Picking**" (Stein, 1997), ein Umschichten der freien Mittel von weniger ertragreichen zu
mehr Erfolg versprechenden Geschäftsbereichen und Tochtergesellschaften. Zudem kann die
zentrale Steuerung der Innenfinanzierungsmittel helfen, attraktive Projekte auch in Situationen zu realisieren, in denen die externen Kapitalgeber wegen der Informationsnachteile und
der Agency-Probleme die Menge des bereitgestellten Kapitals beschränken.

Diese positive Sicht der Funktion interner Kapitalmärkte trägt aber nur, wenn die zentrale
Kapitalzuteilung tatsächlich im Sinne des Gesamtunternehmens rational verläuft und nicht
durch konzerninterne Agency-Probleme überkompensiert wird. So ist nicht auszuschließen,
dass das zentrale Management seine Entscheidungen nicht (nur) an den Kapitalgeberzielen
orientiert, sondern die freien Mittel für Unternehmen für in ihrer Rendite-/Risikostruktur
eher fragwürdige Projekte von Wachstumsinvestitionen und Unternehmensübernahmen
investiert, die vorrangig der Stärkung des eigenen Prestiges und Einkommens und der
Machtposition dienen.

Auch die Bereichsmanager werden nicht völlig selbstlos agieren. Vielmehr ist zu erwarten,
dass sie den internen Markt in ihrem Sinne und zugunsten ihrer Projekte zu beeinflussen
versuchen, indem sie – wie gegenüber externen Kapitalgebern – die Renditeaussichten ihrer
Investitionsprojekte bewusst vorteilhafter darstellen und deren Risiken herunterspielen. Soweit dies ex ante und ex post nicht präzise überprüfbar und damit sanktionierbar ist, mag
diese nahe liegende Verhaltensweise auch immer wieder erfolgreich sein. Vieles hängt von
der Stärke der Zentrale ab. So können sogar, vor allem wenn das zentrale Management nur
schwache Anreize zur Steuerung der Geschäftsbereiche hat, renditeschwächere Geschäftsbereiche mit mehr Kapital bedient werden, als es aufgrund der erwarteten Renditen effizient
wäre, um dadurch einen konzerninternen Interessenausgleich zu erreichen. Scharfstein/Stein
(2000) sehen in einer solchen „generellen Tendenz zum Sozialismus" die „dunkle Seite von
internen Kapitalmärkten".

3.2.6 Zusammenfassung: Volumen und Bedeutung der Innenfinanzierung

Die Summe aus Jahresergebnis, Abschreibungen, Zuführung zu den Rückstellungen und zu den steuerfreien Rücklagen wird allgemein als **Cash Flow** bezeichnet. Da in vielen Ländern die Rückstellungen keine große Rolle spielen und die steuerfreien Rücklagen nicht bekannt sind, verkürzt sich die Berechnung auf die Summe aus Jahresergebnis und Abschreibungen. Diese wird – wie wir in dem Kapitel zur Beurteilung der Bonität wieder aufgreifen werden – oft als Kennzahl für die Innenfinanzierungskraft verwendet. Wie leicht ersichtlich, entspricht der Cash Flow aber nicht genau dem, was wir in diesem Kapitel als Bestandteile der Innenfinanzierung beschrieben haben. So haben wir zum einen auch Gewinne, die im Jahresabschluss nicht auftauchen, als Finanzierungspotential hinzugerechnet. Zum anderen hatten wir aber nur die im Unternehmen verbleibenden Teile des Jahresüberschusses einbezogen.

Um sich ein Bild über den Beitrag der Innenfinanzierung und seiner Bestandteile zur gesamten Finanzierung der Unternehmen zu verschaffen, ist eine regelmäßig von der Deutschen Bundesbank erstellte Auswertung „Mittelaufkommen und Mittelverwendung" hilfreich.

Für die Jahre 2002 bis 2004 zeigt sich hier ein erstaunliches Bild. Vom gesamten Mittelaufkommen der Unternehmen, das für die Sach- und Geldvermögensbildung verwendet worden ist, betrug der Anteil der Innenfinanzierung im Jahr 2002 99,5% und in den Jahren 2003 und 2004 jeweils 106,4%. Das heißt, dass in 2002 die Unternehmen in toto in ihrem Innenbereich etwa so viel und in den beiden folgenden Jahren sogar deutlich mehr erwirtschaftet haben, als sie für ihre Sach- und Finanzinvestitionen benötigten. Nicht überraschend stammt dabei der weit **überwiegende Anteil** aus den **Abschreibungen**, während die Bildung von Rückstellungen am wenigsten beigetragen hat. Zum Mittelzufluss aus einbehaltenen Gewinnen zählt die Bundesbank aus statistischen Gründen auch Einlagen von Nicht-Kapitalgesellschaften dazu, die zwar partiell tatsächlich, aber nicht in Gänze aus Gewinnen der Unternehmen stammen werden.

Dass die drei betrachteten Jahre wohl außergewöhnlich und für den längeren Durchschnitt nicht typisch waren, wird daran deutlich, dass – von einem kleinen positiven Betrag in 2002 abgesehen – über alle Unternehmen nicht nur keine Mittel durch eine Außenfinanzierung zugeflossen sind. Vielmehr sind per Saldo sogar früher aufgenommene Finanzmittel zurückgezahlt worden. Hier kommen die allgemeine wirtschaftliche Lage und die sich daraus ergebende Investitionsneigung zum Tragen.

Auch bei Betrachtung anderer Perioden hätte sich aber gezeigt, dass der Anteil der Innenfinanzierung am gesamten Mittelaufkommen selbst in Jahren sehr starker Investitionstätigkeit selten unter 70% fällt. Dies ist nicht weiter verwunderlich, bilden doch die Abschreibungen und die Ersatzinvestitionen die jeweils größten Posten von Mittelaufkommen und Mittelverwendung.

Mrd €

Position	2002	2003	2004
Mittelaufkommen			
Kapitalerhöhungen aus Gewinnen sowie Einlagen bei Nicht-kapitalgesellschaften	30,3	12,0	22,2
Abschreibungen (insgesamt)	120,5	116,5	109,5
Zuführung zu Rückstellungen	14,5	4,1	8,8
Innenfinanzierung	165,2	132,7	140,5
Kapitalzuführung bei Kapitalgesellschaften	12,0	0,1	10,4
Veränderung der Verbindlichkeiten	-11,1	-8,1	-18,9
kurzfristige	0,8	-6,5	-10,8
langfristige	-11,9	-1,6	-8,1
Außenfinanzierung	0,9	-7,9	-8,5
Insgesamt	166,1	124,7	132,0

Position	2002	2003	2004
Mittelverwendung			
Brutto Sachanlagen-zugang	111,7	97,7	109,9
Nachrichtlich:			
Netto-Sach-anlagenzugang	7,0	-5,5	11,3
Abschreibung auf Sachanlagen	104,8	103,4	98,6
Vorratsveränderungen	-11,1	-4,1	-2,8
Sachvermögensbildung (Bruttoinvestitionen)	100,7	93,9	107,1
Geldvermögensbildung	65,5	30,9	24,9
Insgesamt	166,1	124,7	132,0

Abb. 3.9   Mittelaufkommen in Unternehmen

3.2.7   Weiterführende Literatur

Eine schöne Übersicht über die Eigenschaften der Rechtsformen, die für Finanzierungsfragen besondere Bedeutung haben, befindet sich in Drukarczyk, J.: Finanzierung, 9. Auflage, Stuttgart 2003, S. 209-257.

Das Theorem der Irrelevanz der Ausschüttungen ist begründet in dem Beitrag von Modigliani, F./Miller, M.H.: Dividend Policy, Growth and Evaluation of Shares, Journal of Business 1961, S. 411-433.

Vom ungelösten Dividend Puzzle schrieb Black, F.: The Dividend Puzzle, Journal of Portfolio Management 1976, S. 5-8.

Neuere Ansätze zur optimalen Dividendenpolitik liefern u.a. Fama,E.F./French, K.R.: Disapppearing Dividends: Changing Firm Characteristics or Lower Porpensity to Pay? Journal of Financial Economics 2001, S. 3-44, und Baker, M./Wurgler, J.: A Catering Theory of Dividends, Journal of Finance 2004, S. 1125-1165.

Eine gute Lehrbuchdarstellung zur Selbstfinanzierung und Dividendenpolitik bietet Volkart, R.: Corporate Finance – Grundlagen von Investition und Finanzierung, Zürich 2006, S. 657-694.

Detailliertere Ausführungen zur Bildung steuerfreier Rücklagen sind zu finden bei Hilke, W.: Bilanzpolitik, 6. Auflage, Wiesbaden 2002, S. 120-133.

Zur Finanzierung aus Abschreibungen siehe den Originaltext von Ruchti, H.: Die Bedeutung der Abschreibung für den Betrieb, Berlin 1942; kritisch hierzu Schneider, D.: Investition, Finanzierung und Besteuerung, 7. Auflage, Wiesbaden 1992, S. 161-169.

Die finanzwirtschaftlichen Wirkungen alternativer Formen der betrieblichen Altersversorgung erläutern Meier, K./Recktenwald, St.: Betriebswirtschaft der betrieblichen Altersversorgung, München 2006, insbes. S. 157-210.

Die positiven und negativen Seiten interner Kapitalmärkte diskutieren kontrovers u.a. Stein, J.C.: Internal Capital Markets ad the competition of corporate resources, Journal of Finance 1/1997, S. 111-133; Scharfstein, D.F./Stein, J.C.: The Dark Side of Internal Markets: Divisional Rent-Seeking and Inefficient Investment, Journal of Finance 6/2000, S. 2537-2464; Khanna, N./Tice, S.: The Bright Side of Internal Markets, Journal of Finance 4/2001, S. 1489-1528.

3.2.8   Übungsaufgaben

1. Welche Unterschiede bestehen zwischen offener und stiller Selbstfinanzierung?

2. Was versteht man unter steuerfreien Rücklagen und warum lässt der Gesetzgeber die Bildung dieser Rücklagen zu?

3. Wer entscheidet über die offene Selbstfinanzierung bei Personen- und Kapitalgesellschaften?

4. Welche Arten von Rücklagen unterscheidet der Gesetzgeber bei den Vorschriften für Kapitalgesellschaften?

5. Wie wird eine Gewinnthesaurierung bzw. eine Gewinnausschüttung bei einer Personengesellschaft steuerlich behandelt? Ist die steuerliche Behandlung abhängig von der Gewinnverwendung?

6. Wie wird eine Gewinnthesaurierung bzw. eine Gewinnausschüttung bei einer Kapitalgesellschaft steuerlich behandelt?

7. Was beinhaltet grundsätzlich die Schütt-aus-Hol-zurück-Politik und unter welchen Voraussetzungen kann sie vorteilhaft sein?

8. Wie können im Jahresabschluss eines Unternehmens stille Reserven gebildet werden?

9. Nennen Sie Vor- und Nachteile der offenen Selbstfinanzierung!

10. Nennen Sie Vor- und Nachteile der stillen Selbstfinanzierung!

11. Beschreiben Sie den Lohmann-Ruchti-Effekt!

12. Was sind interne Kapitalmärkte? Welche positiven Effekte können sie haben? Welche Risiken für die Effizienz des Kapitaleinsatzes sind damit verbunden?

3.3   Außenfinanzierung

Soweit die Mittel aus der Innenfinanzierung nicht ausreichen, um die geplanten Ausgaben zu bestreiten, muss das Unternehmen von außen, also vom Finanzmarkt im weitesten Sinne, Kapital beschaffen. Wir hatten schon unterschieden, dass dies grundsätzlich in Form von Eigenkapital oder von Fremdkapital geschehen kann. Wie die Übersicht in Abb. 3.10 zeigt, werden wir über die „reinen" Formen hinaus auch Mischformen anzusprechen haben, die Elemente von Eigen- und von Fremdkapital in sich vereinen. Für diese Formen hat sich in jüngerer Zeit der Begriff des mezzaninen Kapitals herausgebildet.

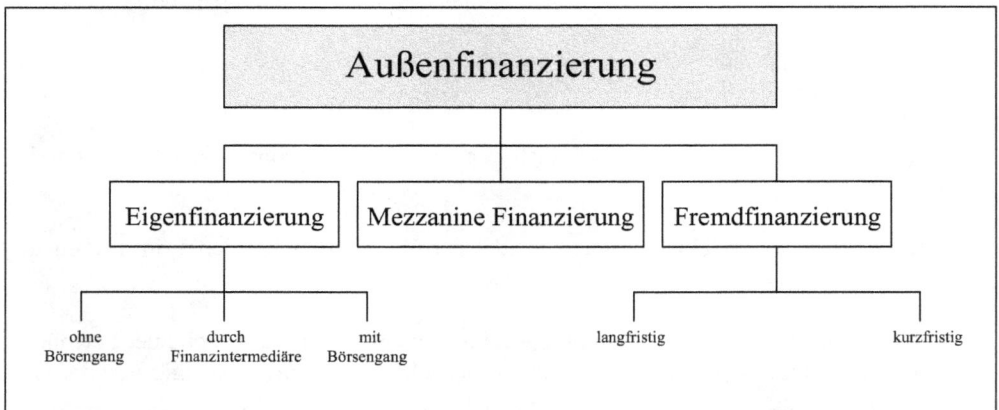

Abb. 3.10   Übersicht Außenfinanzierung

Bevor später (siehe Kapitel 3.6) der Frage nachgegangen wird, wie die Auswahl und Kombination von Formen und Quellen der Finanzierung möglichst zweckmäßig zu treffen ist, soll erst einmal eine Übersicht gegeben werden, welche Alternativen der Außenfinanzierung welchem Unternehmen grundsätzlich zur Verfügung stehen, mit welchen Arrangements zwischen Kapitalgeber und Unternehmen sie typischerweise verbunden sind und welche Vor- und Nachteile für sie daraus resultieren. Wie Spremann (2005, S. 25 f.) treffend herausarbeitet, geht es dabei (vorrangig) nicht darum, „Schnäppchen", also besonders günstige

Finanzierungsformen zu identifizieren, sondern den jeweils geltenden Zusammenhang zwischen den von den Finanziers übernommenen Risiken und der von ihnen hierfür geforderten Kompensation aufzuzeigen. Selbstverständlich wird anzusprechen sein, aufgrund welcher Rahmenbedingungen, z.B. der steuerlichen Behandlung, bestimmte Formen in bestimmten Fällen attraktiver sein können als andere.

3.3.1   Die Eigenfinanzierung (Beteiligungsfinanzierung)

Jedes Unternehmen braucht Kapitalgeber, die bereit sind, das unternehmerische Risiko zu tragen. Sie können das grundsätzlich in der rechtlichen Position des (Mit-) Eigentümers oder des Fremdkapitalgebers tun. Fremdkapitalgeber neigen aber dazu, ihr Risiko gering zu halten, und fordern hierfür u.a. eine bestimmte Menge an Eigenkapital, also an Kapital, das gegenüber den Gläubigern für deren Ansprüche haftet. Welcher Anteil an Eigenkapital notwendig und zweckmäßig ist, werden wir erst in Kapitel 3.6 aufgreifen und vertiefen.

Eine externe Eigenfinanzierung findet in aller Regel bei der Gründung des Unternehmens statt. Diese Eigenkapitalbasis kann, wie gezeigt, durch Einbehaltung von Gewinnen ansteigen oder sich auch durch Verluste und Entnahmen verringern. Ergibt sich in späteren Entwicklungsphasen des Unternehmens ein erhöhter Bedarf an Eigenkapital, dann kann dieses zusätzliche Kapital durch die bisherigen Eigentümer oder durch neu eintretende Gesellschafter aufgebracht werden. Die Möglichkeiten eines Unternehmens zur Eigenkapitalfinanzierung sind somit davon abhängig,

- ob und in welchem Umfang die bisherigen Eigenkapitalgeber bereit und in der Lage sind, ihr finanzielles Engagement im Unternehmen zu erweitern,
- ob und in welchem Umfang eine zusätzliche Aufnahme weiterer Eigenkapitalgeber aus Sicht der bisherigen Eigentümer (und des Managements) erwünscht ist,
- ob der rechtliche Rahmen bestimmte Formen der Eigenkapitalbeschaffung für das jeweilige Unternehmen überhaupt zulässt,
- ob und in welchem Umfang den potentiellen Eigenkapitalgebern die Beteiligung vorteilhaft erscheint.

Für die Bereitschaft bisheriger und potentieller neuer Eigenkapitalgeber, einem Unternehmen (weiteres) Eigenkapital zu überlassen, sind vorrangig die erwartete **Rendite** und ihr Verhältnis zu dem einzugehenden **Risiko** maßgeblich. Maßstab hierfür sind – wie nun schon mehrfach betont – die am Finanzmarkt bei anderweitigen Anlagen mit vergleichbarem Risiko erzielbaren Renditen.

Zusätzliche grundlegende Aspekte bei der Einschätzung der Vorteilhaftigkeit einer Eigenkapitalanlage sind:

- die Höhe der Haftung der Eigenkapitalgeber,
- die Geschäftsführung, Steuerungs- und Kontrollmöglichkeiten,
- die Gewinn- und Verlustbeteiligung sowie Steuerbelastung,
- die Mindesthöhe der Beteiligung und
- die Fungibilität und Ausscheidungsmodalitäten.

Eigenkapitalgeber haften mit ihrer Stellung als Miteigentümer mindestens in der Höhe ihrer Einlage. Ein Verlust in Höhe der gesamten Einlage ist somit möglich. Es werden aber auch – je nach Rechtsform – Vertragsmodelle verwendet, in denen eine Nachschusspflicht der Eigenkapitalgeber vorgesehen ist oder in denen sich die Haftung auch auf das Privatvermögen des jeweiligen Eigenkapitalgebers erstreckt. In diesen Vertragsmodellen ist ein Verlust von mehr als 100% der Einlagen möglich.

Daneben stellt sich die Frage, ob der Anteilseigner zur Geschäftsführung berechtigt oder verpflichtet ist. Ist dies nicht der Fall, wird er leicht nachvollziehbar auf sonstigen Informations-, Kontroll- und Mitwirkungsrechten bestehen. Die genaue Ausgestaltung dieser Rechte ist vertragsmodell- und rechtsformabhängig.

Für den potentiellen Investor ist ebenfalls von Bedeutung, ob seine Beteiligung einer Mindesthöhe unterliegt. Viele potentielle Kapitalgeber werden ein Interesse daran haben, möglichst kleine Beträge investieren zu können, damit sie ihr Vermögen auf mehrere Beteiligungen bzw. Investitionen aufteilen können.

Ein weiterer wesentlicher Punkt für die Entscheidungsfindung eines potentiellen Investors ist die Fungibilität bzw. die Veräußerbarkeit der von ihm übernommenen Anteile. Hier stellt sich die Frage, wie schnell ein Investor seine Anteile veräußern oder zurückgeben kann, ob ein organisierter Markt für die Anteile besteht und wie die Preis- oder Wertfindung für den Kapitalanteil geregelt ist.

Nun werden sich nicht beliebige Kombinationen von Lösungen für diese Teilaspekte anbieten. Vielmehr haben sich in der Praxis typische „Päckchen" zweckmäßiger Lösungen herausgebildet. Beteiligt sich ein Gesellschafter mit einem absolut und relativ zu seinem gesamten Vermögen hohen Kapitalbetrag an einem Unternehmen, ist sein starkes Interesse, dann auch an der Geschäftsführung mitzuwirken, verständlich. Persönliche Haftung auch mit dem Privatvermögen macht unter diesen Voraussetzungen Sinn. Ist der Kapitalbetrag des einzelnen Gesellschafters auch in Relation zum gesamten Eigenkapital des Unternehmens groß, dann sind auch Regelungen nachvollziehbar, die ein jederzeitiges Ausscheiden und eine sofortige Auszahlung des Kapitalanteils nicht erlauben. Um eine solch große finanzielle Belastung des Unternehmens zu verhindern, bieten sich dann längere Kündigungsfristen und eine Auszahlung in mehreren Raten an. Dieses „Päckchen" repräsentiert die typische Personengesellschaft.

Im Gegensatz dazu kann ein Unternehmen das breiteste Publikum als potentielle Anteilseigner am ehesten für sich gewinnen, wenn die Haftung beschränkt ist, keine Geschäftsführungspflicht besteht, eine möglichst geringe Mindestbeteiligung erlaubt ist sowie ein Verkauf der Beteiligung einfach möglich ist, weil man diese auf einem organisierten Markt veräußern kann. Eine derartige Gestaltung von Rechten und Pflichten der Anteileigner findet sich typischerweise bei Unternehmen, deren Anteile breit gestreut sind und an der Börse gehandelt werden. Hierzu bedarf es der Zulassung der Aktien einer Unternehmung zum Handel an der Börse.

Dem folgend, werden wir im Weiteren zuerst die Möglichkeiten der Eigenkapitalbeschaffung von Unternehmen betrachten, die den organisierten Kapitalmarkt nicht in Anspruch nehmen können oder wollen. Diese Art von Eigenkapital wird verschiedentlich zusammenfassend als

Private Equity bezeichnet. Häufig wird dieser Begriff aber in einem engeren Sinne nur verwendet, wenn die Kapitalgeber eigens auf die Eigenfinanzierung solcher Unternehmen spezialisierte Intermediäre, wie z.B. Venture Capital Fonds, sind. Daran anschließend werden die Entscheidungsparameter und Prozesse der Nutzung des organisierten Marktes zur erstmaligen oder wiederholten Beschaffung von Eigenkapital beschrieben.

3.3.1.1 Die Eigenfinanzierung ohne Nutzung des organisierten Kapitalmarkts (Private Equity)

3.3.1.1.1 Individuelle Vertragslösungen

Dem weit überwiegenden Teil der kleinen und mittleren Unternehmen steht der organisierte Kapitalmarkt nicht offen. Dessen formale und marktliche Zugangsbedingungen werden wir später noch vertiefen. Andere Unternehmen könnten ihn zwar grundsätzlich in Anspruch nehmen, sehen aber aus unterschiedlichen Gründen davon ab, sich durch Ausgabe von Aktien an der Börse Eigenmittel zu beschaffen. Verschiedentlich wird diese gesamte Gruppe etwas unzutreffend als nicht emissionsfähig bezeichnet.

Für die Möglichkeiten und Bedingungen der Eigenkapitalbeschaffung dieser Unternehmen und für die Folgen für die Kapitalgeber spielt die Rechtsform eine entscheidende Rolle. Eine grobe Gliederung verschiedener Rechtsformen kann zunächst in Einzelunternehmen, Personengesellschaften, Kapitalgesellschaften und Mischformen der Rechtsformen vorgenommen werden.

In der **Einzelunternehmung** (§§ 1-104 HGB) gibt es lediglich einen Eigenkapitalgeber, den Alleineigentümer. Rechtlich ist eine bestimmte Mindesthöhe des Eigenkapitals nicht vorgeschrieben. Eine Erhöhung des Eigenkapitals ist nur intern, durch Nichtentnahme von Gewinnen, oder aus dem privaten Vermögen des Inhabers möglich und damit in den meisten Fällen recht beschränkt. Sämtliche Entscheidungsbefugnisse liegen bei dieser Rechtsform beim Alleineigentümer, er haftet mit seinem gesamten Vermögen für Verluste. Eine Aufnahme weiterer Gesellschafter bedingt einen Rechtsformwechsel.

Auch bei den Personengesellschaften, die aus mindestens zwei Gesellschaftern (Träger der Rechte und Pflichten) bestehen, ist ein Mindesteigenkapital nicht vorgesehen. Die Beschaffung des Eigenkapitals erfolgt in der Regel über Einlagen der Gesellschafter. Die eingezahlten Beträge gehen in das gemeinschaftliche Vermögen der Gesellschaft über.

Bei der **Offenen Handelsgesellschaft** (OHG) (§§ 105-160 HGB) haften alle Gesellschafter unbeschränkt und gesamtschuldnerisch für die Schulden der Gesellschaft. Die Beteiligung am Gewinn erfolgt mit einer Verzinsung der Kapitaleinlage von 4%, sofern keine anderen Vereinbarungen getroffen wurden. Der verbleibende Rest wird nach Köpfen unter den Gesellschaftern aufgeteilt. Diese sind auch am Verlust beteiligt. Aufgrund der Vollhaftung ist eine Beteiligung an einer OHG üblicherweise mit einer Geschäftsführungsbefugnis verbunden.

Neben der Einbringung von Kapital durch die bereits vorhandenen Gesellschafter besteht die Möglichkeit, neue Gesellschafter aufzunehmen. Für Kapitalanleger, die nur einen Teil ihres Vermögens anlegen wollen, bietet die OHG allerdings nicht die geeignete Gesellschaftsform, da für derartige Beteiligungen kein organisierter Markt besteht. Es gilt zu beachten, dass die Beteiligung grundsätzlich auf längere Zeit angelegt ist und nicht beliebig und schnell wieder aufgelöst oder durch Verkauf des Anteils an einen Dritten beendet werden kann. Vor allem erfordern so enge Beziehungen wie zwischen den Gesellschaften einer OHG, mit der Folge der Gesamtschuldnerschaft für die Geschäfte anderer Gesellschafter, ein gutes persönliches Vertrauensverhältnis zwischen den Gesellschaftern. Für die „alten" Gesellschafter stellt sich das Problem der Einschätzung der Seriosität und der Finanzkraft sowie, wenn eine Mitwirkung an der Geschäftsführung vorgesehen ist, der Qualifikation und Vertrauenswürdigkeit neuer Gesellschafter.

Die Schwierigkeiten und Hemmnisse potentiell an einem Eintritt in die OHG interessierter, „neuer" Kapitalgeber sind aber eher noch größer. Sie sind den gesamten, schon früher ausführlich beschriebenen Folgen der (zu ihren Ungunsten) asymmetrischen Informationsverteilung ausgesetzt: Wie sind das Geschäftsmodell und die langfristigen Renditechancen einzuschätzen? Wie sind die Qualifikation und die Vertrauenswürdigkeit der anderen Gesellschafter und Geschäftsführer? Was ist demzufolge der zu übernehmende Kapitalanteil wert? Wie kann ich meinen Einfluss auf die Entscheidungen der Gesellschaft sichern? Wie schnell und mit welchen Folgen kann ich das Unternehmen wieder verlassen, wenn sich herausstellt, dass der Erfolg hinter den Erwartungen zurückbleibt? Somit bestehen, durchaus begründet, erhebliche Hemmnisse, neue OHG-Gesellschafter aufzunehmen bzw. als Gesellschafter einzutreten.

Die **Kommanditgesellschaft** (§§ 161-177 HGB) besteht aus mindestens einem Gesellschafter, der mit seinem gesamten Vermögen voll haftet (Komplementär), und mindestens einem weiteren Gesellschafter, der lediglich mit seiner Einlage haftet und an der Geschäftsführung nicht beteiligt ist (Kommanditist). Auch hier sieht der Gesetzgeber kein Mindestkapital vor. Gegen eine Aufnahme neuer vollhaftender Komplementäre bzw. den Eintritt als solcher sprechen dieselben Hemmnisse wie bei der OHG. Weniger Hemmnisse gibt es hingegen bei einer Erhöhung des Eigenkapitals durch die Aufnahme neuer **Kommanditisten**. Für die Altgesellschafter bringt sie eine Erhöhung des gesamten Haftkapitals, ohne dass eine Einflussnahme auf die Geschäftsführung damit verbunden wäre. Für den eintretenden Kommanditisten ist die Beschränkung der Haftung auf die Einlage positiv zu werten. Er wird aber durchaus kritisch sehen, dass seine Mitwirkungsmöglichkeiten sehr beschnitten sind, er sich aber dennoch i.d.R. langfristig bindet und er zwischenzeitlich auf die Fähigkeiten und die Vertrauenswürdigkeit der Komplementäre verlassen muss. Die Möglichkeiten der Ausweitung des Eigenkapitalvolumens auf diesem Weg werden daher meist eher beschränkt sein. Eine Ausnahme bilden spezifische Projektgesellschaften, z. B. zur Finanzierung von Immobilien oder von Schiffen, denen es gelingt, mit Versprechen hoher Nachsteuerrenditen eine große Zahl von Kommanditisten auf sich zu ziehen und so hohe Kapitalbeträge zu beschaffen.

Kapitalgesellschaften unterscheiden sich hinsichtlich der Finanzierung insofern grundsätzlich von Personengesellschaften, als

- ein Mindesteigenkapital vorgeschrieben ist,
- den Gläubigern gegenüber nur das Vermögen der Gesellschaft haftet und
- die Finanzierungsentscheidungen von gesetzlich dafür bestimmten Organen der Gesellschaft getroffen werden.

Die häufigste Form der Kapitalgesellschaft ist die **Gesellschaft mit beschränkter Haftung (GmbH)**. Große Unternehmen wählen eher die Form der **Aktiengesellschaft (AG)**, ganz selten findet sich die Kombinationsvariante der **Kommanditgesellschaft auf Aktien (KGaA)**.

Das Nennkapital einer GmbH ist das Stammkapital, das in Deutschland mindestens 25.000 € beträgt und mindestens zur Hälfte von den Gesellschaftern zum Zeitpunkt der Eintragung in das Handelsregister aufgebracht werden muss. Eine Stammkapitalerhöhung muss mit einer 3/4–Mehrheit in der Gesellschafterversammlung beschlossen werden. Die Leitung der GmbH obliegt der Geschäftsführung, die von der Gesellschafterversammlung bestellt wird, aber nicht aus dem Gesellschafterkreis stammen muss. Die Kapitalgeber sind mit Kontrollrechten, Auskunftsrechten und Rechten zur Einsicht in die Bücher der Gesellschaft gegenüber der Geschäftsführung ausgestattet. Die Kontrolle erfolgt entweder durch die Gesellschafterversammlung oder durch die zur Kontrolle bestellten Organe (z.B. freiwillige Einrichtung eines Aufsichtsrats).

Bei der **Aktiengesellschaft** gilt grundsätzlich das Gleiche. Das gezeichnete Kapital muss hier allerdings mindestens 50.000 € betragen. Für Entscheidungen über die Erhöhung des Aktienkapitals ist die Hauptversammlung zuständig. Wie schon bei der Selbstfinanzierung angesprochen, hat der Gesetzgeber aber die Entscheidung zur Verwendung des Jahresüberschusses auf mehrere Gesellschaftsorgane verteilt.

Was bedeuten diese Rechtsformunterschiede für die Möglichkeiten der Beschaffung von externem Eigenkapital? Im Grunde nicht sehr viel, wenn wir unterstellen, dass die Unternehmen alle den organisierten Kapitalmarkt nicht in Anspruch nehmen. Dann haben die Kapitalgesellschaften den kleinen Vorteil, dass sie ihre Anteile recht klein stückeln und damit grundsätzlich vielen Gesellschaftern mit kleinen Volumina eine Beteiligung ermöglichen können. Zusätzlich benötigen sie keinen Gesellschafter, der unbeschränkt auch mit seinem Privatvermögen haftet.

Allen beschriebenen Rechtsformen sind aber einige strukturelle Probleme gemeinsam, nämlich die Schwierigkeit der Lösung der früher angesprochenen Größen-, Fristen-, Risiko- und Informationstransformation. Insbesondere die Fristentransformation wirft für das Unternehmen und potentiell beteiligungswillige Kapitalgeber erhebliche Probleme auf. Ein einmal eingegangenes finanzielles Engagement ist im Regelfall nicht mehr leicht zu lösen, da solche schnellen Wechsel entweder als unerwünscht ausdrücklich ausgeschlossen werden oder es an einem Markt – wo er grundsätzlich erlaubt wäre – für diese Anteile fehlt. Dadurch fehlt es auch an regelmäßigen Bewertungen der Unternehmensanteile, so dass sich der Investor Schwierigkeiten bei der individuellen Beurteilung der Rendite-Risiko-Struktur gegenüber sieht. Diese Probleme werden noch verstärkt durch die nun schon oft angesprochenen Informationsasymmetrien, die zwischen dem Käufer und dem Verkäufer von Unternehmensbeteiligungen bestehen. Daher bleibt eine Beteiligung an einer nicht börsennotierten Gesellschaft überwiegend einer Gruppe von Kapitalgebern vorbehalten, die grob gesprochen als „friends and family" abzugrenzen ist. Diese Personengruppe hat regelmäßig eher langjährigen Einblick in die Entwicklung des Unternehmens. Die Qualifikation und Leistungsfähigkeit der handelnden Personen ist für sie gut einschätzbar. Das Vertrauen in die Fairness des Partners ist von beiden Seiten zumindest deutlich stärker gegeben und gerechtfertigt als bei Außenstehenden. Solche freundschaftlichen oder verwandtschaftlichen Bindungen vermögen der Idee einer Harmonisierung der Interessen von Unternehmen und Kapitalgebern – sicherlich auch mit enttäuschenden Ausnahmen – deutlich näher zu kommen, als dies in der Kapitalmarkttheorie regelmäßig unterstellt wird. Dieser Typus des Kapitalgebers ist es, den wir im einführenden Teil zur Finanzierung als personalistischen Finanzier zu charakterisieren versucht haben.

3.3.1.1.2   Eigenfinanzierung durch Kapitalbeteiligung der Mitarbeiter

Eine weitere Gruppe potentieller Kapitalgeber, für die ähnliche Informationsbedingungen wie für „friends and family" gelten könnten, bilden die Mitarbeiter eines Unternehmens. Daher liegt es nahe, die Beteiligung der Arbeitnehmer am Kapital des Unternehmens, in dem sie auch beschäftigt sind, als einen für beide Seiten attraktiven und erfolgversprechenden Weg der Kapitalbeschaffung bzw. der Kapitalanlage einzustufen, der gerade für nicht börsenfähige oder -willige Unternehmen nahe läge.

Eine Möglichkeit, solche Kapitalanteile von Mitarbeitern aufzubauen, stellt die **investive Erfolgsbeteiligung** dar. Das Unternehmen schreibt einen bestimmten Teil einer betrieblichen Erfolgsgröße den einzelnen Mitarbeitern gut. Diese Erfolgsanteile werden aber nicht ausbezahlt, sondern müssen für eine bestimmte Zeit als Kapitalanteil im Unternehmen verbleiben. Der Vorteil gegenüber der vollen Zuordnung des Erfolgs auf die bisherigen Eigentümer besteht in der geringeren steuerlichen Belastung der Erfolgsanteile der Mitarbeiter und damit einem höheren für die Finanzierung verbleibenden Betrag.

Eine weitere Variante, die schneller zu größeren Kapitalbeträgen führen könnte, ist, dass die Mitarbeiter aus ihren **eigenen Mitteln** zusätzlich Kapital in das Unternehmen einbringen. Dieses Kapital kann auch aus nicht ausgezahlten Entgeltbestandteilen stammen.

Schon lange fördert der Staat solche Beteiligungsmodelle. Zum einen wird hierfür die **Arbeitnehmersparzulage** in Höhe von 18% gewährt. Zum andern stellt § 19 a EStG bis zu 135 €/Jahr steuerfrei, wenn das arbeitgebende Unternehmen die Kapitalbeteiligung des Mitarbeiters durch eine eigene Zuwendung bezuschusst und damit attraktiver gestaltet. Modellrechnungen kommen daher auf recht beeindruckende Renditen auf den vom Arbeitnehmer aufzubringenden Kapitalanteil, vor allem wenn ein Teil seiner vermögenswirksamen Leistung vom Unternehmen zu erbringen ist, wie es in vielen Tarifverträgen vereinbart ist. Aus Sicht des Unternehmens kommen zu den vorteilhaften finanzwirtschaftlichen Wirkungen die erhofften personalwirtschaftlichen Effekte der stärkeren Motivation der Mitarbeiter sowie von geringeren Fluktuations- und Absentismusraten durch die „Mitunternehmerschaft" der Mitarbeiter.

Erstaunlicherweise spiegelt sich diese positive Erwartung in den tatsächlichen Zahlen nicht wider: die Mitarbeiterkapitalbeteiligung hat gerade bei den mittelständischen Unternehmen **kaum Bedeutung**. Dies hat unterschiedliche **Gründe**. Aus Sicht der Unternehmen erweist sich dieser Weg der Eigenkapitalbeschaffung als nicht günstig, vor allem wenn er über Zuschüsse die Beteiligung der Mitarbeiter anreizen muss. Das Unternehmen erhält keinerlei staatliche Vergünstigung, hat aber einen recht hohen Verwaltungsaufwand, weil es teilweise kleine Beträge anzulegen und abzurechnen gilt. Zudem belegen Umfragen, dass ein Einfluss der Belegschaft auf die Unternehmensführung nicht erwünscht ist. Soweit Beteiligungsmodelle realisiert sind, dominieren denn auch gesellschaftsrechtliche Regelungen, die eine Mitsprache weitgehend ausschließen. Für Unternehmen, denen andere Kapitalquellen offen stehen, gilt die Mitarbeiterkapitalbeteiligung insgesamt nicht als attraktiver Finanzierungsweg.

Auch aus Sicht der Arbeitnehmer und vor allem der Gewerkschaften als deren Vertretungen kommen **Vorbehalte**. Insbesondere wird das Problem des kumulierten Risikos betont. Geht es dem Unternehmen schlecht, wird es vielleicht sogar insolvent, dann verliert der Arbeitnehmer nicht nur seinen Arbeitsplatz, sondern auch noch seinen Kapitalanteil. Die meisten Gewerkschaften favorisieren daher überbetriebliche Beteiligungsfonds. Eine Zurückhaltung bei Beteiligungen an Unternehmen mit nachhaltig geringen Ertragsaussichten ist ohnehin verständlich. Die staatlichen Hilfen klingen zwar prozentual recht attraktiv, bewegen sich aber absolut gesehen auf eher niedrigem Niveau. So fallen zum einen zahlreiche Mitarbeiter wegen der sehr niedrig angesetzten Einkommensgrenze (17.900 €/35.800 € für Ledige bzw. Verheiratete) aus der Förderung durch die Arbeitnehmersparzulage, zum anderen können sich oft Mitarbeiter, die unterhalb dieser Grenzen liegen, eine Beteiligung nicht leisten oder wünschen sie nicht. Beteiligt sich wiederum nur ein kleiner Teil der Mitarbeiter an einem Kapitalbeteiligungsprogramm eines Unternehmens, dann lohnen die eingeworbenen Beträge den ganzen Aufwand kaum.

3.3.1.1.3   Die Eigenfinanzierung durch Intermediäre

Neben den beschriebenen Formen „privaten" Eigenkapitals treten spezifische Intermediäre als Kapitalgeber für Private Equity auf. Private Equity in diesem engeren Sinne umfasst Unternehmensbeteiligungen in allen Finanzierungsphasen und – in zunehmendem Umfang – komplette Übernahmen auch großer, börsennotierter Unternehmen. **Venture Capital (VC)** stellt eine Unterform dieses Private Equity dar. **Venture Capital Fonds** sind Gesellschaften, deren hauptsächlicher Unternehmenszweck darin besteht, (noch) nicht börsenreifen Unternehmen für bestimmte Phasen ihrer Entwicklung Eigenkapital und partiell auch Managementhilfen zur Verfügung zu stellen.

Insbesondere Gründer und junge Unternehmen in Bereichen neuer Technologien tun sich schwer, Kapital für die Finanzierung der Phasen der Produkt- und Marktentwicklung und des Wachstums zu bekommen, weil die klassischen Finanziers wie z.B. Banken ihrerseits vor großen Problemen der Einschätzung der Chancen und Risiken solcher Unternehmen stehen.

Diese Lücke wollen VC-Gesellschaften schließen. Vorrangiges Ziel der VC-Gesellschaften sind Wertsteigerungserträge aus dem Verkauf der erworbenen Anteile. Ihr Interesse gilt daher jungen und innovativen Unternehmen mit hohem Wachstums- und Erfolgspotential. So bildete ursprünglich die High-Tech-Branche den Schwerpunktbereich, in dem VC-Gesellschaften tätig waren. Heute werden aber auch Unternehmen anderer Branchen in das Portfolio genommen, wenn nur das Geschäftsmodell innovativ und erfolgversprechend ist. Die Beteiligung an solchen Unternehmen birgt meist hohe Risiken, was wiederum im Begriff Venture Capital (Risiko- oder Wagniskapital) zum Ausdruck kommt.

Transformationsfunktionen von VC-Gesellschaften

Was sind die spezifischen Funktionen, die die Existenz und die Leistungsfähigkeit von VC-Gesellschaften ausmachen? Ihre zentrale Funktion liegt in der Risikotransformation. Wegen der hohen Verlustrisiken der spezifischen Engagements wäre der einzelne Kapitalgeber nicht bereit, sein Kapital dafür im Sinne eines „alles oder nichts" einzusetzen. Die VC-Gesellschaft löst dieses Problem in zweifacher Weise, indem sie das Kapital von mehreren Finanziers sammelt und bündelt und dann – dies ist das Entscheidende – auf möglichst viele Einzelengagements verteilt, um so eine Risikostreuung zu erreichen. Mit wenigen wirklich erfolgreichen VC-Investitionen lassen sich so viele Beteiligungen kompensieren, die nur dürftige Erträge liefern, und auch einige, die mit hohen Ausfällen enden. Die erfolgreichen Investitionen müssen aber nicht nur die Verluste kompensieren, damit VC-Gesellschaften ihren Geldgebern insgesamt eine attraktive Geldanlagemöglichkeit bieten können. Vielmehr sind auch die recht hohen Kosten der Prüfung der anfragenden Unternehmen abzudecken, die ja weit überwiegend mit einer Ablehnung endet. So führen nach Angaben der Praxis nur zwischen ca. 3% und 10% der analysierten Projekte zu einer positiven Beteiligungsentscheidung der Fonds. Von den eingegangenen Engagements erweisen sich wiederum meist mehr als die Hälfte als Ausfälle oder bleiben zumindest weit hinter den hochgesteckten Wachstums- und Renditeerwartungen zurück. Aus den weitgehend fixen Prüfkosten resultiert im Übrigen auch die typische Begrenzung der Finanzierungsvolumina. Die durchschnittliche Beteiligungshöhe bewegt sich bei mehreren Millionen €, die allerdings in Tranchen in das Unternehmen fließen können. Kleine Engagements unterhalb von 0,5 Mio. € sind sehr selten. Das bedeutet auf das gesamte Eigenkapital hochgerechnet ein Volumen von ca. 2-10 Mio. €, auf das gesamte Kapital einschließlich der Verbindlichkeiten einen typischen Umfang von ca. 4-20 Mio. €. Für den überwiegenden Teil der Unternehmensgründer und der kleinen Unternehmen kommt VC daher nicht nur wegen der fehlenden Ertrags- und Wachstumsphantasie nicht in Frage.

Demgegenüber spielt die Größentransformation nur eine geringe Rolle. Denn die überwiegenden Finanziers der VC-Fonds sind Banken, Versicherungen, Pensionsfonds und andere institutionelle sowie große private Anleger. Zunehmend nutzen VC-Gesellschaften allerdings selbst die Börse, ermöglichen damit auch dem typischen Kleinanleger die indirekte Beteiligung an der VC-Finanzierung. Letzteres trägt auch zur Fristentransformation bei, die ansonsten ebenfalls für VC-Fonds nicht besonders relevant ist.

Der Erfolg eines VC-Fonds ist wesentlich getrieben durch seine Fähigkeit (und wohl verschiedentlich auch das Glück), aus der Vielzahl von anfragenden oder durch eigene Suche gefundenen Unternehmen die letztendlich attraktiven Engagements herauszufiltern. Hierzu bedarf es erheblichen spezifischen Know-Hows, das naturgemäß knapp ist. Dabei ist es wichtig, nicht nur im Auswahlprozess die „richtigen" Unternehmen zu greifen. Vielmehr gilt es auch, die jungen Unternehmen durch Einbringung von Erfahrungen und durch Managementhilfe in strategischen und operativen Fragen zu unterstützen und ihre Entwicklung laufend zu überwachen. Außerdem verfügen die VC-Fonds oftmals über Beziehungsnetzwerke, die den VC-Nehmern mit spezifischem Wissen und mit Marktpotenzialen dienen können. Die Performancedaten der VC-Gesellschaften lassen erkennen, dass die Renditen stark mit der Konjunktur und der Finanzmarktentwicklung schwanken, vom Fondstypus abhängen und zwischen den Fonds beträchtlich streuen.

Finanzierungsphasen

Die typischen Phasen in der Entwicklung eines Unternehmens, in denen VC-Gesellschaften tätig werden, sind idealtypisch in Abb. 3.11 dargestellt. Die vorbörsliche Finanzierung ist zunächst in zwei übergeordnete Phasen zu unterteilen, die sich insbesondere durch die Profitabilität des betrachteten Unternehmens unterscheiden. Die frühe Finanzierungsphase wird als **Early-Stage-Financing** bezeichnet und ist in den meisten Fällen von Verlusten geprägt. Hierauf folgt das **Expansion-Stage-Financing**, in der das Unternehmen in die Gewinnzone hineinwachsen sollte.

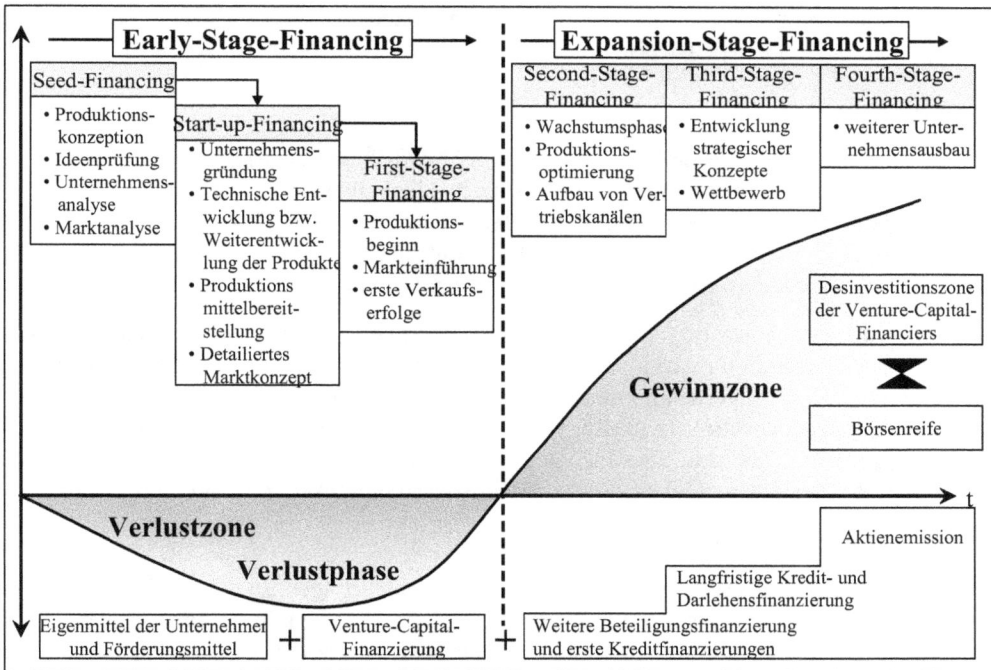

Abb. 3.11   Unternehmensphasen und Finanzierungsformen

Das Early-Stage-Financing lässt sich in drei Phasen untergliedern. In der Phase des Seed-Financing wird die Unternehmensgründung vorbereitet. Es ist die Phase einer Unternehmung, in der die Geschäftsidee entwickelt wird. Zur Umsetzung dieser Geschäftsidee wird dann das „Saat-Kapital" benötigt. Die Unternehmer sind hier auf ihre Eigenmittel und öffentliche Förderungsmittel zur Finanzierung angewiesen. Eine Möglichkeit, sich in dieser frühen Unternehmensphase Kapital zu beschaffen, bieten **Business Angels**. Hierbei handelt es sich um vermögende Privatpersonen, die junge Gründer durch Eigenkapital, ihre Erfahrung und ihre Kontakte unterstützen. VC-Fonds haben sich aus dieser Phase wieder weitgehend zurückgezogen, weil die Erfolge hinter Beteiligungen in anderen Finanzierungsphasen zurück geblieben sind. Daher sichern sie lieber erst eine Anschlussfinanzierung, wenn die ganz frühe Gründungsphase überwunden ist.

Nach der Unternehmensgründung werden die Produkte der Unternehmung weiterentwickelt und erste Marketingschritte unternommen. Die Unternehmen benötigen in dieser Start-Up-Phase Kapital, um die Strukturen innerhalb des Unternehmens aufzubauen und sich am Markt zu positionieren. Um das Risiko zu verringern, investieren VC-Gesellschaften oftmals nicht die gesamte Summe auf einmal, sondern in mehreren Zahlungen gestückelt. Man spricht in diesem Fall von dem Konzept der **Stufenfinanzierung**, in dem geregelt ist, wann der Unternehmung neues Eigenkapital zufließt.

Das First-Stage-Financing zeichnet sich durch den Produktionsbeginn und erste Verkaufserfolge aus. Insgesamt sind die Umsätze in dieser Phase aber noch gering. Die Unternehmung benötigt Kapital, um beispielsweise ein Vertriebssystem aufzubauen, Marketingstrategien zu entwickeln und Kooperationen zu knüpfen. In dieser Phase bauen VC-Gesellschaften ihre Engagements weiter aus.

Beim Expansion-Stage-Financing, wenn also das Unternehmen es offenbar geschafft hat, in die Wachstumsphase zu kommen, ergibt sich ein Kapitalbedarf bei der Optimierung des Produktionsprozesses und dem Ausbau von Vertriebskanälen. Der Kapitalbedarf wird durch weitere Beteiligungsfinanzierungen und erste Kreditfinanzierungen gedeckt. Die vorbörsliche Finanzierung endet idealtypisch mit der Aktienemission.

Neben diesen phasenorientierten Finanzierungen engagieren sich VC-Gesellschaften auch bei anderen Finanzierungsanlässen, so vor allem bei MBOs und MBIs. Als Management Buy Out (MBO) wird die Übernahme eines Unternehmens durch das Management bezeichnet. Bei einem Management Buy In (MBI) wird das Unternehmen durch ein externes Management übernommen. Da das übernehmende Management oft nicht genügend Eigenmittel hat, um die Übernahme zu finanzieren, bietet dies Einstiegsmöglichkeiten für VC.

Formen der Eigenkapitalzuführung

Die Bereitstellung von VC kann in verschiedenen Formen erfolgen. In offenen Beteiligungen tritt die VC-Gesellschaft als Gesellschafter einer GmbH, als Aktionär einer AG oder als Kommanditist in einer KG auf. Verschiedentlich bevorzugen die VC-Gesellschaften aber auch die Beteiligungsform der stillen Gesellschaft. Meist besteht das Interesse, an der strategischen Unternehmungsführung, jedoch nicht an der operativen Unternehmensführung mitzuwirken. Den Einfluss auf die Geschäftsführung sichern sich VC-Gesellschaften mit umfassenden Stimm- und Kontrollrechten, welche sie sich bei Vertragsabschluss einräumen lassen.

Exitkanäle

Das vom VC-Fonds angestrebte Ende des Beteiligungsverhältnisses – als „Exit" bezeichnet – ist die Veräußerung der gehaltenen Unternehmensanteile zu einem möglichst hohen Preis. Der Börsengang des Beteiligungsunternehmens bietet meist den attraktivsten Exitkanal für VC-Gesellschaften. Er steht in der Regel aber lediglich den überdurchschnittlich erfolgreichen Unternehmen zur Verfügung. Außerdem ist eine erhoffte Wertsteigerung stark von dem jeweiligen Umfeld und der Stimmung auf den Kapitalmärkten abhängig.

Ein weiterer Exit-Kanal ist der **Trade Sale**, also die Veräußerung der Beteiligung an einen strategischen Investor, meist ein Unternehmen der gleichen Branche. Charakteristisch für einen Trade Sale ist, dass das Unternehmen seine Selbstständigkeit weitestgehend aufgibt, wenn es in das Portfolio des neuen Inhaberunternehmens eingegliedert wird.

Im Falle eines Secondary Purchase wird die Beteiligung an weitere institutionelle Investoren weiterverkauft. Zu diesem Schritt entscheiden sich VC-Gesellschaften insbesondere dann, wenn die tatsächliche Anlagedauer die geplante Anlagedauer überschreitet.

Buy-back bezeichnet den Rückkauf der von der VC-Gesellschaft gehaltenen Anteile durch die bisherigen Gesellschafter des Unternehmens. Auf diese Variante des Exits wird häufig zugegriffen, wenn die Gründung insgesamt ein Erfolg war, die Situation am Kapitalmarkt aber gegen einen Börsengang spricht.

Verlief die Gründung dagegen nicht erfolgreich bzw. findet sich kein Käufer für die Anteile, erfolgt ein Ausstieg aus der Beteiligung durch Abschreibung oder den Totalverlust.

Vorteile und Nachteile einer Finanzierung mit VC

Die Finanzierung mit VC ist grundsätzlich dann vorteilhaft zu sehen, wenn andere Wege zur Beschaffung von Kapital gar nicht zur Verfügung stehen. Zusätzlich kann das Engagement einer renommierten VC-Gesellschaft als eine Art Gütesiegel für die Unternehmung angesehen werden und so die Aufnahme weiterer finanzieller Mittel von anderen Investoren begünstigen. Auf die nicht-finanziellen Unterstützungen, die zunehmend wichtiger werden als die reine Versorgung mit Kapital, ist schon hingewiesen worden. Eine bedeutende Rolle bei dem VC-Engagement spielt die Vertragsausgestaltung. Durch einen Finanzierungsvertrag, der die richtigen Anreize für die Gründer und Unternehmer setzt, können zusätzliche Einzahlungsüberschüsse erzielt und die Wertentwicklung des Unternehmens beschleunigt werden.

Als Nachteil von VC-Beteiligungen gelten die mit ihr verbundene Miteigentümerschaft und die damit zusammenhängenden Mitbestimmungs- und die Kontrollrechte. Beim finanzierten Unternehmen erfordert die Aufnahme von VC eine hohe Bereitschaft zur Unternehmenstransparenz und offensiven Informationspolitik. Insbesondere von mittelständischen Unternehmen erfordert dies eine Umstellung ihrer Finanzkommunikation, die bisher strukturell auf die relativ geringen Informationsanforderungen von Fremdkapitalgebern ausgerichtet war. Weitere Nachteile sind aus dem Ziel von VC-Gesellschaften abzuleiten, nach einer begrenzten Zeit die Unternehmensanteile mit einem maximalen Ertrag zu veräußern. So steht das

Kapital den Unternehmen nur befristet zur Verfügung. Außerdem steht der Ertrag im Vordergrund des Interesses von VC-Gesellschaften. Intentionen der Gründer, dass das Unternehmen in ihrem bzw. in Familienbesitz verbleibt, spielen für VC-Geber keine Rolle.

Generell ist wiederum zu beachten, dass aus der asymmetrischen Informationsverteilung die üblichen Probleme der Schädigung des Vertragspartners erwachsen können. Aufgrund der Professionalität der VC-Fonds dürften sie allerdings eher in der Lage sein, sich durch geeignete Regelungen zu schützen, als dies den möglicherweise in diesen Dingen unerfahrenen und schlecht beratenen Gründern gelingen wird.

3.3.1.2 Eigenfinanzierung durch Nutzung des organisierten Kapitalmarkts (Public Equity)

3.3.1.2.1 Wer kann den organisierten Kapitalmarkt nutzen?

„Going Public" bedeutet, die Anteile des Unternehmens einem breiten Publikum anzubieten und sie dann an einem organisierten Markt regelmäßig zu handeln. Der Zugang zur Börse steht daher konsequenterweise nicht jedem Unternehmen offen. Aus der Bestimmung in § 5 der Börsenzulassungsordnung, dass die Wertpapiere frei handelbar sein müssen, leitet sich ab, dass diese Möglichkeit auf Unternehmen der Rechtsform der Aktiengesellschaft (AG) oder der Kommanditgesellschaft auf Aktien (KGaA) begrenzt ist. In anderen Ländern gilt Analoges. Die jeweiligen nationalen Gesetze bestimmen, welche formalen Voraussetzungen zusätzlich erfüllt sein müssen und welche Folgepflichten mit der Börsennotierung verbunden sind. Wir kommen bei der Vorstellung der zur Wahl stehenden Börsen(segmente) gleich noch einmal darauf zurück.

Die börsennotierte Aktiengesellschaft bietet grundsätzlich die besten Lösungen für die schon früher beschriebenen Transformationsprobleme. Der größte Vorteil einer Börsenfinanzierung für die Anteilseigner liegt in der hohen Verkehrsfähigkeit der Aktien. Die Aktien werden täglich gehandelt und bewertet. Die Transaktionskosten sind generell niedrig. Auch das Problem des „Market for Lemons" besteht nicht bei dem börsenbasierten Handel mit Unternehmensanteilen. Auf einem gut organisierten Markt besitzen alle Teilnehmer dieselben Informationen. Es gibt keinen Grund für den potentiellen Käufer von Aktien, misstrauisch gegenüber dem Verkäufer zu sein, da dieser keinen Informationsvorsprung besitzt. Die kleine Stückelung des Grundkapitals erlaubt den Aktionären, ihr Vermögen auf mehrere Vermögensarten aufzuteilen und damit ihr Anlagerisiko zu verringern. Für zusätzliche Sicherheit sorgen detaillierte gesetzliche Vorschriften des Aktiengesetzes über die Rechte der Aktionäre.

Die KGaA als eine Mischform zwischen der Kommanditgesellschaft und der Aktiengesellschaft wird meist vom Kapitalmarkt als weniger attraktiv angesehen. Denn die Kommanditaktionäre haben hier eine deutlich geringere Einflussmöglichkeit auf die Geschäftsführung, die beim persönlich haftenden Komplementär liegt.

Die formale Zulassungsmöglichkeit besagt noch nicht, dass das Unternehmen auch aus der Sicht des Kapitalmarkts geeignet und reif für die Börse ist. Dies beginnt schon mit der Größe des Unternehmens, die einerseits die Zahl der Aktien und damit das mögliche Handelsvolumen bestimmt und andererseits für einen bestimmten Bekanntheitsgrad steht. Als zentrale materielle Voraussetzung sehen die potentiellen Investoren selbstverständlich die künftigen Wachstums- und Ertragschancen. Diese leiten sich wiederum aus der Attraktivität der Produkte und der bedienten Märkte sowie der Wettbewerbsposition des Unternehmens ab. Zusätzlich spielen die Professionalität des Managements und die Klarheit und Effizienz der Steuerungs- und Überwachungsstrukturen eine bedeutende Rolle. Nicht zuletzt sind die Fähigkeit und Bereitschaft des Unternehmens, die laufenden Informationsanforderungen des Kapitalmarkts zu bedienen, von Bedeutung.

3.3.1.2.2   Wer möchte den organisierten Kapitalmarkt nutzen?

Die Motive für ein Unternehmen, den organisierten Kapitalmarkt zu nutzen, können recht unterschiedlich sein. Wie Abb. 3.12 zeigt, ist dabei deutlich zu trennen zwischen den Motiven der Verbesserung der wirtschaftlichen Situation des Unternehmens selbst und persönlichen Motiven des/der bisherigen Gesellschafter(s).

Motive für den Gang an die Börse

✳ **Verbesserung der wirtschaftlichen Situation *des Unternehmens***
 • Verbesserung der Finanzierungsmöglichkeiten (Erweiterung des Finanzierungsspielraums, Verbesserung der Kapitalstruktur, Reduktion von Eigen- und Fremdkapitalkosten)
 • Erhöhung der unternehmerischen Flexibilität durch stärkere Unabhängigkeit von Kreditgebern
 • Professionalität der Unternehmensführung durch Trennung von Eigentum und Management
 • Realisation von Imagevorteilen durch höheren Bekanntheitsgrad
 • Steigerung von Attraktivität auf dem Güter-, Finanz- und Arbeitsmarkt

✳ **Verbesserung der wirtschaftlichen Situation *des Unternehmers***
 • Realisation der bisherigen unternehmerischen Leistung
 • Diversifikation durch Verkauf von Aktien
 • Erleichterung der Nachfolge- und Erbschaftsregelungen

✳ **Sonderfälle**
 • Privatisierungen
 • Vorteile durch Going Public von Konzerngesellschaften
 • Ausstieg eines Gesellschafters (z.B. Venture Capital-Fonds)

Abb. 3.12   Motive für einen Börsengang

Das dominante Motiv aus Sicht des Unternehmens ist die Ausnutzung günstiger Finanzierungsmöglichkeiten zur Sicherung von Wachstum und/oder zur Verbesserung der Kapitalstruktur. Die anderen genannten Motive bilden meist positive Nebeneffekte, sind aber nicht allein ausschlaggebend für den Gang an die Börse.

Den bisherigen Gesellschaftern bietet ein Börsengang allerdings auch die Möglichkeit, „Kasse zu machen", d.h. partiell oder ganz ihre Anteile zu veräußern, um ihre Aufbauleistung zu realisieren und evtl. ihr Vermögen breiter zu streuen. Dem Unternehmen fließt also bei einem Börsengang nicht notwendig zusätzliches Geld zu. Häufig wechselt nur ein Teil der Aktien seinen Eigentümer. Dies ist z.B. verschiedentlich bei dem unter „Sonderfälle" aufgeführten Ausstieg von VC-Fonds und bei Privatisierungen vormals öffentlicher Unternehmen der Fall. Kapitalerhöhung und Aktionärstausch lassen sich selbstverständlich auch kombinieren.

Bringt ein Konzern eine Tochtergesellschaft an die Börse – meist als **Equity Carve Out (ECO)** bezeichnet –, dann kann dies einerseits ein Signal für den partiellen Ausstieg aus bestimmten Geschäftsbereichen sein, andererseits aber auch durch bessere Kapitalmarktbedingungen für diese Tochtergesellschaft motiviert sein. Viele Konzerne leiden nämlich unter einem sog. Konglomeratsabschlag, d.h. der Kapitalmarkt bewertet aufgrund der Undurchsichtigkeit der Konzernstruktur oder vermuteter Ineffizienzen der Konzernführung den Gesamtkonzern niedriger als die Summe der Werte seiner einzelnen Geschäftsbereiche.

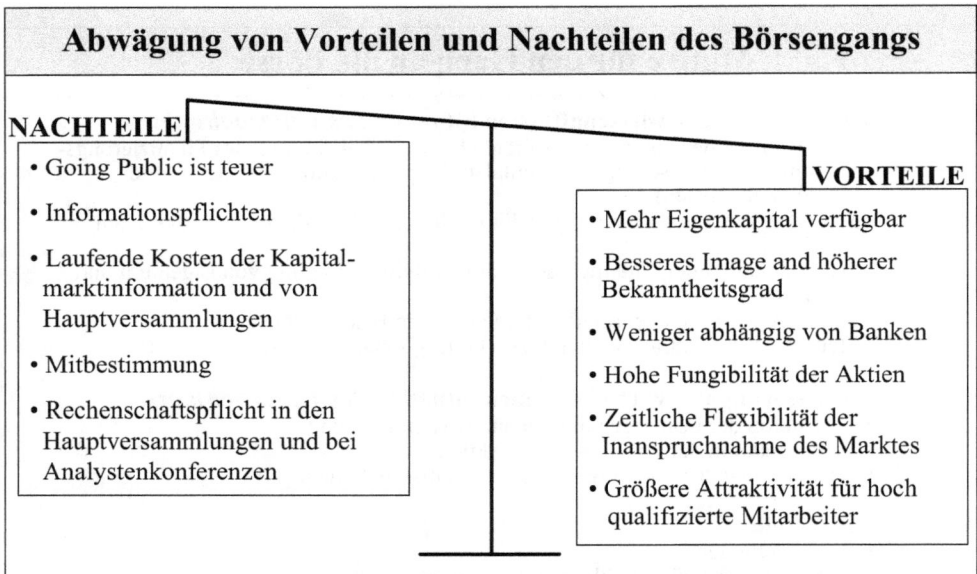

Abwägung von Vorteilen und Nachteilen des Börsengangs

NACHTEILE

- Going Public ist teuer
- Informationspflichten
- Laufende Kosten der Kapitalmarktinformation und von Hauptversammlungen
- Mitbestimmung
- Rechenschaftspflicht in den Hauptversammlungen und bei Analystenkonferenzen

VORTEILE

- Mehr Eigenkapital verfügbar
- Besseres Image und höherer Bekanntheitsgrad
- Weniger abhängig von Banken
- Hohe Fungibilität der Aktien
- Zeitliche Flexibilität der Inanspruchnahme des Marktes
- Größere Attraktivität für hoch qualifizierte Mitarbeiter

Abb. 3.13   Vorteile und Nachteile der Nutzung des organisierten Kapitalmarktes

Geht es beim Börsengang um die Beschaffung von Eigenkapital für das Unternehmen, dann steht er in Konkurrenz zu anderen Wegen der Eigenkapitalbeschaffung, muss also gegen die Vor- und Nachteile abgewogen werden. Die zentralen Aspekte dieser Abwägung, die sicher von Unternehmen zu Unternehmen unterschiedlich gewichtet werden, sind in Abb. 3.13 gegenübergestellt. Ein großes Hindernis sind sicher die damit verbundenen hohen Kosten und der Verwaltungsaufwand. Außerdem haben Unternehmen Sorge, ihre Flexibilität und Unabhängigkeit durch den Fremdeinfluss und Mitbestimmung neuer Aktionäre einzubüßen. Auch den mit einem Börsengang verbundenen Publizitätszwang und die Formstrenge der AG sehen viele potentiell emissionsfähige Unternehmen als nachteilig. Wäre die Nutzung des organisierten Kapitalmarkts immer die eindeutig bessere Variante, dann müssten in Deutschland (und auch in anderen Ländern) weit mehr Unternehmen diesen Weg gewählt haben.

3.3.1.2.3   Entscheidungsprobleme beim erstmaligen Gang an die Börse

Hat sich ein Unternehmen grundsätzlich entschlossen, erstmalig am organisierten Kapitalmarkt Aktien anzubieten, also eine Neuemission, eine **Initial Public Offering (IPO)** durchzuführen, dann hat es vorrangig Entscheidungen über folgende Punkte zu treffen:

- Art der auszugebenden Aktien,
- Auswahl der Börse(n) und des Segments, an denen die Zulassung zum Handel beantragt werden soll,
- Festlegung des Kurses, zu dem die Aktien angeboten werden und
- Zeitpunkt des Börsengangs.

Aktienarten

Aktien lassen sich unterschiedlich ausgestalten. Nach dem Kriterium der **Übertragbarkeit** lassen sich Inhaber-, Namens-, und vinkulierte Namensaktien unterscheiden. Die **Inhaberaktie** bildet in Deutschland die Standardaktienart. Die Eigentumsübertragung vollzieht sich hier mit der Einigung und Übergabe zwischen den Vertragspartnern. Den Aktiengesellschaften sind die Gesellschafter und der Wechsel in deren Zusammensetzung grundsätzlich nicht bekannt. **Namensaktien** zeichnen sich dadurch aus, dass die ausgebende Unternehmung ein Aktienbuch in Form eines Registers führt und die Ausübung der Aktienrechte an die Eintragung in dieses Register gebunden ist. Der Vorteil für die ausgebende Unternehmung besteht vor allem darin, dass sie einen laufenden Überblick über die Aktionärsstruktur erhält, die Aktionäre direkt kontaktieren und informieren kann und unerwünschte Entwicklungen in den Beteiligungsverhältnissen frühzeitig erkennt. Zudem erleichtert die Aktienart Namensaktien ein Listing in den USA, die ausschließlich Namensaktien kennen. Sind Aktien nicht vollständig einbezahlt, müssen sie als Namensaktien ausgestellt sein, da das Unternehmen sonst die ausstehenden Beträge nicht einfordern könnte. Im Grunde einen Widerspruch zur freien Handelbarkeit der Aktie bildet ihre **Vinkulierung**. Bei dieser selten eingesetzten Form ist die Übertragung der Aktie an die Zustimmung der Gesellschaft gebunden. Dieses Mittel, das der Kapitalmarkt häufig mit Kursabschlägen „bestraft", wird eine Gesellschaft nur einsetzen, wenn die Verhinderung von Anteilsübertragungen an unerwünschte Gesellschafter von großer Bedeutung ist, so z.B. bei Familiengesellschaften oder als Schutz vor ausländischen Investoren.

Nach den **gewährten Rechten** für den Aktionär wird zwischen Stamm- und Vorzugsaktien unterschieden. **Stammaktien** gewähren ihrem Inhaber sämtliche im Aktiengesetz vorgesehenen Rechte. Dies impliziert das Recht zur Teilnahme an der Hauptversammlung, das Recht auf Auskunfterteilung auf der Hauptversammlung, das Stimmrecht, das Recht auf Dividende, das Recht auf einen Anteil am Liquidationserlös, das Bezugsrecht und das Recht auf Anfechtung von Hauptversammlungsbeschlüssen. Das Aktiengesetz erlaubt, Aktien im Umfang bis maximal der Hälfte des Grundkapitals vom Stimmrecht auszuschließen. Als Ausgleich müssen diese stimmrechtslosen Aktien einen Vorzug bei der Dividende bekommen, der sich in einer Vorabdividende, einer Überdividende oder in einer Dividendengarantie ausdrückt. Kann der Dividendenanspruch zwei Jahre hintereinander nicht befriedigt werden, so haben die Vorzugsaktionäre bis zur Nachholung das Stimmrecht. Die Ausgabe von **Vorzugsaktien** bietet den Altaktionären die Möglichkeit, ihren Einfluss auf die Unternehmung auch bei Ausgabe neuer Aktien und Eintritt neuer Gesellschafter zu wahren.

Daneben lassen sich Aktien nach der Methode der Zerlegung des Grundkapitals in einzelne Anteile unterscheiden. Hier gilt es zwischen **Nennwertaktien**, **Stückaktien** und **Quotenaktien** zu unterscheiden. Nennwertaktien lauten auf einen bestimmten Nennbetrag, der in Deutschland mindestens 1 € betragen muss. Die Summe aller Nennbeträge bildet das **Grundkapital**. Eine Aktienausgabe unter dem Nennwert ist nicht gestattet. Werden Aktien über dem Nennwert ausgegeben, wird das zusätzliche Kapital in den Kapitalrücklagen verbucht. Seit der Umstellung auf den Euro sind in Deutschland auch nennwertlose Stückaktien erlaubt. Die Anzahl der im Umlauf befindlichen Stückaktien ist in der Satzung festzulegen. Aufgrund der satzungsmäßigen Bestimmung der Anzahl ist keine Nennwert- oder Quotenangabe erforderlich. Auch hier gilt, dass das auf eine Stückaktie entfallende Grundkapital 1 € nicht unterschreiten darf. In einigen Ländern sind auch echte Quotenaktien erlaubt, die also nicht auf einen bestimmten Nennbetrag lauten, sondern einen quotalen Anteil am Reinvermögen einer Unternehmung darstellen. Die Quote richtet sich nach der Anzahl der ausgegebenen Aktien.

Börsenorte und Börsensegmente

Grundsätzlich ist jedes börsenwillige Unternehmen frei, an einer inländischen oder ausländischen Börse seiner Wahl die Zulassung der Aktien zum Handel zu beantragen. Es muss lediglich die dort jeweils geltenden Zulassungsbedingungen erfüllen. Es ist auch frei, sich nur an einer oder an mehreren Börsen listen zu lassen. Den Rechtsrahmen in Europa bilden zum einen die von der EU regulierten Märkte (EU-Regulated Markets) und zum anderen Märkte, die von den Börsen selbst reguliert werden (Regulated Unofficial Markets).

In Deutschland haben die Emittenten die Wahl zwischen acht regionalen Börsen, von denen aber die Frankfurter Börse den bei weitem größten Marktanteil hat. Jede Börse bietet zudem den Einstieg in unterschiedliche Segmente mit unterschiedlichen Zulassungsvoraussetzungen an. Die drei in Deutschland zur Auswahl stehenden gesetzlichen Börsensegmente sind der Amtliche Markt, der Geregelte Markt und der Open Market (früher: Freiverkehr). Die folgenden Übersichten zeigen, dass die quantitativen Bedingungen für die Erstzulassung weder beim Amtlichen noch beim Geregelten Markt besonders hart und selektiv wirken. Schon mit recht geringen Kapitalvolumina und Stückzahlen im Streubesitz ist eine Notierung im höchsten Segment möglich. Das Hauptziel ist die Sicherstellung eines bestimmten Mindestvolumens an handelbaren Papieren. Die Anforderungen an Unternehmen im Open Market sind demgegenüber noch einmal deutlich niedriger und enthalten keinerlei quantitative Mindestbedingungen. Speziell für junge und kleinere Unternehmen ist innerhalb des Open Markets mit dem **Entry Standard** ein eigenes Teilsegment mit wenig restriktiven Zulassungsbedingungen geschaffen worden. Dies ist auch als eine Gegenreaktion auf die Etablierung ähnlicher Segmente mit sehr geringen Anforderungen an anderen Börsenplätzen, insbesondere der Alternative Investment Market (AIM) in London, zu sehen.

Amtlicher Markt

Wesentliche Kriterien bei der Erstzulassung von Aktien:

- Bestehen des Emittenten als Unternehmen seit mindestens 3 Jahren.
- Der voraussichtliche Kurswert der zuzulassenden Aktien oder – falls eine Schätzung nicht möglich ist – das Eigenkapital des Unternehmens beträgt mindestens € 1,25 Mio.
- Die Mindestanzahl der Aktien beträgt bei Stückaktien 10.000.
- Streubesitzanteil von mindestens 25 Prozent.
- Das Zulassungsdokument ist ein Börsenzulassungsprospekt mit den Angaben über die tatsächlichen und rechtlichen Verhältnisse, die für die Beurteilung des Emittenten und des Wertpapiers wesentlich sind. Der Börsenzulassungsprospekt muss richtig und vollständig sein und muss die Bilanzen, Gewinn- und Verlustrechnungen und Kapitalflussrechnungen der letzten drei Geschäftsjahre und den Anhang sowie den Lagebericht des letzten Geschäftsjahres enthalten.
- Publikationssprache: Deutsch, für ausländische Emittenten auch Englisch.
- Entscheidungsgremium ist die Zulassungsstelle der FWB Frankfurter Wertpapierbörse.

Geregelter Markt

Wesentliche Kriterien bei der Erstzulassung von Aktien:

- Der Emittent soll als Unternehmen mindestens 3 Jahre bestanden haben.
- Das Emissionsvolumen muss mindestens 250.00 € betragen.
- Mindestanzahl der Aktien beträgt bei Stückaktien 10.000.
- Das Zulassungsdokument ist ein Unternehmensbericht mit den Angaben über die tatsächlichen und rechtlichen Verhältnisse, die für die Beurteilung der Wertpapiere wesentlich sind. Der Unternehmensbericht muss richtig und vollständig sein und muss die Bilanzen, Gewinn- und Verlustrechnungen und Kapitalflussrechnungen der letzten drei Geschäftsjahre sowie Anhang und des Lagebericht für das letzte Geschäftsjahr enthalten.
- Entscheidungsgremium ist die Zulassungsstelle der FWB Frankfurter Wertpapierbörse.

Abb. 3.14   Kriterien zur Erstzulassung am amtlichen und geregelten Markt

An der Frankfurter Wertpapierbörse hat der Emittent des Weiteren zwischen drei **Transparenzlevels** zu wählen. Sie regeln insbesondere die Folgeverpflichtungen, die sich auf die regelmäßigen und fallweisen Informationspflichten beziehen. Der Basislevel der EU-regulierten Segmente ist der **General Standard**. Unternehmen haben hierzu die gesetzlichen Standards für den geregelten und den amtlichen Markt (insbes. Jahresabschlüsse, Zwischenberichte und Ad-Hoc-Publizität) zu erfüllen. Er soll genügen, vorwiegend auf nationaler Ebene Investoren anzusprechen. Das Topsegment **Prime Standard** geht über diese gesetzlichen Standards hinaus und erfüllt internationale Transparenzanforderungen, insbesondere über Jahresabschlüsse und Quartalsberichte auch in englischer Sprache, um sich gegenüber internationalen Investoren zu positionieren. Er ist Voraussetzung für die Aufnahme eines

Unternehmens in die Indizes der Deutschen Börse. Mit dem Entry Standard ist auch ein neuer Transparenzlevel mit noch etwas niedrigeren formalen Anforderungen und Pflichten geschaffen worden.

Wie bei der Grundsatzentscheidung über ein Going Public werden auch bei der Wahl des Börsenorts und des Börsensegments Vorteile des damit verbundenen Renommées, der „Sichtbarkeit" des Unternehmens für die Marktpartner und Investoren, der Demonstration der Reife für den internationalen Markt und der höheren Liquidität des Marktes gegen Nachteile der höheren Kosten und der strengeren Informationspflichten abgewogen werden.

Ausgabekurs: Unternehmensbewertung und Problem des Underpricing

Der erste Schritt zur Findung des Ausgabekurses ist die Ermittlung des **„fairen" Wertes des Unternehmens** und seiner Anteile. Dies führt uns wieder zurück in die Investitionsrechnung. Im zweiten Teil des Buches (Kapitel 2.8) hatten wir die Bestimmung des Wertes von Finanz-investitionen besprochen. Der fundamental gerechtfertigte Wert eines Unternehmens ent-spricht dem **Barwert** der aus dem Unternehmen für die Anteilseigner künftig zu erwartenden **Zahlungsüberschüsse**. Daraus wird schon deutlich, dass je nach den Einschätzungen der Entwicklungspotenziale des Unternehmens und der gesamten Entwicklung des wirtschaftli-chen und gesellschaftlichen Umfelds recht unterschiedliche Werte als „fair" und angemessen resultieren können. Letztlich kommt es, sollen die Aktien auf jeden Fall an neue Miteigen-tümer verkauft werden, auch auf deren Vorstellungen zum angemessenen Preis an, die erheb-lich von denen der bisherigen Anteilseigner differieren können. Da in aller Regel eine Emis-sion mit Unterstützung von Beratern und Emissionsbanken, also im Wege der Fremdemission durchgeführt wird, kommt auch noch deren Preisvorstellung ins Spiel, die wiederum von denen der anderen Beteiligten abweichen wird.

Ergänzend oder alternativ zu der fundamentalen Bewertung über diskontierte künftige Zah-lungsüberschüsse werden auch sog. **Enterprise Multiples** zur relativen Bewertung von Un-ternehmen herangezogen. Grundgedanke ist das **„law of one price"**, dass also der Markt (Analysten und Investoren) im Ertrag ähnliche Unternehmen grundsätzlich auch ähnlich bewerten wird (oder es zumindest vernünftigerweise sollte). Der zentrale Unterschied ist, dass hierbei auf die explizite Schätzung künftiger Cash Flow-Entwicklungen für eine längere Detailplanungsperiode verzichtet wird. Stattdessen werden bestimmte geschätzte Erfolgsgrö-ßen eines einzigen Jahresabschlusses herangezogen. Als Basisjahr wird hierfür meist das folgende Geschäftsjahr gewählt. Auf die ausgewählte(n) geschätzte(n) Erfolgsgröße(n) wird ein Multiplikator angewandt, der anhand bekannter Unternehmenswerte einer Gruppe ver-gleichbarer Unternehmen abgeleitet wurde. Der Unternehmenswert errechnet sich dann als das Vielfache des Periodenerfolgs des zu bewertenden Unternehmens.

Bringt schon die Anwendung unterschiedlicher Bewertungsmethoden und die Ungenauigkeit der Schätzung künftiger Entwicklungen genügend Spielraum für unterschiedliche Vorstel-lungen vom fairen Wert des Unternehmens, so wird das Problem noch dadurch vergrößert, dass hier wiederum asymmetrische Informationsbeziehungen zwischen den Alteigentümern, den Emissionsbanken und den Investoren bestehen. Die theoretischen Ansätze hierzu sehen den Akteur mit der überlegenen Informationsposition einmal im Emittenten, in anderen Mo-dellen in der Emissionsbank und auch bei bestimmten Investorengruppen. Für den jeweils schlechter Informierten besteht damit die Gefahr, dass er „über den Tisch gezogen" wird. Für den Investor, der die Aktie zeichnet, bedeutet dies das Risiko eines über dem „fairen" Wert liegenden Emissionspreises. Gibt es unter den Investoren eine Gruppe besser informierter, dann ist damit zu rechnen, dass diese die Fairness der Preissetzung erkennen und nur kaufen, wenn ihnen der Ausgabekurs angemessen oder niedrig erscheint. Den schlechter Informierten bleiben dann nur die zu teuer angebotenen Emissionen, bei denen sie die gewünschten Zeichnungsmengen erhalten. Sie würden unter diesen Umständen also im Durchschnitt verlieren.

In aller Regel wählen Unternehmen den Weg der Fremdemission. Bei dieser platzieren Banken oder bankähnliche Finanzinstitute Wertpapiere beim Publikum. Diese Emissionsbegleiter bilden auch die dominanten Berater bei der Ausarbeitung der Emissionsstrategie und der Festlegung des Emissionspreises. Denn die Emissionsbank ihrerseits übernimmt im Regelfall den Verkauf der Aktien zum Ausgabekurs auf eigenes Risiko. Um auf jeden Fall die übernommenen Aktien verkaufen und den Anlegern (ihren Kunden) spätere Kursverluste zu ersparen und damit ihre eigene Reputation nicht zu gefährden, wird sie tendenziell einen Ausgabekurs unter dem fairen Wert präferieren.

In vielen Fällen ist auch die Annahme nicht abwegig, dass die Emissionsbank der besser informierte Akteur ist, weil sie die Marktnachfrage evtl. besser einschätzen kann. Dann hat auch der Emittent ein Risiko, aber in der Weise, dass er fürchten muss, die Bank lege den Ausgabekurs zu niedrig fest. Wählt der Emittent eine Bank mit hoher Reputation, dann gibt ihm das Sicherheit, dass er seine Papiere am Markt unterbringt.

Welche Gruppe man immer als besser oder schlechter informiert und damit generell dem Risiko der Übervorteilung ausgesetzt annimmt, wird es – so die theoretischen Modelle – unter rational handelnden Akteuren zu einem Marktgleichgewicht nur kommen, wenn das Risiko durch einen Abschlag auf den „fairen" Wert entgolten wird, der Ausgabekurs also unter dem Wert angesetzt wird. Die Empirie zeigt nun tatsächlich (fast) weltweit, dass die Kurse am ersten Handelstag der Neuemission durchschnittlich deutlich über den Ausgabekurs ansteigen. Diese Differenz wird als **Underpricing** bezeichnet. Nimmt man an, dass dies dann der faire Kurs ist, dann haben die Altaktionäre in diesem Umfang einen Teil ihres Unternehmens an die neuen Investoren „verschenkt". In der angelsächsischen Literatur wird daher häufig von „money left on the table" gesprochen.

Würde es sich tatsächlich um ein bewusstes Herabsetzen des Preises gegenüber dem „fairen" Wert handeln, auf den dann der Kurs am ersten Tag einschwenkt, dann müsste ab dem ersten Handelstag die Rendite in etwa der Rendite vergleichbarer Unternehmen entsprechen. Wiederum zeigt sich aber fast weltweit das meist als „**Underperformance**" bezeichnete Phänomen, dass die Renditen der Neuemissionen auch unter Berücksichtigung unterschiedlicher Risiken in den folgenden Jahren deutlich unter den Vergleichsrenditen liegen. Dieser Befund widerspricht also den gängigen Erklärungsversuchen für das Underpricing.

Eine plausible Erklärung für das Underpricing wie für die langfristige Underperformance bietet die **Theorie heterogener Erwartungen** von Miller (1977). In Abb. 3.15 gibt die Kurve ABC eine mögliche Nachfragekurve nach Aktien eines bestimmten Unternehmens wieder. Sie bringt zum Ausdruck, dass die potentiellen Investoren unterschiedliche Vorstellungen vom fairen Preis der Aktien haben. Die Optimisten sind bereit, mehr zu bezahlen als den durchschnittlichen Preis F, der auch zugleich der faire Preis sein solle. Bietet nun das Unternehmen N Aktien zum Verkauf an, dann wird sich der Kurs schnell auf den Gleichgewichtspreis G einpendeln.

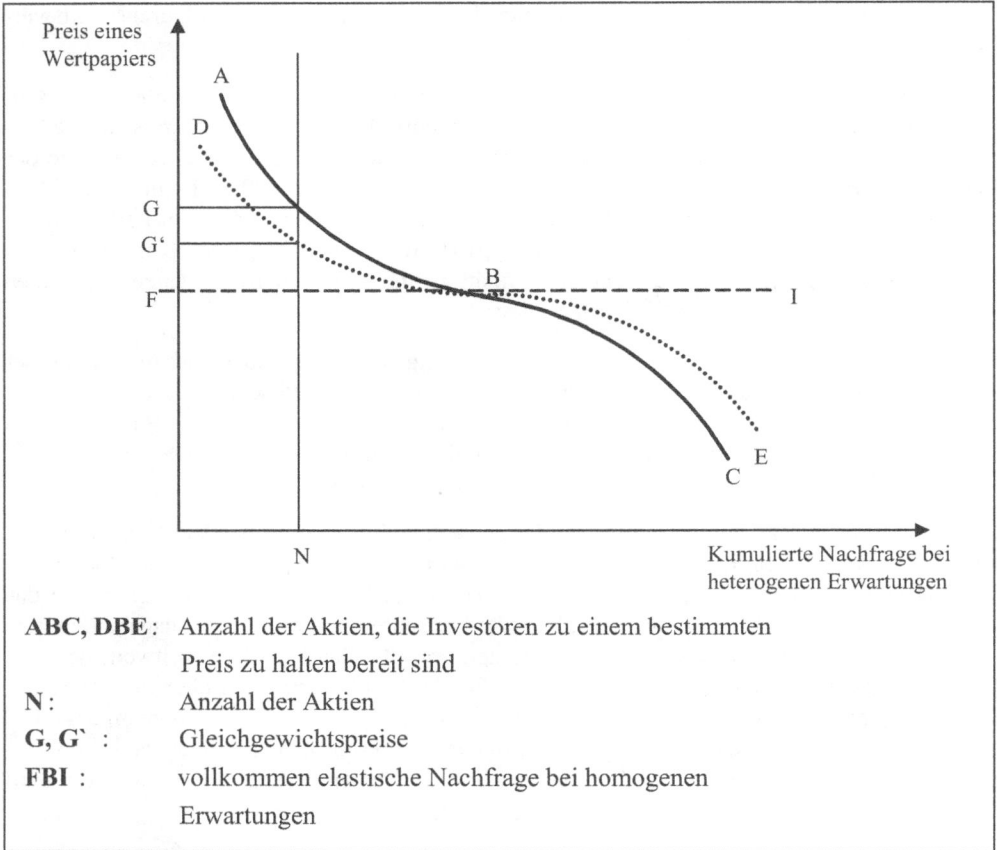

ABC, DBE :	Anzahl der Aktien, die Investoren zu einem bestimmten Preis zu halten bereit sind
N :	Anzahl der Aktien
G, G' :	Gleichgewichtspreise
FBI :	vollkommen elastische Nachfrage bei homogenen Erwartungen

Abb. 3.15   Theorie heterogener Erwartungen von Miller zur Erklärung von Underpricing und Underperformance

Daher ist am Markt ein Springen des Kurses, ein Underpricing, zu beobachten, auch wenn der Ausgabekurs nicht unter dem fairen Wert F, sondern zwischen F und dem Gleichgewichtskurs festgelegt wurde. Geht dann, mit zunehmend besserem Wissen über das Unternehmen, die Heterogenität der Einschätzungen des fairen Preises zurück (es gelte dann die Nachfragekurve DBE), dann stellt sich der neue Gleichgewichtskurs G' ein, der unter dem alten Kurs liegt. Dieses Fallen des Kurses, ohne dass sich die durchschnittliche Einschätzung des Marktes über das Unternehmen geändert hätte, führt dann zu einer Underperformance, zu einer hinter der Rendite vergleichbarer Unternehmen zurückbleibenden Verzinsung des eingesetzten Kapitals.

Emissionsverfahren

Eine für die Preisfindung und damit auch den Platzierungserfolg bedeutsame Entscheidung ist vom Emittenten hinsichtlich des Emissionsverfahrens zu treffen. Hier sind drei Verfahren zu unterscheiden, die sich vor allem im Grad des Einbezugs der Nachfrageseite in der Preisfindung und in den Einflussmöglichkeiten auf die Aktienverteilung seitens des Emittenten unterscheiden:

Beim **Festpreisverfahren**, das lange Zeit üblich war, heute aber nur noch selten benutzt wird, bietet der Emittent eine fixe Stückzahl der zu emittierenden Aktien dem interessierten Publikum zu einem festen Preis zum Kauf an. Dieser Preis wird, wie eben beschrieben, auf der Grundlage von Unternehmensbewertungen und -analysen der beteiligten Banken und der Überlegungen zur Marktakzeptanz zwischen Emittent und den die Emission begleitenden Banken ausgehandelt. Die Verantwortung für das Gelingen des Börsengangs liegt beim Festpreisverfahren zumeist bei den Banken, die dem Emittenten die Aktien zu einem vereinbarten Preis abnehmen und sie anschließend am Markt platzieren.

Inzwischen wird wesentlich häufiger das **Bookbuilding-Verfahren** angewandt. Die Grundidee des Verfahrens ist, die Investoren selbst in den Preisfindungsprozess einzubeziehen. Hierzu wird, nach einer Phase intensiven Marketings über sog. Road Shows, in denen sich das Untenehmen vorrangig institutionellen Investoren präsentiert, eine Preisspanne für die neuen Aktien festgelegt. Die Investoren haben dann verbindliche Zeichnungsangebote mit Angabe der Mengen und des akzeptierten Preises abzugeben. Nach Durchsicht dieser Angebote lässt sich leicht feststellen, zu welchem Kurs alle angebotenen Aktien am Markt unterzubringen sind. Die Aktien werden den Bietern dann zu einem einheitlichen Kurs innerhalb der vorgegebenen Spanne zugeteilt. Verschiedentlich wird, bei extrem geringer oder hoher Nachfrage, der Ausgabekurs auch außerhalb der vorher genannten Preisspanne festgelegt. Eine andere Möglichkeit ist, für den Fall hoher Nachfrage der Emissionsbank über einen sog. **Greenshoe** zu erlauben, weitere Aktien in vorher festgelegtem Umfang zu emittieren. Erstaunlicherweise hat der Einsatz des Bookbuilding-Verfahrens nicht dazu geführt, das Phänomen des Underpricings verschwinden zu lassen.

Das Bookbuilding-Verfahren reduziert nicht nur die Risiken der Emissionsbanken und soll nicht nur helfen, einen marktadäquaten Ausgabepreis zu finden. Es erlaubt vielmehr auch, bei einer Überzeichnung der Emission die Zuteilung der Aktien auf die Investorengruppen und -typen zu steuern, die vom Unternehmen gewünscht sind bzw. die die Bank gerne bedienen möchte. Speziell an der Frage der Fairness dieser Zuteilungsregeln entzündet sich auch die Kritik an diesem Verfahren.

Den konsequentesten Weg der Verschiebung der Preissetzungsentscheidung auf die Investoren bildet das **Auktions-** oder **Tenderverfahren**. Der Emittent gibt hier lediglich eine auf einer Unternehmensbewertung basierende Preisvorstellung bekannt. Während der Zeichnungsfrist können interessierte Investoren unter Angabe der gewünschten Menge und einem Preislimit Gebote abgeben. Billigst-Offerten sind dabei nicht zulässig. Nach Auswertung der

bekundeten Preisbereitschaft werden alle Investoren bedient, deren Gebot über dem Grenzgebot liegt. Das Grenzgebot wird so bestimmt, dass exakt das zuvor festgelegte Emissionsvolumen zur Zuteilung kommt. Da mit diesem Verfahren aber die beschriebenen Zusatzvor-
teile des Bookbuilding-Verfahrens nicht verbunden sind, kommt es eher selten zum Einsatz.

Zeitpunkt

Wäre der Kapitalmarkt immer effizient, dann würde der Zeitpunkt des Börsengangs für die
Nachfrage und damit die Höhe des erzielbaren Kurses keine Rolle spielen. Es lassen sich
jedoch eindeutig Phasen von sog. hot und cold markets unterscheiden. Ist allgemein die Bör-
senstimmung gut und steigen tendenziell die Kurse, dann steigt meist auch die Zahl der Neuemissionen. In cold markets dagegen mit stagnierenden oder gar fallenden Kursen gehen
auch die Börsengänge drastisch zurück. Das Underpricing ist in hot markets ebenfalls deutlich höher. Damit scheinen die Unternehmen bei Börsengängen in diesen Marktphasen mehr
zu „verschenken" als im Durchschnitt. Allerdings zieht diese Argumentation nur, wenn man
jeden Anstieg des Ersttagskurses über den Ausgabekurs als verschenkt bezeichnet. Wie vorher gezeigt, ist dieses Springen des Kurses jedoch auch bei einem Ansatz des Ausgabekurses
über dem fairen Wert möglich. Offenbar und auch leicht nachvollziehbar ist es in hot markets für die Börsenneulinge leichter, über dem fairen Wert liegende Preise zu setzen, also
selber von der guten Marktstimmung zu profitieren.

3.3.1.2.4   Kapitalerhöhung bereits notierter Unternehmen

Ist das Unternehmen schon börsennotiert, dann gestaltet sich die weitere Beschaffung von
externem Eigenkapital leichter. Es bedarf für eine solche **Kapitalerhöhung gegen Einlagen
(ordentliche Kapitalerhöhung)** eines formellen Beschlusses der Hauptversammlung mit
mindestens 75% des anwesenden stimmberechtigten Grundkapitals. Bei mehreren Aktiengat-
tungen muss für jede Aktiengattung einzeln abgestimmt werden.

Als erstes ist der aus der Kapitalerhöhung benötigte Betrag festzulegen. Er ergibt sich aus der
geplanten Verwendung der Einnahmen, z.B. für geplantes Wachstum, die Übernahme eines
anderen Unternehmens oder die Ablösung von Großkrediten. Des Weiteren hat das Unternehmen auch hier den Ausgabekurs zu bestimmen. Die Entscheidung gestaltet sich, wie
gleich deutlich werden wird, allerdings erheblich einfacher als bei der Erstemission. Die
gesetzliche Untergrenze bildet der Nennbetrag. Insbesondere für Unternehmen, die in
schlechten wirtschaftlichen Situationen Kapital brauchen und deren Aktien unter pari, also
unter dem Nennwert der Aktien, notieren, ist diese Regelung ein Hindernis. Die Obergrenze
ist durch den aktuellen Kurs der Altaktien bestimmt, denn niemand wird vernünftigerweise
für neue Aktien mehr bezahlen. Aus dem insgesamt aufzunehmenden Eigenkapital und dem
Ausgabekurs lässt sich die dafür notwendige nominelle Erhöhung des gezeichneten Kapitals
berechnen.

Nominelle Kapitalerhöhung = (Benötigte Mittel x Nennwert): Ausgabekurs

Je höher also der Ausgabekurs über dem Nennbetrag liegt, desto höher ist die Differenz zwischen der nominellen Kapitalerhöhung und dem Geldbetrag, der der Unternehmung tatsächlich zufließt. Bei gegebenem Geldbedarf kann damit der Umfang der am Markt zu emittie-

renden Aktien umso kleiner gehalten werden, je höher der Ausgabekurs ist. Der Differenzbetrag zwischen Ausgabekurs und Nennbetrag der Aktien (Agio oder Aufgeld) wird in der Kapitalrücklage verbucht.

Der Ausgabekurs ist auch entscheidend für das Bezugsverhältnis. Es ergibt sich als Verhältnis des bisherigen Grundkapitals zur nominellen Kapitalerhöhung.

Durch eine Kapitalerhöhung kann es passieren, dass sich die Altaktionäre schlechter stellen als vor der Kapitalerhöhung. Das resultiert zum einen aus der Verschiebung des Stimmrechtsverhältnisses, die sich dadurch ergibt, dass neue Eigenkapitalgeber, die auch Stimmrecht und somit Einfluss auf die Unternehmensführung haben, hinzutreten. Zum anderen erleiden die Altaktionäre einen Vermögensverlust, wenn die neuen Aktien unter dem zur Zeit der Emission gültigen Börsenkurs ausgegeben werden. Denn nach der Kapitalerhöhung stellt sich ein Mischkurs (K_m) ein, der (idealtypisch) dem gewichteten arithmetischen Mittel von altem und jungem Kurs entspricht.

$$(1) \qquad K_m = \frac{a * K_a + b * K_j}{a + b}$$

mit: K_a = Kurs der Altaktien

     K_j = Kurs der jungen Aktien

     a   = Anzahl der Altaktien, die zum Bezug von jungen Aktien berechtigen

     b   = Anzahl der jungen Aktien

Um den Altaktionären die Wahrung ihrer Interessen zu gewährleisten, steht diesen nach dem Aktiengesetz bei einer Kapitalerhöhung das **Bezugsrecht** auf die neuen Aktien zu. Das bedeutet, dass die Altaktionäre bei der Ausgabe der neuen Aktien vor den potentiellen neuen Aktionären bedient werden. Das Bezugsverhältnis gibt dabei an, für wie viele „alte" Aktien das Bezugsrecht auf wie viele junge besteht. Allerdings kann mit einer 75%igen Mehrheit in der Hauptversammlung auf die Gewährung von Bezugsrechten verzichtet werden. Das ist vor allem der Fall, wenn die neuen Aktien einer bestimmten Gruppe von Investoren zukommen sollen. Ein Ausschluss vom Bezugsrecht ist insbesondere dann zulässig, wenn die Kapitalerhöhung gegen Bareinlagen zehn von Hundert des Grundkapitals nicht übersteigt und der Ausgabebetrag den Börsenpreis nicht wesentlich (ca. 3 - 5 %) unterschreitet. Denn dann hält sich der Vermögensverlust des Aktionärs in Grenzen.

Der rechnerische Wert des Bezugsrechts ergibt sich nun aus der Überlegung, dass die Altaktionäre für den durch die Ausgabe neuer Aktien verursachten Kursverlust einen Ausgleich erhalten. Genau genommen hat das Bezugsrecht Optionscharakter, da es ja nicht ausgeübt werden muss. Die üblich (und auch hier) verwendete vereinfachte Formel trifft aber in den meisten Fällen recht gut. Der Wert des Bezugsrechts entspricht danach rechnerisch der Differenz zwischen neuem und altem Börsenkurs:

$$(2) \qquad B = K_a - K_m$$

B = Wert des Bezugsrechts

Durch (1) und (2) folgt die Standardformel zur Berechnung des Bezugsrechtswertes:

(3) $B = K_a - \dfrac{a * K_a + b * K_j}{a+b} = \dfrac{b * K_a - b * K_j}{a+b}$

$\Leftrightarrow B = \dfrac{K_a - K_j}{a/b+1}$

Die nach starkem Wachstum in den letzten Jahren mittlerweile an der Börse notierte Event-Agentur AG plant zur Kapitalbeschaffung für weitere Investitionen und eine Expansion in weitere Dienstleistungsangebote rund um die Vermietung von Luxus-Limousinen eine Kapitalerhöhung.

Um die geplanten Investitionen zu finanzieren, wird ein Betrag von 10 Mio. € benötigt. Frau Labelle schlägt vor, die Anzahl von 1 Mio. neuer Aktien mit einem Nennwert von 1 € zu 10 € auszugeben. Die nominelle Kapitalerhöhung beträgt demnach 1 Mio. €. Das bisherige Grundkapital beträgt 4 Mio. €. Daraus errechnet sich ein Bezugsverhältnis von 4 zu 1. Damit können die Anteilseigner der Event-Agentur AG für 4 alte Aktien eine neue Aktie erwerben.

Frau Mustermann, die vor der Kapitalerhöhung 1 Mio. Aktien zu einem Kurs von 12 € je Aktie hält, sich aber an der Kapitalerhöhung nicht mit eigenen Mitteln beteiligen kann, da sie gerade ihre Mittel für den Bau eines Eigenheimes braucht, stellt sich nun die Frage, wie viel ihr Aktienpaket nach der Kapitalerhöhung wert ist und welchen Betrag sie durch den Verzicht auf die Ausübung des Bezugsrechts zur Finanzierung ihres gerade neu gebauten Eigenheimes verwenden kann.

Der Bankberater der zwei Gründerinnen berechnet Frau Mustermann anhand der folgenden Rechnung den Wert der Bezugsrechts und des neuen Aktienpakets von Frau Mustermann:

Der neue Mischkurs der Aktie beträgt:

$$\frac{4.000.000 \cdot 12\ € + 1.000.000 \cdot 10\ €}{5.000.000} = 11,60\ €$$

Demnach reduziert sich das von Frau Mustermann im Unternehmen gebundene Kapital von 12 Mio. € auf nur noch 11,6 Mio. € nach der Kapitalerhöhung.

Da Frau Mustermann ihre Bezugsrechte an der Börse veräußern möchte, berechnet ihr Bankberater den zur Finanzierung des Eigenheimes zur Verfügung stehenden Betrag.:

Wert des Bezugsrechts je Aktie = 12,00 € - 11,60 € = 0,40 €

Durch den Besitz von 1 Mio. € Aktien kann Frau Mustermann durch den Verzicht auf die Beteiligung an der Kapitalerhöhung also 0,40 €/Aktie x 1 Mio. Aktien = 400.000 € zur Finanzierung ihres Eigenheimes verwenden.

Frau Labelle, die im Gegensatz zu Frau Mustermann ihren Anteil von 25 % am Unternehmen auch nach der Kapitalerhöhung beibehalten möchte, will von dem Bankberater wissen, wie viel ihr Anteil nach der Kapitalerhöhung wert ist.

Bisherige Marktkapitalisierung:

Zahl der Altaktien x Börsenkurs = 4.000.000 x 12 € = 48.000.000 €

Marktkapitalisierung nach der Kapitalerhöhung:

Alter Wert + zufließende Mittel = 48.000.000 € + 10.000.000 € = 58.000.000 €

Der Anteil von Frau Labelle am Unternehmen ist also 58 Mio. € x 25 % = 14,50 Mio. € wert. Sie muss also, um ihren Anteil am Unternehmen konstant zu halten, ein Viertel der neuen Aktien erwerben und 250.000 x 10 € = 2,50 Mio. € an Kapital aufbringen, um die jungen Aktien zu erwerben.

Die Standardformel zur Berechnung des Wertes des Bezugsrechts ist anzupassen, wenn die jungen Aktien nicht dieselben Rechte eingeräumt bekommen wie die alten Aktien. Wenn z.B. die Kapitalerhöhung während des laufenden Geschäftsjahres erfolgt, wird häufig die Dividende für die jungen Aktien nur anteilig bezahlt. Dieser Dividendennachteil wirkt wie ein Zuschlag auf den Ausgabekurs. Formell ergibt sich:

$$B = \frac{K_a - \left(K_j + Dividendennachteil\right)}{a/b+1}$$

Sehen Aktionäre von der Ausübung der Bezugsrechte ab, können sie das Bezugsrecht verkaufen. Es wird während der Zeit des Angebots an der Börse gehandelt. Ein potentieller neuer Investor muss demnach neben den Aktien zum Ausgabekurs auch Bezugsrechte käuflich erwerben, um sich am Unternehmen zu beteiligen. Der tatsächlich für das Bezugsrecht zu zahlende Preis ergibt sich aus Angebot und Nachfrage und kann damit vom rechnerischen, theoretischen Wert abweichen. Würde die Abweichung aber zu groß, dann eröffneten sich Möglichkeiten der Arbitrage, also von Gewinnmöglichkeiten durch Kauf von billigen Bezugsrechten und gleichzeitigem Verkauf von Aktien.

Da der Bezugsrechtswert den Vermögensverlust der Altaktionäre zumindest rechnerisch ausgleicht, wird häufig vom **Theorem der Irrelevanz des Ausgabekurses** gesprochen. Dies ist formal korrekt. Erstens ist aber zu berücksichtigen, dass (bei gegebener Summe beschafften Eigenkapitals) mit der Höhe des Ausgabekurses sich auch die Höhe des dividendenberechtigten Kapitals und der Mittelkurs der Aktien ändert. Der Charakter von gezeichnetem Kapital und Kapitalrücklagen ist nicht identisch. Zum zweiten sind Ausgabekurse nahe am derzeitigen Börsenkurs „gefährlich", kann es doch passieren, dass in der Phase von der Bekanntgabe der Emissionsbedingungen bis zur Durchführung der Kapitalerhöhung der Börsenkurs aufgrund allgemeiner oder unternehmensspezifischer Einflüsse unter den Ausgabekurs der jungen Aktien sinkt. Dann sind die jungen Aktien nicht mehr platzierbar, die

Kapitalerhöhung muss erneut zu anderen Konditionen beschlossen und in Angriff genommen werden.

Wichtiger jedoch als die Frage der Relevanz des Ausgabekurses ist die Frage, ob auch bei Kapitalerhöhungen schon börsennotierter Unternehmen, im englischen **Seasoned Equity Offerings (SEO)** genannt, die Gefahr von Übervorteilungen der Käufer der jungen Aktien gegeben ist oder ob dies zumindest für die Altaktionäre durch das Bezugsrecht ausgeschlossen ist. Eine gängige These besagt, dass Unternehmen, weil sie den fairen Wert ihrer Aktien einschätzen können, auf eine Erhöhung des Eigenkapitals verzichten, wenn der aktuelle Kurs aus ihrer Sicht unter diesem fairen Wert liegt. Notwendige Finanzmittel werden dann über andere Quellen zu beschaffen versucht. Sieht das Unternehmen sich dagegen am Kapitalmarkt derzeit überbewertet, dann ist aus Sicht des Managements und der Altaktionäre ein Angebot junger Aktien an neue Gesellschafter attraktiv, weil dann die Unternehmensteile teurer verkauft werden, als es ihrem „wahren" Wert entspricht. Dass der Markt dieses Problem sieht, zeigen die empirischen Befunde in den USA, nach denen die Ankündigung einer Kapitalerhöhung tendenziell als schlechte Nachricht interpretiert und mit Kursabschlägen „bestraft" wird. Die Marktreaktion könnte allerdings auch auf korrekten Einschätzungen ineffizienten Einsatzes des aufzunehmenden Kapitals durch das Management basieren. Altaktionäre mit Bezugsrecht sind den beschriebenen Risiken nicht ausgesetzt. Misstrauen sie den Investitionsvorhaben des Managements, dann werden sie der Kapitalerhöhung nicht zustimmen. Zusätzlich bleibt ihnen die Reaktion der Nichtausübung des Bezugsrechts oder gar des Verkaufs ihrer Anteile.

3.3.1.2.5   Weitere Formen der Kapitalerhöhung

Neben der ordentlichen Kapitalerhöhung kennt das Aktiengesetz als weitere Formen der Kapitalerhöhung das genehmigte Kapital, die bedingte Kapitalerhöhung und die Kapitalerhöhung aus Gesellschaftsmitteln. Allen diesen Formen ist gemeinsam, dass sie nicht unmittelbar zu einem Geldzufluss und einer Kapitalerhöhung führen. Das **genehmigte Kapital** (§§ 202-206 AktG) stellt eine Ermächtigung des Vorstandes durch die Hauptversammlung dar, innerhalb der nächsten fünf Jahre durch Ausgabe junger Aktien das Grundkapital bis zu einem bestimmten Betrag zu erhöhen. Sie ist also als ein Vorratsbeschluss, als „technische" Erleichterung zur Durchführung notwendiger oder zweckmäßiger Kapitalerhöhungen zu verstehen.

Ein Hauptversammlungsbeschluss über eine **bedingte Kapitalerhöhung** (§§ 192-210 AktG) wird notwendig, wenn das Unternehmen Umtausch- und Bezugsrechte zugestanden hat, deren Inanspruchnahme der Höhe nach ungewiss ist. Auch hier handelt es sich also um einen Vorratsbeschluss für den Fall, dass die eingeräumten Rechte zum Bezug von Aktien ausgeübt werden.

Die **Kapitalerhöhung aus Gesellschaftsmitteln** (§§ 207-220 AktG) hat einen völlig anderen Charakter. Hier werden offene Rücklagen in Grundkapital umgebucht. Die den Aktionären in diesem Zusammenhang ausgegebenen Aktien werden als **Gratisaktien** bezeichnet, da diese keine Zahlung zu leisten haben. Der Unternehmung fließt demnach kein neues Kapital zu. Auch der Aktionär bekommt durch die Ausgabe der Gratisaktien nichts geschenkt. Denn die Vermögensseite des Unternehmens ist von dieser formalen Umbuchung im Eigenkapital nicht tangiert. Der Sinn einer solchen Maßnahme, die das dividendenberechtigte Kapital erhöht, ist zum einen die Reduzierung hoher Börsenkurse, um die Handelbarkeit wieder zu erhöhen. Zum anderen kann sie als eine Alternative zur sofortigen Gewinnausschüttung verstanden werden, die steuerlich günstiger ist, und als Signal für eine nachhaltige Verbesserung der wirtschaftlichen Situation des Unternehmens.

3.3.1.3   Weiterführende Literatur

Einen ausführlichen Einblick in die Beteiligungsfinanzierung aus betriebswirtschaftlicher, rechtlicher und steuerlicher Sicht liefern Rose, G./Glorius-Rose, C.: Unternehmen: Rechtsformen und Verbindungen, 3. Auflage, Köln 2001.

Spremann, K.: Modern Finance, 2. Auflage, München 2005, geht es vor allem um die theoretischen Zusammenhänge zwischen Finanzierungsrisiken und daraus auf funktionierenden Märkten sich einstellenden Ansprüchen auf Kompensation.

Die Schwierigkeiten und Möglichkeiten der Eigenkapitalbeschaffung kleinerer, jüngerer und wachsender Unternehmen beschreiben z.B. Brettel, M./Rudolf, M./Witt, P.: Finanzierung von Wachstumsunternehmen, Wiesbaden 2005; Werner, H.S.: Eigenkapital-Finanzierung, Köln 2006, und Müller, St./Brackschulze, K./Mayer-Fiedrich, M.D.: Finanzierung mittelständischer Unternehmen, München 2006, insbes. S. 179-250.

Umfangreiche Beschreibungen der Charakteristika und Investitionsformen von Private Equity und Venture Capital findet sich z.B. in Weitnauer, W.: Handbuch Venture Capital, 2. Auflage, München 2001; Leopold, G./Frommann, H./Kühr, Th.: Private Equity – Venture Capital: Eigenkapital für innovative Unternehmer, 2. Auflage, München 2003, und Schefczyk, M.: Finanzierungen mit Venture Capital, Stuttgart 2000.

Mit den Motiven für einen Börsengang befassen sich Pagano, M./Panetta, F./Zingales, L.: Why Do Companies Go Public? An Empirical Analysis, Journal of Finance 1998, S. 27-64.

Die mehr „technischen" Fragen des Börsengangs behandelt z.B. Bösl, K.: Praxis des Börsengangs, Wiesbaden 2004.

Die Erklärung des kurzfristigen Underpricing und der langfristigen Underperformance bei Neuemissionen über die Heterogenität der Erwartungen der Investoren stammt von Miller, E. M.: Risk, Uncertainty, and Divergence of Opinion, Journal of Finance 1977, S. 1151-1168.

Umfassende Darstellungen der Erklärungsversuche und empirischen Befunde zum Underpricing und zur Underperformance bei Neuemissionen bietet Schenek, André (2006): Überrenditen von Aktien-Neuemissionen, Bad Soden 2006.

3.3.1.4   Übungsaufgaben

1. *Welche Aufgabe kommt Venture-Capital-Fonds bei der Eigenfinanzierung zu und welche Funktionen übernehmen sie?*

2. *Wie kann die Eigenfinanzierung unter Ausschluss des Börsenganges oder von Finanzintermediären in den einzelnen Rechtsformen aussehen?*

3. *Welche Börsensegmente stehen einer Aktiengesellschaft bei der Neuemission an der Börse zur Verfügung und welche Kriterien sind bei den einzelnen Segmenten zu erfüllen?*

4. *Beschreiben Sie die verschiedenen Unternehmensphasen chronologisch und stellen Sie die zu den jeweiligen Zeitpunkten typischer Weise nutzbaren Finanzierungsformen dar!*

5. *Welche Vor- und Nachteile sind mit einer VC-Finanzierung verbunden?*

6. *Wann erfolgt typischer Weise ein Börsengang einer Aktiengesellschaft?*

7. *Erläutern Sie die Begriffe Underpricing und Underperformance!*

8. *Welche Arten von Aktien gibt es und welche Charakteristika weisen sie auf?*

9. *Welche Formen der Kapitalerhöhung gibt es?*

10. *Die börsennotierte Enterprise AG möchte sich zur Finanzierung weiterer Investitionen an der Börse Kapital beschaffen und plant eine Kapitalerhöhung. Sie benötigt bei einem Grundkapital von zur Zeit 40 Mio. € weitere 100 Mio. € an liquiden Mitteln. Die neuen Aktien sollen zu einem Ausgabekurs von 100 € je Aktie mit Nennwert 1 € begeben werden. Der aktuelle Aktienkurs beträgt 120 €. Welchen Wert weist das Bezugsrecht aus und wie hoch ist der „faire" Aktienkurs nach der Kapitalerhöhung?*

3.3.2   Fremdfinanzierung

In den meisten Unternehmen, vor allem bei den kleinen und mittleren, wird externes Kapital nicht vorrangig als Eigenkapital, sondern als **Fremdkapital** beschafft. Die grundsätzliche rechtliche Stellung des Kapitalgebers als Gläubiger und die typischerweise damit verbundenen Rechte und Pflichten sind schon zu Beginn von Kapitel 3 beschrieben worden. Aus Sicht des Unternehmens sind die zentralen Merkmale der vielfältigen Formen der Fremdfinanzierung die i.d.R. vom Erfolg des Unternehmens unabhängige Verzinsung, der Ausschluss formaler Mitwirkungsrechte, die Abzugsfähigkeit der gezahlten Zinsen vom handels- und steuerrechtlichen Ertrag und die Verpflichtung zur Rückzahlung der aufgenommenen Mittel. Ist das Unternehmen nachhaltig nicht in der Lage, den Verpflichtungen aus dem Kreditvertrag nachzukommen, hat der Gläubiger grundsätzlich Zugriff auf das Unternehmensvermögen. Im ökonomischen Sinne verpfändet damit das Unternehmen mit einer Kreditaufnahme das Firmenvermögen an die Gläubiger. Würden sich die Gläubiger aus diesem Vermögen in allen Fällen schadlos halten können, dann hätten sie kein Risiko. Dem ist aber, wie wir schon bei der Darstellung der Insolvenz in Kapitel 1 erwähnt haben, nicht so. Daher ist es für einen Kreditgeber wichtig, zum einen sein Risiko bei der Vergabe des Kredits möglichst gut und genau einzuschätzen und sich zum andern möglichst gegen Verluste aus diesem Risiko abzusichern. Darauf werden wir im Weiteren zuerst eingehen.

Danach geben wir eine Übersicht über die typischen Formen der Fremdfinanzierung. Meist wird zu ihrer Klassifikation das Kriterium der Dauer der Kapitalüberlassung verwendet. In der Handelsbilanz ist zwischen kurz-, mittel- und langfristiger Fremdfinanzierung zu unterscheiden. Als kurzfristig werden Verbindlichkeiten mit einer Restlaufzeit von weniger als einem Jahr bezeichnet. Mittelfristig sind Verbindlichkeiten mit einer Laufzeit zwischen einem und fünf Jahren. Das Fremdkapital, das dem Unternehmen für länger als 5 Jahre zur Verfügung steht, wird als langfristig bezeichnet. Diese Abgrenzung ist jedoch in der Praxis nicht immer offensichtlich. Manche formal kurzfristigen Verbindlichkeiten können durch laufende Verlängerung dem Unternehmen faktisch über lange Jahre zur Verfügung stehen. Auf der anderen Seite können langfristige Darlehen durch Kündigungsklauseln eine wesentlich kürzere Kapitalüberlassung bedeuten. Dennoch werden wir die Gliederung in kurz- und langfristige Formen des Fremdkapitals beibehalten. Wiederum ist jeweils zu trennen in Möglichkeiten der Nutzung des organisierten Kapitalmarkts und in Finanzierungsformen über Direktvertrag und Intermediäre.

3.3.2.1 Kreditrisiken und Kreditsicherheiten

3.3.2.1.1 Risikoquellen

Die Risiken von Kreditgebern lassen sich grundsätzlich auf drei Quellen zurückführen: Das **Geschäftsrisiko** resultiert aus der allgemeinen Unsicherheit der Erfolgsentwicklung des Leistungsbereichs des Unternehmens. Es ist zum einen von innerbetrieblichen Faktoren wie der Art und Zahl der Geschäftsbereiche, deren Stabilität sowie der Wettbewerbsposition des Unternehmens und zum andern von der Entwicklung des Marktumfelds abhängig. Aus Sicht des Gläubigers interessiert aufgrund der erfolgsunabhängigen Verzinsung die künftige Entwicklung der Ertrags- und Finanzkraft des Unternehmens nur insoweit, als dadurch die Bedienung des Kredits mit Zins und Tilgungsleistungen gesichert oder gefährdet ist.

Das **Finanzstruktur-** oder **Leveragerisiko** entsteht aus einer zunehmenden Ausnutzung des Verschuldungshebels durch das Unternehmen. Es verstärkt die Schwankungsrisiken des Geschäftserfolgs und erhöht somit die Wahrscheinlichkeit einer Insolvenz, sei es des Eintritts der Überschuldung oder – wegen des Fixkostencharakters der Fremdkapitalzinsen – der

Zahlungsunfähigkeit. Zugleich steht bei einem höheren Verschuldungsgrad im Falle einer Insolvenz je Krediteinheit weniger Vermögen als Zugriffsmasse zur Verfügung.

Hinzu tritt das Risiko aus der **asymmetrischen Informationsverteilung**. Vor der Entscheidung über die Kreditvergabe müssen Kreditgeber damit rechnen, dass sie über die Erfolgsträchtigkeit des Geschäftsmodells und die Fähigkeiten und Absichten der Kreditnehmer nicht vollständig und nicht korrekt informiert werden. Ist der Kredit vergeben, besteht vor allem das Risiko, dass das Unternehmen durch nachträgliche Entscheidungen die Position des Kreditgebers verschlechtert. So steigert z.B. eine nachträgliche Erhöhung des Verschuldungsgrads – wie eben beschrieben – die Insolvenzwahrscheinlichkeit und reduziert die mögliche Kompensation durch den Zugriff auf das Vermögen. In die gleiche Richtung wirkt ein Entzug von Eigenkapital, z.B. über Entnahmen. Das folgende Beispiel für unsere Jungunternehmerinnen soll zeigen, dass auch Investitionsentscheidungen geeignet sind, für den Kreditnehmer günstige, aber den Kreditgeber nachteilige Folgen herbeizuführen.

Unsere Jungunternehmerinnen mögen zwei Investitionsalternativen sehen, deren Investitionssumme jeweils 200.000 € betrage. Investition A bringe mit Sicherheit in Periode 1 einen Rückfluss von 240.000 €. Investition B dagegen sei eine unsichere Investition, die je nach der Entwicklung der Nachfrage mit gleicher Wahrscheinlichkeit entweder 120.000 € oder 320.000 € als Rückfluss erwarten lasse. Bei einem Kalkulationszinsfuß von 10% (er sei vereinfachend für beide Investitionen in gleicher Höhe angesetzt) lohnt sich Investition A, während Investition B gerade einen Kapitalwert von 0 erwarten lässt. Bei einer Finanzierung ausschließlich mit eigenen Mitteln würden die Unternehmerinnen folglich die Investition A wählen.

Finanzieren sie allerdings die Investition zu 80% mit einem Bankkredit, den sie zu ebenfalls 10% zu verzinsen haben, dann stellt sich ihre Situation anders dar (die Rechnung vernachlässigt steuerliche Überlegungen): nunmehr bleibt den Unternehmerinnen bei Investition A nach Rückzahlung und Verzinsung des Kredits ein sicherer Rückfluss von 64.000 €. Bei Realisation der Investition B dagegen haben sie im positiven Fall 144.000 € zu erwarten. Im negativen Fall reichen die Rückflüsse der Investition nicht aus, die Ansprüche der Bank voll zu befriedigen. Den Unternehmerinnen verbleibt dann nichts. Der Erwartungswert ihrer Rückflüsse beträgt aber 72.000 € und liegt damit über dem sicheren Ergebnis. Zumindest bei Risikoneutralität würden sie also einen Anreiz haben, nicht Investition A mit dem höheren Gesamtergebnis, sondern Investition B durchzuführen, die ihnen ein besseres Durchschnittsergebnis verspricht. Diese Investition ist aber, wie leicht ersichtlich, geeignet, bei schlechtem Ausgang den Finanzier zu schädigen.

Der Kreditgeber muss also versuchen, will er mit diesen Risiken angemessen umgehen, sie zum ersten vor der Kreditentscheidung möglichst präzise zu erfassen, zu bewerten und in die Entscheidung über Kreditvergabe und Konditionengestaltung einfließen zu lassen. Zusätzlich bedarf es, wenn es denn zu einem Kreditengagement gekommen ist, auch eines laufenden Monitorings während der Laufzeit des Kredits, um eine Veränderung der anfänglichen Risikoposition rechtzeitig erkennen und darauf reagieren zu können.

Weiter gehende Möglichkeiten der Sicherung des Anspruchs auf Rückzahlung sind zum einen Vereinbarungen, die den Handlungsspielraum des Kreditnehmers einschränken (sog. Covenants), und zum andern die Einräumung von Sicherheiten, also von Zugriffsrechten auf andere Personen oder Sachen für den Fall, dass das Unternehmen selbst seinen Verpflichtungen aus dem Kreditvertrag nicht nachkommen kann. Von schon eingegangenen Kreditrisiken kann sich der Kreditgeber auch durch einen Verkauf an Dritte wieder trennen.

3.3.2.1.2   Bonitätsanalyse und Rating

Ziel einer Bonitätsanalyse ist, Unternehmen, bei denen ein Kreditengagement beabsichtigt oder schon eingegangen ist, auf ihre Kreditwürdigkeit zu untersuchen. Im einfachsten Fall mündet das Ergebnis in ein „ja" oder „nein". Differenziertere Urteile sollen eine quantitative Aussage über die Ausfallwahrscheinlichkeit eines Kreditengagements liefern und damit die Grundlage für die Kalkulation des zur Kompensation des Ausfallrisikos notwendigen Aufschlags auf den Zins bilden.

Mehr und mehr findet hierfür der Begriff des Kreditrating Verwendung. Rating bezeichnet generell Verfahren zur Einschätzung bzw. Beurteilung von Personen, Gegenständen oder Situationen mit Hilfe von Skalen. Ziel des Kreditratings ist, durch eine Analyse des Ratingobjekts festzustellen, ob der Schuldner zukünftig fähig und willens sein wird, die mit der Fremdkapitalaufnahme verbundenen finanziellen Lasten (Zins- und Tilgungsleistungen) rechtzeitig, nachhaltig und in vollem Umfang zu tragen. Es handelt sich hierbei also um eine Prognose der künftigen Zahlungsfähigkeit und Zahlungsbereitschaft des Kreditnehmers. Mit der Einstufung in eine Ratingklasse soll eine möglichst präzise Aussage über die erwartete Ausfallwahrscheinlichkeit des Kredits getroffen werden. Dieses klassifikatorische Urteil lässt sich dann für die Entscheidung der Kreditvergabe generell bzw. der Gestaltung der Kreditkonditionen (Risikozuschlag im Kreditzins, Besicherungsbedarf, Überwachungsintensität etc.) verwenden.

Die Verfahren der Bonitätsanalyse und des Ratings lassen sich danach unterscheiden,

- welche Daten über das Analyseobjekt herangezogen werden und
- wie aus diesen Daten Bonitätsurteile abgeleitet werden.

Wenn es gilt, die künftige wirtschaftliche Entwicklung eines Unternehmens zu beurteilen, dann sind selbstverständlich Informationen über die Attraktivität (Wachstum und Stabilität) der Märkte, auf denen das Unternehmen tätig ist, und über die Wettbewerbsstärke des Unternehmens auf diesen Märkten im Vergleich zur Konkurrenz hilfreich. Ließe sich die strategische Position eines Unternehmens und die sich daraus ergebende Finanz- und Ertragslage präzise abschätzen, wären kaum weitere Analysen nötig. Dies ist, zumal aus der Informationslage des Kreditgebers heraus, aber meist nur ansatzweise möglich.

Einen zentralen Einflussfaktor der Unternehmensentwicklung bildet das Management. Ihm gehört daher zunehmend das Augenmerk der Kreditprüfer. Doch auch hier ist zu konstatieren, dass sowohl die zutreffende Erfassung der Managementeigenschaften der Geschäftsführer als auch die Ableitung einer bestimmten Unternehmensentwicklung aus den festgestellten Eigenschaften erhebliche Schwierigkeiten bereiten kann.

Soweit das Unternehmen auf eine Historie zurückblicken kann, behilft man sich daher dominant mit der Analyse des Jahresabschlusses. Für die aktuelle Situation zum Zeitpunkt der Kreditbeantragung leuchtet das auch unmittelbar ein, soll der Jahresabschluss doch „ein den tatsächlichen Verhältnissen entsprechendes Bild der Vermögens-, Finanz- und Ertragslage" (§ 264, Abs. 2 HGB) des Unternehmens vermitteln. Auch bei anderen Rechnungslegungsstandards wird die Funktion des Jahresabschlusses, Entscheidungen der Kapitalgeber zu unterstützen, besonders betont.

In der kreditwirtschaftlichen Praxis wie auch in der betriebswirtschaftlichen Ausbildung hat die Analyse des Jahresabschlusses schon eine lange Tradition. Die einschlägigen Lehrbücher sind voll von Vorschlägen über die Schritte der Bereinigung der Basiszahlen, die Berechnung and Interpretation von Einzelkennzahlen und die Möglichkeiten der Zusammenführung der Einzelurteile zu einem Gesamtbonitätsurteil.

Für die Beurteilung der Bonität ist zum ersten die nachhaltige Ertragskraft des Unternehmens maßgebend. Sie wird insbesondere sichtbar über die auf das eingesetzte Kapital erwirtschafteten Renditen. Die **Gesamtkapitalrentabilität** misst den auf das gesamte im Unternehmen eingesetzte Kapital erwirtschafteten Periodenüberschuss. Sie ist damit eine Art Investitionsrendite ohne Berücksichtigung der Art der Finanzierung. Sie berechnet sich als:

$$\text{Gesamtkapitalrentabilität} = \frac{\textit{Jahresüberschuß(vorSteuern)} + \textit{Zinsenu.ä.Aufwand}}{\textit{durchschn.Gesamtkapital}} * 100$$

Die **Eigenkapitalrentabilität** gibt demgegenüber Auskunft, welche Rendite auf das von den Eigenkapitalgebern eingebrachte Kapital erwirtschaftet worden ist. Sie bezieht folglich den erwirtschafteten Jahresüberschuss vor oder nach Steuern auf das durchschnittlich in der Periode verfügbare Eigenkapital.

Aus der Bilanzstruktur ermittelte Kennzahlen sollen vorrangig eine Einschätzung der finanziellen Stabilität des Unternehmens und der Angemessenheit der Finanzierung generell erlauben. Von besonderem Gewicht ist hierbei vor allem die **Eigenkapitalquote**. Sie misst, zu welchen Anteilen das gesamte Vermögen des Unternehmens durch Eigenmittel finanziert ist. Ihre hohe Bedeutung für die Einschätzung der Insolvenzwahrscheinlichkeit einerseits und die Risiken des Kreditgebers andererseits, im Konkursfalle aus dem Vermögen seine Ansprüche bedient zu bekommen, liegt auf der Hand. Ähnliche und verstärkende Aussagen vermögen Kennzahlen zu liefern, die die Fristigkeitsstruktur des Vermögens (Dauer der Bindung) der Fristigkeitsstruktur der Finanzierung (Dauer der Verfügbarkeit des Kapitals) gegenüberstellen.

Von zentraler Bedeutung für die Einschätzung der künftigen Zahlungsfähigkeit und damit der Kreditwürdigkeit sind Kennzahlen der Finanzkraft des Unternehmens. Hier schließt sich wieder der Kreis zur Innenfinanzierung. Denn der Cash Flow, also der im Innenbereich des Unternehmens erwirtschaftete Finanzüberschuss, gilt als die entscheidende Größe, die über das Potential des Unternehmens zur Finanzierung des eigenen Wachstums und zur Rückzahlung der aufgenommenen Kredite Auskunft gibt. Die Kennzahl

$$\frac{Netto-Fremdkapital}{Cash-Flow}$$

oft als **dynamischer Verschuldungsgrad** bezeichnet, bringt plastisch die Zahl von Perioden zum Ausdruck, die das Unternehmen hypothetisch benötigen würde, um das gesamte aufgenommene Fremdkapital (abzüglich der schon verfügbaren liquiden Mittel, daher „netto") durch den erwirtschafteten Innenfinanzierungsüberschuss zurückzuzahlen, wenn er in der Höhe konstant wäre und komplett für die Tilgung herangezogen würde.

Allerdings bestehen weder in der Theorie noch in der Praxis Einigkeit, welche Kennzahlenwerte jeweils die „guten" von den „schlechten", d.h. weniger kreditwürdigen Unternehmen trennen und welches Urteil aus welcher Kombination von Kennzahlenwerten über die Wahrscheinlichkeit eines künftigen Kreditausfalls abgeleitet werden kann.

Moody's	Standard & Poor's	Erläuterung
Aaa	AAA	sehr gut: höchste Bonität, praktisch kein Ausfallrisiko
Aa1 Aa2 Aa3	AA+ AA AA-	sehr gut bis gut: hohe Zahlungswahrscheinlichkeit, geringes Insolvenzrisiko
A1 A2 A3	A+ A A-	gut bis befriedigend: angemessene Deckung des Kapitaldienstes; noch geringes Insolvenzrisiko
Baa1 Baa2 Baa3	BBB+ BBB BBB-	befriedigend: angemessene Deckung des Kapitaldienstes; mittleres Insolvenzrisiko (spekulative Charakteristika, mangelnder Schutz gegen wirtschaftliche Veränderungen)
Ba1 Ba2 Ba3	BB+ BB BB-	befriedigend bis ausreichend: mäßige Deckung des Kapitaldienstes, höheres Insolvenzrisiko
B1 B2 B3	B+ B B-	ausreichend bis mangelhaft: geringe Sicherung des Kapitaldienstes, hohes Insolvenzrisiko
Caa (1-3) Ca	CCC CC	ungenügend: kaum ausreichend Bonität, sehr hohes Insolvenzrisiko
C	SD/D	zahlungsunfähig: in Zahlungsverzug oder Insolvenz

Abb. 3.16   Bedeutung der Rating-Symbole (nach Moody's und Standard & Poor's)

Lange Zeit wurde bei der Findung des letztendlichen Bonitätsurteils überwiegend auf den individuellen Sachverstand und die Erfahrung des Kreditsachbearbeiters vertraut. Mehr und mehr setzen sich nun aber formalisierte, auf empirisch-statistischen Modellen basierende Verfahren durch. Sie leiten aus der Analyse historischer Fälle erfolgreicher und gescheiterter Unternehmen ab, welche Kombination von Kennzahlen aus Jahresabschlüssen und anderen Informationsbereichen Prognoseeigenschaft für die künftige Ausfallwahrscheinlichkeit hat.

Dieser Typ quantitativer Modelle erlaubt mit erstaunlicher Treffergüte eine Skalierung der Unternehmen nach dem Ausfallrisiko.

Banken sind durch die Vereinbarungen von Basel II zur Regulierung der Eigenkapitalanforderungen von Banken gehalten, ihr Kreditrisiko auf der Basis solcher quantitativer Modelle zu ermitteln. Sie können dafür – was überwiegend geschehen ist – eigene Modelle entwickeln oder die Bonitätseinstufungen zugelassener externer Ratingagenturen übernehmen. Solche Agenturen (die wohl bekanntesten sind Moody's oder Standard & Poor's) drücken ihr synthetisches Urteil über die Kreditwürdigkeit der Unternehmen durch einfache Symbole aus. **Abb. 3.16** zeigt diese Skalierungen. Praktisch alle großen Unternehmen, die auf den Kapitalmärkten tätig sind, verfügen über ein solches externes Rating.

3.3.2.1.3   Beschränkung des Handlungsspielraums (Covenants)

Für den Kreditgeber besteht zur Sicherung seiner Ansprüche in aller Regel kein Bedarf an einer Mitsprache bei operativen Entscheidungen des Unternehmens. Wenn eine wesentliche Quelle des Risikos des Kreditgebers darin besteht, dass ihn der Kreditnehmer durch nachträgliche Handlungen schlechter stellen kann, dann liegt es unmittelbar nahe, eben solche nachträglichen Handlungen vertraglich auszuschließen. Solche zusätzlichen Vereinbarungen, die den Handlungsspielraum einschränken, zumindest aber ein gewisses Monitoring erlauben, werden als **Covenants** bezeichnet. Sie kommen im internationalen Kreditgeschäft mehr und mehr zum Einsatz.

Der erste Typus von Covenants sind **Berichtspflichten**, die deutlich über die Lieferung von Jahresabschlüssen hinausgehen können. Hierzu zählt auch, dass zur Sicherung der vertragsgemäßen Verwendung der Kredite die Auszahlung an bestimmte Nachweise geknüpft werden kann.

Die Sicherung gegen die nachträgliche Erhöhung der Risiken des Kreditgebers sollen zum einen **Verbote** der **Gleich-** oder **Besserstellung** der Ansprüche später aufgenommener Kredite (Pari-Passu-Klausel) sicherstellen. Zum anderen sollen **Verfügungsverbote** den Entzug von Vermögen verhindern, das im Konkursfall als Haftungsmasse zur Verfügung steht. Hierzu zählen Veräußerungsverbote, Verbote der Veränderung des Unternehmensgegenstands und der Beteiligungsverhältnisse und Verbote gesellschaftsrechtlicher Umgestaltungen (z.B. Verschmelzungen, Aufspaltungen, Umgründungen). In die gleiche Richtung sollen sog. finanzielle Covenants wirken, also Verpflichtungen, bestimmte **Kennzahlen** des Jahresabschlusses wie die Eigenkapitalquote oder dynamische Verschuldungsgrade nicht unter oder über ein definiertes Niveau absinken oder steigen zu lassen und Ausschüttungen und Investitionen in einem vorgegebenen Rahmen zu halten.

Besonders hart und einschränkend wirkt eine Vereinbarung, dass bei Drittfälligkeit oder Drittverzug, also wenn irgendeine andere Verbindlichkeit des Unternehmens vor ihrem vertraglichen Ende fällig wird oder in Verzug gerät, auch der in Frage stehende Kredit fällig gestellt ist. Meist gilt zusätzlich die Generalklausel, dass eine Vertragsverletzung oder eine wesentliche Verschlechterung der wirtschaftlichen Verhältnisse des Kreditnehmers den Kreditgeber berechtigt, den Kredit sofort fällig zu stellen. Alle diese Verpflichtungen werden meist so formuliert, dass sie sich nicht nur auf den Kreditnehmer als formalen Vertragspartner, sondern auf die gesamte wirtschaftliche Einheit (z.B. einen Unternehmensverbund) beziehen.

3.3.2.1.4   Kreditsicherheiten

Eine noch stärkere Sicherungswirkung für Gläubiger vermag oft die Einräumung von Kreditsicherheiten im engeren Sinn zu entfalten. Für den Fall, dass das Unternehmen seinen Zahlungsverpflichtungen aus dem Kreditvertrag nicht nachkommt, wird dem Kreditgeber ein unmittelbarer Zahlungsanspruch zugestanden, der sich auf eine andere Person oder eine Sache bezieht. Durch Verwertung dieser Sicherheiten kann er seinen Anspruch auf Rückzahlung und fällige Zinsen (und evtl. sonstige durch das Verfahren verursachte Kosten) durchsetzen und so sein Kapital sichern. Da sich dadurch das Ausfallrisiko verringert, kann auch der Risikozuschlag auf die Zinsen reduziert werden, was für den Kapitalnehmer eine Reduktion der Kapitalkosten bedeutet. Daher wird zumindest der „ehrliche", auf die Vertragserfüllung gerichtete Unternehmer und der, der subjektiv vom Erfolg seines Projekts und Unternehmens überzeugt ist, durchaus bereit und interessiert sein, diesen Weg der Risikoreduktion zu unterstützen, so er über solche Sicherungsmöglichkeiten verfügt oder sie sich günstiger besorgen kann, als der erreichbaren Reduktion der Finanzierungskosten entspricht.

Nach dem Sicherungsobjekt, auf das der Kreditgeber bei Eintritt des Schadensfalls zugreifen kann, wird grundsätzlich zwischen Personal- (undinglichen) und Realsicherheiten (dinglichen Sicherheiten) unterschieden. **Personalsicherheiten** sind Kreditsicherheiten, bei denen die Haftung für die Verbindlichkeit im Falle der Zahlungsunfähigkeit des Hauptschuldners von einer „dritten Person" übernommen wird. Die „dritte Person" kann sowohl eine natürliche als auch eine juristische Person sein. Beispiele für Personalsicherheiten sind Bürgschaften, Garantien oder Schuldbeitritte. Bei der Bürgschaft und bei der Garantie verpflichtet sich der Bürge bzw. der Garant, für die Erfüllung der Verbindlichkeit einzustehen, dies jedoch erst dann, wenn der Hauptschuldner diese Leistung nicht selbst erbringt. Sie können selbstschuldnerisch (dann hat der Bürge bei Aufforderung sofort zu zahlen) oder als Ausfallbürgschaft gestaltet sein. Im letzteren Fall muss der Gläubiger erst erfolglos auf dem Wege der Zwangsvollstreckung versucht haben, beim Schuldner seine Forderung durchzusetzen. Bei kleinen Kapitalgesellschaften fordern z.B. Banken oft, dass der/die GeschäftsführerGesellschafter zusätzlich zur Verpflichtung der Gesellschaft eine selbstschuldnerische Bürgschaft übernimmt/übernehmen. In Konzernen wird häufig von der Muttergesellschaft eine Patronatserklärung abgegeben, eine spezielle Garantie, für die Verbindlichkeiten der Tochterunternehmen einzustehen. Schuldbeitritt oder Schuldmitübernahme bedeutet, dass die Leistung alternativ von dem Hauptschuldner oder von dem Dritten verlangt werden kann (Gesamtschuldnerschaft).

Die Grundlage von **Realsicherheiten** stellen Vermögensgegenstände dar, die vom Gläubiger zur Sicherung seiner Forderungen benutzt werden können. Zu den am meisten verbreiteten Realsicherheiten gehören verschiedene Arten von Verpfändungen. Bezieht sich die Verpfändung auf eine Immobilie (Grundstück oder Gebäude), wird sie im Grundbuch vermerkt und als **Grundpfandrecht** bezeichnet. Je nachdem, ob sie an eine konkrete Forderung gebunden ist oder nicht, wird von einer Hypothek oder von einer Grundschuld gesprochen. Auch bewegliche Gegenstände und Rechte können als Sicherungsgut dienen. Eine im Liefer- und Leistungsgeschäft oft genutzte Form solcher Mobiliarsicherheiten ist der **Eigentumsvorbehalt**, bei dem die Übertragung des Eigentums von Waren an die Bezahlung der Rechnungen gekoppelt wird. Der Lieferant hat also, wenn keine Bezahlung der offenen Rechnung erfolgt, einen Anspruch auf Herausgabe der gelieferten Ware oder der Früchte daraus. Beim **Pfandrecht** werden die Sicherungsgüter dem Gläubiger für die Dauer der Forderung übergeben (Sachen) bzw. auf ihn übertragen (Rechte). Eine besondere Bedeutung kommt hier der Sicherungsabtretung zu, bei der bestimmte zukünftige Forderungen des Schuldners als Sicherheit abgetreten werden. Dagegen wird bei der Sicherungsübereignung auf die Übergabe verzichtet, was einerseits bequemer ist (der Gläubiger hat oft keine Lagerungsmöglichkeiten für die Sicherungsgüter), andererseits dem Schuldner sinnvollerweise die Möglichkeit der Nutzung dieser Gegenstände (z.B. Maschinen, Fuhrpark) lässt, um die geschuldeten Zahlungsströme überhaupt erst erwirtschaften zu können.

Aus Sicht des Gläubigers ist der **Wert der angebotenen Sicherheit** entscheidend. So hängt der Wert einer Personalsicherheit von ihrem Umfang (besicherter Betrag), ihrer Gestaltung (Eintrittsbedingungen, Zahlungsmodalitäten) und von der Bonität (dem Vermögen und Einkommen) des Bürgen ab. Bei Realsicherheiten ist ins Kalkül zu ziehen, dass nicht die Buchwerte oder hypothetischen Wiederbeschaffungswerte der Sicherungsgüter, sondern die oft weit niedrigeren bei einer Einzelverwertung erzielbaren Preise und die zusätzlichen Verfahrenskosten entscheidend sind. Zusätzlich sind konkurrierende oder gar vorgehende Rechte anderer Gläubiger zu beachten. Bei einer Sicherungsübereignung kommt für den Gläubiger das Risiko noch hinzu, dass das Gut in der Hand des Schuldners verändert, beschädigt oder rechtswidrig veräußert werden kann.

Weniger für den Gläubiger, als für den Schuldner ist von Bedeutung, dass nur durch **externe Sicherheiten**, also über Personen und Sachen außerhalb der Unternehmenssphäre, die Haftungsmasse vergrößert und so insgesamt ein **größeres Sicherungsvolumen** geschaffen wird. Wird dagegen – was bei Realsicherheiten meist der Fall ist – einzelnen Gläubigern das Zugriffsrecht auf spezifische Vermögensteile des Unternehmens übertragen, findet lediglich eine **Umverteilung** des gesamten Sicherungsvolumens des Unternehmens unter den gesamten Finanziers zugunsten der gesicherten Gläubiger statt, ohne es zu erhöhen. Die externe Beschaffung von zusätzlichen Sicherheiten ist zumeist mit Kosten verbunden, die den erreichbaren Verbesserungen der Finanzierungskonditionen gegenüber gestellt werden können. Bei einer internen Umverteilung der Zugriffsrechte wird der erreichbare Gesamtnutzen davon abhängen, ob die auf der einen Seite bei den besicherten Kreditgebern erreichbaren Verbesserungen der Konditionen höher ausfallen als die möglichen Konditionsverschlechterungen bei den Finanziers, die nunmehr wegen der reduzierten, auf sie fallenden Haftungsmasse oder wegen des größeren Schwankungsrisikos des Restgewinns höhere Risikozuschläge geltend machen.

Die Ausführungen sollten genügend deutlich gemacht haben, dass auch in Kreditverträgen nicht nur die finanzielle Kompensation für die Überlassung von Geld zu regeln ist, sondern dass sie eine Vielzahl von zusätzlichen Regelungsbestandteilen zur Kompensation übernommener Risiken enthalten.

3.3.2.1.5   Übertragung von Kreditrisiken

Für die Beziehung zwischen dem Unternehmen und dem Kreditgeber nur mittelbar bedeutsam sind die Möglichkeiten des Gläubigers, sich von seinem Kreditrisiko durch Versicherung oder Verkauf zu trennen. Während die Versicherung gegen Kreditausfälle einen schon traditionellen Weg der Reduzierung (weil meist mit Selbstbehalt vereinbart) oder der gänzlichen Übertragung des Ausfallrisikos darstellt, hat der Verkauf von Kreditforderungen über ihre Verbriefung in den letzten Jahren einen enormen Aufschwung erlebt. Insbesondere werden in zunehmendem Umfang sog. Kreditderivate eingesetzt, die es erlauben, nur das Kreditrisiko zu übertragen, die Forderungsposition selbst aber zu behalten. Wir werden im Zusammenhang mit den Finanzierungssubstituten und der Reduzierung der Kapitalbindung in Unternehmen auf diese Wege des Forderungsverkaufs noch einmal zurückkommen.

3.3.2.2   Formen langfristigen Fremdkapitals

Langfristiges Fremdkapital kann grundsätzlich – analog zum Eigenkapital – über den organisierten Kapitalmarkt, über Finanzintermediäre oder über direkte Finanzierungsbeziehungen beschafft werden. Wiederum stehen den Unternehmen nicht alle Wege in der gleichen Weise offen.

3.3.2.2.1   Anleihen

Eine Anleihe (Schuldverschreibung) ist ein Wertpapier, welches gegen Einzahlung eines bestimmten Betrags das Recht auf bestimmte zukünftige Zins- und Tilgungszahlungen verbrieft. Anleihen können theoretisch von allen Unternehmen ausgegeben werden, sind also im Gegensatz zu Aktien nicht an eine bestimmte Rechtsform des Emittenten gebunden. Ihre Funktion als effiziente Fremdkapitalquelle können sie aber nur dann gut erfüllen, wenn sie zum öffentlichen Handel zugelassen werden. Damit begrenzen zum einen die Börsenzulassungsvorschriften und zum anderen die hohen Ausgabekosten Anleiheemissionen auf „große" Unternehmen und auf große Beträge im Mindestumfang von mehreren Millionen Euro. Die Emission erfolgt i.d.R. mit Hilfe eines Bankkonsortiums, das die Emission organisiert und nicht selten auch die restlichen, nicht auf dem Markt platzierten Anleihen übernimmt. Nur selten versuchen Unternehmen auch Eigenemissionen ohne Börsenzulassung, indem sie interessierte Privatanleger direkt ansprechen und als Finanziers zu gewinnen suchen. Dann ist die für die Anleihen typische Handelbarkeit nicht gegeben.

Die Laufzeiten der Anleihen sind meistens festgelegt und betragen i.d.R. zwischen 10 und 15 Jahren. Es existieren jedoch auch Anleihen mit sehr kurzen (1 Jahr) und sehr langen (bis 50 Jahre) Laufzeiten. Sehr selten sind ewige Anleihen, die keine begrenzte Laufzeit haben. Die Tilgung einer Anleihe kann am Ende der Laufzeit erfolgen oder – meist nach einigen tilgungsfreien Jahren – über mehrere Jahre verteilt sein. Auch eine Verlosung der im jeweiligen Jahr zu tilgenden Anleihen (nach ihren Nummern bzw. Tranchen) ist möglich. In einem solchen Fall ist die genaue Laufzeit einer konkreten Anleihe vor ihrer Tilgung nicht bekannt.

Die Emittenten lassen sich oft eine Möglichkeit der vorzeitigen Kündigung offen. Sie kann unbeschränkt sein, häufiger werden aber kündigungsfreie Jahre oder bestimmte Kündigungs-

fristen festgeschrieben. Die Kündigung ist für den Emittenten vorteilhaft, wenn das Markt-
zinsniveau bedeutend unter die Verzinsung der Anleihe fällt. Eine Alternative hierzu besteht
in einem Rückkauf der Anleihen aus dem Markt, wenn der Marktpreis unter dem Rückkauf-
kurs liegt. Die Möglichkeit der Kündigung einer Schuldverschreibung seitens der Gläubiger
ist dafür eine Ausnahme und wird nach der Firma, die sie als erstes einführte, als Degussa-
klausel bezeichnet.

Die Verbindlichkeiten aus den Anleihen können, wie alle Verbindlichkeiten, gesichert werden. Zu diesen Zwecken werden Personensicherheiten (insbesondere Bürgschaft) oder Realsicherheiten (insbesondere Grundschuld) benutzt, die im vorhergehenden Abschnitt dargestellt wurden. International sind aber dingliche Sicherungen bei Anleihen eher selten.
Covenants wie z.B. Negativklauseln, die den Gläubigern zusichern, dass keine zukünftige
Verbindlichkeit des Emittenten eine bessere Sicherheit als die betroffene Schuldverschreibung erhält, haben mehr Gewicht. Zusätzlich spielt das Rating der Anleihen für ihre Marktakzeptanz und für die Entwicklung ihrer Börsenkurse eine wesentliche Rolle.

Für die Anleiheemittenten hat die Nutzung dieser Form von Fremdkapitalbeschaffung mehrere Vorteile. In erster Linie kann dank der Börsenfähigkeit dieser Wertpapiere ein breites
Spektrum von potentiellen Kapitalgebern sowohl im Inland als auch im Ausland angesprochen werden. Weiterhin ermöglicht die Stückelung der Anleihen die Beschaffung des Kapitals auch von Kleinanlegern. Durch den Bezug des Kapitals direkt aus dem Markt kann meist
auch eine Senkung der Finanzierungskosten erreicht werden, weil die Dienste der Finanzintermediäre nur noch für die Vermittlung und Organisation in Anspruch genommen werden.

In der Praxis hat sich eine große Vielfalt der Anleihekonstruktionen herausgebildet. Eine
gewisse Systematisierung ist nach den Zinsbedingungen, der Anleihewährung und den mit
der Anleihe verknüpften Zusatzrechten für den Investor oder den Emittenten möglich.

Zinsvarianten

Festzinsanleihen (straight bonds) sind die häufigste Form von Anleihen, bei denen eine feste
Verzinsung über die gesamte Laufzeit festgelegt wird. Die Kupons bleiben unabhängig von
der Marktentwicklung für die gesamte Laufzeit unverändert. Bei einer späteren Veränderung
des Zinsniveaus liegen damit die nominale Verzinsung der Anleihe und die Kapitalkosten
des Emittenten über bzw. unter dem Marktniveau. Die Emission der Festzinsanleihen ist
daher zum einen vorteilhaft, wenn in der Zukunft eine Zinssteigerung erwartet wird. Zum
andern bietet sie dem Anleger wie dem Unternehmen eine feste nominale Kalkulationsbasis
der zu leistenden bzw. zu erwartenden Zahlungsströme.

Bei **Floating Rate Notes** (FRN) wird die Verzinsung periodisch an das Marktniveau angepasst. Die Grundlage der Anpassung ist normalerweise ein Referenzzinssatz. Am häufigsten
werden zu diesem Zweck die kurzfristigen Geldmarktzinsen aus dem Interbankenhandel
benutzt, insbesondere der LIBOR (*London Interbank Offered Rate*) oder der EURIBOR
(*European Interbank Offered Rate*). Zu diesem Zins wird ein Auf- bzw. Abschlag dazugerechnet, um die anleihespezifische Verzinsung zu erreichen. Die Anpassung erfolgt, wie in
Abb. 3.17 dargestellt, immer in gleichen Zeitabständen, meistens alle 3 bis 6 Monate.

Die Kopplung der Verzinsung von FRN an einen Referenzzins stellt sicher, dass sie dem jeweils aktuellen Marktniveau entspricht. Die Änderung der Marktzinsen bedeutet also für den Emittenten eine entsprechende Änderung der Kapitalkosten. Die Emission solcher Anleihen ist daher zum einen sinnvoll, wenn eine Senkung des Zinsniveaus erwartet wird. Zum andern hilft sie Unternehmen, die eine zur Zinssensitivität ihres Vermögens möglichst gleichlaufende Refinanzierung anstreben, insbesondere also Banken mit zinsvariablen Ausleihungen. Die Konstruktion der FRN sichert auch die Stabilität der Marktpreise dieser Anleihen. Die Preise können nur innerhalb der relativ kurzen Perioden fester Zinssätze schwanken.

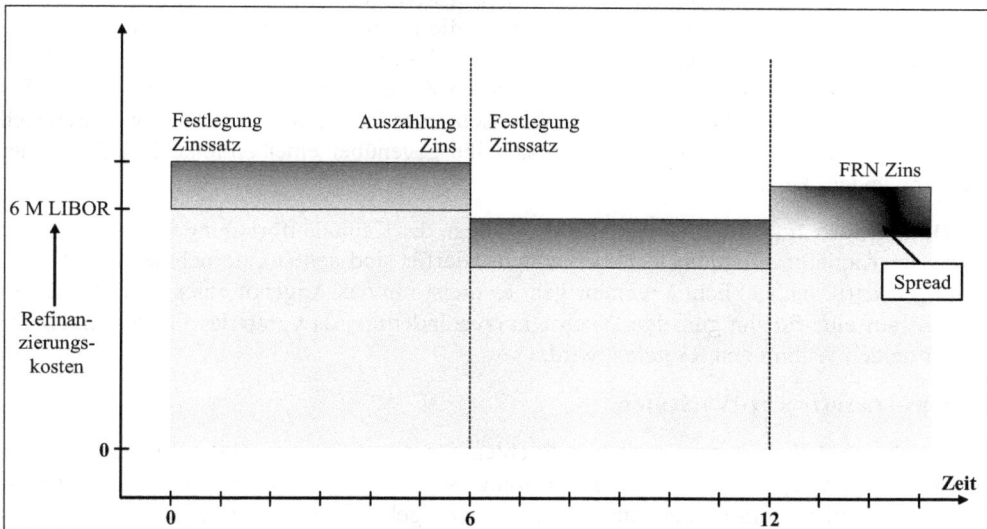

Abb. 3.17   Bestimmung der Verzinsung von FRN

Bei **Null-Kupon-Anleihen** (Zero-Bonds) werden, wie es schon der Name sagt, während der Laufzeit der Anleihe keine Kupons gezahlt. Die gesamte Verzinsung wird erst am Ende zusammen mit der Tilgung ausgezahlt. Möglich sind dabei zwei Varianten: Die Verzinsung wird zum Rückzahlungsbetrag dazugerechnet, oder es wird nur der Nennwert zurückgezahlt und der Verzinsungseffekt durch ein Disagio bei der Ausgabe erreicht. Diese sehr populäre Konstruktion hat viele Vorteile sowohl für Emittenten als auch für Investoren. Für die Emittenten entstehen keine Liquiditätsbelastungen während der Laufzeit. Private Anleger können positive Steuereffekte realisieren. Denn bei ihnen sind die Zinseinkünfte erst bei Zufluss steuerpflichtig, was eine zeitliche Verschiebung der Steuerbelastung im Vergleich zu Kupon-Anleihen bedeutet. Ein weiterer positiver Aspekt für die Zero-Bond-Investoren ist, dass das Problem der Wiederanlage der Kupons während der Laufzeit entfällt. Wegen fehlender Kupons reagieren die Preise dieser Wertpapiere allerdings wesentlich empfindlicher auf die Zinsschwankungen als die der Festzinsanleihen.

Eine für Anleihen etwas ungewöhnliche Konstruktion haben **Gewinnschuldverschrei-
bungen**, bei denen die Verzinsung von dem Unternehmensergebnis abhängt. Dabei wird
normalerweise eine Basisverzinsung festgelegt, die auf jeden Fall bezahlt wird (auch in Verlustjahren), auf die aber ein Aufschlag vorgenommen wird, der vom Ergebnis, bzw. von den
bezahlten Dividenden abhängt. Sie ist schon deshalb sehr selten, weil die Investoren dann
nicht nur die Ausfallwahrscheinlichkeit, sondern auch die konkrete Entwicklung der Ertragskraft des Unternehmens abzuschätzen haben.

Währungsvarianten

Anleihen werden hauptsächlich in der Währung des Emissionslandes ausgegeben. Sehr häufig ist aber auch die Ausgabe von **Fremdwährungs-Anleihen**. Dieser Weg ist insbesondere
für international tätige Unternehmen interessant, die Investitionen in anderen Währungsräu-
men planen. Da für solche Anleihen der jeweils landesübliche Zins bezahlt wird, ist dadurch
auch die Nutzung des möglicherweise niedrigeren Zinsniveaus im Ausland möglich. Dabei
sind jedoch die zusätzlichen Risiken der Wechselkursänderungen zu beachten, wodurch sich
die Vorteilhaftigkeit einer Fremdwährungsanleihe gegenüber einer Anleihe in inländischer
Währung ändern kann.

Bei **Doppelwährungsanleihen** sind die Währungen der Kapitalaufbringung und Zinszahlung
sowie der Kapitalrückzahlung unterschiedlich. Hierfür sind selten unternehmerische Finan-
zierungsbedarfe maßgeblich. Vielmehr geht es meist um das Angebot einer „Wette" an den
Investor auf eine für ihn günstige Wechselkursveränderung, da vorab das Umtauschverhält-
nis der beiden Währungen festgelegt wird.

Options-(Zusatzrecht-)Varianten

Oft werden Anleihen mit zusätzlichen Rechten für den Emittenten oder für den Investor
verknüpft. Die Gruppe der Equity Linked Bonds ist dadurch gekennzeichnet, dass der Investor mit der Anleihe ein an bestimmte Bedingungen gekoppeltes Recht auf Erwerb von Ei-
genkapitaltiteln (Aktien) des Unternehmens erwirbt.

Wandelschuldverschreibungen (Convertible Bonds) räumen dem Gläubiger die Möglichkeit ein, die Schuldverschreibung gegen Stammaktien des Schuldners umzutauschen. Die
Konditionen der Anleihe werden bestimmt durch

- das Wandlungsverhältnis, d.h. wie viele Anleihen eine Aktie ergeben,
- die Umtauschfrist, d.h. der Zeitraum, in dem der Umtausch durchgeführt werden kann
- und die eventuelle Zuzahlung, d.h. der Betrag pro Aktie, den der Gläubiger beim Umtausch zuzuzahlen hat. Die Zuzahlung kann gegebenenfalls vom Umtauschzeitpunkt abhängen.

Der Inhaber einer Wandelschuldverschreibung hat die Wahl zwischen einer Rückzahlung des
Nennwertes und einer dem Wandlungsverhältnis entsprechenden Anzahl von Aktien, wobei
im zweiten Fall die Rückzahlung entfällt. Die Aktien für den Umtausch kommen aus einer
Eigenkapitalerhöhung. Zum Zeitpunkt der Anleiheemission steht jedoch nicht fest, ob und
wie viele Gläubiger ihr Umtauschrecht ausüben werden. Es bedarf daher einer bedingten

Kapitalerhöhung, die die drei Viertel-Mehrheit in der Hauptversammlung erfordert. Den Altaktionären wird auch für die Wandelschuldverschreibungen das Bezugsrecht gewährt.

Dieser Weg der Fremdkapitalbeschaffung hat für den Emittenten mehrere Vorteile. Die Verzinsung der Wandelschuldverschreibungen liegt unter der Verzinsung von traditionellen Anleihen, was für das Unternehmen geringere Belastungen während der Laufzeit bedeutet. Weiterhin kann mit Hilfe von Wandelanleihen die buchhalterische Eigenkapitalerhöhung zeitlich hinausgezögert werden. Das Kapital (bzw. ein Teil davon) fließt dem Unternehmen schon bei der Ausgabe der Anleihe als Fremdkapital zu, wird jedoch erst beim Umtausch in Eigenkapital umgewandelt. Dieser Weg ist vorteilhaft, wenn eine sofortige Aktienemission nicht erwünscht ist. Dies ist der Fall, wenn der jetzige Aktienkurs ungünstig ist oder wenn das Unternehmen aus dividenden- oder bilanzpolitischen Gründen seine Eigenkapitalquote noch nicht erhöhen will. Durch die Gestaltung der Zuzahlungen kann das Unternehmen in einem gewissen Rahmen auch den gewünschten Wandlungszeitpunkt steuern. Steigende Zuzahlungen veranlassen zum früheren, sinkende dagegen zum späteren Umtausch.

Für die Gläubiger haben die Wandelanleihen ebenfalls mehrere Vorteile. Weil diese Wertpapiere oft zu niedrigen Börsenkursen ausgegeben werden, ergibt sich die Möglichkeit, zu günstigen Konditionen die Aktien des Emittenten zu erwerben. Alle späteren Steigerungen des Aktienkurses ziehen den Kurs der Anleihe nach oben. Dagegen senken Aktienkurseinbrüche den Anleihewert, aber nur bis zu dem Punkt, in dem die Tilgung vorteilhafter als der Umtausch ist. Damit sind die möglichen Verluste der Inhaber von Wandelschuldverschreibungen beschränkt (abgesehen vom Insolvenzfall), die potentiellen Gewinne aber an den Unternehmenswert gekoppelt.

Bei **Optionsanleihen** auf Aktien wird dem Gläubiger, zusätzlich zu seinen Rechten aus der Anleihe, die bestehen bleiben, das Recht eingeräumt, die Aktien des Emittenten zu einem vorab festgelegten Preis und Verhältnis zu erwerben. De facto werden hier also zwei Instrumente verbunden: eine „normale" Anleihe und eine Kaufoption auf eine Aktie. An der Börse können sie daher auch getrennt gehandelt werden. Die Vorteilhaftigkeit der Ausübung der Option hängt vom aktuellen Aktienkurs ab. Die Beschaffung des Eigenkapitals erfolgt also bei Optionsanleihen auf Aktien unabhängig von der Beschaffung des Fremdkapitals. Für die Emission dieser Instrumente gelten sonst die gleichen Vorschriften wie für Wandelschuldverschreibungen.

Die Option kann sich auch auf eine andere, später zu begebende Anleihe desselben Emittenten beziehen (**Zinswarrants**). Die Attraktivität für den Anleger liegt in der Erwartung, dass er die neue Anleihe mit einem günstigeren (höheren) Zins als dem dann geltenden Marktzins erwerben kann.

Immer wieder lassen sich Wellen von Anleiheemissionen beobachten, die dem Emittenten das Recht einräumen, die Art der Rückzahlung zu wählen. Einige Zeit dominierten dabei **Währungsoptionsanleihen**, die dem Emittenten die Wahl einräumen, in welcher Währung die Rückzahlung der Anleihen erfolgen sollte. In den letzten Jahren sind sog. **Aktienanleihen** in Mode gekommen, bei denen die Anleihe entweder nominal oder in Form einer bestimmten Zahl von Aktien eines bestimmten Unternehmens getilgt wird. Da der Emittent immer den für ihn günstigsten Weg wählen wird, liegt das volle Verlustrisiko beim Anleger.

Er wird dafür mit einer Risikoprämie kompensiert, die in einer deutlich über dem Marktzins liegenden Verzinsung zum Ausdruck kommt. Auch dies sind keine für die Unternehmensfinanzierung typischen Formen, sondern meist Bankprodukte zur Abschöpfung bestimmter Anlegerpräferenzen.

3.3.2.2.2   Darlehen von Finanzintermediären

Schuldscheindarlehen

Schuldscheindarlehen sind langfristige Großkredite, die mit Schuldscheinen verbrieft werden. Als Schuldschein wird dabei das Dokument bezeichnet, durch das die Aufnahme des Kredites belegt wird, das jedoch kein Wertpapier ist und als solches nicht zum Börsenhandel zugelassen werden kann. Kapitalgeber sind sog. Kapitalsammelstellen, zu denen Versicherungsunternehmen, Pensionskassen sowie die Bundesanstalt für Arbeit gehören. Eine besondere Rolle spielen die Schuldscheindarlehen für die Versicherungen, die gesetzlich verpflichtet sind, zur Deckung der zukünftigen Verpflichtungen aus Versicherungsverträgen Sondervermögen (Deckungsstock) zu halten und in einer bestimmten Weise anzulegen. Die Schuldscheine sind deckungsstockfähig, d.h. können auf dieses Vermögen angerechnet werden, wenn sie mehrere strenge Bedingungen erfüllen. Sie sollten unter anderen erstklassig gesichert sein, eine Laufzeit von nicht mehr als 15 Jahren haben und die Schuldnerunternehmen sollten gute, durch bestimmte Kennzahlen aus dem Jahresabschluss nachgewiesene Bonität aufweisen. Emittenten der Schuldscheindarlehen können theoretisch alle Unternehmen sein. Wegen des großen Umfangs dieser Kredite einerseits und relativ strengen Bedingungen für die Deckungsstockfähigkeit andererseits ist jedoch diese Kapitalquelle praktisch nur für mittlere und große Firmen zugänglich. Die Organisation des Kredites und seine technische Abwicklung wird meistens von einem Vermittler, i.d.R. einer Bank, übernommen.

Der Gesamtbetrag des Darlehens kann zwischen mehreren Kapitalsammelstellen aufgeteilt werden. Es wird dann als ein Konsortialkredit bezeichnet. Dies ist der Fall bei größeren Darlehen, wenn ein einzelner Kapitalgeber die gesamte Finanzierung nicht übernehmen kann oder will. Es ist auch nicht notwendig, dass die gleiche Kapitalsammelstelle bzw. das Konsortium die Finanzierung für die gesamte Dauer des Darlehens übernimmt. Die Schuldscheindarlehen, bei denen sich die Kreditgeber während der Laufzeit wechseln, werden als **revolvierende Darlehen** bezeichnet. Je nachdem, ob das Risiko der fehlenden Anschlussfinanzierung beim Kreditnehmer oder beim Vermittler liegt, spricht man von einem direkten oder indirekten revolvierenden Darlehen. Im zweiten Fall garantiert der Vermittler dem Kreditnehmer die Finanzierung zu festen Konditionen über die gesamte Laufzeit, was mit höheren Vermittlungsgebühren verbunden ist.

Für Unternehmen hat die Nutzung der Schuldscheindarlehen den Vorteil, dass sie ihre Finanzierung wesentlich flexibler als bei Anleihen gestalten können. Die Konditionen können besser an die Bedürfnisse des Unternehmens angepasst und direkt mit den Kreditgebern verhandelt werden. Insbesondere können die Auszahlung und die Tilgung in Raten erfolgen, die die Liquiditätslage des Unternehmens zu den jeweiligen Zeitpunkten berücksichtigen. Weiterhin entfallen die mit einer Börsenzulassung verbundenen Kosten. Für die Nutzung dieser Vorteile müssen jedoch eine höhere Verzinsung und meistens auch Kündigungsmöglichkeiten seitens der Kreditgeber in Kauf genommen werden. Für die Investoren bieten die Schuldscheine eine höhere Rentabilität als Anleihen, sie sind aber auch wesentlich weniger liquide, da kein organisierter Handel existiert.

Darlehen von Kreditinstituten

Eine grundsätzlich allen Unternehmen zugängliche Form der Fremdfinanzierung stellen Darlehen (Kredite) von Kreditinstituten dar. Zu ihnen gehören vor allem verschiedene Typen von Banken, wobei im langfristigen Kreditgeschäft am stärksten die Hypothekenbanken, Sparkassen und Bausparkassen engagiert sind. Sehr große langfristige Kredite können auch als Konsortialkredite vergeben werden.

Langfristige Darlehen sind meistens mit konkreten Projekten oder Investitionen verbunden. Deswegen sind auch die Konditionen an die Eigenschaften dieser Vorhaben angepasst und sehr individuell. Nur selten werden solche Darlehen in einer Rate getilgt. Die Zahlungen erfolgen oft entsprechend den Einzahlungsüberschüssen aus der finanzierten Investition. Die ersten Jahre werden i.d.R. als tilgungsfrei vereinbart. Danach beginnt das Unternehmen neben den fälligen Zinsen auch Teile des Kapitals zurückzuzahlen. Mit jeder Kapitalrate verringert sich der ausstehende Kreditbetrag und damit auch die Verzinsungsbasis. Bei manchen Darlehen kann die Rückzahlung zur Vereinfachung in konstanten Kapitalraten oder in Form einer Annuität erfolgen. Im ersten Fall sinkt mit der Zeit der zu zahlende Betrag, der sich aus einer gleichbleibenden Kapitalrate und einem sinkenden Zins zusammensetzt. Bei Annuitäten bleiben die periodischen Zahlungen gleich, es ändert sich jedoch die Proportion zwischen Zins- und Kapitalanteilen. Die Höhe der Annuität kann, wie in Kapitel 2.3.3 gezeigt, mit Hilfe des Annuitätenfaktors berechnet werden.

Frau Mustermann denkt über die Methode der Tilgung ihres 10-jähriges Kredites von 7.000 € nach, mit dem sie die Renovierung einer ihrer Luxuslimousinen finanzierte. Sie hat Tilgungspläne für die Zahlung gleicher Kapitalraten und für die Annuitäten-Zahlung erstellt. In beiden Fällen beträgt die Verzinsung 10% , die ersten drei Jahre sind tilgungsfrei.

Jahr	Tilgung	Zins	Rate	Restschuld	Jahr	Tilgung	Zins	Rate	Restschuld
1	0	700 €	700 €	7.000 €	1	0	700 €	700 €	7.000 €
2	0	700 €	700 €	7.000 €	2	0	700 €	700 €	7.000 €
3	0	700 €	700 €	7.000 €	3	0	700 €	700 €	7.000 €
4	1.000 €	700 €	1.700 €	6.000 €	4	738 €	700 €	1.438 €	6.262 €
5	1.000 €	600 €	1.600 €	5.000 €	5	812 €	626 €	1.438 €	5.451 €
6	1.000 €	500 €	1.500 €	4.000 €	6	893 €	545 €	1.438 €	4.558 €
7	1.000 €	400 €	1.400 €	3.000 €	7	982 €	456 €	1.438 €	3.576 €
8	1.000 €	300 €	1.300 €	2.000 €	8	1.080 €	358 €	1.438 €	2.495 €
9	1.000 €	200 €	1.200 €	1.000 €	9	1.188 €	250 €	1.438 €	1.307 €
10	1.000 €	100 €	1.100 €	0	10	1.307 €	131 €	1.438 €	0

Ein großer Vorteil der langfristigen Bankkredite ist die Zugänglichkeit für Unternehmen aller Größenklassen. Für viele kleine und mittlere Unternehmen sind Bankkredite praktisch die einzige Möglichkeit der langfristigen Fremdfinanzierung. Solche Kredite sind auch relativ leicht an die individuellen Bedürfnisse der Unternehmen anzupassen. Auf der anderen Seite sind jedoch die Darlehen der Finanzintermediäre eine vergleichsweise teure Kapitalquelle. Die Verzinsung liegt deutlich über dem Marktzins für Anleihen, hohe Bankgebühren verteuern den Kredit zusätzlich und es müssen i.d.R. Real- oder Personalsicherheiten zur Verfügung gestellt werden.

Darlehen von Gesellschaftern, Arbeitnehmern und Handelspartnern

Gläubiger langfristiger Darlehen an Unternehmen können auch andere, mit dem Unternehmen verbundene Personen oder Unternehmen sein. Die Beschaffung des Fremdkapitals von den Gesellschaftern, insbesondere bei Gesellschaften mit beschränkter Haftung, hat mehrere Vorteile. Für das Unternehmen entfallen die Kosten der Bonitätsprüfung durch den Kapitalgeber, der in diesem Fall über volle Auskunftsrechte verfügt. Auch die Flexibilität der Gestaltung solcher Kredite ist sehr hoch. Aus steuerlichen Gründen kann ein **Gesellschafterdarlehen** vorteilhafter sein als eine Eigenkapitalerhöhung, da Fremdkapitalzinsen abzugsfähige Betriebsausgaben darstellen. Für die Gesellschafter ist dies auch ein Weg, zusätzliches Kapital in das Unternehmen zu investieren, ohne die Stimmverhältnisse zu ändern. Sie nehmen dann sowohl die Position der Eigentümer als auch der Gläubiger ein. Die Möglichkeit, Teile des Gesellschafterkapitals aus der Haftung im Insolvenzfall auszuschließen, ist jedoch umstritten und nur dann gegeben, wenn das Darlehen nicht als Eigenkapitalersatz eingestuft wird.

Durch **Arbeitnehmer-Darlehen** kann das Interesse dieser Gruppe am Unternehmenserfolg erhöht werden. Dies ist als eine Ergänzung zur Mitarbeiter-Beteiligung sinnvoll. Neben dem finanziellen Effekt für das Unternehmen steigern die Arbeitnehmer-Darlehen möglicherweise auch die Motivation der Mitarbeiter, da es für sie eine Kapitalanlage ist, deren Risiko aus nächster Nähe beobachtet und in bestimmten Rahmen beeinflusst werden kann. Wie auch die Eigenkapitalbeteiligung haben sie aber nur geringe praktische Bedeutung.

Darlehen zwischen Handelspartnern können insoweit vorteilhaft sein, als sie die Bindung zwischen Geschäftspartnern verstärken und, wenn die Verbindung schon länger zum gegenseitigen Vorteil besteht, zu wesentlichen Teilen Aufwendungen der Bonitätsprüfung entfallen können. Außer im Konzern werden solche Kredite vor allem von Lieferanten als **Einrichtungs-** bzw. **Ausstattungskredite** gewährt. Es handelt sich dabei um mittel- und langfristige Kredite, die dem Kreditnehmer die Eröffnung bzw. Erweiterung des Betriebes ermöglichen sollen. Als Gegenleistung wird er verpflichtet, langfristig die Erzeugnisse des Kreditgebers abzunehmen. Für kleinere Unternehmen stellen sie eine günstige Kapitalquelle dar und sind besonders dort sinnvoll, wo eine langfristige Bindung an einen Lieferanten sowieso vorgesehen ist, wie z.B. bei Gaststätten oder Tankstellen. Für Lieferanten dagegen ist es ein absatzförderndes Mittel.

3.3.2.3   Formen kurzfristigen Fremdkapitals

3.3.2.3.1   Bankkredite

Der klassische Weg der Beschaffung von liquiden Mitteln zur Deckung kurzfristiger Kapitalbedürfnisse von Unternehmen sind Darlehen der Kreditinstitute, insbesondere der Geschäftsbanken. Es existieren mehrere Formen solcher Kredite, bei denen die Bank dem Unternehmen Finanzmittel zur Verfügung stellt. Von den „echten" Krediten abzugrenzen, bei denen dem Unternehmen Geld zufließt, ist die **Kreditleihe**. Hier erlaubt die Bank dem Unternehmen lediglich, den „guten Namen" der Bank zu nutzen.

Die populärste Form von kurzfristigen Bankkrediten sind **Kontokorrentkredite**, deren Vergabe und Rückzahlung über das Girokonto des Unternehmens erfolgt. Von diesem Konto wird normalerweise der gesamte Zahlungsverkehr des Unternehmens geführt. Für kurzfristige Zahlungen darf das Konto überzogen werden. Zu diesem Zweck wird eine Kreditlinie vereinbart, die das Limit der zulässigen Verschuldung festlegt. Die Kosten eines solchen Kredites sind i.d.R. relativ hoch. Neben dem Zins, der vom Zinsniveau auf dem Geldmarkt abhängt (zuzüglich Risikozuschlag), wird die Kreditprovision erhoben, die auch als eine Bereitstellungsprovision für die Einräumung der Kreditlinie angesehen werden kann. Bei der Überschreitung des vereinbarten maximalen Kreditbetrages wird, soweit dies überhaupt geduldet wird, eine Überziehungsprovision berechnet.

Lombardkredite sind kurzfristige Kredite, die gegen Verpfändung von Vermögensgegenständen vergeben werden. Als Pfand kommen vor allem Wertpapiere, aber auch Waren, Wechsel und Forderungen in Frage. Diese Form des Kredits ist nicht so flexibel wie der Kontokorrentkredit, hat aber den Vorteil, dass keine Bonitätsprüfung des Unternehmens notwendig ist.

Eine weitere Form des kurzfristigen Bankkredites ist ein **Diskontkredit**, dessen Grundlage ein **Wechsel** darstellt. Ein Wechsel ist ein Wertpapier, das ein unbedingtes Zahlungsversprechen verkörpert. Auf dem Wechsel werden unter anderen der Schuldner (Bezogener), der Aussteller, der Empfänger (Remittent), die Summe und der Zeitpunkt der Zahlung vermerkt. Handelswechsel, die innerhalb von drei Monaten fällig sind und mindestens von zwei zahlungsfähigen Personen unterschrieben wurden, können bei einer Bank diskontiert werden. Die Bank zahlt dem Unternehmen die Wechselsumme abzüglich Zinsen und übernimmt (durch Indossament) die Forderung aus dem Wechsel. Seit dem Wegfall der Rediskontierungsmöglichkeit der die Wechsel ankaufenden Banken bei der Deutschen Bundesbank hat die Bedeutung des Wechseldiskontgeschäfts stark nachgelassen.

Akzeptkredit und Avalkredit sind Formen von Kreditleihen. Der **Akzeptkredit** bezieht sich, wie der Diskontkredit, auf einen Wechsel. Dabei akzeptiert die Bank einen von diesem Unternehmen ausgestellten und auf diese Bank gezogenen Wechsel. Als Gegenleistung muss das Unternehmen eine Akzeptprovision bezahlen und sich verpflichten, kurz vor der Fälligkeit des Wechsels die Wechselsumme der Bank bereitzustellen.

Beim **Avalkredit** gewährt die Bank dem Gläubiger eines Unternehmens, gegen Zahlung einer Avalprovision, eine Bürgschaft oder eine Garantie für eine Verbindlichkeit dieses Unternehmens. Damit übernimmt die Bank die Haftung für den Fall, dass das Unternehmen die

Verbindlichkeit nicht bezahlen kann. Die Bank leiht dem Unternehmen de facto ihre Bonität aus.

3.3.2.3.2   Kredite von Handelspartnern

Für die kurzfristige Unternehmensfinanzierung spielt nach wie vor der **Lieferantenkredit** eine große Rolle. Ihm liegt immer ein Lieferungs- oder Leistungsgeschäft zugrunde. Der Verkäufer räumt dabei dem Käufer die Möglichkeit ein, die Rechnung mit einer Verzögerung nach Zustellung der Ware bzw. Erbringung der Leistung zu bezahlen. Das Zahlungsziel liegt gewöhnlich zwischen 30 und 90 Tagen. In dieser Zeit wird der Käufer vom Verkäufer finanziert, da er über die liquiden Mittel, mit denen die Rechnung beglichen werden sollte, frei verfügen kann. Zur Sicherung der Forderung wird i.d.R. der Eigentumsvorbehalt an gelieferte Ware benutzt, d.h. die Ware bleibt bis zur vollständigen Bezahlung der Rechnung Eigentum des Lieferanten.

Beim Lieferantenkredit werden zwar keine direkten Zinsen erhoben, dennoch ist er nicht kostenlos. Beim Verzicht auf die Nutzung des Zahlungsziels und der Begleichung der Rechnung innerhalb von wenigen Tagen (Skontofrist) wird dem Käufer häufig ein Preisabschlag (Skonto) angeboten. Dieser Abschlag entspricht den Kosten des Kredites. Entscheidet sich das Unternehmen für den Lieferantenkredit, muss es den „normalen", höheren Preis bezahlen, in dem die Finanzierungskosten enthalten sind.

Der Lieferantenkredit ist für Unternehmen sehr bequem. Er erfordert keine Formalitäten und keinen getrennten Kreditvertrag. Es werden häufig auch keine Bonitätsprüfungen durchgeführt oder zusätzliche Sicherheiten verlangt. Unter kleinen und mittelgroßen Betrieben mit geringeren Fremdfinanzierungsmöglichkeiten ist daher seine Nutzung sehr verbreitet. Diese Form der kurzfristigen Finanzierung gehört jedoch zu den teuersten. Schon ein relativ geringes Skonto bedeutet eine Jahresverzinsung des Lieferantenkredites, die weit über dem eines Bankkredites liegt. Leider unterschätzen viele Unternehmen diese Kosten oder sind sich sogar gar nicht bewusst, dass sie bei der Inanspruchnahme des Zahlungszieles eine Kreditfinanzierung nutzen. Für die Verkäufer ist der Lieferantenkredit vor allem ein Mittel zur Disziplinierung der Kunden. Mit seiner Hilfe werden ökonomische Anreize geschaffen, die Verbindlichkeiten schnell zu begleichen.

Eine weitere Möglichkeit der Finanzierung durch Handelspartner ist die Gewährung von **Kundenkrediten**. Bei dieser Kreditform werden Anzahlungen für eine zukünftige Lieferung angenommen. Dies ist besonders in den Branchen üblich, in denen Großanlagen speziell für einen Kunden angefertigt werden, wie z.B. im Baugewerbe, im Großmaschinenbau oder im Schiffbau. Die Bauzeiten und -kosten sind in solchen Fällen extrem hoch, so dass der Hersteller die gesamte Finanzierungslast nicht selbst tragen kann. Sie wird auf den Käufer übertragen, indem die Bezahlung noch vor der Lieferung verlangt wird. Sie kann in voller Höhe oder in dem Baufortschritt entsprechenden Raten erfolgen. Die Anzahlungen haben für den Hersteller neben der Finanzierungsfunktion auch eine Absicherungsfunktion gegen den Rücktritt des Käufers vom Vertrag.

3.3.2.3.3   Verbriefte Formen kurzfristiger Kredite

Für Großunternehmen haben sich vorrangig in den letzten beiden Jahrzehnten Varianten der Verbriefung auch kurzfristig aufgenommener Fremdmittel durchgesetzt, die attraktive, oft deutlich kostengünstigere Alternativen zu den Bank- oder Handelspartnerkrediten darstellen: **Notes** und **Commercial Papers** (CP). Sie sind übertragbar, haben Laufzeiten zwischen einer Woche und zwei Jahren und einen Nennwert von mehreren Millionen Euro. Inzwischen hat sich auch ein Segment sog. Medium Term Notes herausgebildet, über das die Begebung solcher Papiere mit mittleren Laufzeiten bis zu sieben Jahren möglich ist. Sie sind daher partiell auch als Alternative zu Anleihen zu sehen.

Eines der Kernelemente von Notes und CP ist, dass hierfür mit einer Bank oder, bei größeren Umfängen, mit einem Konsortium ein Rahmenvertrag, ein Note-Programm, vereinbart wird. Im Rahmen dieses Programms kann das Unternehmen immer dann, wenn es kurzfristigen Finanzbedarf hat, bis zum vereinbarten Umfang Tranchen kurzfristiger Wertpapiere mit vom Unternehmen bestimmter Laufzeit und – meist auch dies flexibel vereinbart – der gewünschten Währung begeben. Die Platzierung hat i.d.R. den Charakter einer Privatplatzierung (private placement), d.h. ohne die Nutzung der Börse.

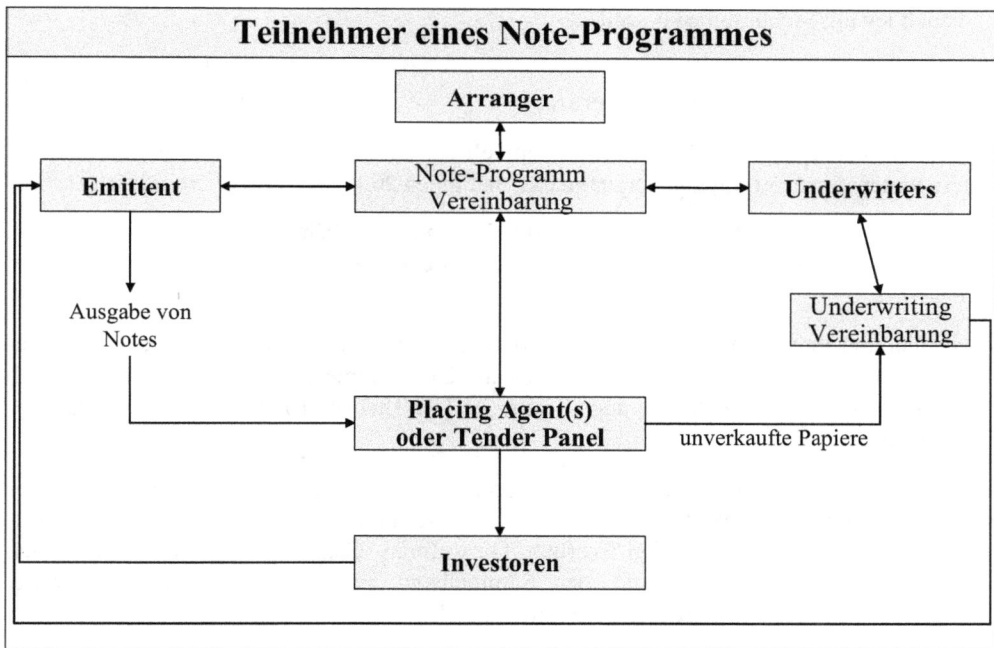

Abb. 3.18   Organisation eines Euronote-Programmes

Die Finanzintermediäre wirken hierbei in drei unterschiedlichen Funktionen mit. Die allgemeine Organisation übernimmt ein **Arranger** bzw. mehrere Arrangers, der bzw. die i.d.R. eine Bank bzw. ein Bankkonsortium ist / sind. Die Aufgabe des Arrangers besteht vor allem darin, einen oder mehrere Placing Agents zu finden, die die Wertpapiere möglichst schnell an die interessierten institutionellen Investoren vermitteln. Wird der Vertrieb einem Institut anvertraut, spricht man von einem **Sole Placing Agent**. Meistens werden, um die Papiere jeweils sehr schnell am Markt unterzubringen, mehrere Vertriebsinstitute eingeschaltet. Mit dem (den) Placing Agent(s) kann eine feste Verzinsung vereinbart werden, die für alle Investoren gilt. Ein Nachteil dieser Lösung ist jedoch, dass nicht immer die niedrigsten erzielbaren Zinssätze erreicht werden oder, was problematischer sein kann, die Emission nicht voll platziert werden kann. Durch die Organisation eines **Tender Panels** kann dagegen mit Hilfe eines Bieterverfahrens die individuelle Zahlungsbereitschaft der Investoren ausgenutzt und die niedrigstmögliche Verzinsung erreicht werden, bei der die Tranche am Markt absetzbar ist. Will das Unternehmen auf jeden Fall abgesichert sein, dass ihm Geld in dem benötigten Umfang zufließt, dann schließt es zusätzlich mit einer Gruppe von Intermediären eine Underwriting-Vereinbarung ab. Diese Vereinbarung enthält eine Verpflichtung der Underwriter, bei fehlender Platzierungsmöglichkeit oder bei Überschreitung eines Höchstzinssatzes die restlichen Notes zu diesem Zins zu übernehmen (**Revolving Unterwriting Facility**) oder einen Kredit zur Verfügung zu stellen (**Note Standby Facility**). Für diese drei Funktionen sind auch jeweils Gebühren zu bezahlen.

3.3.2.4   Weiterführende Literatur

Zu Fremdfinanzierung und Sicherheiten generell sei auf die Darstellung bei Rudolph, B.: Unternehmensfinanzierung und Kapitalmarkt, Tübingen 2006, S. 379-438, verwiesen.

Eine theoretische Begründung für Sicherheiten und ihre Wirkungsweise liefern Bigus, J./Langer, Th./Schiereck, D.: Warum gibt es Kreditsicherheiten?, Kredit und Kapital 4/2005, S. 573-617.

Covenants und ihre Wirkung werden beschrieben in Schackmann, M./Behling, N.: Die Bedeutung von Covenants bei der Akquisitions- und Unternehmensfinanzierung, Finanzbetrieb 12/2004, S. 789-799; siehe hierzu auch Tirole, J.: The Theory of Finance, Princeton/Oxford 2006, S. 83-87.

Aus der inzwischen sehr umfangreichen Literatur zu Zwecken, Verfahren und Erfolg des Rating seien hervorgehoben Schuhmacher, M.: Rating für den deutschen Mittelstand, Wiesbaden 2006, der Sammelband von Everling, O.: Rating – Chance für den Mittelstand nach Basel II, Wiesbaden 2001, und der Sammelband von Achleitner, A.-K./Everling, O./Niggemann, K.A.: Finanzrating, Wiesbaden 2007.

Eine ausführliche Darstellung der Fremdfinanzierungsformen bieten u.a. Perridon, L./Steiner, M.: Finanzwirtschaft der Unternehmung, 14. Auflage, München 2007, S. 386-433, sowie Bieg, H./Kussmaul, H.: Investitions- und Finanzierungsmanagement, Band II, München 2000, S. 235-260.

3.3.2.5   Übungsaufgaben

1. *Was sind die Grundmerkmale des Fremdkapitals?*

2. *Wie hängen die Fremdfinanzierungskosten eines Unternehmens von seiner Bonität ab und wie ist dies zu begründen?*

3. *Erläutern Sie die Funktion und Arten von Kreditsicherheiten.*

4. *Welche unterschiedlichen „Preise" können bei Anleihen erkannt werden.*

5. *Nennen Sie die Möglichkeiten der Tilgung von Anleihen.*

6. *Was ist Agio bzw. Disagio und was ist ein Kupon? Wie sind sie bei der Bestimmung der Effektivverzinsung von Anleihen zu berücksichtigen?*

7. *Eine 2-jährige FRN wurde am 01.01.2000 zum Nominalwert von 100 € ausgegeben. Die Verzinsung wurde als 2-Monate-USD-LIBOR +2,5% definiert, die Anpassung sollte halbjährlich stattfinden, so wie die Kuponzahlungen. Die LIBOR-Sätze p.a. betrugen an den Anpassungstagen chronologisch 3,3%, 4,5%, 4,8% und 4,5% Die Anleihe wurde am 01.01.2002 zum Nominalpreis zurückgekauft. Welche Effektivverzinsung ergab diese FRN? Wäre die Finanzierung über eine Null-Kupon-Anleihe, ausgegeben zu 92 € und zurückgekauft zum Nominalwert, günstiger?*

8. *Wovon hängt der Börsenkurs einer Doppelwährungsanleihe ab?*

9. *Worin besteht der Unterschied zwischen einer Wandelanleihe und einer Optionsanleihe?*

10. *Was versteht man unter „Deckungsstockfähigkeit" eines Schuldscheindarlehens?*

11. *Diskutieren Sie die Funktion eines Wechsels in der kurzfristigen Fremdfinanzierung von Unternehmen.*

12. *Worin unterschieden sich Kredite von Kreditleihen?*

13. *Ein Unternehmen nimmt 200.000 € Kredit über 5 Jahre auf. Ihm stehen zwei Rückzahlungsmodalitäten zur Verfügung. Entweder kann es nach einem tilgungsfreien Jahr jährlich eine gleiche Tilgungsrate zuzüglich 5% Zinsen oder aber von Anfang an jährlich eine konstante Rate (Annuität) von 40.000 € zahlen. Welche dieser Alternativen ist kostengünstiger?*

14. *Was ist Securitisation? Welche Rolle spielte sie bei der Entstehung von Euronotes, Commercial Papers und ABS?*

3.3.3   Mezzanine-Kapital

Die Beschreibungen der „reinen" Formen von Eigen- und Fremdkapital hat (hoffentlich) deutlich gemacht, woraus die Schwierigkeiten vor allem nicht börsenfähiger Unternehmen resultieren, neue Kapitalgeber zu finden und aufzunehmen. Potentiell neue Eigenkapitalgeber sehen sich einer Vielzahl von Problemen gegenüber, die Attraktivität eines finanziellen Engagements korrekt einzuschätzen und die eigenen Interessen dann auch durchzusetzen. Die geforderten Rechte der Einflussnahme auf die Geschäftsführung kollidieren aber meist mit den Vorstellungen der bisherigen Eigentümer. Knappes Eigenkapital bremst hingegen wiederum die Möglichkeiten der Aufnahme von Fremdkapital.

Was liegt damit näher, als nach Kapitalvarianten zu suchen, die Haftungs- und Verlustrisiken zu tragen bereit sind, aber nicht die typischen Ansprüche von Mitgesellschaftern stellen. Besonders attraktiv wären solche Formen, wenn sie auch noch steuerlich vorteilhaft behandelt würden. Solche Mischformen zwischen Eigenkapital und Fremdkapital werden neuerdings mit dem Sammelbegriff des Mezzanine-Kapitals zusammengefasst. Insbesondere in der Verbesserung der Versorgung kleiner und mittlerer Unternehmen mit Risikokapital wird das Potential dieser Mischformen der Finanzierung gesehen.

Der Begriff **Mezzanine** kommt ursprünglich aus dem architektonischen Bereich und bezeichnet ein Zwischengeschoss zwischen zwei Hauptgeschossen. Übertragen auf Finanzkontrakte zur Bereitstellung von Kapital bildet Mezzanine-Kapital eben diese Zwischenstufe zwischen der klassischen Eigenkapitalfinanzierung und der Finanzierung mit Fremdkapital. Je nach der Sichtweise und der konkreten Ausgestaltung kann Mezzanine-Kapital als Fremdkapital mit Merkmalen des Eigenkapitals oder als Eigenkapitalersatz mit Fremdkapitalmerkmalen bezeichnet werden.

3.3.3.1   Eigenschaften, Ausgestaltung und Spektrum von Mezzanine-Kapital

Bei einer Finanzierung mit Mezzanine-Kapital stellt ein Investor dem Unternehmen Kapital zur Verfügung, das sich grundsätzlich durch seine **Nachrangigkeit** gegenüber einer typischen Fremdkapitalfinanzierung auszeichnet. D.h. bei Liquidation des Unternehmens wird zunächst das „reine" Fremdkapital bedient und dann erst das Mezzanine-Kapital. Durch diese Nachrangigkeit ist Mezzanine-Kapital bezüglich des mit dem Investment verbundenen Risikos zwischen Eigenkapital und Fremdkapital angesiedelt. Die von den Mezzanine-Kapitalgebern geforderte Kompensation enthält demnach zu den Kosten für „reines" Fremdkapital einen zusätzlichen Anspruch als Risikoausgleich für die Nachrangigkeit. In aller Regel ist dies kein fixer Zinsanspruch, sondern eine Beteiligung am Unternehmenserfolg (Interest Kicker). Insgesamt bleiben die Kosten für Mezzanine-Kapital hinter denen des „reinen" Eigenkapitals zurück. Dadurch wird Mezzanine-Kapital verschiedentlich auch als „billiges Eigenkapital" eingestuft.

Abb. 3.19 zeigt einige Ausgestaltungsformen von Mezzanine-Kapital im Rendite-Risiko-Raum. Die Positionen sind typisiert und können sich je nach konkreter Ausgestaltung des Finanzierungsinstruments verschieben.

Mezzanine-Instrumente lassen sich in drei Kategorien unterscheiden. Zur Gruppe der frem-kapitalbezogenen Mezzanine-Instrumente (engl.: Debt Mezzanine Capital, Senior Mezzani-ne, Smart Loans) zählen das nachrangige Darlehen, Verkäufer-Darlehen und typische stille Beteiligungen. Die eigenkapitalbezogenen Mezzanine-Instrumente (engl.: Equity Mezzanine Capital, Junior Mezzanin, Sweet Equity) enthalten typischerweise einen Equity Kicker. Hier-zu zählen die atypische Stille Beteiligung, das Partiarische Darlehen und Genussscheine. In der dritten Kategorie werden hybride Finanzinstrumente zusammmengefasst. Dies sind In-strumente, die innerhalb ihrer Laufzeit von einer Fremdkapital- zu einer Eigenkapitalposition wechseln oder wechseln können. Zu dieser Gruppe gehören exemplarisch Wandel- und Op-tionsanleihen.

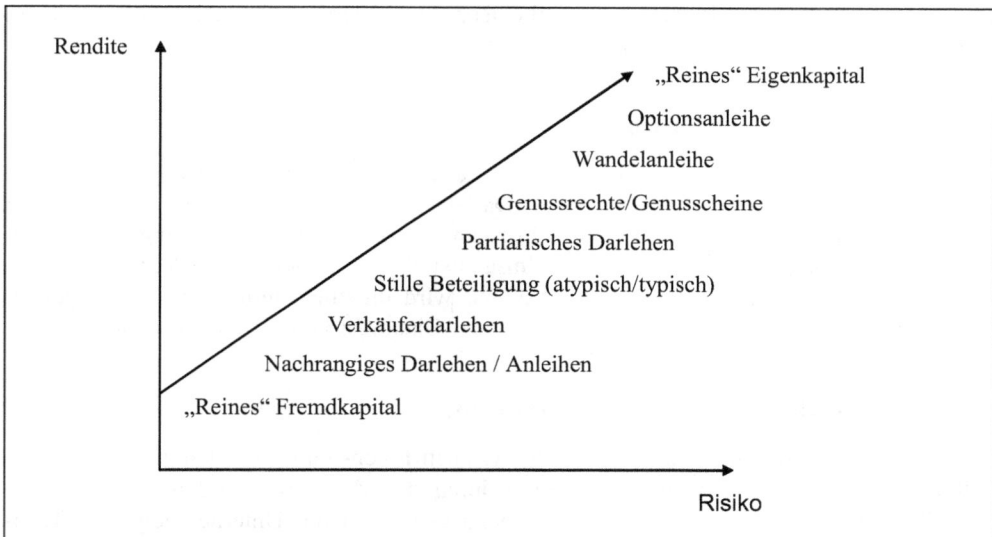

Abb. 3.19   Idealtypische Rendite-Risiko-Struktur von Mezzanine-Instrumenten, Quelle: Rudolph (2006), S. 353

Mezzanine-Instrumente sind über das allgemeine Vertragsrecht hinaus keinen gesetzlichen Anforderungen unterworfen. So ist ihre Ausgestaltung im Hinblick auf die konkrete Vertei-lung von Rechten und Pflichten, die Vertragslaufzeit, die Zahlungsansprüche und die Til-gungsmodalitäten sehr flexibel. Zusammenfassend lassen sich für alle Formen von Mezzani-ne-Instrumenten folgende zentralen Merkmale feststellen:

- Eine Beteiligung am Gewinn, an Wertsteigerungen oder an Cashflows des Unternehmens (oder wenigstens die Aussicht darauf) als Vergütungsform für die Überlassung von Kapi-tal,
- Eine Gläubigerstellung im Insolvenzfall des Unternehmens, allerdings nachrangig gegen-über dem „reinen" Fremdkapital und
- Ausschluss oder Einschränkung von Kontroll- und Mitspracherechten.

3.3.3.2   Formen von Mezzanine-Instrumenten

3.3.3.2.1   Nachrangige Darlehen

Das nachrangige Darlehen (Junior Debt, Subordinated Debt) ist ein ungesichertes Darlehen. Es unterscheidet sich von klassischen Darlehen dadurch, dass diese im Insolvenzfall zuerst bedient werden. Erst nachdem die Forderungen der Kapitalgeber von „reinem" Fremdkapital bedient wurden, werden die Gläubiger von nachrangigen Darlehen ausbezahlt. Allerdings werden die Gläubiger von nachrangigen Darlehen vor den Eigenkapitalgebern bedient, da das Eigenkapital voraushaftendes Kapital darstellt. Fremdkapitalgeber beurteilen die Haftung von nachrangigen Darlehen wie die des Eigenkapitals. Die Kosten für ein nachrangiges Darlehen liegen demnach über den Fremdkapitalkosten und unter den Eigenkapitalkosten. Der obigen Abgrenzung von Mezzanine-Kapital entspricht es allerdings im strengen Sinne nicht, da keine Beteiligung am Unternehmenserfolg erfolgt.

3.3.3.2.2   Partiarische Darlehen

Partiarische Darlehen sind Darlehen, die eine erfolgsabhängige Verzinsungskomponente aufweisen. Das Entgelt für ein partiarisches Darlehen ist kein fester Zinssatz, sondern eine Erfolgsbeteiligung. Dabei muss es sich nicht zwangsläufig um eine Beteiligung am Gewinn handeln, so ist beispielsweise auch eine Umsatzbeteiligung denkbar. Die Vergütungsform des partiarischen Darlehens ist frei wählbar und wird im Finanzierungsvertrag festgelegt. Ausgeschlossen ist aber eine Verlustbeteiligung der Gläubiger von partiarischen Darlehen.

3.3.3.2.3   Verkäuferdarlehen (Vendor Loans)

Ein weiteres Finanzierungsmittel, dass sich zwischen Eigen- und Fremdkapital positioniert, stellt das Verkäuferdarlehen dar. Es entsteht dadurch, dass der Verkäufer den Kaufpreis oder einen Teil des Kaufpreises stundet. Er tritt dann gegenüber der Unternehmung als Darlehensgeber auf. Die Vergütungsform ist wie beim partiarischen Darlehen frei wählbar. Es kann eine Vergütung in Form einer Festzinszahlung oder einer Prämienzahlung vereinbart werden. Diese ist abhängig vom Verlauf der Unternehmensentwicklung. Denkbar ist auch eine vertragliche Regelung zur Abtretung des Verkäuferdarlehens. So kann die Marktgängigkeit dieser Finanzierungsform gewährleistet werden.

Verkäuferdarlehen bilden ein bevorzugtes Instrument zur Finanzierung von Akquisitionen und des Leveraged Buy-Outs (LBOs). Der fremdfinanzierte Unternehmenskauf wird dann über ein Verkäuferdarlehen finanziert. Dies bietet dem Verkäufer die Möglichkeit, weiter an einer positiven Entwicklung des Unternehmens teilzuhaben. Es reduziert damit Risiken der fehlerhaften Festlegung des Kaufpreises für beide Seiten.

3.3.3.2.4   Stille Beteiligungen

Bei Stillen Beteiligungen ist im Gegensatz zum partiarischen Darlehen eine Verlustbeteiligung der Kapitalgeber nicht grundsätzlich ausgeschlossen. Eine Finanzierung über eine stille

Beteiligung ist bei Unternehmen jeder Rechtsform möglich. Bei einer stillen Beteiligung bringt der Kapitalgeber sein Kapital gegen eine erfolgsabhängige Vergütung in die Unternehmung ein. Dem Kapitalgeber stehen keine Geschäftsführungsbefugnisse zu, sondern lediglich Kontrollrechte. Die konkrete Ausgestaltung der Vergütung und der Kontrollrechte ist vertragsabhängig.

Grundsätzlich sind zwei verschiedene Formen der stillen Beteiligung zu unterscheiden. Der typische stille Gesellschafter ist am Gewinn und eventuell auch am Verlust des Unternehmens beteiligt. Hingegen partizipiert der atypische stille Gesellschafter zusätzlich auch am Vermögenszuwachs des Unternehmens. Die atypische stille Beteiligung orientiert sich in ihrer Ausgestaltung stärker am Eigenkapital und wird daher auch steuerlich wie eine Eigenkapitalbeteiligung behandelt.

3.3.3.2.5   Genussrechte und Genussscheine

Genussrechte stellen grundsätzlich ein Recht auf einen Anteil am Gewinn der Unternehmung dar, gewähren dabei aber keine Stimm- oder Mitgliedschaftsrechte. Neben dem Anspruch auf einen Gewinnanteil können sie auch einen Anspruch auf einen Anteil am Liquidationserlös gewähren. Für Genussrechte existieren weder eine Legaldefinition noch eine gesetzliche Regelung. Daher sind die konkreten Eigenschaften von Genussrechten vertraglich flexibel vereinbar. Genussrechte können in buchmäßiger Form oder in Form von Wertpapieren ausgegeben werden. Genussrechte sind typischerweise am Verlust beteiligt und stellen haftendes Kapital dar, ohne dass im Gegenzug dem Genussrechtsinhaber Mitgliedschaftsrechte eingeräumt werden. Die emittierenden Unternehmen können somit mit maßgeschneiderten Finanzierungskontrakten (gestalterische Freiheit) ihre Eigenkapitalbasis ausbauen.

Genussscheine stellen Genussrechte in Form von Wertpapieren dar. Genussscheine verbriefen typischerweise das Recht auf eine Basisverzinsung und zusätzlich auf einen Anteil am Gewinn. Ist kein Gewinn angefallen, kann den Genusscheininhabern eine Vorrangigkeit bei nachfolgenden Ausschüttungen eingeräumt werden. Die Ausgestaltung von Genussscheinen orientiert sich entweder an den Charakteristika des Eigenkapitals oder ist eher zum Fremdkapital hin ausgerichtet. So kann ein Genussschein mit einer eventuellen Verlustbeteiligung oder einer Nachrangigkeit bei der Bedienung von Kapitalgebern im Insolvenzfall ausgestattet sein.

Bei Aktiengesellschaften muss, da ja Eigenkapitalrechte tangiert sind, die Ausgabe von Genussscheinen von der Hauptversammlung mit einer drei Viertel-Mehrheit des anwesenden Grundkapitals beschlossen werden. Außerdem muss den Aktionären deshalb ein Bezugsrecht eingeräumt werden. Zahlreiche Genussscheine sind börsengehandelt. Eine Finanzierung mittels Genussscheinen zur Beschaffung von (Risiko-) Eigenkapital steht aber auch nicht emissionsfähigen, mittelständischen Unternehmen offen.

3.3.3.2.6   Wandel- und Optionsanleihen

Diese speziellen Formen von Anleihen waren schon bei der langfristigen Fremdfinanzierung angesprochen worden. Bei Wandelanleihen handelt es sich um festverzinsliche Anleihen, die das Recht verbriefen, während einer bestimmten Frist die Anleihe in einem festgelegten Verhältnis und zu einem ebenfalls vorher festgelegten Preis in Aktien umzuwandeln. Der Wert einer Wandelanleihe wird zu weiten Teilen von der Kursentwicklung der entsprechenden Aktie beeinflusst, so dass der Anleger von steigenden Aktienkursen profitiert, während Kursverluste durch den Rückzahlungsanspruch zum Nennwert am Ende der Laufzeit und durch die Zinszahlungen begrenzt sind. Das Recht zum Tausch wird vom Anleger ausgeübt, wenn der Kurs der Aktien höher ist als der Nennwert der Anleihe.

Optionsanleihen sind Anleihen, die zusätzlich ein Optionsrecht verbriefen, eine bestimmte Anzahl an Aktien zu einem vorher festgelegten Preis innerhalb einer bestimmten Frist zu beziehen. Der Kurs der gesamten Optionsanleihe steigt, wenn der Aktienkurs der zu beziehenden Aktie steigt, da die Option dann einen höheren Wert aufweist.

3.3.3.3   Vorteile einer Finanzierung mit Mezzanine-Kapital

Die Präferenz vieler Unternehmen für Kapitalvarianten, die Haftungs- und Verlustrisiken zu tragen bereit sind, aber nicht die typischen Ansprüche von Mitgesellschaftern stellen, lässt sich also insgesamt mit Formen mezzaninen Kapitals gut erfüllen.

Als besonderer praktischer Vorteil für Mezzanine-Kapitalgeber wie -Kapitalnehmer gleichermaßen ist die weitgehende gestalterische Freiheit bezüglich der Konzeption von mezzanine Finanzkontrakten zu sehen. Die Ausgestaltung kann exakt den Interessen beider am Finanzierungsvertrag beteiligter Gruppen angepasst werden. Insgesamt bietet eine Finanzierung mit Mezzanin sowohl für die Kapitalnehmer als auch für die Kapitalgeber eine sinnvolle Alternative zu einer „reinen" Finanzierung mit Eigen- und Fremdkapital.

Die Finanztheorie betont die Möglichkeiten, durch die Kombination von Eigen- und Fremdkapitalelementen, vor allem durch die Mischung fixer und erfolgsabhängiger Kompensation, bestimmte Risiken reiner Eigen- und Fremdkapitalgeber zu überwinden.

Die entscheidende Frage ist, ob Kapitalgeber in solchen Konstruktionen tatsächlich eine deutliche Verbesserung ihrer Chancen-/Risikoposition erkennen. So wird es unternehmensfremden Privatanlegern ähnlich schwer fallen, einem ihnen zuvor nicht bekannten Unternehmen als stiller Gesellschafter oder Genussrechtsinhaber Kapital zu überlassen, wenn die Kontrollrechte sehr eingeschränkt sind und keine Fungibilität gegeben ist. Es wird also bei eher geringen Anteilen solcher Finanzierungskontrakte und -partner bleiben. Die jüngere Entwicklung lässt erkennen, dass vor allem institutionelle Kapitalgeber, die teilweise auch schon als Fremdkapitalgeber fungieren, vermehrt mittelständischen Unternehmen Angebote mezzaniner Finanzierungskomponenten unterbreiten.

Wir hatten erwähnt, dass die Attraktivität mezzaniner Finanzierung durch ihre **steuerliche Behandlung** gesteigert wird. Am Beispiel des Genussscheinkapitals soll die Möglichkeit der Kombination von handelsrechtlicher Eigenkapitalzuordnung und steuerlicher Behandlung als Fremdkapital aufgezeigt werden, die für andere mezzanine Instrumente in analoger Weise ausgenutzt werden kann. Die Vorteilskombination wird möglich, weil sich die Kriterien der handelsrechtlichen Zuordnung zum Eigen- oder Fremdkapital von denen des Steuerrechts unterscheiden. Nach dem Steuerrecht ist eine Zuordnung zum Fremdkapital dann vorgesehen, wenn entweder nur eine Beteiligung an den laufenden Erträgen oder am Liquidationserlös (den Wertzuwächsen) des Unternehmens vereinbart ist. Eine Beteiligung am Liquidationserlös und an den laufenden Erträgen muss also vertraglich ausgeschlossen sein. Zudem ist die Laufzeit zu befristen bzw. eine Kündigungsmöglichkeit durch den Inhaber des Genussscheins vorzusehen. In der Praxis schließen daher in Deutschland fast alle Genussscheine eine Beteiligung am Liquidationserlös aus. Der steuerliche Vorteil ergibt sich im Vergleich zur klassischen Eigenkapitalfinanzierung durch die Abzugsfähigkeit von Entgelten für die Kapitalüberlassung (Zinsen, Erfolgsanteilen) als Betriebsausgabe und durch die nur hälftige Zurechnung dieser Vergütungen zum gewerbesteuerlichen Ertrag.

Handelsrechtlich dagegen sind für die Zuordnung zum Eigenkapital abweichende Kriterien maßgeblich. So sieht z.B. das Kreditwesengesetz (§ 10 KWG) vor, dass Kapital, das gegen Gewährung von Genussrechten eingezahlt ist (Genussrechtsverbindlichkeiten), dem Eigenkapital von Banken nur dann zuzurechnen ist, wenn

- es bis zur vollen Höhe am Verlust teilnimmt und das Institut berechtigt ist, im Falle eines Verlustes Zinszahlungen aufzuschieben,
- vereinbart ist, dass es im Falle des Insolvenzverfahrens über das Vermögen des Instituts oder der Liquidation des Instituts erst nach Befriedigung aller nicht nachrangigen Gläubiger zurückgezahlt wird,
- es dem Institut für mindestens fünf Jahre zur Verfügung gestellt worden ist,
- der Rückzahlungsanspruch nicht in weniger als zwei Jahren fällig wird oder auf Grund des Vertrags fällig werden kann,
- der Vertrag über die Einlage keine Besserungsabreden enthält, nach denen der durch Verluste während der Laufzeit der Einlage ermäßigte Rückzahlungsanspruch durch Gewinne, die nach mehr als vier Jahren nach der Fälligkeit des Rückzahlungsanspruchs entstehen, wieder aufgefüllt wird, und
- das Institut bei Abschluss des Vertrags auf die in den Sätzen 3 und 4 genannten Rechtsfolgen ausdrücklich und schriftlich hingewiesen hat.

Ähnliches gilt für nachrangige Verbindlichkeiten. Sie werden dem haftenden Eigenkapital als längerfristige nachrangige Verbindlichkeiten zugerechnet, wenn

- vereinbart ist, dass es im Falle des Insolvenzverfahrens über das Vermögen des Instituts oder der Liquidation des Instituts erst nach Befriedigung aller nicht nachrangigen Gläubiger zurückgezahlt wird,
- es dem Institut für mindestens fünf Jahre zur Verfügung gestellt worden ist und
- die Aufrechnung des Rückzahlungsanspruchs gegen Forderungen des Instituts ausgeschlossen ist und für die Verbindlichkeiten in den Vertragsbedingungen keine Sicherheiten durch das Institut oder durch Dritte gestellt werden.

Wenn der Rückzahlungsanspruch in weniger als zwei Jahren fällig wird oder auf Grund des Vertrags fällig werden kann, werden die Verbindlichkeiten nur noch zu zwei Fünfteln dem haftenden Eigenkapital angerechnet.

Nach dem HGB werden ebenfalls die Verlustbeteiligung, die Gewinnabhängigkeit der Verzinsung, die Langfristigkeit der Kapitalüberlassung (über fünf Jahre) und die Nachrangigkeit bei Insolvenz oder Liquidation als Kriterien für den Eigenkapitalausweis herangezogen. Nach IAS 32 dagegen kommt auch bei teilweiser Vereinbarung solcher Eigenkapitalkomponenten ein Ausweis im Eigenkapital nicht in Frage, soweit das Kapital nicht unbefristet zur Verfügung steht. Damit entfällt bei praktisch allen Mezzanine-Finanzierungen die Bilanzierung im Eigenkapital. Letztlich ist zwar entscheidend, welchen Charakter potentielle Investoren und Fremdkapitalgeber bei ihren Bonitätsanalysen dem Mezzanine-Kapital beimessen. Aber es wird nicht von der Hand zu weisen sein, dass der formale Bilanzausweis diese Zuordnung stark prägen wird.

3.3.3.4 Weiterführende Literatur

Einen guten Überblick zu Formen und Funktionen mezzaninen Kapitals bietet Rudolph, Bernd (2006), S. 341-376.

Eine umfassende Darstellung der Formen mezzaninen Kapitals und eine Gegenüberstellung der Vor- und Nachteile enthalten z.B. Smerdka, U.: Die Finanzierung mit mezzaninem Haftkapital, Köln 2003; Werner, H.: Mezzanine-Kapital: mit Mezzanine-Finanzierung die Eigenkapitalquote erhöhen, Köln 2004, und Reichling, P./Beinert, C./Henne, A.: Praxishandbuch Finanzierung, Wiesbaden 2005, insbes. S. 237-270.

3.3.3.5 Übungsaufgaben

1. In welche Kategorien lässt sich mezzanines Kapital unterscheiden?

2. Beschreiben Sie die Formen von Mezzanine-Kapital.

3. Wann eignet sich eine Finanzierung durch Mezzanine-Kapital?

4. Welche Vor- und Nachteile besitzt Mezzanine-Kapital gegenüber einer Finanzierung mit Fremdkapital?

5. Welche Vor- und Nachteile besitzt Mezzanine-Kapital gegenüber einer Finanzierung mit Eigenkapital?

6. Was versteht man unter den Begriffen „Interest Kicker" und „Equity Kicker"?

7. Erläutern Sie den Begriff „Nachrangiges Darlehen"!

8. Was ist ein Genussschein?

9. Welche Schwierigkeiten ergeben sich bei der Bilanzierung von mezzaninem Kapital?

3.4   Öffentliche Finanzierungshilfen

Neben den marktwirtschaftlichen Wegen der Kapitalbeschaffung können Unternehmen in bestimmten Situationen mit der Hilfe des Staates rechnen. Auf diese Weise versucht die öffentliche Hand, den Kapitalfluss zu steuern, um bestimmte volkswirtschaftliche, soziale oder politische Ziele zu erreichen. Begünstigte der staatlichen Hilfen sind deshalb immer nur ausgewählte Branchen, Unternehmen, Finanzierungsformen oder Finanzierungsanlässe. Die Finanzierungshilfen können unterschiedliche Formen annehmen. Eine vollständige Darstellung erweist sich als schwierig, da ein sehr großer und ständig wechselnder Katalog unterschiedlicher Maßnahmen existiert. Zudem ist nach der Ebene des Unterstützungsgebers zwischen der EU, dem Bund (bzw. einzelnen Bundesministerien), den Bundesländern und den Kommunen zu unterscheiden, die alle ihre eigenen Förderprogramme und Förderphilosophien haben. Daher beschränkt sich die folgende kurze Übersicht auf eine Strukturierung der Fördertypen.

Ein erster Ansatz öffentlicher Hilfe ist, **Ausgaben** eines Unternehmens zu verringern oder zu **verschieben**. Insbesondere handelt es sich dabei um steuerliche Vergünstigungen. Als Beispiele können hier die Bildung steuerfreier Rücklagen oder die Möglichkeit von Sonderabschreibungen dienen. Wir haben ihre Finanzierungswirkung bei den Formen der Innenfinanzierung schon beleuchtet. Ebenfalls hierzu können alle Formen der Projektförderung gezählt werden, bei denen die öffentliche Hand die Forschungs- und Entwicklungsausgaben politisch favorisierter Technologiebereiche anteilig finanziert.

Der Staat kann auch die **Einnahmen** eines Unternehmens **erhöhen**. Dies wird am häufigsten mit Investitionszulagen oder Investitionszuschüssen erreicht. In beiden Fällen handelt es sich um nicht rückzahlbare Mittel zur Förderung von Investitionen bestimmten Typs oder in bestimmten benachteiligten Regionen (neue Bundesländer). Ihre Wirkung auf die Vorteilhaftigkeit von Investitionen hatten wir ebenfalls schon aufgezeigt (Kapitel 2.7.3). Zu dieser Gruppe der Finanzierungshilfen zählt auch das recht attraktive und damit stark nachgefragte Eigenkapitalhilfeprogramm. Es stellt Unternehmensgründern zu günstigen Konditionen für einen langen Zeitraum (20 Jahre) eigenkapitalähnliches Kapital zur Verfügung, das einerseits wie Eigenkapital haftet und damit die Basis für die Aufnahme von Krediten schafft, andererseits aber mit einem festen Zins bedient und nach zehn tilgungsfreien Jahren in Raten getilgt werden muss.

Der dritte Typus öffentlicher Hilfen stellt auf die **Verbesserung** der **Finanzierungskonditionen** ab. Eine besondere Rolle spielen hier zinsverbilligte langfristige Darlehen aus dem ERP-Sondervermögen (European Recovery Fonds), das im Rahmen des Marshall-Plans entstanden ist. Die Verzinsung solcher Kredite liegt deutlich unter dem Marktniveau. Die Förderungszwecke sind z.B. Hilfen zur Existenzgründung und -erweiterung, Förderung von Unternehmen in strukturschwachen Gebieten, Innovationsförderung oder die Förderung der mittelständischen Unternehmen.

Die öffentlichen Finanzierungshilfen können auch den **Finanzierungsspielraum** von Unternehmen **erweitern**. Dies geschieht insbesondere über Bürgschafts- und Garantieprogramme. Damit kann die Finanzierung langfristiger Investitionen in bestimmten Regionen (auch im

Ausland) oder Branchen ermöglicht werden. Dank öffentlicher Bürgschaften können auch Unternehmen mit schwacher Bonität vergünstigte Finanzierungskonditionen bei privaten Kreditinstituten erhalten. Eine besondere Rolle spielen hier die Ausfuhrgewährleistungen, die von der Bundesregierung über die HERMES AG den exportierenden Unternehmen gewährt werden. Damit übernimmt der Bund das Risiko des Forderungsausfalls bei Exportgeschäften und fördert auf diese Weise die Ausfuhr aus der Bundesrepublik Deutschland.

Finanzierungshilfen auf EU-Ebene sind meistens auf konkrete Forschungs- und Entwicklungsprojekte bezogen. Für diese Zwecke werden Mittel aus den Europäischen Strukturfonds und aus dem Europäischen Investitionsfonds verwendet. Die Unternehmen können auch Darlehen und Garantien der Europäischen Investitionsbank beantragen.

Die Länder und Kommunen sind ebenfalls an der Förderung der Unternehmen beteiligt. Es existieren unzählige länderspezifische Programme, die unterschiedliche vergünstigte Darlehen, Bürgschaften und andere Förderungsmaßnamen (z.B. Technologietransfers) vorsehen. Auf der Ebene der Kommunen werden die Finanzierungshilfen i.d.R. nicht als feste Programme formuliert, sondern mit den einzelnen Unternehmen individuell ausgehandelt. Sie können sehr unterschiedliche Formen annehmen, wie z.B. Infrastrukturhilfen oder Sonderkonditionen beim Grundstückserwerb.

Der Katalog von öffentlichen Finanzierungshilfen ist sehr groß, was den Unternehmen viele Möglichkeiten zusätzlicher Finanzierung eröffnet. Für kleinere Unternehmen können sie jedoch schnell unübersichtlich werden. Fehlende Informationen über die existierenden Förderungsprogramme und deren mögliche Kombination sowie die oft aufwendigen Antragsformalitäten hindern mittelständische Firmen häufig an der praktischen Nutzung der Förderungsmöglichkeiten.

Weiterführende Literatur

Eine Übersicht über die vielfältigen Formen öffentlicher Hilfen liefert die Sonderausgabe der Zeitschrift für das Gesamte Kreditwesen, die jährlich hierzu erscheint und inzwischen jeweils drei Bände umfasst.

3.5   Finanzierungssubstitute

Bisher waren wir in diesem Kapitel davon ausgegangen, dass die Höhe des gebundenen Kapitals und der Periode für Periode zu finanzierenden Ausgaben durch die Investitionsentscheidungen und das laufende Geschäft gleichsam „technisch-organisatorisch" festgelegt sind. Damit ist der Finanzierungsbedarf auch durch technologische und organisatorische Veränderungen, so z.B. durch einen Übergang von der klassischen Lagerhaltung zu einer Just-in-Time-Beschaffung reduzierbar. Daraus können sich unmittelbare Effekte der Einsparung von Kapitalkosten ergeben.

Die Höhe und Dauer der Kapitalbindung lässt sich allerdings auch durch rein finanzielle Maßnahmen verringern, die den Leistungsprozess nicht (unmittelbar) tangieren. So bewirkt die Nutzung von **Leasing** anstelle des Kaufs von Investitionsgütern eine Reduktion der Höhe der Kapitalbindung. Durch den Verkauf von Forderungen über **Factoring, Forfaitierung** sowie **Asset Backed Securities** verringert sich die Dauer der Kapitalbindung. Weil also hiermit nicht ein gegebener Kapitalbedarf finanziert wird, sondern der Kapitalbedarf selbst beeinflusst und dadurch eine ansonsten notwendige Finanzierung ersetzt wird, werden diese Formen häufig gemeinsam als **Finanzierungssubstitute** bezeichnet. Die hierdurch erzielbaren Spareffekte müssen für einen Vorteilsvergleich gegen die anfallenden Kosten und sonstigen Wirkungen abgewogen werden.

3.5.1 Leasing

Obwohl seit langem Leasing-Geschäfte getätigt werden, hat sich in der juristischen wie der wirtschaftswissenschaftlichen Literatur und auch der Praxis keine eindeutige und abschließende Begriffsfassung des Leasings herausgebildet. Vertragstypen von einem reinen Mietverhältnis bis zum Ratenkauf werden verschiedentlich darunter gefasst.

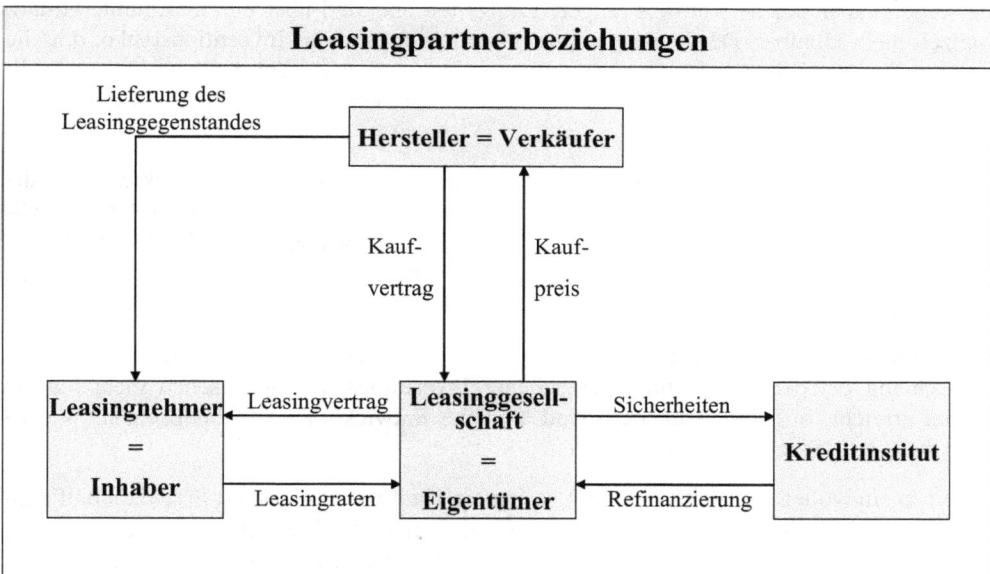

Abb. 3.20   Aufbau eines Leasingvertrages

Allen Leasingverträgen ist jedoch (siehe **Abb. 3.20**), die Grundstruktur gemeinsam, dass der Leasinggeber dem Leasingnehmer gegen ein Entgelt ein Objekt (bewegliches oder unbewegliches Anlagevermögen) zur Nutzung überlässt. Der Leasinggeber und juristische Eigentümer der Leasingobjekte ist eine spezielle Leasinggesellschaft, die das Objekt vom Hersteller kauft. Der Kauf kann mit einem Bankkredit refinanziert werden, wobei die Leasinggesellschaft i.d.R. Sicherheiten zur Verfügung stellen muss. Zahlreiche Leasinggesellschaften sind Tochtergesellschaften der Hersteller, so vor allem beim Fahrzeugleasing. Andere bedeutende Leasinggeber sind Tochtergesellschaften von Banken.

Die Leasinggesellschaft übernimmt also die Finanzierung des Objektes und trägt die damit verbundenen Kosten. In die Leasingraten werden daher diese Finanzierungskosten, zusammen mit den Verwaltungskosten und der Gewinnspanne, einkalkuliert. Deshalb muss die Summe der Leasingraten und eines evtl. kalkulierten Resterlöses tendenziell über dem Anschaffungspreis des Objektes liegen.

Leasingverträge lassen sich nach einer Vielzahl von Kriterien klassifizieren (vgl. Abb. 3.21). Das aus Sicht der Finanzierung wesentliche Kriterium ist die Unterscheidung nach dem Verpflichtungscharakter. Beim **Operate-Leasing** hat man es mit einer kurzfristigen Vermietung zu tun. Eine Kündigung des Vertrages ist seitens des Leasingnehmers, unter Einhaltung bestimmter Fristen, praktisch jeder Zeit möglich. Der Zweck dieser Vertragsart ist meist der Ersatz vorübergehend fehlender (z.B. wegen Wartungs- oder Reparaturarbeiten) betriebseigener Ausstattungsgegenstände bzw. eine vorübergehende Kapazitätserhöhung. Dagegen stellt das **Finance-Leasing** eine Alternative für den Kauf von Vermögensgegenständen dar. Deswegen haben solche Verträge längere Laufzeiten und sind über eine bestimmte Grundmietzeit nicht kündbar. Der Leasingnehmer übernimmt meist das Investitionsrisiko, d.h. die Haftung für das Objekt, seine Wartung, Reparaturen usw. und trägt damit die hauptsächlichen Risiken des Objekts. Nach dem Vertragsende hat der Leasingnehmer oft eine Kauf- bzw. Mietverlängerungsoption.

Wenn die Leasingraten während der Laufzeit die Anschaffungskosten des Objektes sowie die Kosten und den Gewinn der Leasinggesellschaft decken, hat man es mit einem **Vollamortisationsleasing** zu tun. Dagegen werden bei **Teilamortisationsverträgen** die Anschaffungskosten nicht voll durch die Raten gedeckt. Daher erfolgt die Restamortisation durch den Veräußerungserlös des Leasingobjekts nach Vertragsende.

Der Anteil des Leasings an den gesamtwirtschaftlichen Investitionen steigt laufend. Er hat in Deutschland bei der Beschaffung beweglicher Investitionsgüter inzwischen mehr als ein Viertel erreicht. In anderen Ländern sind ähnliche Entwicklungen zu beobachten. Wie ist diese steigende Attraktivität zu begründen?

Für einen sinnvollen Vergleich ist dem Leasing ein Kauf des Objekts mit Fremdkapitalfinanzierung gegenüber zu stellen. Bei einem reinen Kostenvergleich erweist sich Leasing häufig teurer als die Kreditfinanzierung. Denn beim Leasing muss das Unternehmen nicht nur die Amortisation des Objekts und die Refinanzierungskosten der Leasinggesellschaft tragen, sondern auch deren Verwaltungskosten und Gewinnaufschlag. Auf der anderen Seite sind vor allem große Leasing-Gesellschaften aufgrund der großen Menge der von ihnen gekauften Produkte oft imstande, die Leasingobjekte vom Hersteller günstiger zu erwerben, als es für den Leasingnehmer selbst möglich wäre. Dennoch liegen die Leasingkosten häufig deutlich über den Kosten der Bankkredite. Die Präferenz muss also aus anderen Vorteilen resultieren.

Gliederungskriterien	Leasingformen	wichtigste Charakteristika
Nach dem Verpflichtungscharakter	**Operate-Leasing**	Kurzfristige Verträge, unter Einbehaltung bestimmter Fristen; jederzeitiges Kündigungsrecht durch Leasingnehmer.
	Finance-Leasing	Mittel- und langfristige Verträge (ab ca. 24 Monate); in der Regel keine Kündigungsmöglichkeit während der Grundmietzeit.
Nach dem Grad der Amortisation	**Vollamortisations-Leasing**	Die Leasingzahlungen decken in der Grundmietzeit alle Kosten sowie die Gewinnspanne der Leasinggesellschaft.
	Teilamortisationsleasing	Während der unkündbaren Grundmietzeit werden die Gesamtkosten der Leasingges. nur teilweise gedeckt. Restdeckung durch Wiedervermietung oder Verkaufserlös.
Nach der wirtschaftlichen Stellung des Leasinggebers	**direktes Leasing**	Herstellerleasing
	indirektes Leasing	Leasing durch Dritte
Nach der Anzahl der Objekte	**Equipment-Leasing**	Leasing einzelner oder mehrerer Ausrüstungsgegenstände
	Plant-Leasing	Leasing ganzer Betriebsanlagen
Nach dem Geschäftssitz der Leasingpartner	**Cross-Border-Leasing**	Leasinggesellschaft und Leasingnehmer befinden sich in unterschiedlichen Ländern
Nach der Wartung des Leasing-Objekts	**Full-Service-Leasing**	Leasinggeber übernimmt Wartung, Reparaturen, Versicherungen und ähnliches für den Leasinggegenstand
	Net-Leasing	Leasingnehmer übernimmt Wartung, Reparaturen, Versicherungen u.ä.

Abb. 3.21   Klassifikation von Leasingverträgen

Die Finanzierungstheorie kann hierzu (noch) keine abgeschlossene Erklärung liefern. Die hauptsächliche Argumentationslinie ist, dass Leasing erlaube, die aus der ungleichen Informationsverteilung resultierenden Risiken für den Kapitalgeber besser zu bewältigen. So wird zum einen eine Beteiligung des Leasingnehmers an den Chancen und Risiken einer Verwertung des Objekts nach Ablauf der Grundmietzeit, z.B. durch prozentuale Verteilung der Veräußerungserlöse oder durch Einräumung von Kauf- oder Mietoptionen, tendenziell dazu führen, dass er mit dem Objekt sorgsam umgeht und möglichst dessen Werterhaltung sichert. Zum anderen ist das von der Leasinggesellschaft zu tragende Ausfallrisiko geringer, weil sie während der Laufzeit Eigentümerin des Objekts bleibt und damit im Insolvenzfall ein Aussonderungsrecht hat. Zudem zeigen empirische Befunde, dass die Leasinggesellschaften, vor allem bei Autoleasing, tendenziell eine hohe Verwertungskompetenz haben und damit bei Ausfällen geringere Wertverluste in Kauf zu nehmen haben als klassische Kreditgeber. Diese risikomindernden Effekte seien letztendlich dazu geeignet, durch Leasing den Finanzierungsspielraum von Unternehmen zu erhöhen.

Ob dies tatsächlich der Fall ist, hängt von der Reaktion der anderen Kapitalgeber ab, wenn ihr Kreditnehmer zusätzlich Leasingverträge abschließt. Sehen sie den Leasingvertrag wie einen im Rang vorgehenden zusätzlichen Kredit, dann müssten sie zu der Einschätzung gestiegenen eigenen Ausfallrisikos kommen und entsprechend reagieren. Eine Finanzierung der Investition über einen gleich- oder gar nachrangigen Kredit hätte ihre Position dagegen weniger tangiert. Auf jeden Fall bringt Leasing vergleichbare fixe Zahlungsbelastungen für das Unternehmen mit sich wie eine Kreditfinanzierung.

Orientieren sich die Kreditgeber in ihrer Bonitätseinschätzung allerdings an Kennzahlen aus dem Jahresabschluss, vor allem an Bilanzrelationen (Eigenkapitalquote, Anlagendeckungsgrad), dann erweist sich Leasing gegenüber einem Kreditkauf als vorteilhaft, soweit es in der Bilanz des Leasingnehmers nicht erscheint. Daher ist verständlich, dass die Leasingverträge i.d.R. so gestaltet werden, dass der Leasinggeber, nicht dagegen der Leasingnehmer das Objekt zu bilanzieren hat.

Art des Leasing-vertrages ▼	Art des Leasing-Gegenstandes ▶		Bewegliche Wirtschaftsgüter und Gebäude		Boden
			Grundmietzeit 40-90 % der Nutzungsdauer	Grundmietzeit < 40 % oder > 90 % der Nutzungsdauer	
Ohne Miet-verlänge-rungs- oder Kaufoption	Spezial-Leasing		Nehmer	Nehmer	Geber
	Kein Spezial- Leasing		Geber		
Mit Kauf-option	Spezial-Leasing		Nehmer	Nehmer	Wie Gebäude
	Kein Spezial-Leasing	Kaufpreis < Buch-wert bei Verkauf	Nehmer		
		Kaufpreis >= Buch-wert bei Verkauf	Geber		
Mit Miet-verlänge-rungsoption	Spezial-Leasing		Nehmer	Nehmer	Geber
	Kein Spezial-Leasing	Anschlußmiete < Werteverzehr	Nehmer		
		Anschlußmiete >= Werteverzehr	Geber		

Abb. 3.22   Zurechnung der Leasing-Gegenstände auf die Vertragspartner (Vollamortisation)

Die bilanzielle Zurechnung eines Leasingobjekts erfolgt nach dem wirtschaftlichen Eigentum. Ob das Objekt vom Leasing-Geber oder -Nehmer zu bilanzieren ist, hängt damit von der Gestaltung des Vertrages ab. Die Zuordnung in der Steuerbilanz regeln mehrere Leasingerlasse. Die Zuordnungsregeln für Vollamortisationsverträge finden sich in **Abb. 3.22**. Bei Teilamortisationsverträgen orientiert sich die Zuordnung ebenfalls an der Frage der Verfügungsmacht und der Verteilung von Chancen und Risiken. Das HGB folgt diesen Regelungen. Im internationalen Handelsrecht (IAS; US-GAAP) wird die Zuordnung ebenfalls von der Chancen- und Risikotragung bestimmt mit der Folge, dass dort fast alle Finance-Leasing-Verträge zu einer Bilanzierung beim Leasingnehmer führen. Muss der Leasingnehmer, der ja gar nicht Eigentümer ist, das Objekt bilanzieren, dann hat er korrespondierend die geschuldeten Leasingraten als Verbindlichkeit zu passivieren. Als Aufwand kann er dann die Abschreibungen auf das Objekt sowie den Zins- und Verwaltungskostenanteil der Leasingrate ansetzen.

Oft wird der **steuerliche Vorteil** des Leasings gegenüber dem Kreditkauf betont. Er liegt insbesondere darin, dass die Leasingraten bei der Gewerbesteuer nicht, wie dies bei den langfristigen Kreditzinsen der Fall ist, hälftig zum Gewerbeertrag zugerechnet werden müssen. Daher lösen Überlegungen im politischen Raum, dies anzupassen, in der Leasingbranche erhebliche Unruhe aus. Der steuerliche Einfluss auf die Nutzung von Leasing zeigte sich auch beim **Cross-Border-Leasing**. Es ist häufig darauf ausgerichtet, die in einzelnen Staaten unterschiedlich geregelte bilanzielle und steuerliche Zuordnung von Leasingobjekten auszunutzen. So haben viele deutsche Kommunen ihre Infrastrukturanlagen auf lange Frist an amerikanische Investoren verleast und auf kürzere Frist zurückgemietet. Da der kurzfristig und der langfristig laufende Vertrag unterschiedlich steuerlich behandelt wurden, entstand ein Steuervorteil. Seit 2005 die amerikanische Finanzverwaltung diese Konstruktion als missbräuchliche Steuergestaltung eingestuft hat, ist sie vom Markt verschwunden.

Auf eine besondere Variante der Nutzung von Leasing haben wir schon im Zusammenhang mit der Innenfinanzierung hingewiesen: das **Sale-and-Lease-Back**. Das Unternehmen veräußert dabei ein eigenes, schon vorhandenes Anlagegut an die Leasing-Gesellschaft (gegen Zahlung des Kaufpreises) und schließt gleichzeitig über dieses Anlagegut einen Leasingvertrag ab. Es setzt dadurch langfristig gebundenes Kapital frei und verschafft dem Unternehmen Liquidität. Werden bei der Veräußerung auch stille Reserven aufgelöst, dann zeigen sich auch positive Wirkungen auf das Periodenergebnis.

Das verschiedentlich angeführte Argument höherer Flexibilität des Leasings ist fragwürdig. Die starren Mietverpflichtungen und die Schwierigkeiten der Auflösung von Leasingverträgen während der Grundmietzeit sprechen für eine eher höhere Flexibilität beim Kreditkauf. Ein zusätzlicher Vorteil kann die Nutzung des Know-Hows der Leasing-Gesellschaft sein, die oft auch eine Beratungsfunktion erfüllt. Die Entscheidung „Kauf oder Leasing" ist also nicht eindeutig und muss individuell unter Berücksichtigung der Situation und der Bedürfnisse des Unternehmens getroffen werden.

Frau Mustermann plant die Erweiterung des Limousinenparks der Firma um einen weiteren Bentley. Sie überlegt dabei, ob sie ihn kaufen oder eher leasen sollte. Bei einem Kauf beträgt der Preis 190.000 €. Eine Anzahlung in Höhe von 30.000 € muss sofort geleistet werden. Der restliche Betrag wird mit einem Kredit finanziert, der in 36 gleichen monatlichen Raten von 4.900 € zurückzuzahlen ist. Bei einem drei-jährigen Leasingvertrag wären außer der anfänglichen Sonderzahlung von 30.000 € die monatlichen Raten von 3.250 € zu zahlen. Eine Kaufoption danach ist ausgeschlossen. Zum Vergleich der Vorteilhaftigkeit der Alternativen ist die Ermittlung der Barwerte der aus ihnen resultierenden Zahlungen notwendig. Frau Mustermann verwendet dabei den für ihre Firma spezifischen Kalkulationszins von 10% p.a.

Kaufvariante:

Periode	0	1	2	3	...	36
Abzinsungsfaktor	1	$(1+0,1/12)^{-1}$	$(1+0,1/12)^{-2}$	$(1+0,1/12)^{-3}$	...	$(1+0,1/12)^{-36}$
Zahlungen	50.000 €	4.900 €	4.900 €	4.900 €	...	4.900 €
Abgezinste Zahlungen	50.000 €	4.859,50 €	4.819,34 €	4.779,51 €	...	3.634,52 €
Kapitalwert	201.857,05 €					

Leasingvariante:

Periode	0	1	2	3	...	36
Abzinsungsfaktor	1	$(1+0,1/12)^{-1}$	$(1+0,1/12)^{-2}$	$(1+0,1/12)^{-3}$	...	$(1+0,1/12)^{-36}$
Zahlungen	30.000 €	3.250 €	3.250 €	3.250 €	...	3.250 €
Abgezinste Zahlungen	30.000 €	3.223,14 €	3.196,50 €	3.170,09 €	...	2.410,65 €
Kapitalwert	130.721,52 €					

Der Kapitalwert der Zahlungen bei der Kaufvariante ist um 71.135,53 € höher als bei der Leasingvariante. Das heißt, dass der Kreditkauf günstiger ist, wenn das Auto in drei Jahren einen höheren Restwert hat als die aufgezinsten 71.135,53 €, also höher als 94.981,39 €. Da Luxuslimousinen eher langsam am Wert verlieren und der Preis eines 3-jährigen Bentleys immer noch über 100.000 € liegen dürfte, scheint der Kauf günstiger als Leasing.

3.5.2 Verkauf von Forderungen

3.5.2.1 Factoring und Forfaitierung

Bezahlen die Kunden die Lieferungen und Leistungen nicht sofort, sondern nutzen eingeräumte Zahlungsziele aus, dann bedeutet dies für ein Unternehmen eine Verlängerung der Kapitalbindung. Durch den Verkauf der Forderungen über Factoring und Forfaitierung kann die Phase der Kapitalbindung wieder verkürzt werden.

Unter Factoring versteht man ein meist langfristiges Vertragsverhältnis zwischen einem Unternehmen (Klient) und einer Factoring-Bank (Factor) über den laufenden Verkauf aller oder einer bestimmten Gruppe von Forderungen (z.B. nur der Exportforderungen) aus Warenlieferungen und Leistungen mit einer Laufzeit zwischen 90 und 120 Tage. Die Grundstruktur eines solchen Vertrages ist in Abb. 3.23 dargestellt.

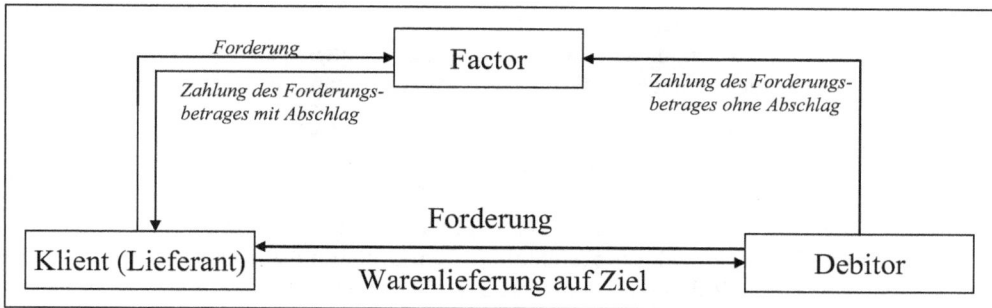

Abb. 3.23   Aufbau eines Factoring-Vertrages

Die **Finanzierungsfunktion** besteht also darin, dass dem Klienten früher liquide Mittel zufließen, die er wieder in seinem Unternehmen einsetzen kann. Meist kann er damit seinerseits die kurzfristigen Verbindlichkeiten gegenüber Lieferanten oder Banken erheblich reduzieren.

Charakteristisch für das Factoring ist, dass der Factor meist zusätzlich auch die Verwaltung der Forderungen übernimmt. Dies umfasst die Debitorenbuchhaltung, das Mahnwesen sowie das Inkasso. Der Factor erfüllt also auch eine **Dienstleistungsfunktion**. Für das Unternehmen entfallen dann alle mit diesen Tätigkeiten verbundenen Kosten. In vielen Fällen wird die Factoring-Bank, die diese Dienste in großem Umfang anbietet und entsprechende EDV-Systeme einsetzt, diese Aufgaben kostengünstiger erfüllen können. Der Gläubiger kann über die Übernahme seiner Verbindlichkeiten durch die Bank informiert werden (offenes Factoring) oder auch nicht (stilles Factoring).

Beim sog. **echten Factoring** erfüllt der Factor auch die **Delkredere-Funktion**, d.h. er übernimmt das Risiko, dass der Schuldner der von ihm gekauften Forderung seiner Zahlungsverpflichtung nicht nachkommt. Bevor der Factor eine solche Verpflichtung eingeht, überprüft er die Kreditwürdigkeit der Schuldner und setzt bonitätsabhängige Forderungslimits fest. Diese Form des Factorings ist für Unternehmen wesentlich teurer als das **unechte Factoring**, bei dem keine Risikoübernahme durch den Factor erfolgt. In diesem Fall muss das Unternehmen bei Ausfall der verkauften Forderung diese selbst als Verbindlichkeit gegenüber dem Factor übernehmen.

Die Leistungen der Factoringbank können also grundsätzlich in beliebiger Weise kombiniert werden. Auch auf die Vorfinanzierungsfunktion kann verzichtet werden (sog. Maturity-Factoring). Die Factoring-Gebühren, die je nach Inanspruchnahme der Funktionen die Verzinsung des Kapitals sowie die Entlohnung für weitere Leistungen des Factors umfassen, werden durch einen Abschlag auf den Gesamtbetrag der abgekauften Forderungen erhoben.

Bei der Überprüfung der Vorteilhaftigkeit des Factorings sind die gewünschten Funktionen mit zu berücksichtigen. Die Kombination dieser drei Funktionen in einem Vertrag kann sich als günstiger erweisen als der Abschluss dreier getrennter Verträge. Auch dann, wenn die direkten Kosten der Finanzierung höher als bei anderen Finanzierungsquellen ausfallen, können sie durch die Ersparnisse bei der Forderungsverwaltung reduziert werden. Weiterhin sind auch die Auswirkungen des Factorings auf bonitätswirksame Kennzahlen des Jahresab-schlusses zu berücksichtigen. Durch den Verkauf der kurzfristigen Forderungen und die Kürzung des kurzfristigen Fremdkapitals kann z.B. die Eigenkapitalquote erhöht werden.

Forfaitierung ist ebenfalls ein Finanzierungssubstitut, dessen Wirkung dem Factoring ähn-lich ist. Die wesentlichen Unterschiede zum Factoring bestehen zum ersten im Verkauf nur einzelner, i.d.R. längerfristiger Forderungen von größerem Umfang an eine spezielle Bank (Forfaiteur). Die Funktion der Vorfinanzierung dominiert hier also. Zum zweiten entfällt aus diesem Grund auch die Dienstleistungsfunktion. Zum dritten müssen die Forderungen, die übernommen werden, i.d.R durch Bankakzepte bzw. Bank- oder Staatsbürgschaften gesichert werden. Die Weitergabe des Ausfallrisikos spielt hier also auch eine nachgeordnete Rolle. Je nachdem, ob der Forfaiteur das Ausfallrisiko übernimmt oder nicht, spricht man von der echten bzw. unechten Forfaitierung.

3.5.2.2   Asset Backed Securities

Eine schnell wachsende, offenbar sehr attraktive Variante des Verkaufs von Forderungen stellen die **Asset Backed Securities** (ABS) dar. Hierzu werden die Forderungen verbrieft und dann dem organisierten Kapitalmarkt als Anlagemöglichkeit angeboten. Den formalen Prozess und die Beteiligten macht Abb. 3.24 deutlich. Die Grundlage für die ABS-Emissionen stellen i.d.R. homogene Finanzassets dar, insbesondere Forderungen aus Liefe-rungen und Leistungen oder auch Ausleihungen von Banken. Einen sehr großen Anteil haben langfristige Forderungen aus Immobilienfinanzierungen, meist durch Grundpfandrechte abgesichert. Sie werden als **Mortgage Backed Securities** (MBS) bezeichnet. Der zu verkau-fende Forderungspool wird für den Zweck der Emission aus dem Vermögen des Unterneh-mens ausgesondert und an eine speziell für diesen Zweck geschaffene Zweckgesellschaft (sog. **Special Purpose Vehicle**) veräußert, die von einem Treuhänder (**Trustee**) verwaltet wird. Die Zweckgesellschaft gibt mit Unterstützung einer Investmentbank oder eines Ban-kenkonsortiums Wertpapiere aus, die dann an institutionelle Investoren verkauft werden. Diese Wertpapiere versprechen Zahlungen aus den Cash Flows der zugrunde liegenden For-derungen und sind auch (nur) durch diese gedeckt (daher **asset backed**). Möglich sind dabei zwei Gestaltungsformen. Beim Fondszertifikatskonzept (pass-through) werden Zahlungen entsprechend dem Eingang von Forderungen an die Investoren geleistet; beim Anleihekon-zept (pay-through) dagegen werden die eingehenden Cash Flows in feste, regelmäßige Zins- und Tilgungszahlungen umstrukturiert. Die Organisation der Emission übernimmt der Servi-ce-Agent.

Um der individuellen Risikobereitschaft der Investoren Rechnung zu tragen, erfolgt inzwi-schen zumeist eine Aufspaltung der Wertpapiere in Klassen mit unterschiedlicher Ausfall-wahrscheinlichkeit und damit unterschiedlichem Risikoaufschlag auf die Verzinsung.

Durch die Trennung der Zweckgesellschaft vom Originator der Emission wird sichergestellt, dass die Forderungen ausschließlich zur Bedienung der ABS benutzt werden. Das Risiko, das mit einer Investition in diese Wertpapiere verbunden ist, hängt daher nur von der Qualität dieser Forderungen ab. Durch die Bereitstellung von zusätzlichen Sicherheiten kann sie noch weiter reduziert werden. Aus diesen Gründen erhalten die ABS von den renommierten Rating-Agenturen i.d.R. bessere Ratings als die Unternehmen, die auf diesem Weg ihre Forderungen verkaufen. Dies spiegelt sich wiederum in einem geringeren Risikoaufschlag wider, der in der Verzinsung enthalten ist, was für den Assetverkäufer geringere Kapitalkosten bedeutet. Auf diesem Weg können sogar Unternehmen mit schlechter Bonität günstig an Fremdkapital kommen, weil ihre Kreditwürdigkeit keinen Einfluss auf das Risiko der ABS hat. Leider ist dieser Weg wegen der hohen Beträge und Emissionskosten nur für große Unternehmen gangbar.

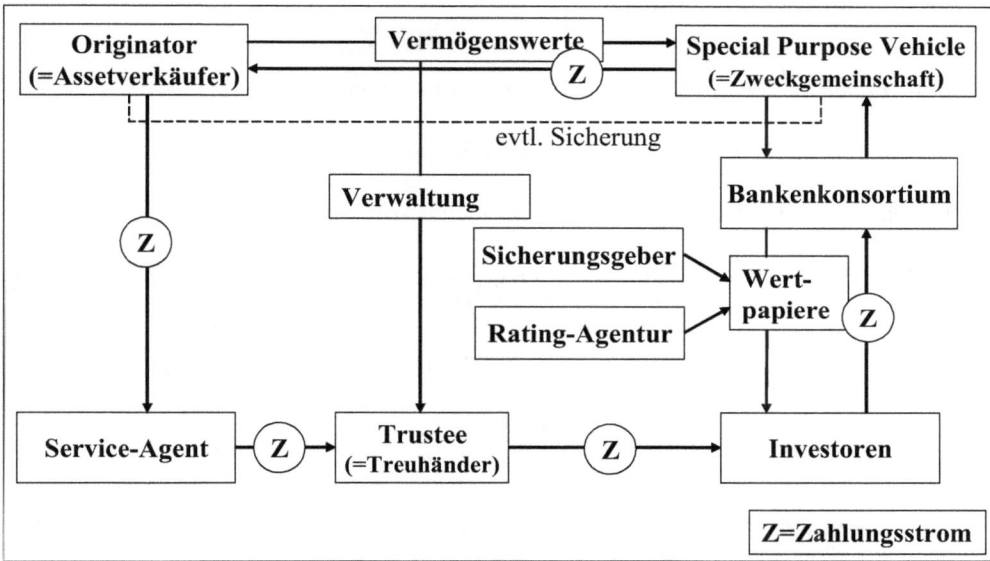

Abb. 3.24   Grundstruktur einer ABS-Transaktion

Eine spezielle Form, die allerdings nur mittelbar der Beschaffung von Liquidität dient, ist die **synthetische Verbriefung**. Hier werden nicht die Forderungen als solche (True sale), sondern nur die Ausfallrisiken aus den Forderungen verbrieft und an andere Marktteilnehmer veräußert, die solche Risiken ihrem Vermögensportfolio beimischen. Für Banken setzt dieser Verkauf von Kreditrisiken Eigenkapital für neue Geschäfte frei, das sie ansonsten zur Abdeckung der Risiken vorhalten müssten.

3.5.3   Weiterführende Literatur

Zum Versuch einer theoretischen Begründung von Leasing siehe Hartmann-Wendels, Th.: Die Bedeutung des Leasings für die Unternehmensfinanzierung – Theoretische Perspektiven und empirische Ergebnisse, Leasing Wissenschaft & Praxis 2004, S. 7-40; Hartmann-Wendels, Th./Winter, J.: Leasing und asymmetrische Informationsverteilung, Zeitschrift für das gesamte Kreditwesen 6/205, S. 286-289.

Eine ausführliche Darstellung der Formen und der Vor- und Nachteile von Leasing bietet z.B. Spittler, H.-H.: Leasing für die Praxis, 6. Auflage, Köln 2002.

Factoring, Forfaitierung und ABS werden anschaulich in Bieg, H./Kussmaul, H.: Investitions- und Finanzierungsmanagement, München 2000, S. 497-509, beschrieben. Eine umfangreiche Darstellung zur Verbriefung von Forderungen bietet Gruber, J.: Praktiker-Handbuch Asset-Backed-Securities und Kreditderivate, Stuttgart 2005.

3.5.4   Übungsaufgaben

1. *Beschreiben Sie schematisch die rechtliche Konstruktion eines Leasingvertrages!*

2. *Diskutieren Sie die Vor- und Nachteile des Leasings gegenüber dem Kauf!*

3. *Welche Idee steht hinter der Durchführung eines Cross-Border-Leasings?*

4. *Welcher Vertragspartner hat den Leasinggegenstand nach deutschem und internationalem Handelsrecht zu bilanzieren und welche Kriterien sind dabei maßgebend?*

5. *Welche Überlegungen stehen für ein Unternehmen hinter der Durchführung von sog. Sale-and-Lease-Back?*

6. *Beschreiben Sie die Grundstruktur des Factorings!*

7. *Welche drei Hauptfunktionen erfüllt Factoring?*

8. *Was unterscheidet Forfaitierung von Factoring?*

9. *Beschreiben Sie die Grundstruktur einer ABS-Transaktion!*

10. *Welche Vorteile bringt dem Unternehmen die Finanzierung durch die Emission von ABS?*

3.6   Auswahlentscheidung von Finanzierungsformen

Die Übersicht über die Formen und Quellen der Finanzierung hat erkennen lassen, dass ein Unternehmen grundsätzlich aus einer Vielzahl von Alternativen wählen kann, wenn es darum geht, die benötigten und im Leistungsprozess gebundenen Finanzmittel zu beschaffen. Bei den einzelnen Finanzierungsformen hatten wir gleich beschrieben, mit welchen Rechten und Pflichten und anderen Vor- und Nachteilen sie für die Finanziers und die Kapitalnehmer verbunden sind. Damit stellt sich für das einzelne Unternehmen die Frage, welche Finanzierungsform es für einzelne Investitionen und welche gesamte Kapitalstruktur es auswählen soll. Die Auswahl beschränkt sich natürlich auf die Finanzierungsformen, die dem einzelnen Unternehmen überhaupt zur Verfügung stehen. Restriktionen können z.B. durch die Rechtsform der Unternehmung, deren Unternehmensgröße und die geforderten Kreditsicherheiten bedingt sein. Oft werden aber grundsätzlich verfügbare Alternativen von vornherein ausgeschlossen, weil sie den Entscheidungsträgern überhaupt nicht oder nicht gut genug bekannt sind oder weil sie aus ihrer Sicht Nachteile mit sich bringen, die durch die Vorteile nicht aufgewogen werden. Die bei rationaler Entscheidung anzulegenden Auswahlkriterien werden sich wiederum an den in Teil 1 definierten Finanzierungszielen orientieren. Wir sollten allerdings nicht aus dem Auge verlieren (und wir hatten dies ja oft genug betont), dass die Entscheidungsträger, z.B. das Management einer Publikumsgesellschaft, nicht notwendig den Zielen der Eigentümer gleichlaufende Vorstellungen haben. Sie werden daher, so sie nicht durch gegenteilige Vorschriften und Vereinbarungen beschränkt oder durch Anreizmechanismen entsprechend gesteuert werden, versuchen, ihre persönlichen Zielsetzungen und Interessen in die Finanzierungsentscheidung einfließen zu lassen, auch wenn diese partiell den Zielen der Eigentümer entgegenlaufen.

3.6.1   Finanzierungskosten

Ein besonderes Gewicht bei der Auswahl von Finanzierungsformen kommt den Finanzierungskosten zu, da sie sich auf das Erfolgsziel der Unternehmung auswirken. Auf perfekten Märkten wären unterschiedliche Zinskonditionen bei sonst gleichen Kreditbedingungen nicht möglich. In der Praxis dagegen liegen Unternehmen oft von mehreren Banken Kreditangebote mit einer unterschiedlichen Kombination von Konditionselementen vor. Dann gilt es, die effektiven Kosten zu bestimmen und zu vergleichen. Sie setzen sich zusammen aus

* den Kosten der Kapitalbeschaffung (z.B. Notarkosten, Bankenprovisionen, Bearbeitungsgebühren, Bereitstellungsprovisionen, Grundbucheintragungen von Sicherheiten),
* den Kosten der laufenden Kapitalnutzung (z.B. Zinsen, Bürgschaftsgebühren, Kreditversicherungen, Verwaltungskosten) und
* den Kosten der Kapitalrückzahlung (z.B. Bankenprovisionen, Löschung von Sicherheiten).

Dadurch wird deutlich, dass der Nominalzinssatz für eine Anleihe oder einen Kredit in der Regel nicht den effektiven Kosten des Unternehmens entspricht, sondern diese meistens höher ausfallen. Von Kreditinstituten verschiedentlich ausgewiesene Effektivzinsen (bei Privatkrediten ist dies Vorschrift) enthalten nur die unmittelbar mit dem Kredit zusammenhängenden Kosten, die der Bank zu zahlen sind. Andere Komponenten müssen noch dazu gerechnet werden.

Zur Berechnung der **Effektivverzinsung** eines Kredits können wir wieder auf das Wissen aus der Investitionsrechnung zurückgreifen. Ein Kredit ist ein Zahlungsstrom, der mit einer Einnahme (und begleitenden Ausgaben) beginnt und der in den folgenden Perioden Zins- und Tilgungsausgaben (und sonstige Ausgabenkomponenten) folgen. Daher sind alle durch die jeweilige Finanzierung ausgelösten Einnahmen und Ausgaben möglichst zeitpunktgenau zu erfassen. Der interne Zinsfuß dieser Zahlungsreihe entspricht den effektiven periodischen Finanzierungskosten.

$$\sum_{t=1}^{n} \frac{D_t}{(1+i)^t} = \sum_{t=1}^{N} \frac{T_t}{(1+i)^t}$$

D_t = Auszahlungsbetrag an den Kunden in der Periode t

T_t = Rückzahlungsbetrag des Kunden in der Periode t

n   = Perioden der Darlehensauszahlung

N   = Perioden der Darlehensrückzahlung

i   = gesuchter interner Zinsfuß (= Effektivverzinsung)

Die Event-Agentur AG benötigt zur Ausdehnung des Geschäfts einen langfristigen Kredit in Höhe von 1 Mio. €. Von zwei Banken liegen folgende Angebote vor:

1. *Langfristiger Bankkredit, 10 Jahre Laufzeit, Tilgung nach 4 tilgungsfreien Jahren in gleichen Raten, Zins 8% nominal fest für die gesamte Laufzeit, einmalige Gebühren bei Abschluss 2%, Nebenkosten je 0,5% bei Abschluss und bei Rückzahlung.*

2. *Zero-Kredit, 10 Jahre Laufzeit, Ausgabekurs 100%, Rückzahlungskurs 210%, einmalige Ausgabekosten 3% des Ausgabebetrags.*

Als Lösung lassen sich folgende Zahlungsströme darstellen, an Hand derer der Interne Zinssatz bestimmt werden kann:

Langfristiger Bankkredit (in €):

Periode	t_0	$t_1 - t_4$	t_5	t_6	t_7	t_8	t_9	t_{10}
Kredit	1.000.000							
Tilgung			-166.667	-166.667	-166.667	-166.667	-166.667	-166.667
Zinsen		-80.000	-80.000	-66.667	-53.333	-40.000	-26.667	-13.333
Gebühren	-20.000							
Nebenkosten	-5.000							-5.000
EZÜ	975.000	-80.000	-246.667	-233.333	-220.000	-206.667	-193.333	-185.000

Interner Zinssatz: 8,51%

Zero-Kredit (in €):

Periode	t_0	$t_1 - t_9$	t_{10}
Kredit	*1.000.000*	*0*	*-2.100.000*
Ausgabekosten	*-30.000*		
EZÜ	*+ 970.000*	*0*	*-2.100.000*

Interner Zinssatz: 8,03%

Demnach ist es für die Geschäftsführung der Event-Agentur AG günstiger, das Angebot der zweiten Bank anzunehmen, da die Finanzierungskosten hier nur 8,03% p.a. betragen im Vergleich zu 8,51% beim ersten Angebot.

Bei nur kurzfristig (unterjährig) laufenden Krediten wird häufig auf die Berücksichtigung des unterschiedlichen zeitlichen Anfalls durch Abzinsung künftiger Zahlungen verzichtet. So wird für die Berechnung des Jahreszinses für einen Lieferantenkredit folgende Formel verwendet.

$$\text{Jahreszins (\%)} = \frac{\text{Skontosatz (in \%)}}{100\% - \text{Skonto (in \%)}} \cdot \frac{365}{\text{Zahlungsziel-Skontofrist}} \cdot 100$$

Der prozentuale Vorteil, der sich durch die Begleichung der Rechnung am letzten Tag der Skontofrist gegenüber einer Zahlung am letzten Tag der Zahlungsfrist ohne Skontoabzug erzielen lässt, wird also einfach auf das ganze Jahr hochgerechnet. Häufig wird sogar vernachlässigt, dass der Skontosatz im Hundert gerechnet ist, also auf den Preis nach Skontoabzug zu beziehen ist. Dann vereinfacht sich diese Formel noch einmal zu

$$\text{Jahreszins (\%)} = \frac{\text{Skontosatz (in \%)}}{\text{Zahlungsziel - Skontofrist}} \cdot 365$$

Der neue Blumenlieferant bietet Frau Labelle folgende Zahlungskonditionen:

- *die Zahlung des vollen Preises sollte spätestens 30 Tage nach der Lieferung erfolgen*
- *wenn die Rechnung innerhalb von 5 Tagen bezahlt wird, wird ein Preisabschlag von 3% gewährt.*

Die Bank von Frau Labelle verlangt für den Kontokorrentkredit einen Zins von 12% im Jahr. Um die optimale Zahlungsweise zu wählen, muss Frau Labelle die Kosten des Handelskredites bestimmen.

$$Jahreszins = \frac{3\%}{100\% - 3\%} \cdot \frac{365}{30 - 5} \cdot 100\%$$
$$= 0,03093 \cdot 14,6 \cdot 100\% = 45,15\%$$

Die Verzinsung des Handelskredites beträgt über 45 % und liegt damit weit über der Verzinsung des Bankkredites. Bei Anwendung der vereinfachten Formel errechnet sich:

$$Jahreszins(\%) = \frac{3\%}{30 - 5} \cdot 365 = 43,8\%$$

Es ist also lohnend, bei fehlenden liquiden Mittel einen Kredit aufzunehmen, um den angebotenen Skontoabzug zu nutzen.

Im Gegensatz zur Bestimmung der Fremdkapitalkosten gestaltet sich die Kalkulation der Eigenkapitalkosten wesentlich schwieriger, da die Verzinsung auf das Eigenkapital nicht vertraglich geregelt ist. Daher werden nicht nur die tatsächlich realisierten Renditen, sondern auch die erwarteten bzw. geforderten Renditen auf das Eigenkapital Schwankungen unterliegen. Schwankungen der Renditeforderung resultieren aus Veränderungen zum einen des leistungswirtschaftlichen Risikos, dem die Unternehmung unterliegt, und zum anderen des finanziellen Risikos, das im Weiteren als Kapitalstrukturrisiko bezeichnet wird.

Der Fremdkapitalgeber kann aufgrund der vertraglichen Regelungen mit einem vom Unternehmensergebnis unabhängigen Zins rechnen und trägt „nur" das Bonitätsrisiko, dass der Schuldner den Kredit nicht ordentlich mit Zins und Tilgung bedienen kann und ein Zugriff auf das generelle oder ihm zu Sicherungszwecken spezifisch übertragene Vermögen zur Abdeckung seiner Ansprüche nicht ausreicht. Investitionen in Eigenkapital unterliegen dagegen größeren Risiken (z.B. nachrangige Bedienung im Fall der Insolvenz, Bonitätsrisiko, Konjunkturabhängigkeit) und die Rendite größeren Schwankungen. Daher wird von den Märkten bei der Eigenkapitalrendite ein adäquater, tendenziell über den Aufschlägen für Fremdkapital liegender Risikoaufschlag verlangt. Gerade in der Bestimmung des adäquaten Aufschlags liegt jedoch das Problem.

Zur Bestimmung der durch die Investoren an den Finanzmärkten geforderten Eigenkapitalverzinsung und damit den Kosten aus Unternehmenssicht wird häufig das Capital Asset Pricing Model (CAPM) verwendet. Wir hatten dies in Kapitel 2.9 bei der Diskussion der Berücksichtigung der Unsicherheit in der Investitionsrechnung und Ableitung von risikoadjustierten Diskontierungsfaktoren schon dargestellt. Trotz der dort angesprochenen Kritikpunkte und der sehr restriktiven Annahmen, die in der Realität nur partiell erfüllt werden, gilt das CAPM als weithin anerkanntes Modell zur Berechnung der Eigenkapitalkosten einer Unternehmung und wird in der Praxis auch vielfach angewendet.

3.6.2   Gestaltung der optimalen Kapitalstruktur

Der ausschließliche Vergleich der Finanzierungskosten ist hilfreich, soweit es um die Auswahl aus mehreren Finanzierungsangeboten geht, die ansonsten bezüglich aller anderen Kriterien (weitgehend) identisch sind. Er versagt aber, wenn es um die Abwägung zwischen
Finanzierungsformen geht, die in ihrer Struktur unterschiedlich sind und die mit differierenden Rechten und Pflichten verbunden sind. Insbesondere versagt der Finanzierungskosten-
vergleich bei der generellen Gestaltung der Kapitalstruktur. Denn die Kapitalkosten sind nur
partiell von den Kapitalmarktbedingungen und der Einschätzung des Geschäftsrisikos abhängig. Zum anderen werden sie gerade durch die Gestaltung der Kapitalstruktur mit bestimmt, weil das mit der Kapitalstruktur sich verändernde Finanzierungsrisiko sich in den
Zins- und Renditeforderungen der Kapitalgeber niederschlagen wird.

In der wissenschaftlichen Diskussion der Unternehmensfinanzierung nimmt die Bestimmung
der optimalen Kapitalstruktur einen zentralen Platz ein. Meist wird dabei als optimale Kapitalstruktur die Mischung aus Eigen- und Fremdkapital verstanden, die die gesamten Kapitalkosten minimiert und damit den Unternehmenswert maximiert. Es wird also vereinfachend
von homogenen Typen des Eigen- und Fremdkapitals ausgegangen, ohne differenziertere
Zuordnungen von Merkmalen und daraus sich ableitenden Rechten, Pflichten, Chancen und
Risiken der jeweiligen Finanzierungsform vorzunehmen.

3.6.2.1   Der Leverage-Effekt

Einen ersten Ansatzpunkt zur Gestaltung der Kapitalstruktur bietet der Leverage- oder He-
beleffekt. Er besagt, dass sich unter bestimmten Umständen die Eigenkapitalrendite durch
die zunehmende Ausnutzung des Verschuldungshebels steigern lässt.

Der Zusammenhang ist einfach zu verstehen. Als Bruttogewinn eines Unternehmens wird
der Gewinn vor Abzug von Zinsen bezeichnet, also der Überschuss, der auf das gesamte
eingesetzte Kapital verdient wird. Die Gesamtkapitalrendite eines Unternehmens errechnet
sich als Quotient aus diesem Bruttogewinn und dem gesamten in der Periode eingesetzten
Kapital. Da sich dieses Gesamtkapital aus Eigen- (EK) und Fremdkapital (FK) zusammensetzt, lässt sich auch schreiben

$$\text{Bruttogewinn} = r_{GK} * EK + r_{GK} * FK$$

Der auf das Eigenkapital entfallende Teil des Bruttogewinns, das Jahresergebnis, entspricht
dem Bruttogewinn abzüglich der auf das Fremdkapital gezahlten Zinsen mit dem Zinssatz
r_{FK}.

$$\text{Jahresergebnis} = r_{GK} * EK + r_{GK} * FK - r_{FK} * FK$$

Durch Ausklammern von FK ergibt sich

$$\text{Jahresergebnis} = r_{GK} * EK + FK (r_{GK} - r_{FK})$$

Die Eigenkapitalrendite r_{EK} errechnet sich als Quotient von Jahresergebnis und Eigenkapital

$$r_{EK} = r_{GK} + \frac{FK}{EK}\left(r_{GK} - r_{FK}\right)$$

Somit wird deutlich, dass unter der Annahme, dass die Gesamtkapitalrendite größer ist als die Fremdkapitalkosten, die Eigenkapitalrendite eine linear steigende Funktion des Verschuldungsgrades ist.

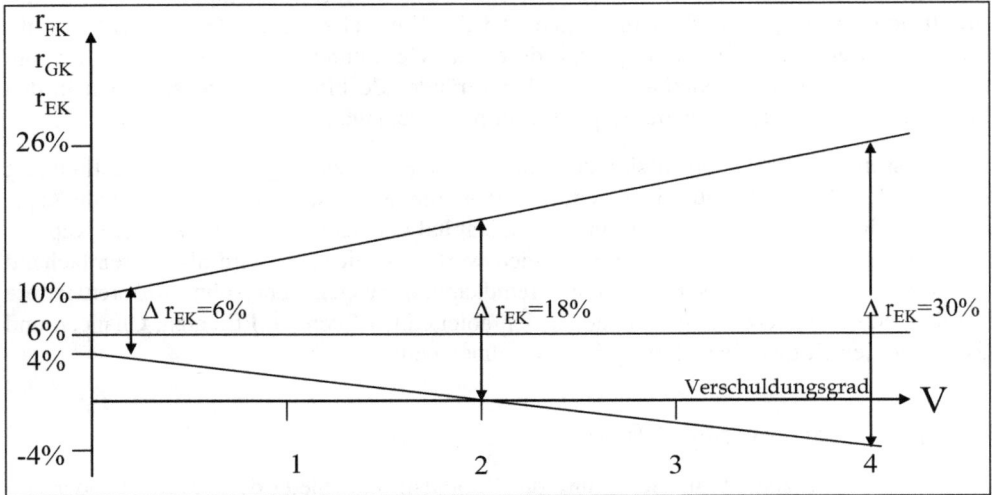

Abb. 3.25   Leverage-Effekt, Quelle: Perridon/Steiner (2007), S. 486

Die Frage ist, ob dieser Leverage-Effekt für die Gestaltung der Kapitalstruktur wirklich hilfreich ist. Denn es beeindruckt auf den ersten Blick zwar, dass mit zunehmender Verschuldung des Unternehmens und konstantem leistungswirtschaftlichem Risiko die Eigenkapitalrendite gesteigert (gehebelt) werden kann. Allerdings nimmt gleichzeitig auch das Risiko der Schwankung der Eigenkapitalrendite, das so genannte Kapitalstrukturrisiko, zu, wenn die Gesamtkapitalrendite und der Fremdkapitalzinssatz nicht als sicher angenommen werden können. Wie Abb. 3.25 zeigt, bedeutet eine „Streubreite" der Gesamtkapitalrendite zwischen 4% und 10% (bei Konstanz des Fremdkapitalzinses), dass bei einem Verschuldungsgrad von 4 (also einer Eigenkapitalquote von 20 %) die Eigenkapitalrendite schon um 30 % schwankt und trotz positiver Gesamtkapitalrendite sogar negativ werden kann.

Damit ist die entscheidende Frage, ob die Eigenkapitalgeber in der durch Ausnutzung des Verschuldungshebels steigenden durchschnittlichen Rendite eine angemessene Kompensation für das steigende Schwankungsrisiko der Rendite sehen. Das wird vor allem davon abhängen, wie stabil die positive Differenz zwischen der Gesamtkapitalrendite und der Fremdkapitalverzinsung ist. Die Gesamtkapitalrendite wird wesentlich von der allgemeinen Entwicklung der Teilmärkte, in denen das Untenehmen tätig ist, und seiner leistungswirtschaftlichen Effizienz im Vergleich zu den Konkurrenten getrieben. Der Fremdkapitalzins ist

zum ersten von der Entwicklung der Finanzmärkte und zum zweiten vom leistungswirtschaftlichen Risiko des Kreditnehmers beeinflusst. Zum dritten darf natürlich nicht übersehen werden, dass die in den einfachen Beispielen zum Leverage-Effekt gesetzte Annahme
eines konstanten, vom Verschuldungsgrad unabhängigen Fremdkapitalzinses zumeist nicht
der Realität entspricht. Es ist plausibel, dass auch die Kreditgeber mit zunehmender Verschuldung ein höheres Risiko wahrnehmen und dafür einen Zinsausgleich fordern. Die Theorien zur optimalen Kapitalstruktur unterscheiden sich vorrangig in eben der Frage, unter
welchen Voraussetzungen die Kapitalgeber welchen Ausgleich für welche Art von Risiko
fordern.

3.6.2.2 Das Theorem der Irrelevanz der Kapitalstruktur: Modigliani und Miller

Modigliani und Miller haben in ihrem bahnbrechenden Aufsatz (1958) aufgezeigt, unter
welchen Annahmen über den Finanzmarkt und das Verhalten der Finanzmarktakteure die
Kapitalstruktur einer Unternehmung und damit der Verschuldungsgrad irrelevant ist, d.h.
keinen Einfluss auf die Kapitalkosten und den Gesamtwert eines Unternehmens hat. Ihr
Modell basiert auf Prämissen der neoklassischen Theorie zu vollkommenen Märkten. Es
fallen also keine Transaktionskosten und keine (diskriminierenden) Steuern an, die Markt-
struktur ist atomistisch, jedes Wirtschaftssubjekt kann zu gleichen Bedingungen unbegrenzt
Kapital anlegen oder sich verschulden. Die Unternehmen lassen sich in Klassen des gleichen
Geschäftsrisikos einteilen.

Darauf aufbauend formulieren und beweisen Modigliani und Miller zwei die Kapitalstruktur
betreffende Thesen:

1. Der Marktwert eines Unternehmens ist unabhängig von der Kapitalstruktur und ergibt
   sich durch die Kapitalisierung der (erwarteten) Gewinne vor Abzug von Fremdkapitalzinsen. Die durchschnittlichen Kapitalkosten einer Unternehmung sind dabei unabhängig
   von der Kapitalstruktur.
2. Die Eigenkapitalkosten sind eine linear ansteigende Funktion des Verschuldungsgrades.

Der Beweis zur Irrelevanz der Kapitalstruktur (These 1) beruht auf einer Arbitrageüberle-
gung. Sollten zwei Unternehmen der gleichen Risikogruppe, die sich nur durch ihre Kapitalstruktur unterscheiden, einen voneinander abweichenden Unternehmenswert aufweisen, dann
würde sich eine Arbitragemöglichkeit eröffnen, die Gewinne allein durch die Umschichtung
des Portfolios erlauben würde. Auf vollkommenen Kapitalmärkten ist dies ausgeschlossen.
Modigliani und Miller folgern daraus, dass die Kapitalstruktur für den Unternehmenswert
unter den gesetzten Prämissen nicht relevant sein kann.

Damit die Kapitalkosten auch bei Veränderung des Verschuldungsgrades konstant bleiben
können, müssen die Eigenkapitalkosten mit ansteigendem Verschuldungsgrad linear steigen.
Die Aufnahme zusätzlichen billigeren Fremdkapitals erhöht das Kapitalstrukturrisiko und
somit auch die Eigenkapitalkosten. Dabei neutralisieren sich die beiden entgegengesetzt
verlaufenden Effekte und die Gesamtkapitalkosten bleiben konstant. Dies entspricht den
Überlegungen, die wir eben beim Leverage-Effekt angestellt hatten.

Da das CAPM auf den grundsätzlich gleichen Prämissen vollkommener Märkte basiert, folgt auch hierbei der gleiche Verlauf der Kapitalkosten mit dem gleichen Resultat, dass die Kapitalstruktur keine Auswirkung auf den Gesamtwert des Unternehmens und die Kapitalkosten hat.

3.6.2.3   Das Tradeoff-Modell mit Steuern und Insolvenzkosten

Zahlreiche Forscher haben das Modell von Modigliani und Miller an die realen Bedingungen angenähert und dabei insbesondere die unterschiedliche steuerliche Behandlung von Eigen- und Fremdkapital(erträgen) und das Insolvenzrisiko berücksichtigt. Durch die Einführung von Steuern entsteht ein so genannter Tax Shield, der dadurch entsteht, dass der Zahlungsstrom aus einem verschuldeten Unternehmen größer ist als der aus einer Arbitragetransaktion resultierende Zahlungsstrom. Unter Arbitragetransaktion ist der Anteilskauf an einem unverschuldeten Unternehmen bei gleichzeitiger privater Verschuldung zu verstehen. Somit lässt sich in einem Umfeld eines einfachen Steuersystems zeigen, dass eine optimale Kapitalstruktur bei einer Verschuldung von nahezu 100% erreicht wird und damit die Kapitalstruktur nicht mehr irrelevant ist, sondern bei steigendem Verschuldungsgrad der Unternehmenswert ansteigt.

Ein anderes Bild ergibt sich bei der zusätzlichen Betrachtung eines mit dem Verschuldungsgrad ansteigenden Insolvenzrisikos. Die Übernahme dieses Risikos lassen sich die Kapitalgeber bezahlen und damit erhöhen sich die Kapitalkosten für das Unternehmen und der Unternehmenswert sinkt. Die Unternehmensführung ist bei der Bestimmung der optimalen Kapitalstruktur zur Abwägung der Auswirkungen der entgegengesetzt auf den Unternehmenswert wirkenden Effekte gezwungen. Daher wird es meist als Tradeoff-Modell bezeichnet. Der Verlauf des Unternehmenswerts wird bei einem niedrigen Verschuldungsgrad zunächst durch den Steuereffekt dominiert und daher ansteigend sein. Mit zunehmend hoher Verschuldung überwiegt dann aber der Effekt durch das Insolvenzrisiko, so dass der Unternehmenswert wieder sinkt. Es gibt somit einen optimalen Verschuldungsgrad, der aber konkret wegen der Schwierigkeit der Erfassung der Einflussgrößen nicht leicht exakt zu bestimmen ist.

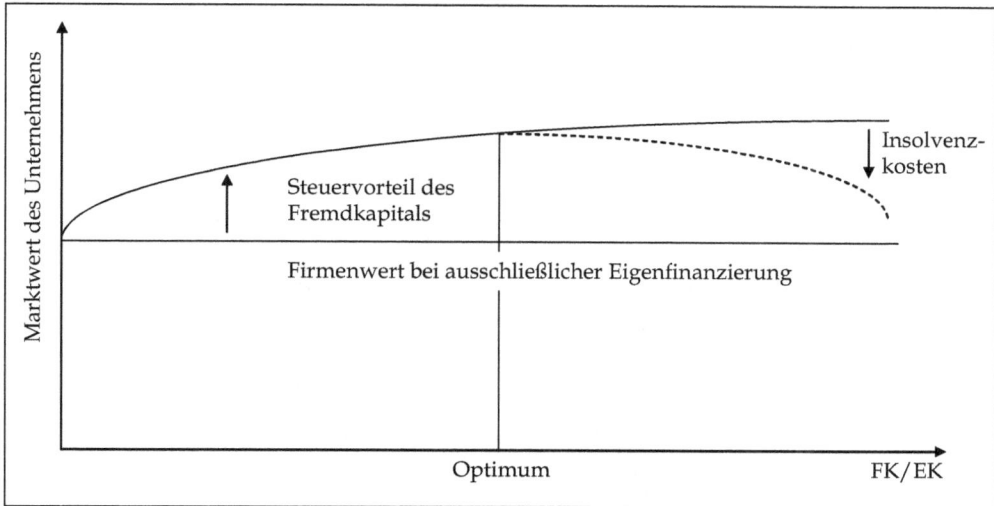

Abb. 3.26   Unternehmenswert im Tradeoff-Modell

Im Ergebnis trifft sich damit das Tradeoff-Modell mit älteren, „vortheoretischen" Konzepten, die häufig als „traditioneller Ansatz" bezeichnet werden. Ohne dies durch ein explizites Modell und genau spezifizierte Prämissen zu stützen, wird für das Verhalten der Kaptalgeber folgendes Muster angenommen: Bei einem geringen Verschuldungsgrad bleiben die Renditeforderungen der Investoren bzw. die Zinsforderungen für das Fremdkapital zunächst konstant (siehe Abb. 3.27). Daher sinken die Gesamtkapitalkosten in diesem Bereich degressiv. Bei zunehmendem Verschuldungsgrad wird jedoch ein kritischer Punkt erreicht, ab dem zunächst die Eigenkapitalgeber ein erhöhtes Risiko für ihr Kapital sehen und daher eine mit dem Verschuldungsgrad progressiv zunehmende Rendite fordern. Die Fremdkapitalgeber dürften erst bei einer höheren Verschuldung die Rückzahlung ihrer Kredite gefährdet sehen, mit der Folge, dass die Fremdkapitalkosten für das Unternehmen später anfangen, progressiv zu steigen.

Diese Annahmen über den Verlauf der Fremd- und Eigenkapitalkosten haben zur Folge, dass für das Unternehmen eine optimale Kapitalstruktur existiert und sich für die durchschnittlichen Gesamtkapitalkosten ein U-förmiger Verlauf ergibt.

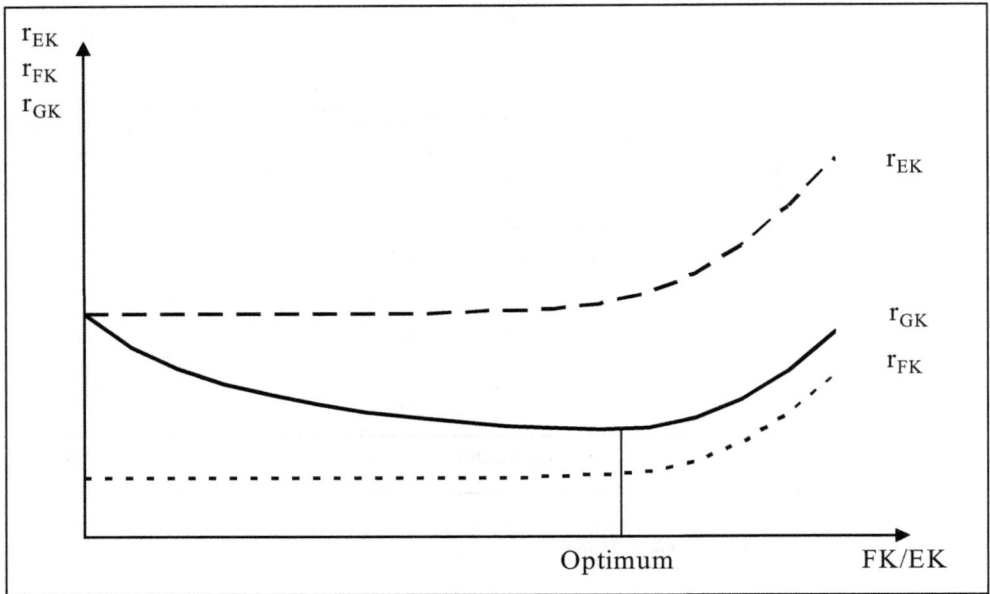

Abb. 3.27   Kapitalkostenverläufe beim traditionellen Ansatz

3.6.2.4   Optimale Kapitalstruktur mit Agency-Kosten: Jensen und Meckling

Mit dem Aufkommen der Principal-Agent-Theorie lag nahe, auch deren Einfluss auf die Existenz und die Gestaltung einer optimalen Kapitalstruktur zu untersuchen. Der grundlegende Beitrag hierzu stammt von Jensen und Meckling (1976). Die Agency-Kosten resultieren aus dem Interessenkonflikt zwischen den externen Kapitalgebern und der internen Geschäftsführung. Den Ausgangspunkt stellt ein Unternehmen dar, das zu 100% mit Eigenkapital finanziert ist und auch vom Alleineigentümer geführt wird (Prinzipal und Agent fallen zusammen). Seine Präferenzen richten sich neben dem Unternehmenswert auch auf den Konsum nicht-monetärer Vorteile am Arbeitsplatz. Bei der Aufnahme von Fremdkapital und von weiterem Eigenkapital durch neu hinzutretende Anteilseigner treten sowohl für die Fremd- als auch für die Eigenkapitalgeber auf Grund der asymmetrischen Informationsverteilung die schon mehrfach angesprochenen Agency-Kosten auf.

Im Fall neuer Eigenkapitalgeber besitzt der Manager/Unternehmer einen Anreiz, seinen Konsum nicht-monetärer Vorteile zu Lasten dieser Eigenkapitalgeber auszuweiten. Mehr als die sog. Fringe Benefits, also z.B. ungenügender Arbeitseinsatz oder teure „Arbeitsessen" und Büroeinrichtungen können hier Investitionen frei verfügbarer Cash Flows in Projekte, die ihre Kapitalkosten nicht einspielen (z.B. teure Übernahmen anderer Unternehmen) die Eigenkapitalgeber schädigen. Bei hohen Verschuldungsgraden, die dem Management wenig freie Cash Flows lassen, sind diese Gefahren geringer. Allerdings gehen Jensen und Meckling davon aus, dass die Beteiligten rationale Erwartungen besitzen und somit ihre Monitoring-Kosten beim Erwerb der Unternehmensanteile berücksichtigen.

Eine ähnliche Problematik wie bei der Aufnahme von Eigenkapital tritt auch bei der Finanzierung durch Fremdkapital auf. Der Interessenskonflikt besteht in diesem Fall – wie ebenfalls schon gezeigt – darin, dass der Manager geneigt ist, nach der Überlassung des Fremdkapitals aus Sicht der Gläubiger und des Gesamtunternehmens suboptimale (riskantere) Investitionen durchzuführen, die die Rückzahlung des Fremdkapitals in Frage stellen. Analog zur Agency-Problematik bei Eigenkapital werden die Investoren als Individuen mit rationalen Erwartungen charakterisiert und werden daher für die Überlassung von Kapital gegenüber dem Unternehmer höhere Zinsansprüche fordern. Summa summarum trägt wiederum der Unternehmer die Kosten.

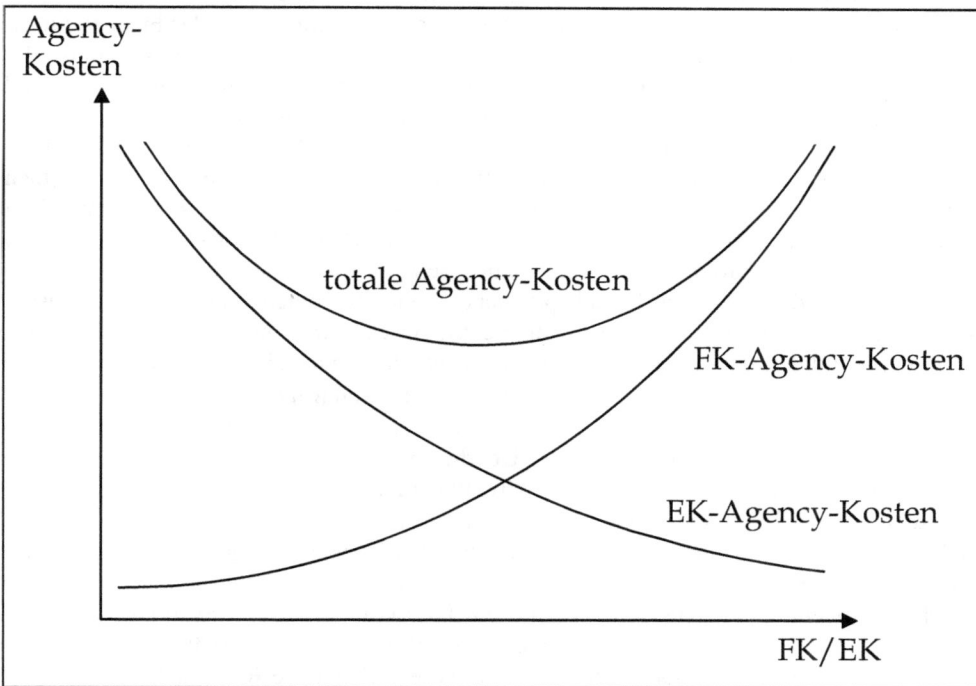

Abb. 3.28   Agency-Kosten und optimaler Verschuldungsgrad

Es stellt sich nun die Frage, wie sich die Agency-Kosten bei einer Finanzierung durch eine Mischung von Eigen- und Fremdkapital verhalten und welche Abhängigkeit zwischen den gesamten Agency-Kosten und dem Verschuldungsgrad besteht. Dabei ist zur Analyse der optimalen Kapitalstruktur vor allem von Interesse, an welchem Punkt die totalen Agency-

Kosten ihr Minimum aufweisen. Jensen und Meckling unterstellen in ihrem Modell, dass die Agency-Kosten des Fremdkapitals bei zunehmender Verschuldung (steigendem Verschuldungsgrad) progressiv ansteigen, während die Agency-Kosten des Eigenkapitals degressiv sinken. Daraus ergibt sich ein konvexer (U-förmiger) Verlauf der totalen Agency-Kosten. Damit existiert ein Minimum der Agency Kosten und demnach eine optimale Kapitalstruktur (siehe Abb. 3.28). Bei komplexeren Agency-Konstellationen lassen sich aber, wie z.B. Kürsten (1994) gezeigt hat, die von Jensen/Meckling postulierten Verläufe der Agency-Kosten und damit auch die Ableitung eines die Agency-Kosten minimierenden Kapitalstrukturoptimums nicht aufrechterhalten.

3.6.2.5   Pecking-Order-Theorie

In einem starken Gegensatz zum Modigliani/Miller-Ansatz steht die von Myers (1984) sowie von Myers und Mayluf (1984) formulierte Pecking-Order-Theorie. Sie betont die Informationsasymmetrie zwischen dem Management und den Investoren und leitet daraus einen Erklärungsansatz ab, wie aus Sicht des Managements die optimale Rangfolge der Finanzierungsformen aussieht. Danach geht es dem Management also gar nicht um die Gestaltung der Kapitalstruktur, sondern um die in einer spezifischen Situation jeweils in ihrem Interesse und im Interesse der schon vorhandenen Eigenkapitalgeber zweckmäßigsten Wahl der Kapitalbeschaffung. Diese Überlegungen führen nach Myers zu einer „Hackordnung" der Finanzierungsalternativen, die sich aus den Eigenschaften der verschiedenen Finanzierungsformen ergibt. Danach tendieren Unternehmen dazu, sich zuerst durch Innenfinanzierungsmittel zu finanzieren, bevor sie sich von außen durch die Aufnahme von Fremd- und Eigenkapital finanzielle Mittel beschaffen. Die Argumentation setzt an der Annahme an, dass zwar das Management und die bisherigen Eigenkapitalgeber, nicht aber potentielle Käufer neu ausgegebener Aktien den Wert des Unternehmens richtig einschätzen können. Wie schon bei den Wegen der Kapitalerhöhung über die Börse angesprochen, wird ein Unternehmen in einer Situation der Unterbewertung der Aktien an der Börse vernünftigerweise auf eine Ausgabe neuer Aktien verzichten, da dadurch eine partielle Vermögensverschiebung zugunsten der neuen Aktionäre eintreten würde. Bei einer Überbewertung dagegen erscheint eine Kapitalerhöhung durch Ausgabe neuer Aktien attraktiv. Potentielle neue Investoren müssen also die Ankündigung einer Kapitalerhöhung als ein Signal werten, dass das Unternehmen sich derzeit überbewertet sieht. Daher werden sie mit einem Kursrückgang reagieren. Für Unternehmen ist daher zweckmäßig, bei einem Finanzierungsbedarf für neue Investitionen zuerst die verfügbaren Innenfinanzierungsmittel zu nutzen. Hier kommt die Informationsasymmetrie nicht zum Tragen. Sind sie erschöpft, hat Fremdkapital die nächste Priorität. Für Fremdkapitalgeber spielen die Informationsasymmetrien keine entscheidende Rolle, solange der Verschuldungsgrad nicht sehr hoch ist. Die Aufnahme von Fremdkapital schränkt aber über längere Zeit die Liquidität und damit auch den Handlungsspielraum des Managements ein. Daher wird das Management zur Finanzierung, erst nachdem alle anderen Quellen der Kapitalbeschaffung ausgeschöpft sind, auf eine Erhöhung des Eigenkapitals zugreifen. Diese Verhaltensweise des Managements führt dazu, dass es von keiner Zielkapitalstruktur geleitet wird, sondern Finanzierungsformen situativ auswählt.

3.6.2.6 Neuere Ansätze

Die Suche nach Erklärungen für die Einflussfaktoren der optimalen Kapitalstruktur ist keineswegs zu Ende. Keine der vorgestellten Theorien und Konzepte kann voll befriedigen. Myers (2001) betont, dass der Tradeoff-Ansatz, die Agency-Theorie und die Pecking-Order-Theorie jeweils unterschiedliche Aspekte der Kapitalstrukturgestaltung – den Steuervorteil des Fremdkapitals, die Agency-Problematik und die asymmetrische Informationsverteilung – hervorheben und insofern nicht als generelle Theorien zu verstehen sind. Der empirische Befund zu den Kapitalstrukturen von Unternehmen und ihren Einflussfaktoren ist recht uneinheitlich. Für alle theoretischen Konzepte finden sich bestätigende, aber auch widersprechende empirische Belege.

Neuere Ansätze tendieren zu eher situativen Erklärungen. Sie sehen die beschriebenen Konzepte vor allem im Widerspruch zu dem empirischen Befund stehend, dass Unternehmen häufig Aktien emittieren und dies insbesondere dann tun, wenn die Kurse hoch sind. Dittmar und Thakor (2007) erklären dieses beobachtete Emissionsverhalten dadurch, dass bei hohen Kursen die Einschätzungen der Investoren und des Managements über die künftigen Entwicklungsmöglichkeiten des Unternehmens am wenigsten divergieren. Diese Situation bietet dem Management die von ihm angestrebte größere Autonomie der Entscheidungen über Investitionen.

Zusammenfassend lässt sich festhalten, dass trotz intensiver Forschung noch kein letztlich zufrieden stellender Ansatz gefunden ist, der einerseits theoretisch überzeugend ist und andererseits der Praxis eine konkrete Hilfestellung bei der Bestimmung des firmenspezifischen optimalen Verschuldungsgrades liefern würde. Angesichts der Ausdifferenzierung der Finanzierungsformen in jede Art der Mischung von Eigen- und Fremdkapitalkomponenten mit spezifischen Kombinationen von Rechten und Pflichten, Chancen und Risiken für die Unternehmen und die Kapitalgeber dürfte dies auch eine kaum lösbare Aufgabe bleiben.

3.6.3 Weiterführende Literatur

Zum Leverage-Effekt siehe Perridon, L./Steiner, M.: Finanzwirtschaft der Unternehmung, 14. Aufl., München 2007, S. 482-493, und Volkart, R.: Corporate Finance – Grundalgen von Finanzierung und Investition, Zürich 2006, S. 571-589.

Der Basisbeitrag zur Diskussion um die optimale Kapitalstruktur stammt von Modigliani, F./Miller, M.H.: The Cost of Capital, Corporate Finance, and the Theory of Investment, American Economic Review 1958, S. 261-297.

Den Beitrag der Agency Theorie zur Frage der Kapitalstrukturgestaltung untersuchen Jensen, M.C.//Meckling, W.H.: Theory of the Firm: Managerial Behavior, Agency Costs and Ownership Structure, Journal of Financial Economics 3/1976, S. 305-360; Kürsten, W.: Finanzkontrakte und Risikoanreizproblem, Wiesbaden 1994, erweitert und diskutiert diese Betrachtungsweise.

Die Pecking Order-Theorie geht zurück auf Myers, St.C.: The Capital Structure Puzzle, Journal of Finance 3/1984, S. 575-592, und auf Myers, St.C./Mayluf, N.S.: Corporate Financing and Investment Decisions When Firms Have Information That Investors Do Not Have, Journal of Financial Economics 2/1984, S. 187-221.

Eine kurze abwägende Gegenüberstellung der vorherrschenden Ansätze nimmt Myers, St.C.: Capital Structure, Journal of Economic Perspectives 2/2001, S. 81-102, vor.

Neueste Überlegungen finden sich in Dittmar, A./Thakor, A.: Why Do Firms Issue Equity?, Journal of Finance 1/2007, S. 1-54. Sehr ausführlich vorgestellt wird der Stand der gesamten theoretischen Diskussion bei Hermanns, J.: Optimale Kapitalstruktur und Market Timing, Wiesbaden 2006.

Gute Lehrbuchübersichten zu Ansätzen der Kapitalstrukturtheorie bieten z.B. Berk, J./De Marzo, P.: Corporate Finance, Boston u.a. 2007, S. 247-529, und Grinblatt, M./Titman, S.: Financial Markets and Corporate Strategy, 2. ed., Boston u.a. 2002, S. 500-623.

3.6.4   Übungsaufgaben

1. *Die Flight AG benötigt zur Finanzierung einer neuen Wartungshalle für ihr neues Modell 150 Mio. €. Dabei will sie 100 Mio. € durch zusätzliches Eigenkapital aufbringen, der Rest soll durch eine 5-jährige Anleihe finanziert werden.*
    Die Eigenkapitalkosten betragen 8,50 %.
    Die Konsortialbanken bieten zur Finanzierung der Anleihe folgende Konditionen an:

Laufzeit:	*5 Jahre*
Nominalzins:	*5 %*
Rückzahlung:	*zu 100% am Ende der Laufzeit*
Ausgabekurs:	*98 %*
Einmalige Kosten:	*Rückzahlungskosten von 1 %*

    a) *Mit welchen effektiven Fremdkapitalkosten muss die Flight AG durch die Anleihe rechnen?*

    b) *Welche Gesamtkapitalkosten ergeben sich für die Flight AG bei diesem Projekt?*

2. *Lohnt die Ausnutzung eines Lieferantenkredits mit folgenden Konditionen: „Abzug von 2 % Skonto bei Zahlung innerhalb 6 Tagen, Zahlung netto innerhalb 40 Tagen", wenn ein kurzfristiger Bankkredit zu 12 % verfügbar ist?*

3. *Ein Zero-Kredit mit einer Laufzeit von 5 Jahren werde zum Nominalwert aufgenommen und zum Kurs von 158 % getilgt. Zusätzlich fallen 2 % des aufgenommenen Betrags als anfängliche Finanzierungskosten an. Wie teuer ist dieser Kredit?*

4. *Warum finanzieren Private-Equity-Firmen ihre Transaktionen zu einem hohen Anteil mit Fremdkapital?*

5. *Stellen Sie graphisch die Eigenkapitalverzinsung bei zunehmendem Verschuldungsgrad und konstanten Fremdkapitalzinsen dar!*

6. *Welche Aussage treffen Modigliani und Miller mit ihrem Theorem der Irrelevanz der Kapitalstruktur und warum?*

7. *Welche Änderungen ergeben sich in den Aussagen von Modigliani und Miller, wenn Steuern und Insolvenzrisiken berücksichtigt werden?*

8. *Welchen Ansatz verfolgen Jensen und Meckling bei der Frage nach der optimalen Kapitalstruktur und worauf beruhen ihre Überlegungen?*

9. *Wie entwickeln sich die Agency-Kosten bei zunehmender Verschuldung und begründen Sie den Verlauf!*

10. *Beschreiben Sie die Idee der Pecking-Order-Theorie!*

Sachverzeichnis